复旦卓越·公共基础课系列教材

国际商法

主　编◎卓武扬
副主编◎彭　景
参　编◎周　怡　秦宝燕　于　彤

复旦大學出版社

前　言

党的二十大奏响了全面建设社会主义现代化国家新征程的号角，二十大报告首次单独把法治建设作为专章论述、专门部署，强调全面依法治国是国家治理的一场深刻革命，关系党执政兴国，关系人民幸福安康，关系党和国家长治久安，必须更好发挥法治固根本、稳预期、利长远的保障作用，在法治轨道上全面建设社会主义现代化国家。

随着经济全球化的脚步加快，国与国的贸易往来也越来越频繁，同时信息科学技术的迅猛发展推动了国际贸易新模式的形成，在这样的背景下，国际商法也在不断变化、发展，相应的教材也应及时更新、完善。本教材立足于本科、研究生人才培养要求，以国际商法基础知识和应用能力的培养为定位进行编写。在总结国际商法教学改革的基础上，结合司法实践的经验，融入课程思政的元素，重点阐述了国际商法导论、国际商事主体法、国际商事行为法、国际知识产权法、国际商事仲裁五个方面的内容。通过本教材，期望学生掌握国际商法的理论知识，增强法律意识，并能够运用自己所学过的法律知识观察、分析、处理有关实际问题。

目前市场上关于国际商法的教材不胜枚举，其中不乏优秀教材，而这些也正是本教材编写的重要参考。相较而言，本书无论在内容的选择还是编写体例上也有自己的特点，具体如下：

1. 内容适当、通俗易懂

本教材更契合非法学专业学生的学习需求。一是在内容选择上不仅包括传统国际商法的内容，而且适当增加了对我国涉外商事活动相关法律的介绍和拓展。二是在表述方式上尽可能采用了清晰而又通俗易懂的语言，并融入教学和研究中的一些成果，以图、表等方式对关联知识点进行比较和补充，更易于学生准确把握国际商法的基本知识点。

2. 体系合理、重在应用

本教材立足课程教学的"必需、够用、实用"的基本要求，各章内容包括了六个模块:"本章提要"起到提纲总领的作用,"资料卡"起到补充拓展的作用,"想一想"起到启发思考的作用,"练一练"起到及时检测的作用,"评一评"起到运用实践的作用,"本章思考"起到复习温故的作用。各个模块的共同作用能激发学生的学习兴趣,增强其法律意识,培养其法律思维。

3. 融入思政、立德树人

新时代开启了中国特色高等教育的新征程,新时代高校愈发意识到思政教育的重要性。编者有意识地将思想教育和社会主义核心价值观融入本教材中,有助于培养学生科学严谨、勤于思考、诚实信用、勇于担当等精神品质,从而树立新时代高校青年的家国情怀。

本教材由卓武扬(上海第二工业大学)主编及统纂定稿,彭景(西华大学)全面参与了教材的编写工作,周怡(上海第二工业大学)、秦宝燕(上海第二工业大学)、于彤(上海第二工业大学)等也参与了教材的审编工作。

本书在编写过程中,参阅了大量文献,借鉴了众多专家、学者的学术观点,同时得到了复旦大学出版社的大力支持和帮助,在此表示深深的感谢。

限于时间和水平,疏漏之处在所难免,殷切希望学界同仁和广大读者提出宝贵意见,不吝赐教!

编 者
2023 年 1 月

目 录

第一章 国际商法导论 1

第一节 国际商法概述 3
第二节 国际商法的渊源 7
第三节 大陆法系和英美法系概述 11

第二章 国际商事组织法 19

第一节 概述 21
第二节 个人独资企业与合伙企业法 22
第三节 公司法 32
第四节 中国的外商投资法 46

第三章 合同法 57

第一节 概述 59
第二节 合同的订立与效力 65
第三节 合同的履行 80
第四节 合同的担保与保全 83
第五节 合同的变更与转让 88
第六节 合同的消灭 92
第七节 合同的责任 98

第四章　国际货物买卖法　107

第一节　概述　109
第二节　买卖双方的义务　119
第三节　买卖双方违约的救济方法　124
第四节　货物所有权与风险的转移　130

第五章　国际货物运输与保险法　135

第一节　概述　137
第二节　国际海上货物运输法　140
第三节　其他国际货物运输法　150
第四节　海上货物运输保险　157

第六章　产品责任法　167

第一节　概述　169
第二节　美国的产品责任法　172
第三节　欧洲各国的产品责任法　177
第四节　中国的产品责任法　179

第七章　国际商事代理法　189

第一节　概论　191
第二节　代理权的产生　194
第三节　代理的法律关系　196
第四节　国际商事代理法的统一　200
第五节　中国的代理法律制度　203

第八章　国际票据法　211

第一节　票据与票据法概述　213
第二节　《联合国国际汇票和国际本票公约》　217
第三节　票据关系与票据行为　219
第四节　中国的票据法律制度　222

第九章　国际知识产权法　　233

第一节　概述　　235
第二节　保护知识产权的国际公约　　238
第三节　专利法　　246
第四节　商标法　　257
第五节　著作权法　　263

第十章　国际商事仲裁　　275

第一节　概述　　277
第二节　国际商事仲裁机构与协议　　282
第三节　国际商事仲裁裁决的承认与执行　　284
第四节　中国的仲裁立法与仲裁机构　　289

章后思考参考答案　　297

第一章　国际商法导论　　299
第二章　国际商事组织法　　301
第三章　合同法　　303
第四章　国际货物买卖法　　307
第五章　国际货物运输与保险法　　310
第六章　产品责任法　　313
第七章　国际商事代理法　　315
第八章　国际票据法　　318
第九章　国际知识产权法　　320
第十章　国际商事仲裁　　323

参考文献　　327

第一章

国际商法导论

> **本章要点**
>
> 1. 国际商法的含义与发展
> 2. 国际商法的渊源
> 3. 我国商事法律规范的立法现状
> 4. 大陆法系与英美法系的基本内容与区别

第一节 国际商法概述

一、国际商法的含义

国际商法(international commercial law)通常是指调整国际商事交易主体在其交易过程中所形成的各类商事法律关系的法律规范的总称。值得一提的是,国际商法是一个不断发展的概念,为了进一步理解该概念,尚需明确以下三点。

(1) 国际商法源于传统商法,但其调整范围更为广泛。传统的商法以货物买卖为中心,主要包括公司法、票据法、海商法、保险法等,但随着国际经济贸易的发展和商事交易的多样化、复杂化,在国际贸易方面出现了许多新的领域,比如国际技术转让、知识产权转让、国际投资、国际融资、国际服务贸易等。本书出于对课程安排的考虑,并未涵盖当前所有的国际商事活动。

(2) 国际商法中的主体。国际商法中的"国际"不仅指"国家与国家之间",而且是"跨越国界"(transnational)。目前从事国际商事交易的主体主要是私法主体,如公司、企业,而不是公法主体。其中由于经济全球化的原因,跨国公司在国际商事交易活动中的地位和作用在不断增加,成为主体中的核心组成部分。

(3) 国际商法的调整方法是直接调整法。国际商法直接规定国际商事主体在国际商事关系中的权利与义务,这一点是国际商法与国际私法的重要区别。

二、国际商法的产生与发展

国际商法与商法虽然不同,但在历史发展上却有着紧密联系,可以说都是伴随着商品经济的产生和发展而逐渐发展起来的,大致经历了四个发展阶段。

(一) 古罗马法阶段

早在古罗马时期,就出现了具有商法性质的法律规范,罗马法在市民法之外发展出了调整罗马公民与非罗马公民之间以及非罗马公民相互之间的贸易和其他关系的万民法。但当时的商法并未独立出来,商事性质的法律规范包含在罗马法私法的内容之中。

(二) "商人习惯法"阶段

根据多数法学专家的观点,真正作为一项专门法律的国际商法是产生于欧洲中世纪的"商人习惯法"(law merchant)。11~15世纪,随着欧洲地中海沿岸城市的国家商事交往活动迅速增多,当时的封建法和寺院法越来越成为国际贸易发展的障碍。在这种情形下,意大利的佛罗伦萨等地首先出现了保护商人利益的商人行会组织——merchant guild,组织中的商人从封建领主那里买来了自治权,开始自己设置特殊法庭,采用各种商事习惯来解决商事纠纷,逐渐形成了能够适应商事活动的规制,"商人习惯法"因而得名。后来随着航海贸易的发展,其应用逐步扩大到西班牙、法国、荷兰、德国及英国等地。经过几百年的沿用与发展,在中世纪地中海沿岸形成了较为系统的国际商事规则,现代商法的许多制度也源于这些规制,如诚实信用原则、商事合伙制度、商事代理制度、保险制度、海商制度等。

(三) 国际商法本土化阶段

17世纪以后,随着欧洲中央集权国家日益强大,国家主权也被极大地强化了。各国开始注重商事立法,纷纷采用各种形式将商法纳入本国的国内法,在这一阶段,商法具有国家的强制性特点,失去了原有的跨国性。例如,法国路易十四于1673年颁布的《商事条例》和1681年颁布的《海事条例》成为欧洲最早的商事单行立法,为各大陆法国家的商法典制定奠定了基础。拿破仑于1807年颁布的《法国商法典》是近代资本主义国家的第一部商法典,并为荷兰、比利时、希腊、土耳其、西班牙、葡萄牙等国相继效仿。1897年德国颁布的《德国商法典》也对许多国家有较大的影响。

值得注意的是,由于各国在处理涉外商事案件时,仍在一定程度上参考并适用"商人习惯法",因此使其仍具有一定的国际性特征,并为这些国家商法典的制定以及现代国际商法的产生奠定了基础。

(四) 现代国际商法的迅速发展阶段

第二次世界大战以后,特别是20世纪60年代以后,国际商法的发展进入了新的历史阶段。在这一阶段,国际商法的国际性和统一性的价值和意义重新得到确认,其原因主要是在这一时期,各国之间的经贸关系日益密切,经济全球化的趋势日益明显,各国之间的相互依赖程度大大增强,在客观上要求建立一套调整国际经济贸易关系的统一的商法。另外,由于各国在经贸往来中也逐渐形成了一些普遍遵循的贸易惯例和习惯做法,使得各国的贸易做法日趋接近,从而为商法的统一创造了有利条件,并不断取得突破性进展。比如,国际商会(ICC)制定的《国际贸易术语解释通则》《跟单信用证统一惯例》,联合国国际贸易法委员会

(UNCITRAL)主持制定的《联合国国际货物销售合同公约》(1980年)和《联合国国际贸易法委员会仲裁规则》(1976年),国际统一私法协会(UNIDROIT)主持制定的《国际商事合同通则》(1994年)等,都是这一时期国际贸易法统一的突出成就,这些法规重新回归了国际商法的本质属性,即跨国性与统一性。

三、国际商法与其他相关法律部门的关系

(一)国际商法与国际公法

1. 区别

国际公法调整国家、国际组织之间的政治、军事、外交、经济关系,其主体是国家、国际组织、类似国家的政治实体,法律渊源主要表现为国际条约、国际惯例等实体法规范,其传统内容包括和平法、争议法、战争法、中立法四大部分,第二次世界大战以后又增加了条约法、外交使节法、海洋法等分支。国际商法调整国际经济和商事交易关系,其主体是自然人、法人等商事组织,其法律渊源除了国际条约、国际惯例等实体规范,还包括各国国内法规范、程序法规范、冲突法规范等。

2. 联系

国际商法是国际法的一个分支,因此国际公法的一些基本原则(国家主权、国家及其财产豁免、条约必守等)也适于调整国际商事法律关系。国际条约及习惯法规制中调整商事行为的规范应属国际商法范畴。

(二)国际商法与国际私法

1. 区别

国际私法的典型特征是其调整方法主要为间接调整,仅仅指出适用什么样的法律,而不直接规定如何解决某一问题,因此国际私法又称为"冲突法"。在内容上,国际私法主要调整涉外民事关系,主要包括统一实体法规范、国际民事诉讼和仲裁等程序性规范。而国际商法则以直接调整方法为主,其内容以实体规范为主,既包括国际实体规范,也包括国内实体规范。

2. 联系

二者的主体均为自然人、法人或其他经济组织,均调整涉外法律关系,具有较强的私法特征。

(三)国际商法与国际经济法

1. 区别

国际经济法是国际公法的分支,其主体主要是国家、国际组织及其具有独立国际法律人格的其他实体;调整主体之间公法层面的国际经济关系;法律渊源由关于国际经济交往的国际条约、习惯法规则等国际法规范,以及各国涉外经济法规等国内法规范构成;强调国家、国

际社会对国际经济活动的干预,属于强行性法律规范,具有公法特征。国际商法的主体则是从事商事交易的自然人、法人等商事组织;调整商事主体之间私法层面的商事交易行为;法律渊源以国际商事条约及习惯法规则、主要国家的国内商事法律为主;强调意思自治,属于任意性法律规范。

2. 联系

二者均调整国际经济交往关系,联系密切,互为补充,并非泾渭分明。

四、国际商法的基本原则

国际商法的基本原则,是指对于各类国际商事关系具有普遍适用意义的法律规则。虽然商法是一个相对独立的法律学科体系,但是它与民法有着密切的联系,在法律基本原则上具有一致性,因此这里借鉴了民法中的契约自由原则、平等交易原则和诚实信用原则来阐述。

(一) 契约自由原则

契约自由作为近现代契约法的基本原则,兴起于19世纪。它之所以在19世纪得到充分的发展,原因在于有着特定的历史背景,即西方各国逐渐通过工业革命确立了市场经济体制,为交易的自由进行提供了经济基础;代议制民主政体的建立为契约自由提供了政治上的保障;人文主义的哲学思想、自由主义的经济理论和古典自然法学说为契约自由提供了理论基础。契约自由作为私法自治的核心内容,包括缔约自由、选择契约相对人自由、确定契约内容自由和缔约方式自由四个方面的内容,各国以不同的方式不同程度地在法律中确立了契约自由原则。

国际商法中最主要的原则是契约自由原则,其他如意思自治原则、平等交易原则与诚实信用原则等,都是从这一原则派生出来的。

(二) 平等交易原则

罗马法学家继承和发扬了斯多葛派的自然法思想,比如乌尔比安便强调"根据自然法,一切人生而平等"。自17世纪以来,西方资产阶级的法律思想家不仅继承了这种自然法思想,而且对"法律面前,人人平等"赋予了新的内容,提出了"天赋人权"的主张,并且写入了各国的宪法与其他部门法。

平等交易是指在商事交易中,当事人的法律地位平等,在平等的条件下进行交易,以达到公平的目的。平等交易是市场经济的基本要求,参与商事活动的当事人只有具备独立主体的资格,并在平等的地位上自主经营,才有可能公平竞争,造就一个公平合理的商事交易环境。

(三) 诚实信用原则

所谓诚实信用,是指当事人应根据交易习惯,按诚实信用和善意的方法进行交易,禁止欺诈和进行不正当交易,以维护交易公平。诚实信用原则在商法领域运用得十分广泛,在法律没有明确规定或合同没有明确约定时,法院和当事人可以此原则补充法律规定的不足。

想一想

诚实信用是道德原则还是法律原则?

评一评

是否应该按合同办事

【案情】 A国的甲公司是一家经营土特产的公司,与B国的乙林场签订了一份买卖香菇的合同。由于疏忽,甲公司在自己提供的合同文本中把质量条款错写成"无杂货、变质"。乙林场在发现这一条款后,非常高兴,正好有一批变质香菇准备处理。于是全部交付甲公司。甲公司发现后,要求换货,乙林场以"按合同办事"为由,拒绝换货。

请问:(1)本案例应如何处理?

(2)本案体现了国际商法的哪些原则?

【评析】 (1)本案中乙林场的做法欠妥,应当给甲公司换货。甲公司提供的合同文本明显不合常理,一般情况下应是笔误。而且一份合同是要经过一定的磋商过程的,在此过程中,甲公司没有表现出任何要变质香菇的意图,从合同的价款上也能判断出甲公司的真实需求。因此,乙林场以"按合同办事"为由,给甲公司交付变质香菇,显然不是出于善意,且签订的合同明显不公平。这样的行为是不能得到法律支持的。

(2)本案体现了商法中的诚实信用原则。合同当事人在签订和履行合同的过程中,应当重合同,守信用,善意地对待对方,寻求双方利益上的基本平衡,不能欺诈对方,也不能利用对方的疏忽、没有经验等损害对方的利益。

第二节 国际商法的渊源

国际商法的渊源是指国际商法赖以产生和发展的依据及其表现形式。一般认为其渊源包括三种形式:国际(商事)条约、国际(商事)惯例及各国的相关立法。

一、国际(商事)条约

国际商法的主要渊源之一就是各国缔结的有关国际商业与贸易的条约或公约。这类条约或公约是国际法主体之间就国际商事交易等方面的内容确定其相互权利与义务而缔结的协议。

作为国际商法渊源的国际条约主要包括两类:一是国际商事公约,二是含有商事条款的一般国际条约。从数量上来看,以前者为主,其内容广泛且通常参加方较为普遍,包括国际商事实体法、国际商事程序法以及国际商事冲突法。

 资料卡

作为国际商法渊源的主要国际公约

1. 调整国际货物买卖关系的国际公约
   1964年《国际货物买卖合同统一公约》
   1964年《国际货物买卖合同成立统一法公约》
   1974年《联合国国际货物买卖时效期期限公约》
   1980年《联合国国际货物买卖销售合同公约》
   1985年《国际货物买卖合同适用法律公约》
2. 调整国际货物运输关系的国际公约
   1924年《统一提单的若干法律规则的国际公约》(海牙规则)
   1968年《关于修改统一提单的若干法律规则的国际公约的议定书》(维斯比规则)
   1978年《联合国海上货物运输公约》(汉堡规则)
   1929年《统一国际航空运输某些规则的公约》(华沙公约)
   1955年《海牙议定书》
   1980年《联合国国际货物多式联运公约》
3. 调整国际贸易支付的国际公约
   1930年《日内瓦统一汇票本票法公约》
   1931年《日内瓦统一支票法公约》
   1987年《联合国国际汇票和国际本票公约》
4. 调整产品责任的国际公约
   1977年《关于产品责任的法律适用公约》
   1985年《关于对有缺陷产品责任的指令》
5. 调整代理关系的国际公约
   1983年《国际货物销售代理公约》
6. 调整知识产权的国际公约
   1883年《国际保护工业产权巴黎公约》
   1886年《保护文学和艺术作品伯尔尼公约》
   1891年《商标国际注册马德里协定》
   1952年《世界版权公约》
   1970年《专利合作条约》
   1994年《与贸易有关的知识产权协定》
   1996年《世界知识产权组织版权条约》
   2006年《商标法新加坡条约》
   2013年《视听表演北京条约》

7. 调整商事争议的国际公约
   1923年《日内瓦仲裁条款协定书》
   1927年《关于执行外国仲裁裁决的公约》
   1958年《承认与执行外国仲裁裁决公约》
   1985年《国际商事仲裁示范法》

想一想

国际商事条约作为国际商法渊源有哪些利弊?

二、国际(商事)惯例

国际商事惯例是在国际经济贸易交往中经过反复使用而逐渐形成的,并为各国普遍承认和遵守的交易行为规范。值得一提的是,国际商事惯例最初是以不成文的形式出现,但现在许多重要的国际商事惯例已经由一些国际组织编纂成文,为交往提供了极大的便利。

与国际条约不同的是,国际商事惯例不当然具有法律约束力,国际商事交易当事人可以依据"意思自治"原则全部或部分地选择适用。但是,当事人一经选择适用,则构成对当事人具有约束力的法律规范,受诉法院或仲裁机构可据此解释当事人之间的合同,或作为解决其纠纷的准据法。

资料卡

作为国际商法渊源的主要国际商事惯例

颁 布 时 间	国际商事惯例名称
2000年、2010年、2020年	《国际贸易术语解释通则》
2007年	《跟单信用证统一惯例》修订本(UCP600)
2004年	《国际商事合同通则》
1932年	《华沙-牛津规则》
1975年	《联合运输单证统一规则》

三、关于国际商事交易的国内法规范

由于国际商事交往关系的多样性和复杂性,以及相关国际条约和惯例的滞后性,仅凭现有的国际条约和惯例仍不足以满足实践中的需求,在处理某些国际商事纠纷时,还需借助法律冲突规则的指引,适用有关国家的国内法加以解决。可以说,各国有关商事交易的国内法是国际商法在国际法渊源方面的重要补充。

资料卡

我国颁布的主要商事法律规范

	颁布时间	法 律 名 称
总则性	2020 年	《中华人民共和国民法典》
商事主体	1993 年	《中华人民共和国公司法》
	1997 年	《中华人民共和国合伙企业法》
	1999 年	《中华人民共和国个人独资企业法》
	2019 年	《中华人民共和国外商投资法》
商事行为	1992 年	《中华人民共和国海商法》
	1993 年	《中华人民共和国反不正当竞争法》
	1993 年	《中华人民共和国产品质量法》
	1994 年	《中华人民共和国对外贸易法》
	1995 年	《中华人民共和国票据法》
	2018 年	《中华人民共和国电子商务法》
知识产权	1984 年	《中华人民共和国专利法》
	1982 年	《中华人民共和国商标法》
	1990 年	《中华人民共和国著作权法》
商事救济	1991 年	《中华人民共和国民事诉讼法》
	1994 年	《中华人民共和国仲裁法》

练一练

下列选项中,属于国际商法渊源的有(　　)。

A. 各国缔结的有关国际商业与贸易的条约或公约是国际商法的重要渊源

B. 国际商事惯例虽然不具有强制的法律效力,但也是国际商法的渊源之一

C. 各国有关商事的国内立法是国际商法渊源的一个重要补充

D. 法院的商事判例

【参考答案】ABC

想一想

国际商事惯例与国际商事条约在法律效力上有何区别?

第三节 大陆法系和英美法系概述

国际商法发源于欧洲,其内容深受大陆法系和英美法系两大法系的影响。因此要研究国际商法,就有必要先了解两大法系。这两大法系是在西方国家形成、发展起来的,具有浓厚的商品经济或市场经济的特征,也是对西方国家法律及大多数国际法律框架(联合国、WTO、国际商会等)影响最大的法系。

一、大陆法系

大陆法系(civil law system),又称罗马法系、民法法系、成文法系,是指以罗马法为基础,以法国民法典和德国民法典为典型代表,包括许多模仿它们而制定的其他国家的法律的总称。

(一) 大陆法系的分布

大陆法系形成于13世纪的西欧,欧洲大陆国家的法律多属于该法系,如瑞士、意大利、比利时、卢森堡、荷兰、西班牙、葡萄牙等,除西欧外,还有曾是法国、德国、葡萄牙、荷兰等国殖民地的国家及其他原因受其影响的国家和地区,如非洲的埃塞俄比亚、南非、津巴布韦等,亚洲的日本、泰国、土耳其、我国台湾地区等,加拿大的魁北克省、美国的路易斯安那州、英国的苏格兰等。

(二) 大陆法系的形成与发展

大陆法系直接源于罗马法。罗马法是指罗马奴隶制国家从公元前6世纪罗马国家形成到东罗马帝国灭亡时期的全部法律。今天人们考察到的罗马法主要是指公元前5世纪罗马最早的成文法——《十二铜表法》和公元6世纪东罗马帝国皇帝查士丁尼编纂的《国法大全》,具体包括四部法律汇编:《学说汇编》《法学阶梯》《查士丁尼法典》《新律》,该法集罗马法之大成,既包括公法也包括私法,但主要内容是私法,对欧洲后来乃至整个西方世界法律产生了无与伦比的影响。

13世纪由于罗马法的复兴,大陆法系得以形成。这一时期,罗马法的研究者主要把研究的重点放在探求和讲授罗马法的原意上,对《国法大全》的各种文本进行解释,他们被称为"注释派"。14世纪后,学者们将研究的重点转向罗马法的系统化工程上,将罗马法的原始文本作为发展新兴的商法和国际私法的依据,摒弃罗马法原始文献中的杂乱无章和实用主义,这时的罗马法研究被称为"后注释派"。17世纪后,古典自然法学派从人的理性出发,主张法是理性的体现和产物。他们认为,罗马法中蕴含的法律原则都是符合理性的,强调成文法的作用,提倡编纂法典。这些主张对于欧洲大陆各国接受罗马法产生了巨大影响。

资本主义生产方式确立后,各国迫切需要能适应其经济发展要求的法律规则,而适合商品经济需要的罗马法可以满足这一要求。1804年法国颁布了民法典,即拿破仑法典,这部法典大量吸收了罗马法成分,尤其是物权和债权部分。1896年,德国也以罗马法为蓝本编纂了民法典。法国民法典和德国民法典的颁布实施,为其他一些欧洲国家树立了榜样。其他国家相继以这两部民法典为模本进行本国的立法体系确立工作。在欧洲以外,一些与欧洲大陆国家有千丝万缕联系的国家也建立了类似的法律体系。综上所述,可以说大陆法系是在罗马法的直接影响下而形成的。

(三) 大陆法系的特点

(1) 强调法律的成文化,在法律结构上强调系统化、条理化、法典化和逻辑性。大陆法系不仅继承了罗马法成文法典的传统,而且采纳了罗马法的体系、概念和术语。

(2) 大陆法系各国将法律区分为公法与私法。根据古罗马法学家乌尔比安的观点:"公法是与罗马国家有关的法律,私法是与个人利益有关的法律。"大陆法系各国继承了罗马法的这种分类方法,并进行了法律细分。如将公法分为宪法、行政法、刑法、诉讼法与国际公法,私法则分为民法与商法等。各国在这些法律领域中使用的法律制度和法律概念基本相同。

(3) 在法律形式上,大陆法系国家一般不存在判例法。大陆法系各国都相继进行了大规模的立法活动,对重要的部门制定法典,这些法典一般比较完整、清晰、逻辑严密,同时辅以单行法规,构成了较为完整的成文法体系。

(4) 在法官的作用上,否定"法官造法"。一般而言,大陆法系国家的立法与司法分工明确,强调制定法的权威,制定法的效力优先于其他法律渊源,因而要求法官遵从法律明文规定办理案件,不得擅自创造法律违反立法者的本意。

(5) 在法律推理形式和方法上,采取演绎法。由于大陆法系国家中的司法权受到重大限制,法律只能由立法机关制定,法官的功能局限于根据既定的法律规则判案,因此法官审案表现出三段论式的逻辑过程:认定案件事实,寻找适用的法律条款,联系二者推论出必然的结果。

二、英美法系

英美法系(Anglo-American law system),是指英国中世纪以来的法律,特别是以英国普通法为基础发展起来的法律制度体系。在英国历史上,普通法是与衡平法、教会法和制度法相对应的概念,由于其中的普通法对整个法律制度的影响最大,因此英美法系又被称为普通法系(common law system)。

美国法律作为一个整体来说,属于普通法系,但从19世纪后期开始独立发展,已经对世界的法律产生了很大影响,因此形成了普通法系的另一个分支。

(一) 英美法系的分布

英美法系形成于英国,并随着英国殖民地的扩大而逐步扩展到其他历史上曾受其统治的区域,主要包括加拿大、澳大利亚、新西兰、爱尔兰、印度、巴基斯坦、马来西亚、新加坡、中国香港等地。南非原属大陆法系国家,后来被英国控制,其法律体系是大陆法系和英美法系的结合物;菲律宾原属西班牙殖民地,后来又受美国控制,因而其法律系统也走向了两大法系的结合。

(二) 英美法的形成与发展

1. 英国法的历史沿革

英美法系形成于英国,一般以1066年诺曼底公爵威廉征服英格兰为开端。诺曼底公爵为了推行中央集权制度,设置了御前会议这个重要机构,该机构是由国王亲信、主教和贵族参加的议事机构,主要协助国王处理立法、行政和司法等方面的事务。渐渐地,处理司法事务的机构独立出来,到亨利三世时期,御前会议已经建立了三个王室高等法院,处理直接涉及王室利益的重大案件。由于诺曼人以前没有自己的法律,因此他们的法律就是通过这些法院的判决而逐步形成的,并成为判例法的基础。这些判决对地方法院的判决具有约束力,并随着王室法院管辖范围和影响的扩大对全国的法律形成了重大影响。如此,这种判例法就形成了适用于英国的普通法。

14世纪时,英国在普通法之外又产生了另一种独特的法律形式——衡平法。随着时间的推移和社会生活的变化,普通法院的令状制度和诉讼程序出现了僵化的趋势,无法适应工商业发展的需要。因此,很多人转而请求枢密院和国会主持正义,许多纠纷转而由枢密院中负责司法事务的大臣来处理。随着案件数量不断增加,该机构最终独立出来,成为和王室法院并列的衡平法院,其在审理案件时适用完全不同的法律规则,由此发展起来的法律称为"衡平法"。衡平法也表现为判例法的形式,但在救济方法、诉讼程序、法律术语等方面均与普通法有所不同。从14世纪后半叶到19世纪后半叶,二者相互独立,直到1875年英国颁布法院组织法,普通法院与衡平法院合并,普通法与衡平法从冲突走向妥协并最终统一适用。同时,制定法也大量出现,代表了立法机构的地位得到提高。

2. 美国法的历史沿革

1607~1776年是美国的殖民地时期。17世纪时,英国法对北美殖民地的影响比较小,当时适用的法律主要是殖民地当地的习惯。到了18世纪,英国开始加强对北美殖民地的控制,在美国通过强制手段推行英国的法律,英国法在北美得到广泛传播。

1776年美国独立,开始发展自己的法律。到了19世纪,美国的普通法传统最终确立,究其原因是美国人是英国的移民,语言和传统的力量使然。但是,美国法律也表现出不同于英国法的一些特点,其制定法占有更大的比例,地位也更为重要。同时,美国法也简化了诉讼程序,取消了普通法院和衡平法院的区分。美国法律自此脱离英国法,逐渐成为英美法系中一个具有代表性的分支。

(三) 英美法系的特点

1. 在法律渊源上以判例为主

判例法一般是指各国高级法院的判决中所确立的法律原则或规则。由于这些规则是法官在审理案件时创立的,因此又称为"法官法"(judge-made law)。通常在处理先例的问题上可以有三种做法:① 遵循先例。下级法院应当遵循上级法院的判例,上诉法院也要遵循自己以前的判例。② 推翻先例。美国的联邦最高法院和各州最高法院有权推翻自己以前做出的判决。但为了维护法律的稳定,法院很难对过去同一法院做出的决议宣布无效。在美国历史上,联邦最高法院推翻先例的情况只有 8 次,其难度可见一斑。③ 回避先例。主要适用于下级法院不愿适用某一先例但又不愿公开推翻时,可以前后两个案例在重要事实上存在区别为由而回避这一先例。这与大陆法系国家法官要严格以法典为依据来判案存在重大区别。

评一评

普莱西诉弗格森案①

【案情】 1892 年 6 月 7 日,具有 1/8 黑人血统的荷马·普莱西(Homer A. Plessy)故意登上东路易斯安那铁路的一辆专为白人服务的列车。根据路易斯安那州 1890 年通过的相关法律,白人和有色种族必须乘坐平等但隔离的车厢。根据该条法律,普莱西被认定为"有色种族",并遭到逮捕和关押。于是他将路易斯安那州政府告上法庭,指责其侵犯了自己根据美国宪法第 13 和第 14 条修正案而享有的权利。但是法官约翰·霍华德·弗格森(John Howard Ferguson)裁决州政府有权在州境内执行该法,普莱西最终败诉,以违反隔离法为名被判处罚金 300 美元。普莱西接着向路易斯安那州最高法院控告弗格森法官的裁决,但该法院维持了弗格森的原判。

1896 年,普莱西上诉至美国最高法院。5 月 18 日,最高法院以 7∶1 的多数裁决路易斯安那州的法律并不违反宪法第 13 和第 14 条修正案,因为"隔离但平等"并不意味着对黑人的歧视,只是确认白人和黑人之间由于肤色不同而形成差别。

【评析】 普莱西诉弗格森案是美国联邦最高法院违宪审查史上比较著名的"平等权"案件。毫无疑问,美国联邦最高法院在该案中所持的观点存在着历史局限性。"平等权"作为一项宪法权利,应当表现在社会生活的各个领域。平等权不仅意味着每个公民的人格平等、身份平等、机会平等以及政府依据法律对每一个公民加以平等保护,而且应当包括立法要求

---

① 资料来源:http://fxy.cupl.edu.cn/upload/download/keyan。

对每一个公民的平等对待,对不同的人群不应当根据其性别、年龄、种族等的不同加以不适当的分类。平等权不仅要体现在制度上平等地对待每一个人,而且应当为每一个公民个人提供一个崇尚平等的社会环境。政府有责任采取措施来消除各种影响平等权实现的社会因素,彻底消除造成不平等的社会根源。所以,社会平等是制度平等的根本保证,没有社会平等就没有制度平等。事实上,到20世纪中叶,随着社会平等意识的不断增长,美国联邦最高法院在布朗诉托皮卡地方教育委员会(Brown v. Board of Education of Topeka)一案的判决中,完全否定了美国联邦最高法院在普莱西诉弗格森一案中所持的保守立场,彻底地抛弃了"隔离但平等"的思想,从而反映了美国联邦最高法院在保护公民平等权方面的历史进步性。

2. 法律分类没有系统性和逻辑性,以实用为主

形成这种情况的原因比较复杂,主要有以下几点:① 英美法系从一开始就十分重视令状和诉讼等程序问题,缺乏逻辑性和系统性,阻碍了对法律分类的科学研究;② 英美法系强调判例法和法院的作用,偏重实践经验,对抽象的概括和理论探讨相对来说重视不够;③ 英美法系在法院的设置上曾分为普通法院和衡平法院,这种分类方法在处理涉及公共事务的案件和普通私人案件时没有明显区分,因此难以形成公法和私法的观念;④ 在英美法系的发展过程中,起主要推动作用的是法官和律师,这就决定了他们更加关心具体案件的处理结果,而相对忽视了抽象理论意义上的法律分类。

3. 更重视程序法

英国法有一句格言:"救济先于权利。"(Remedies precede rights.)所谓救济,是指通过一定的诉讼程序给予当事人法律保护,这属于程序法范畴;权利则是指当事人的实体权利,属于实体法范畴。这句格言的意思是,如果权利缺乏适当的救济方法,权利也就不存在,即当事人先有程序权利,而后才有实体权利。英美法系将程序正义摆在突出的地位,认为程序制度的公正与否对于法律的运行有特别重要的影响,因此,英美法系中的程序法特别发达,相比而言,大陆法系国家更加重视实体权利的完善。

4. 法官的地位很高

在英美法系中,法官的任务不仅是解释和适用法律,还可以制定法律,即法官可以造法。英美法系国家中,法律职业是以律师为基础的,法官,尤其是联邦法院的法官一般来自律师,而律师在政治上非常活跃。法官和律师的社会地位很高,对法律和社会发展的影响也很大。

5. 在法律的思维方式和运作方式上采用归纳法

这一方法的模式可以表述为:① 运用归纳方法对先例中的法律事实进行归纳;② 运用归纳方法对那些待判案例的法律事实进行归纳;③ 将两个案例中的法律事实划分为实质性事实和非实质性事实;④ 运用比较的方法分析两个案例中的实质性事实是否相同或相似;⑤ 找出前例中所包含的规则或原则;⑥ 如果两个案例中的实质性要件相同或相似,根据遵循先例的原则,前例中包含的规则或原则可以适用于待判案例。

资料卡

大陆法系与英美法系的区别

区别点	大陆法系	英美法系
法的渊源	制定法	制定法、判例法
法律核心理念	理性主义	经验主义
法典编撰	法典形式，强调高度的系统化、逻辑化和概括性，是法院判案的直接依据	单行法律和法规，其运用还要依靠法院的判例解释
诉讼程序	纠问制，以法官为中心，奉行职权主义	对抗制，法官处于中立地位，实行当事人主义
法律的思维方式	演绎法	归纳法

三、两大法系的融合

虽然大陆法系与英美法系存在诸多区别，但这些不同并非绝对对立，而是在冲突中出现了互相吸收、互相融合的趋势。很长时间以来，众多的学者曾对两大法系孰优孰劣做过大量的论证，但两大法系发展到今天，二者的界限已变得模糊，开始趋向融合。一方面，英美法系国家的成文法日益增多，判例法有所减少，有些判例所反映的法律原则通过立法变成了成文法；另一方面，大陆法系国家虽仍以制定法为主，但在旧法已经不适用或者没有法律明文规定的情况下，开始逐渐以判例制度作为辅助，对有代表性的判例定期汇编成集并公开发行，上级法院的判例对下级法院具有一定的约束力或影响力。

在国际商法方面，两大法系的融合更为明显，随着各国商事交易的日益密切与频繁，各国相互依赖的程度也逐渐加深，这迫切需要各国国内商法走向统一化与和谐化，这样可以有效减少国际贸易的障碍，增加经贸往来的效率，从而为全球经济贸易的健康发展提供法律支持，这也正是国际商法的生命力和价值所在。目前各国国内的商法开始相互影响和吸收，突出的一个表现是兼容大陆法和英美法规则的国际公约或条约已经不在少数，国际商事实体法律规则正在逐步走向统一。

 本章思考

1. 解释下列术语：

国际商法　　国际商事惯例　　大陆法系　　英美法系　　成文法　　判例法

2. 简述国际商法的含义与特点。
3. 试述国际商事条约作为国际商法渊源的特点和利弊。
4. 试述英美法中"救济先于权利"原则的含义。
5. 试述大陆法系与英美法系的区别。

学习参考

世界五大法系
简介

第二章

国际商事组织法

本章要点

1. 商事组织法的含义与基本形式
2. 个人独资企业的基本法律规范
3. 合伙企业的特征与分类
4. 普通合伙企业与有限合伙企业的区别
5. 公司的主要特征与分类
6. 有限责任公司与股份有限公司的法律比较
7. 公司组织结构的基本框架与各机构的权限
8. 中国外商投资的基本法律规范

第一节 概 述

一、商事组织法的含义

商事组织是指依法成立、具有一定规模、能以自己的名义从事营利活动的经济组织。一般来说,商事组织即企业制度。在西方国家,商事组织有各种形式,不同类型的商事组织在法律地位、设立程序、管理权的分配、投资者的利益和责任、税收待遇等方面均有很大的不同。因此,选择恰当的企业组织形式,对于企业的发展以及投资者期望的实现,具有非常重要的意义。

商事组织法(business organization law)是指调整个人或独资企业、合伙企业以及公司的设立及其经营管理活动的有关法律规范的总称。

二、商事组织的基本形式

西方国家的商事组织主要有三种基本的法律形式:个人独资企业、合伙企业和公司。其中,公司是最重要的商事组织形式。

值得一提的是,在经济全球化浪潮中,各国普遍认为作为经济全球化与企业国际化直接产物的跨国公司在国际经济中扮演着越来越重要的角色。跨国公司(transnational corporation)又称多国公司(multi-national enterprise)、国际公司(international firm)、超国家公司(supernational enterprise)等。20 世纪 70 年代初,联合国经济及社会理事会较为全面地考察了跨国公司的各种准则和定义后,于 1974 年做出决议,决定联合国统一采用"跨国公司"这一名称。今天,跨国公司被誉为"世界经济增长的引擎",其发展得到了各国的重视,纷纷立法对其在国际贸易和投资中的行为和活动等进行引导与监管。

第二节 个人独资企业与合伙企业法

一、个人独资企业

(一) 个人独资企业的概念和特征

个人独资企业(sole proprietorship, individual proprietorship),又称个人企业或独资企业,是指由一名出资者出资与从事经营管理的企业。这是最简单、最古老,也是世界各国中采用数量最多的企业形式。

与其他国际商事主体相比,个人独资企业具有以下基本特征:① 不具有法人资格。个人独资企业即使具有一定的规模,有内部组织机构,也只是非法人组织。这是个人独资企业区别于一人公司的显著特征。② 其投资者对企业债务承担无限责任。投资者以个人财产出资的,以投资者个人的财产对企业债务承担无限责任。在我国,投资者若以其家庭共有财产作为个人出资的,应当依法以家庭共有财产对企业债务承担无限责任。③ 它是一种个人所有的企业。个人独资企业的财产为投资者一人所有,投资者对企业的财产享有完全的所有权,其有关权利可以依法进行转让或继承。

(二) 个人独资企业的优缺点

个人独资企业普遍具有的优点是:① 程序简单,企业设立门槛低,出资形式多样,开业容易;② 管理集中,管理成本较低,有利于企业扩大积累与再生产;③ 适应性强,企业灵活,适应社会的能力较强;④ 税收偏低,在税收待遇方面,个人独资企业普遍低于其他企业组织形式。

个人独资企业的缺点是:① 规模有限,个人独资企业的资金来源是以自我积累为主,这在一定程度上限制了企业规模的扩大和产业结构的调整;② 企业可持续性差,企业所有权与经营权高度统一的产权结构在使得企业拥有充分自主权的同时也使得企业主的个人情况与企业的发展休戚相关,若企业主出现意外,企业也难以持续发展;③ 抗风险能力弱,企业主承担无限责任这一点决定了企业主在经营中须得小心、谨慎,否则一旦经营不善,会牵连其个人财产。

(三) 各国的立法模式

目前,世界上多数国家并未对个人独资企业单独立法。比如,法国、德国是根据民法和商事法律来规范的;美国在法律上认定个人独资企业与公民个人并无实质性的区别,因此美国各州对其未专门立法,涉及个人独资企业的问题由相关的法律进行调整。我国则不同,对个人独资企业予以了专门立法。

(四) 中国个人独资企业的立法规定

《中华人民共和国个人独资企业法》于1999年8月30日通过,2000年1月1日起施行。

设立个人独资企业应当具备下列五个方面的条件:① 投资人为一个自然人。个人独资企业的投资人只能是具有完全民事行为能力的中国公民,并且法律、行政法规禁止从事营利性活动的人,不得作为投资人申请设立个人独资企业。② 有合法的企业名称。个人独资企业的名称中不得使用"有限""有限责任"或者"股份有限"等字样。③ 有投资人申报的出资。设立个人独资企业可以用货币出资,也可以用实物、土地使用权、知识产权或者其他财产权利出资。若以家庭共有财产作为个人出资的,则应在设立申请中予以注明。④ 有固定的生产经营场所和必要的生产经营条件。个人独资企业以其主要办事机构所在地为住所。⑤ 有必要的从业人员。

个人独资企业在管理上采取灵活的方式,既可自行管理,也可以委托或者聘用其他具有民事行为能力的人管理。投资人对受托人或者被聘用的人员职权的限制,不得对抗善意的第三人。

为充分保护投资人的合法权益,投资人委托或者聘用的管理个人独资企业事务的人员不得有下列行为:① 利用职务上的便利,索取或者收受贿赂;② 利用职务或者工作上的便利侵占企业财产;③ 挪用企业的资金归个人使用或者借贷给他人;④ 擅自将企业资金以个人名义或者以他人名义开立账户储存;⑤ 擅自以企业财产提供担保;⑥ 未经投资人同意,从事与本企业相竞争的业务;⑦ 未经投资人同意,同本企业订立合同或者进行交易;⑧ 未经投资人同意,擅自将企业商标或者其他知识产权转让给他人使用;⑨ 泄露本企业的商业秘密;⑩ 法律、行政法规禁止的其他行为。

练一练

某个人独资企业的投资人甲聘用乙作为企业经理,下列所述乙的行为中为法律所禁止的是( )。

A. 乙将企业的20万元资金借给自己的同学丙

B. 某日,甲外出,甲的好友丁来求助该企业为其贷款提供担保,乙认为丁是甲的好友,未向甲请示就以企业财产为刘某提供了担保

C. 乙认为企业获取的一项专利一直未能实施给企业造成了损失,遂说服甲同意将其转让给戊,后来戊实施该专利,获利颇丰

D. 乙将企业资金20万元用于个人炒股,在股市上获利后,立即归还给企业

【参考答案】ABD

个人独资企业的权利:① 个人独资企业可以依法申请贷款、取得土地使用权,并享有法

律、行政法规规定的其他权利。② 任何单位和个人不得违反法律、行政法规的规定,以任何方式强制个人独资企业提供财力、物力、人力;对于违法强制提供财力、物力、人力的行为,个人独资企业有权拒绝。

个人独资企业的义务:① 个人独资企业应当依法设置会计账簿,进行会计核算。② 个人独资企业职工依法建立工会,工会依法开展活动。③ 个人独资企业招用职工的,应当依法与职工签订劳动合同,保障职工的劳动安全,按时、足额发放职工工资。个人独资企业应当按照国家规定参加社会保险,为职工缴纳社会保险费。

在我国,个人独资企业与一人有限责任公司二者虽然都以营利为目的,但是在出资人的身份、责任承担、税收待遇等方面有着明显的区别,个人独资企业的法律性质是非法人企业,而一人有限公司则是企业法人。

 资料卡

个人独资企业与一人有限责任公司的区别

区 别 点	个人独资企业	一人有限责任公司
出资主体	自然人	自然人、法人
转投资规则	没有限制,投资人可以通过受让股份或购买股票的方式成为公司的股东	对外进行投资时,不能投资设立新的一人有限责任公司
责任承担方式	无限责任	有限责任
税收待遇	按个人所得税征收	按企业所得税征收

二、合伙企业

(一) 合伙企业的概念和特征

合伙企业(partnership)又称合伙经营,是指由两个或两个以上自然人、法人和其他组织依法设立的由各合伙人共同出资、共同经营、共享收益、共担风险的商事组织。《简明不列颠百科全书》将其解释为:"两个或两个以上的人,为了经营企业并分享其盈亏的自愿联合。"

一般而言,合伙企业具有以下特征:

(1) 合伙企业是建立在合伙协议基础上的一种企业。合伙协议必须是合伙人共同意思表示一致的结果,规定了合伙人在合伙中的权利和义务。即使合伙企业设立一定的组织机构负责日常的业务,其内部关系仍然主要适用合伙协议的有关规定。值得注意的是,这一特征与享有法人资格的公司不同,公司是以章程作为共同行为的标准。在发达的市场经济国家,协议可以是口头的,也可以是书面的,但是我国的《合伙企业法》中则要求协议是书面形式。

（2）合伙企业是"人的组合"，合伙人的死亡、破产、退出等都影响合伙企业的存续和发展。

（3）合伙企业的内部关系是合伙关系，即全体合伙人共同出资、合伙经营、共享收益、共担风险。若合伙人相互之间无共同经营之目的和行为，则纵使有某种利益上的联系，也非合伙。

（4）合伙企业一般不具有法人资格，但也有不同。各国普遍认为合伙企业只有相对独立的人格，原则上不能以自身名义拥有财产、享受权利和承担义务。但法国、荷兰、比利时等国的法律则承认了合伙企业的法人地位，美国法律也赋予了合伙企业以自己的名义起诉、应诉的权利。

（5）合伙人对企业债务承担无限连带责任。一方面，债权人有权请求任何一位合伙人履行合伙的全部债务，承担连带清偿责任；另一方面，合伙人以个人所有的全部财产作为合伙债务的担保，承担无限清偿责任，并不以出资为限。这一特征是合伙企业与法人企业的主要区别。值得注意的是，有限合伙企业的合伙人的责任可能有不同，我国《合伙企业法》中规定有限合伙企业的有限合伙人承担有限责任，但同时要求有限合伙企业至少应当有1个普通合伙人。有限合伙企业仅剩有限合伙人，应当解散；有限合伙企业仅剩普通合伙人，则转为普通合伙企业。因此，总的来看，我国有限合伙企业并未突破合伙企业要求对外承担无限责任的实质。

（二）合伙企业的分类

各国在合伙企业的立法中，按照其各自的需要规定了不同的合伙企业类型。

1. 大陆法系国家的一般分类

部分大陆法系国家将合伙是否以营利为目的分为"民事合伙"和"商事合伙"两类，分别适用民法典和商法典或有关的商事法规。民事合伙指具备合伙的普遍特征但不采取企业形式，不以营利为目的的合伙。在《德国民法典》中，对民事合伙的规定是"根据合伙契约，合伙人彼此间有义务实现由契约方式确立的共同目的，特别负有履行约定出资义务"。商事合伙是指达到一定的经营规模并专门从事营利性活动的合伙企业。对商事合伙，《德国民法典》则规定了无限公司、两合公司及隐名公司三种合伙类型。而法国、日本等国家的法律制度则更加强调合伙的团体性，法国在其法律中规定隐名合伙以外的合伙自登记之日起享有法人资格，日本的法律则认可无限公司和两合公司的法人资格。

2. 英美法系国家的一般分类

英美法系国家的立法一般将合伙企业分为普通合伙和有限合伙。美国的《统一合伙法》将合伙分为普通合伙与有限合伙，而且均不承认其具有法人地位。据此有美国学者认为，就合伙的债务承担来讲，个体户可以作为单人合伙。但在英国的合伙法中，普通合伙是从事共同经营的人之间为盈利而存在的一种关系。英国法律制度为合伙限定了企业的地位，并限于商事合伙，突出了合伙的团体性。

我国的合伙企业分为普通合伙企业和有限合伙企业，普通合伙企业中还包括了特殊的普通合伙企业。

 **资料卡**

中国合伙企业的分类与特征

类　型	基　本　特　征
普通合伙企业	由普通合伙人组成,合伙人对合伙企业债务承担无限连带责任
特殊的普通合伙企业	以专业知识和专门技能为客户提供有偿服务的专业服务机构
有限合伙企业	由普通合伙人和有限合伙人组成,普通合伙人对合伙企业债务承担无限连带责任,有限合伙人以其认缴的出资额为限对合伙企业债务承担责任,有限合伙企业至少应当有1个普通合伙人

总的来看,有限合伙在合伙企业类型中是比较特殊的,各国普遍对其做了一些限制或者特殊规定。在美国,有限合伙是一种较为广泛采纳的营业组织形式,其概念首先见于1822年纽约州的一项法律。一般而言,凡普通合伙可以从事的营业,有限合伙都可以从事,除非成文法有明确规定。1916年美国统一州法委员会通过了《统一有限合伙法》,现已为大多数州采纳。它对有限合伙企业做出了一般法律规定,包括:有限合伙企业的名称、性质、地址、合伙人姓名及住所地、合伙人责任、合伙存续条件、资金额、利润分配方法等应由合伙人宣誓确认;同时,有限合伙人的出资必须是现款和财产,不得以劳务为出资;有限合伙人不参与有限合伙企业的经营管理,只是按照出资额分享利润,承担亏损。在美国,有限合伙的合伙人不局限于自然人,承担有限责任的公司也可以参与合伙。

英国于1907年专门制定了《有限合伙法》,从而在法律上确立了有限合伙这一企业法律形式。其有限合伙人是指不参加合伙业务经营管理,只对自己出资部分负有限责任的合伙人,其对合伙企业的债务,仅以出资额为限负有限责任。为了巩固有限合伙的基础,英国《有限合伙法》特别重视注册登记的作用,并强调贸易部对有限合伙的管制。英国的有限合伙人不受竞业禁止义务的限制,其名称不得列入商号,有限合伙人的死亡、破产也不影响有限合伙企业的存在。其余的规定,大体同美国,而对于法人是否能成为合伙人,法律似乎并未明显规定。

在大陆法系的法国,其有限合伙企业是以两合公司的形式出现的,法律赋予这种企业组织形式以法人资格。《法国商事公司法》第23条规定:"简单两合公司的无限责任股东具有合股公司股东的地位。有限责任股东只以其出资额为限对公司债务承担责任。有限责任股东不得以技艺出资。"第28条规定:"有限责任股东不得从事任何对外的经营活动,即使根据一项委托,也不得从事此类活动。"

《德国商法典》第161条也规定了两合公司的概念,即指具有以共同的商号经营营业的目的,在股东中的一个或数人对公司债权人的责任限于一定的财产出资的数额(有限责任股东),而股东中其他人(无限责任股东)的责任不受限制的公司。但与法国规定不同的是,德国的两合公司不具有法人资格,其本质上就是有限合伙。在"法律交往中,它作为一个商事经营企业,可以享有很大的法律上的独立性,可以在自己的商号下独立享有权利、承担义务,可以独立参与法律诉讼活动"。"其债务清偿仍是分为有限股东债务之清偿和无限股东债务之清偿,只有无限股东才承担债务清偿之无限责任。"

《日本商法典》第146条至164条中也规定了两合公司,其要求公司章程中记明股东所负的责任(149条),同样规定"有限责任股东只能以金钱或其他财产作为其出资标的"(150条)且"有限责任股东不得执行公司业务或代表公司"。又有将日本商法上的"两合公司"译作"合资公司"的,"合资公司"是由无限责任社员和有限责任社员组成的公司,即在无限责任社员经营的事业中,有限责任社员提供资本,并参与该事业产生的利益分配的这样一种企业形态。各社员的责任是有限还是无限,必须在章程中记载并登记。在日本,合名公司(即无限公司)和合资公司由于重视社员的个性,而被称为人合公司;股份公司和有限责任公司相反,它们以财产为中心,因此被称为物合公司。"日本法律虽然把所有的公司都作为法人,但也有的国家把人合公司不看作法人。"可见,在日本,两合公司(合资公司)是有法人资格的。

值得一提的是,在我国,有限合伙企业出现得比较晚,是在2007年《合伙企业法》修订时为满足市场经济发展的需要而增设的,其与普通合伙企业在企业设立、合伙人的责任、利润分配等方面均有不同。

 资料卡

有限合伙企业与普通合伙企业的区别[①]

	区 别 点	普通合伙企业	有限合伙企业
1	合伙人性质	均为普通合伙人	至少有1名为普通合伙人
2	合伙人人数	2人以上	2～50人
3	出资形式	各种形式的出资均可	有限合伙人不能以劳务出资
4	名称字样	必须标明"普通合伙"字样	必须标明"有限合伙"字样
5	合伙人责任	均承担无限连带责任	有限合伙人承担有限责任
6	企业事务执行	全体合伙人享有同等的权利,共同执行合伙事务	由普通合伙人执行,有限合伙人不能执行
7	企业利润分配	不得分配给部分合伙人	原则上不得将全部利润分配给部分合伙人,若另有约定的从其约定

---

① 资料来源:刘大洪.经济法[M].北京:机械工业出版社,2013:54.

续　表

	区　别　点	普通合伙企业	有限合伙企业
8	合伙人行为约束	禁止同本企业竞争、交易和将企业中的财产份额出质	可以同本企业竞争、交易和将企业中的财产份额出质,若另有约定的从其约定
9	财产份额转让	对内转让须通知其他合伙人,对外转让应得到全体合伙人的一致同意	依照约定转让,不必经全体合伙人一致同意,但对外转让应当提前30日通知其他合伙人
10	入伙	对入伙前的企业债务承担无限连带责任	有限合伙人对入伙前的债务以出资额为限承担责任
11	退伙	对退伙前的企业债务承担无限连带责任	有限合伙人对退伙前的企业债务以其退伙时从企业中取回的财产承担责任
12	合伙人死亡或终止	继承人当然取得财产份额,但合伙人资格须得到全体合伙人的一致同意	有限合伙人的继承人可以取得财产份额和合伙人资格,没有限制

3. 隐名合伙

隐名合伙起源于中世纪意大利商港所遵行的"柯曼达"(Commenda)契约:一方合伙人只提供资金但待在家里,另一方合伙人从事航行。出资方与从事航行的一方按3∶1的比例分配利润。虽然柯曼达反映出12、13世纪生命的廉价和资金的短缺,但为当时要求变化的其他社会压力找到了出路。柯曼达所具有的极大好处就是合伙人的责任被限于他们最初投资的数额,而且投资者可以通过把他们的钱分散在几个不同的柯曼达而不是完全投入一个柯曼达来减少风险。柯曼达后来逐渐演变为两合公司和隐名合伙。

最早规定隐名合伙制度的国家应是德国,《德国商法典》第二篇第五章第335～342条对隐名合伙制度做了相关的规定,明确界定隐名合伙是作为隐名合伙的出资者与商业企业业主之间的一种契约,根据该契约,隐名合伙人负责向企业提供一定数额的资金,并相应地参与企业利润的分配,分担企业的亏损。1978年修改后的《法国民法典》则专门规定了一章"隐名合伙",但不认为其具有独立人格。

各国法律一般不承认隐名合伙为法人。其法律特征主要有:只有营业人才是权利主体,隐名合伙人不经营业务,不是权利主体,如果隐名合伙人以自己的名义与第三人缔结合同,要单独承担责任。只有营业人才对合伙企业负无限责任,隐名合伙人负有限责任。此外,各国法律对隐名合伙人提供企业财产的保障规定不同。例如,《法国民法典》规定各合伙人交予合伙企业的财产为共有财产,受法律保护;《日本商法典》规定,隐名合伙人的出资,为营业人的财产,而非共有财产。

(三) 合伙企业的设立

各国法律对合伙企业的设立都规定了一定的条件,但相较于公司来说,其设立条件相对宽松,程序比较简单。例如,我国《合伙企业法》规定,设立普通合伙企业,应当具备以下条件:

(1) 有两个以上合伙人,合伙人为自然人的,应当具备完全民事行为能力。

(2) 有书面的合伙协议。合伙协议依法由全体合伙人协商一致,以书面形式订立。合伙协议应当载明下列事项:① 合伙企业的名称和主要经营场所的地点;② 合伙目的和合伙经营范围;③ 合伙人的姓名或者名称、住所;④ 合伙人的出资方式、数额和缴付期限;⑤ 利润分配、亏损分担方式;⑥ 合伙事务的执行;⑦ 入伙与退伙;⑧ 争议解决办法;⑨ 合伙企业的解散与清算;⑩ 违约责任。合伙人按照合伙协议享有权利,履行义务。合伙协议是确定合伙人相互间权利和义务的具有法律约束力的协议。合伙协议经全体合伙人签名、盖章后生效。如果要修改或者补充合伙协议,应当经全体合伙人一致同意;但是,合伙协议另有约定的除外。合伙协议未约定或者约定不明确的事项,由合伙人协商决定;协商不成的,依照《合伙企业法》和其他有关法律、行政法规的规定处理。

(3) 有合伙人认缴或者实际缴付的出资。合伙人可以用来出资的形式很多,但不同形式的出资要求也不同。合伙人可以用货币、实物、知识产权、土地使用权或者其他财产权利出资,也可以用劳务出资。具体要求如下:合伙人以实物、知识产权、土地使用权或者其他财产权利出资,需要评估作价的,可以由全体合伙人协商确定,也可以由全体合伙人委托法定评估机构评估;合伙人以劳务出资的,其评估办法由全体合伙人协商确定,并在合伙协议中载明;以非货币财产出资的,依照法律、行政法规的规定,需要办理财产权转移手续的,应当依法办理。

(4) 有合伙企业的名称和生产经营场所。合伙企业名称中应当标明"普通合伙"字样。合伙企业只有拥有自己的名称,才能以自己的名义参与民事法律关系,享有民事权利,承担民事义务并参与诉讼,成为诉讼当事人。

(5) 法律、行政法规规定的其他条件。

 练一练

下列对普通合伙企业设立的论述,符合法律规定的是(　　)。

A. 公民张某与自己年仅 13 周岁的儿子成立一个合伙企业
B. 合伙人必须一次全部缴付出资,不可以约定分期出资
C. 公民甲、乙、丙、丁出资设立一个普通合伙企业,甲可以劳务出资
D. 合伙企业名称中没有标明"普通"或是"有限"字样,就视为普通合伙企业

【参考答案】C

(四) 合伙企业的事务管理

1. 合同企业的内部关系

合伙企业事务的管理方式比较灵活。一般可以采用共同执行和委托执行两种方式。

(1) 共同执行。这是各国合伙企业事务执行的基本形式,也是多数合伙企业的常用形式。基于各合伙人对执行合伙企业事务享有同等的权利,因此全体合伙人共同执行合伙企业事务。

(2) 委托执行。这是指根据合伙协议的约定或合伙人的决定,委托一名或者数名合伙人对外代表合伙企业执行合伙企业事务,由此产生的收益归合伙企业,所产生的费用和亏损由合伙企业承担。在一般情况下,其他合伙人不再执行合伙企业事务,但有权监督执行事务的合伙人,检查其执行合伙企业事务的情况。同时需要强调的是,这并不意味着接受委托的合伙人可以执行所有合伙企业的事务,一些重要的合伙企业事务的执行是有所限制的。例如,我国《合伙企业法》明确规定,除合伙协议另有约定外,合伙企业的下列事项应当经全体合伙人一致同意:① 改变合伙企业的名称;② 改变合伙企业的经营范围、主要经营场所的地点;③ 处分合伙企业的不动产;④ 转让或者处分合伙企业的知识产权和其他财产权利;⑤ 以合伙企业名义为他人提供担保;⑥ 聘任合伙人以外的人担任合伙企业的经营管理人员。

练一练

除合伙协议另有约定外,普通合伙企业存续期间,不必经全体合伙人一致同意的行为是( )。

A. 合伙人之间转让其在合伙企业中的财产份额
B. 以合伙企业名义为他人提供担保
C. 聘任合伙人以外的人担任合伙企业的经营管理人员
D. 处分合伙企业的不动产

【参考答案】A

2. 合伙企业的外部关系

无论合伙企业的内部关系如何,合伙企业对外均作为一个整体与第三人发生法律关系,正确处理合伙企业与第三人之间的关系,有利于保护善意第三人的利益。各国法律一般都规定合伙人之间对第三人适用相互代理原则,即每个合伙人都有权作为其他合伙人的代理人,而且每个合伙人在处理合伙事务时,除非有明确的反证,都可以被认为是合伙企业的合法代理人,有权对外代表合伙企业。据此,合伙企业的对外关系体现出以下几个方面的特点:

(1) 每个合伙人在执行合伙事务过程中所做出的行为,对合伙企业与其他合伙人都具有约束力。

(2) 可以对合伙企业内部对合伙人执行合伙事务及其对外的代表权进行限制,但这种限制不得对抗善意第三人。例如,在第三人不知情的状况下,非执行合伙人越权代表合伙企业与第三人进行某项交易时,其他合伙人及执行合伙人不得以行为人越权而主张交易无效。

评一评

执行合伙事务的合伙人签订的合同对合伙企业有约束力吗

【案情】 某年1月,曾某、宛某等人投资建一酒店,为合伙企业,两人在合伙协议中约定由宛某保管酒店印章同时负责酒店装饰。其间为装潢事宜,宛某来到原告的店面查看移门,此后宛某与原告经协商就酒店包厢移门达成协议,由原告制作、安装。2月,原告依约履行义务后,多次找到宛某要求支付移门余款,宛某于当年11月向原告出具欠条一张,并加盖酒店印章。事后,经原告多次催要移门余款未果,向法院起诉请求判令宛某与酒店连带支付余款及违约金。酒店辩称,原告所诉的事实与理由不成立,没有与原告发生业务往来。另查明,在酒店经营初期,宛某、曾某就内部经营事宜产生纠纷。3月初,曾某在要求宛某交出酒店印章未果情况下,于3月26日登报声明酒店印章遗失并声明作废。

请问:(1)受委托执行合伙事务的合伙人签订的合同对合伙企业是否有约束力?

(2)合伙企业与执行合伙人是否应就债务承担连带偿还责任?

【评析】 (1)涉案欠条所反映的印章虽然已于3月26日登报作废,但当年2月宛某作为受委托执行合伙事务的合伙人,其在原告处订购移门、拖欠移门款项的行为,涉案酒店作为移门订购合同的相对人依法应当承担民事责任,并且本案中原告方为善意第三人,《中华人民共和国合伙企业法》第37条规定:"合伙企业对合伙人执行合伙事务以及对外代表合伙企业权利的限制,不得对抗善意第三人。"因此,原告的诉求应该得到支持。

(2)涉案酒店为合伙企业,被告宛某作为合伙人之一,在酒店未能清偿到期债务时,依法应当承担无限连带责任,但其清偿数额超过合伙协议约定的亏损分担比例的,有权向其他合伙人追偿。

(五)合伙企业的解散与清算

合同企业的解散分为两种情况。一是自愿解散(voluntary dissolution),是指合伙企业根据协议而解散。当合伙协议规定了期限时,合伙企业即于该期限届满时宣告解散;如果合伙协议中没有规定期限,则合伙人之间也可以在事后达成协议,宣告合伙企业解散。二是依法解散(dissolution by operation of law),是指合伙企业根据合伙法的有关规定宣告解散,通常有以下五种情况:① 除合伙人之间另有协议外,如果合伙人之一死亡或退出,合伙企业即告解散;② 当合伙企业或合伙人之一破产时,合伙企业即告解散;③ 如果因为发生某种情况,合伙企业所从事的业务成为非法的,该合伙企业即自动解散;④ 如果爆发战争,合伙人之一系敌国公民时,合伙企业亦应解散;⑤ 如果在合伙人中有人精神失常,长期不能履行其职责,或有人因行为失当而使企业遭受重大损失,又或者,如果企业因经营失败难以继续维持,则任何合伙人均有权向法院提出申请,要求法院下令解散合伙企业。

此外,合伙人原则上有权提出退出合伙企业,但是各国合伙法对此项权利都有一定的限制,以保证合伙企业的稳定发展。例如,《德国民法典》第723条规定,合伙契约如果规定了期限,那么合伙人只有在有重大事由发生时,方可提出退伙。所谓"重大事由",主要是指其他合伙人已严重违反合伙契约所规定的义务。如果没有重大事由发生,合伙人退伙,则应对其他合伙人赔偿由此而带来的损失。法国的法律则规定,合伙人退伙不得损害第三人的权利与利益。

当合伙企业解散时,在清偿企业的债务后,所有合伙人都有权参与财产的分配。如果企业的剩余资产不足以清偿其债务,合伙人就必须以其个人财产负无限连带清偿责任。

评一评

合伙人被强制除名案[①]

【案情】 某年,孙某弟兄俩各出资5万元,万某出资10万元合伙开办了一食品超市,商议具体业务由孙某弟兄俩负责。经营1年多后,该超市便盈利10万元,按照当时的合伙协议,万某分得了5万元的红利,孙某弟兄俩则一人分得2.5万元。弟兄俩见该超市利润丰厚,便以"万某不会经营"为借口,将万某的投资从超市提出,退给万某,并强制将万某从该超市除名,不让万某到超市上班。

万某多次找孙某弟兄俩质问,均无结果。于是他决定到法院起诉孙某弟兄俩,可孙某弟兄俩却认为,合伙企业是三人自己的事,万某到法院去起诉,是瞎子点灯白费蜡。他们说得对吗?法院能受理此案吗?

【评析】《中华人民共和国合伙企业法》第49条规定:"合伙人有下列情形之一的,经其他合伙人一致同意,可以决议将其除名:(1)未履行出资义务;(2)因故意或者重大过失给合伙企业造成损失;(3)执行合伙企业事务时有不正当行为;(4)合伙协议约定的其他事由。对合伙人的除名决议应当书面通知被除名人。被除名人自接到除名通知之日起,除名生效,被除名人退伙。被除名人对除名决议有异议的,可以在接到除名通知之日起30日内,向人民法院起诉。"

从本案看,万某被孙某弟兄俩除名,违反了上述规定的情形,理由有三:一是万某并没有出现上述规定被除名的行为;二是孙某弟兄俩将万某除名,没有用书面形式通知万某;三是孙某弟兄俩见合伙超市利润可观,就以万某不会经营为借口,将万某的投资退出,并强制将万某除名,并不让其到超市上班,引起万某不服。因此,万某完全可以依法向人民法院提起诉讼,请求人民法院确认该除名无效,以保护自己的合法权益。

第三节 公 司 法

一、公司的概念和分类

公司制度的产生与发展经历了一个历史过程,即从17世纪的特许公司发展到18世纪

[①] 资料来源: http://china.findlaw.cn/gongsifalv/hehuojiameng/grhhqy/47756.html.

的合股公司,再发展到19世纪中期的现代股份公司。

(一) 公司的概念

由于各国的传统法律与公司法制度的不同,因此对公司概念的表述也不尽一致。

在大陆法系国家,公司(company / corporation)是指依法定程序设立的以营利为目的的社团法人。这区别于公法人、财团法人与公益性社团法人,是一种最具有普遍性的企业组织形式。

在英美法系国家,公司是指数人出于共同的目的而进行的资本经营组合,一般是为营利而经营某种业务,同时,对于合伙企业难以胜任的联合也往往采用这种组织形式。英美法系国家的公司法确认公司拥有两个基本属性,即法人与有限责任。

在我国,公司明确被认定为企业法人,《中华人民共和国公司法》第三条规定:"公司是企业法人,有独立的法人财产,享有法人财产权,公司以其全部财产对公司的债务承担责任。"因此,这里可以将公司理解为一种以营利为目的并承担有限责任的企业组织形式。

(二) 公司的特征

1. 营利性

以营利为目的一方面是指公司的经营目的是获取利润;另一方面是指经营具有连续性,即须连续从事同一性质的经营活动,且经营范围要固定。这一特征使公司区别于不直接从事经营活动的国家行政机关及各类事业单位法人,也区别于一些看似从事一定的经济活动,但不以营利为目的的其他组织,如慈善机构。

2. 法人性

公司区别于独资企业和合伙企业的显著特征就是公司具有独立的法人资格。公司是企业法人,公司财产与公司成员的个人财产相区别,公司以自己的名义依法独立享有权利和承担义务。

3. 社团性

公司是股东以财产进行的联合。公司是社团法人的一种,一般由两个以上股东组成。各股东按照公司章程的规定,共同出资、共享利润、共担风险,具有明显的社团性。虽然不少国家已经认可了"一人公司",比如美国的州公司法、丹麦公司法、欧盟公司法指令明确要求欧盟各国承认一人公司,我国也在2005年修订《公司法》时允许一人有限责任公司。但这只是公司常态的例外,并不能否认公司的社团性特征。

4. 持续性

公司的股东与公司相互分离,股东的死亡、退出或破产原则上并不影响公司的存续,因此在英美法系中,公司被认为具有"永续性"(perpetual existence)。这种独立有利于社会资本的集中与经营管理的科学化。但换一个角度来看,由于公司一般采取有限责任制,一些不法分子常利用公司进行投机与欺诈活动,逃避法律义务,损害社会公众利益。为了防止这种现象发生,英美法系国家的公司法逐渐形成了所谓"揭开公司面纱"(lifting the veil of corporation)的制度。

 资料卡

"揭开公司面纱"制度

"揭开公司面纱"制度又称"公司人格否认""公司法人资格否认""股东有限责任待遇之例外""股东直索责任"制度。根据这种制度，如法院或仲裁机构认为成立公司的目的在于利用公司从事妨碍社会利益、进行欺诈或其他犯罪活动的，法院或仲裁机构将不考虑公司所具有的法人资格，而直接追究股东或其他行为人的民事责任或刑事责任。

公司法人资格否认制度以公司法人资格之存在为前提。如果某企业自始至终未取得法人资格或法人资格存在瑕疵，就谈不上公司人格之否认。公司人格否认制度与股东有限责任制度一张一合，共同构成了现代公司制度的核心内容。

我国《公司法》第20条第3款规定："公司股东滥用公司法人独立地位和股东有限责任，逃避债务，严重损害公司债权人利益的，应当对公司债务承担连带责任。"

其他国家也有相关的法律规范，英美法系为相关司法判例。据英美法学家们的归纳，在英美法系国家适用"揭开公司面纱"制度有几个充分必要条件：(1) 人格混同；(2) 不当控制；(3) 财产混同；(4) 资产严重不足。

(三) 公司的分类

1. 公司的学理分类

(1) 依公司的信用标准不同，可将其分为：① 人合公司，是指公司的设立和经营着重于股东的个人条件，以股东个人的信用、地位和声誉作为对外活动基础的公司。无限公司是典型的人合公司。② 资合公司，是指公司的设立和经营着重于公司的资本数额，以股东的出资为信用基础的公司。股份有限公司为典型的资合公司。③ 人合兼资合公司。公司的设立和经营兼具人的信用和资本信用两方面特征。两合公司与股份两合公司是典型的人合兼资合公司。

(2) 依公司的组织系统不同，可将其分为：① 母公司（也称控股公司），即通过掌握其他公司的股份，从而能实际控制其经营活动的公司。② 子公司（也称受控公司），即受母公司所控制但在法律上具有独立法人资格的公司。

(3) 依公司的管辖系统不同，可将其分为：① 总公司（也称本公司），是指依法首先设立或与分公司同时设立，管辖公司全部组织的总机构。② 分公司，是指在法律上和经济上没有独立地位，受总公司管辖的分支机构。分公司不具有法人资格。

(4) 依公司国籍不同，可将其分为：① 本国公司。公司国籍依特定国家的公司法规定而设立的属于该国的公司。② 外国公司。公司虽设立在本国，但其国籍不属于本国，而是依他国公司法设立的属于他国的公司。我国《公司法》设专章对此做了专门规定。③ 多国公司（也称跨国公司、国际公司），即由母公司与设立在各国的子公司、分公司组成的，以本国为基地或中心从事国际性生产经营活动的经济组织。它在法律上并非是独立的公司，而是表现为公司之间所形成的一种特殊的联系,实质上为母、子公司与总、分公司间的法律关系。

 想一想

子公司与分公司有相似之处,但二者在法律责任的承担、财务管理制度、与母公司或总公司之间的关系等方面有着本质的区别,具体区别是怎样的?

2. 公司的法律分类

(1) 无限责任公司(unlimited liability company),是指全体股东对公司债务负无限连带责任的公司。无限责任公司与合伙企业极为相似,各国通常对这二者择一设定,否则容易引起法律适用上的冲突。

(2) 有限责任公司(limited liability company),是指由两个以上股东出资设立、各股东仅以其出资额为限对公司债务负清偿责任,公司以全部资产对其债务承担责任的公司。与股份有限责任公司相比较,有限责任公司不向社会募集资本,股东通常是基于信任而联合起来的,具有一定的封闭性,因此其设立程序相对简便,股东人数也相对稳定。

(3) 股份有限公司(company limited by shares),是指由一定数量股东出资设立的,公司全部资本分为等额股份,股东以其所认购的股份额对公司债务承担有限责任,公司以其全部资产对公司债务承担责任的公司。

(4) 两合公司(limited partnership),是指由无限责任股东与有限责任股东组成的,无限责任股东对公司债务负无限连带责任,有限责任股东对公司债务仅以其出资额为限承担有限责任的公司。这种公司形式存在于大陆法系国家,如德国、日本,与英美法系国家的"有限合伙"非常相似。

(5) 股份两合公司(limited partnership with share capital),是指资本划分为股份,由一个以上的无限责任股东与一个以上的股份有限责任股东组成的公司。它是两合公司的一种特殊形式,兼有无限公司与股份有限公司的特点,多数国家未规定此种形式。

 想一想

我国《公司法》规定的企业类型主要有哪些?

二、有限责任公司与股份有限公司

有限责任公司与股份有限公司是目前各国最重要,也是最具代表性的企业组织形式。虽然在数量上并不占优势,但在规模、影响等方面却是举足轻重的。

(一) 公司的设立

1. 设立方式

公司的设立方式可以分为以下两种:

(1) 发起设立,也称单纯设立或共同设立,是指公司资本由发起人全部认购,不向他人招募资本的公司设立方式。无限公司、两合公司、有限公司只能采取此种方式设立,股份有限公司也可采取此种方式设立。

(2) 募集设立,也称渐次设立、复杂设立,是指公司设立时发起人只认购公司一定比例的股份,其余部分向社会公开募集或者向特定对象募集的公司设立方式。该方式仅适用于股份有限公司。

2. 设立条件

(1) 股东或发起人符合法定人数。有限责任公司除了一人公司和国有独资公司,一般要求最低有 2 个发起人,股份有限公司的社团性要求更高,德国要求至少有 5 个发起人,法国、日本要求至少有 7 个发起人。我国为了避免企业陷入非法集资和非法吸收公众存款的风险,股份有限责任公司的发起人既有下限要求,也有上限要求,即不能少于 2 人,且不能多于 200 人。

想一想

部分国家对能够从事商业活动的自然人的身份或者职业有限制,想一想我国哪些职业的自然人在创办企业时可能会受到约束?

(2) 有符合公司法要求的公司资本。公司的资本又称公司股本、注册资本,是公司成立时公司章程确定的、由全体股东出资构成并在公司登记机关登记的财产总额。公司资本是公司赖以存在和正常经营的物质基础,因此也是设立公司的必要条件。

想一想

公司资本是否等于公司资产?

各国公司法对公司资本的规定主要有以下几个方面:

一是达到法定最低资本额。关于法定最低资本额,世界各国的规定差异较大。传统的大陆法系国家一般都有法定最低资本额的要求,如《德国有限公司法》第 5 条规定,公司的股本至少为 5 万德国马克;《德国股份公司法》第 7 条规定,股本的最低名义数额为 10 万德国马克(自 1999 年 1 月 1 日起,由 5 万欧元取代);《欧盟第二号公司法指令》第 6 条规定,成员国法律应当规定实际认购股本的最低数额,此种数额不得低于 2.5 万欧洲货币单位。而英美法系国家和地区对法定最低资本额一般不做规定,如新加坡。属于英美法系的英国原本没有公司最低资本额的规定,但是为了与《欧盟第二号公司法指令》第 6 条相协调,修改了自己的公司法,增加了对最低资本额的限制,规定为 5 万英镑。美国在 20 世纪 60 年代前,各州的法律普遍规定公司必须具有一定数额的资金方可开业。但 1969 年美国《示范商业公司法》取消了法定最低资本额的规定。受其影响,美国的大多数州已经废除法定最低资本额的规定,但也有一些州仍保留法定最低资本额。

我国随着经济发展,营商环境日趋宽松,《公司法》经过数次修订,逐步取消了对有限责任公司的最低资本限额要求,认同了资本的认缴制度,只是要求股份有限公司采取发起设立方式设立的,在发起人认购的股份缴足前,不得向他人募集股份。股份有限公司采取募集方式设立的,注册资本为在公司登记机关登记的实收股本总额。但法律、行政法规以及国务院决定对股份有限公司注册资本实缴、注册资本最低限额另有规定的,从其规定。

想一想

资本实缴制和资本认缴制是公司资本的两种基本缴纳制度。请问这两种制度各有什么优缺点? 主要适用的国家和地区分别有哪些?

二是符合法定的出资方式。各国皆允许股东以现金、实物、知识产权等形式认购和缴纳股份,其中现金是最常用的认股手段,但是大多不允许以劳务、信用、商誉等不可转让的资产出资。

评一评

公司设立人可以劳务出资吗①

【案情】 某年,广州市的顾某与张某约定开设一家有限责任公司,在公司设立的过程中,顾某提供了公司成立所需要的注册资本、营业场地以及办公费用。在此期间,张某为该公司的成立四处奔走,独自办理了公司成立的全部手续,购买了全部的办公用品,招聘了公司的全部工作人员。该公司于当年10月正式成立,名称为"广州市××物资有限责任公司",顾某为该公司的总经理,张某为副总经理。

第二年,顾某见公司的效益很好,又在工作中与张某发生了一系列的矛盾,故不愿与张某分享利润,在张某缺席的情况下,顾某召开了公司全体员工会议,除去张某副总经理的职务。张某认为,其在公司成立的过程中付出了劳动,应该是公司的主要股东之一,理应参加公司的分红,并且顾某在其缺席的情况下除去职务,是不合程序的,顾某的行为侵犯了他的股东权益。于是张某诉之法院,要求公司恢复其职务,分给他应有的分红并对其进行赔偿。

【评析】 本案的关键是公司的出资能不能以劳务的形式进行。所谓劳务出资,是指股东以精神上、身体上的劳务抵冲出资。一些大陆法系国家的公司法允许无限责任股东以信用和劳务作为出资。但依据我国《公司法》规定:有限责任公司和股份有限公司的资本由现金、实物、工业产权、土地使用权等构成,劳务不能作为公司资本的组成要素,即我国的公司不能以劳务入股。在本案中,张某虽然在公司的成立过程中付出了很多的劳务,但是这些劳务不能看作出资,即张某自始至终都没有取得该公司股东的身份。所以张某主张要求取得分红的诉讼请求是得不到法院支持的,张某仅能通过要求公司对其为公司付出的劳务给予合理的报酬来进行救济,而免去张某副总经理的职务并没有侵犯其股东的权利,故不能以

---

① 资料来源: http://china.findlaw.cn/gongsifalv/gongsishelifa/gsslal/17014.html。

此为理由要求公司对其进行赔偿。法院最终驳回了张某的诉讼请求。

3. 制定公司章程

公司章程是规范公司活动的基本法律文件，通常规定了公司宗旨、资本、组织机构、经营管理制度等重大事务。公司章程是股东共同的意思表示，是公司的宪章。

有限责任公司的章程由股东共同制定，股份有限责任公司则有不同，当其通过募集设立方式设立时，股东众多，客观上不可能所有股东都能亲自签署章程，因此一般要求发起人制订公司章程，有的国家规定采用募集方式设立的需经创立大会通过，由法院或公证机关认证后，呈报政府有关主管机关进行登记，并在指定的报刊上予以公告。

在大陆法系国家，公司章程通常是由一份单一的文件构成的。其内容根据重要程度分为三类：一是绝对必要记载事项。如果缺少绝对必要记载事项，公司章程就是无效的，公司就不能成立。一般包括：① 公司名称；② 经营事项；③ 股份总额与每股金额；④ 本公司（即公司总部）所在地；⑤ 公告方法；⑥ 董事、监事的人数与任期；⑦ 订立章程的具体时间。二是相对必要记载事项。如果缺少相对必要记载事项，公司章程仍然有效，但不发生该事项规定的效力。比如分公司的设立、解散事由、副董事或常务董事的设置等。三是任意记载事项。这是指法律不禁止的其他事项，如股份转让的办法、股东大会召开的时间与地点等。

在英美法系国家，公司章程由以下两个文件组成：① 组织大纲（英国为 memorandum，美国为 articles of association）。组织大纲是规定公司对外关系的法律文件，其目的是使公司的投资者及与公司进行交易的第三人知晓公司的基本情况，如公司的名称、资本与经营范围等。根据美国《标准商事公司法》的规定，发起人必须将组织大纲报请有关州政府批准并登记注册。组织大纲一般只能股东大会决议才能修改或废除。② 内部细则（英国为 articles of association，美国为 by-laws）。内部细则是在组织大纲的基础上订立的，用于处理公司内部各部门的设置和关系、各自的权限和责任以及业务的执行等内部事务的法律文件。内部细则的内容不得与组织大纲相冲突，并且一般只在公司内部有效，不能对抗善意第三人。内部细则一般由董事会制定、修改或废除。英国和美国公司法中的这两个文件结合起来，相当于大陆法系国家公司法中的公司章程。

4. 有公司名称，建立符合公司要求的组织机构

公司名称是公司区别于其他公司的标记，因此具有排他性，在一定范围内，一个公司只能使用特定的经过注册的名称。在我国，公司向登记机关报送登记资料前，应首先向公司登记机关申请企业名称预先核准。公司名称通常由公司注册所在地的行政区划、商号、公司所属行业或经营特点、公司的类别四部分组成。

公司名称中通常要求含有"有限公司"或"股份有限"的字样。同时，公司还应建立与法律规定相一致的组织机构，即设立股东会、董事会或执行董事、监事会或监事。但一人公司例外，因为只有一个股东可以不设立股东会。

5. 有公司住所

公司的住所地具有重要意义，如决定法律文书送达的处所、诉讼管辖以及涉外民事关系

中的准据法等都与此相关。公司可能有多个生产经营场所,但只能有一个住所地。我国公司法规定有限责任公司和股份有限公司都以其主要办事机构所在地为住所。

6. 股份发行、筹办事项合法

有限责任公司不存在发行股份的情况,因此这是设立股份有责任公司独有的要求。一般来说,公司设立都需要订立发起人协议、制定章程、确定股东、认缴资本、确定组织机构、办理登记等事项。

(二) 公司的组织机构

根据各国公司法的规定,有限责任公司和股份有限公司的组织机构基本是一致的,包括股东会、董事会和监事会。

1. 股东会

股东会(shareholders meeting)是公司的最高权力机关,它由全体股东组成,对公司重大事项进行决策,有权选任和解除董事,并对公司的经营管理有广泛的决定权。股东会是股东作为企业财产的所有者,并对企业行使财产管理权的组织。企业一切重大的人事任免和重大的经营决策一般需经股东会认可和批准方才有效。根据我国《公司法》规定,股东会行使下列职权:① 决定公司的经营方针和投资计划;② 选举和更换非由职工代表担任的董事、监事,决定有关董事、监事的报酬事项;③ 审议批准董事会的报告;④ 审议批准监事会或者监事的报告;⑤ 审议批准公司的年度财务预算方案、决算方案;⑥ 审议批准公司的利润分配方案和弥补亏损方案;⑦ 对公司增加或者减少注册资本作出决议;⑧ 对发行公司债券作出决议;⑨ 对公司合并、分立、解散、清算或者变更公司形式做出决议;⑩ 修改公司章程;⑪ 公司章程规定的其他职权。

股东会不采取常设机构或日常办公的方式。股东会会议分为定期会议和临时会议。定期会议应当依照公司章程的规定按时召开,一般每年召开一次。临时会议讨论临时的紧迫问题。各国公司法一般会通过列举式、抽象式和结合式等方式对召开条件做出规定。我国采取的是列举式,规定有下列情形之一的,应当在两个月内召开临时股东大会:① 董事人数不足本法规定人数或者公司章程所定人数的 2/3 时;② 公司未弥补的亏损达实收股本总额 1/3 时;③ 单独或者合计持有公司 10% 以上股份的股东请求时;④ 董事会认为必要时;⑤ 监事会提议召开时;⑥ 公司章程规定的其他情形。

2. 董事会

董事会(board of directors)是由董事组成的,对内掌管公司事务、对外代表公司的经营决策与领导机构。董事会是依照有关法律、行政法规和政策规定,按公司或企业章程设立并由全体董事组成的业务执行机关。董事会具有如下特征:董事会是股东会或企业职工股东大会这一权力机关的业务执行机关,负责公司或企业业务经营活动的指挥与管理,对公司股东会或企业股东大会负责并报告工作。对于股东会或职工股东大会所作的决定,以及公司或企业重大事项的决定,董事会必须执行。董事会所作的决议必须符合股东大会决议,如有冲突,要以股东大会决议为准;股东大会可以否决董事会决议,直至改组、解散董事会。

根据我国《公司法》规定，董事会行使下列职权：① 召集股东会会议，并向股东会报告工作；② 执行股东会的决议；③ 决定公司的经营计划和投资方案；④ 制订公司的年度财务预算方案、决算方案；⑤ 制订公司的利润分配方案和弥补亏损方案；⑥ 制订公司增加或者减少注册资本以及发行公司债券的方案；⑦ 制订公司合并、分立、解散或者变更公司形式的方案；⑧ 决定公司内部管理机构的设置；⑨ 决定聘任或者解聘公司经理及其报酬事项，并根据经理的提名决定聘任或者解聘公司副经理、财务负责人及其报酬事项；⑩ 制定公司的基本管理制度；⑪ 公司章程规定的其他职权。

股东会选举是董事产生的主要方式，大多国家对董事会成员的数量干预较少，一般只规定最低人数，但人数过多，也会造成机构臃肿，效率降低，因此，公司会根据业务需要和公司章程确定董事的人数。我国公司法不仅规定了最低人数，也规定了最高人数，有限责任公司董事会成员数量为3~13人，股份有限责任公司则为5~19人。

董事任期在不同的国家和地区有不同，一般为1~6年。我国公司法规定，董事任期由公司章程规定，但每届任期不得超过3年。董事任期届满，连选可以连任。美国、英国、加拿大等国家则准予采用"交叉制董事会"，即每年更换一定比例的董事，比如1/3。

董事会会议由董事长召集和主持。董事会决议的表决，实行一人一票，各国惯例是必须经全体董事过半数通过。

 资料卡

独立董事制度[①]

独立董事（independent director or outside director），是指独立于公司股东且不在公司中内部任职，与公司的交易活动没有实质性的、直接的或间接的利害关系的从公司外部选聘的董事。

独立董事是英美法系国家，尤其是美国判例法中的一个创造，它产生的主要背景是这些国家实行单一的董事会制度，公司的实际经营管理权基本上掌握在董事会和管理层之手，股东的管理作用日趋形式主义，从而产生了如何监督董事会以及高级管理人员的问题。

独立董事制度最早起源于20世纪30年代，1940年美国颁布的《投资公司法》是其产生的标志。该法规定，投资公司的董事会成员中应该有不少于40%的独立人士。其制度设计目的也在于防止控制股东及管理层的内部控制，损害公司整体利益。

20世纪70年代以后，西方国家尤其是美国各大公司的股权越来越分散，董事会逐渐被以CEO为首的经理人员控制，以至于对以CEO为首的经理人员的监督严重缺乏效率，内部人控制问题日益严重，人们开始从理论上普遍怀疑现有制度安排下的董事会运作的独立性、公正性、透明性和客观性。继而引发了对董事会职能、结构和效率的深入研究。在理论研究成果与现实需求的双重推动下，美国立法机构及中介组织自20世纪70年代以来加速推进独立董事制度的进程。

---

① 资料来源：https://baike.so.com/doc/4985757-5209184.html。

1976年美国证监会批准了一条新的法例,要求国内每家上市公司在不迟于1978年6月30日以前设立并维持一个专门的独立董事组成的审计委员会。由此独立董事制度逐步发展为英美公司治理结构的重要组成部分。据科恩-费瑞国际公司2000年5月份发布的研究报告显示,美国公司1000强中,董事会的年均规模为11人,其中内部董事2人,占18.2%,独立董事9人,占81.1%。另外,据经合组织(OECD)的1999年世界主要企业统计指标的国际比较报告,各国独立董事占董事会成员的比例为英国34%、法国29%、美国62%。独立董事制度的迅速发展,被誉为独立董事制度革命。

独立董事最根本的特征是独立性和专业性。所谓"独立性",是指独立董事必须在人格、经济利益、产生程序、行权等方面独立,不受控股股东和公司管理层的限制。目前在中国上市公司中独立董事的作用还并没有得到充分发挥,主要原因如下:一是独立董事在上市公司的董事会中的比例偏低,二是上市公司的法人治理结构中没有设立相应的行权机构。所谓"专业性",是指独立董事必须具备一定的专业素质和能力,能够凭自己的专业知识和经验对公司的董事和经理以及有关问题独立地作出判断和发表有价值的意见。

3. 监事会或监察人、审计人

有权必有责,用权必受监督。各国在公司法中大多设置了监事会或者监察人制度。

德国《股份公司法》规定,股份有限公司必须设立监察人会,由3名监察人组成。但公司可以在章程中规定采用更多的人数组成,具体由公司资本的多少而定。德国监察人会的一个重要特点是监察人不是全部由股东组成,而是由股东和职工代表共同组成。

法国在1966年公布了《商事公司法》,在原来单层董事制的基础上增加了一种选择,即监察人会与执行会两层机制。监察人会的成员由3~12人组成。

日本的股份有限责任公司,即"株式会社"不设监察人会,而设监察人。根据1950年修订的《日本商法典》的规定,股份有限公司应设置"监察役"1人或数人,不构成合议制、独立行使其对公司会计的"会计检查"义务。但是,对监察人的权限有一定的限制,有关公司业务的内部监察权已由监察人转移到董事会,董事会可以根据此项权力对其下属的业务执行做"事前监察",而监察人的权限仅限于在事后做会计检查。因此,日本的股份有限公司的监察人并不享有完全的监察权,其地位与作用远逊于德国的股份有限公司的监察人会。

英国法没有实行监察人会或监察人制度。根据英国公司法的规定,对股份有限公司的会计监督职能主要由审计人担任。公司应在每届股东大会上指定审计员1人或数人,原则上任职1年。审计员的地位属于合同性质,只向公司负责。其任务纯属会计审核,主要是审查公司的账目是否符合事实,是否反映公司的真实情况。此外,英国商务部如果怀疑公司有欺诈行为或经营不善等情况,那么其有权主动进行审查。股东大会也可以申请法院下令对公司进行上述审查。

美国公司也不实行监察人会或监察人制度。美国的一些大公司往往由一名高级职员审查公司的会计账目,但是其地位不同于德国与日本等国家的监察人。在美国,主要由联邦证券交易委员会(Federal Securities & Exchange Commission, FSEC)从外部对公司进行监督。该委员会要求公司每年向它提交符合规定格式的财务报告,此项报告必由独立的会计师进行审核,并附具该会计师表示愿对其内容的真实性承担责任的报告。

我国公司法规定,有限责任公司和股份有限公司都应设置监事会。有限责任公司的监事会或监事是公司的内部监督机构,对股东负责。监事会成员不得少于 3 人。但股东人数较少或者规模较小的有限责任公司可以只设 1~2 名监事,不设监事会。监事会应当包括股东代表和适当比例的公司职工代表,其中职工代表的比例不得低于 1/3。根据《公司法》第五十三条规定,监事会、不设监事会的公司的监事行使下列职权:① 检查公司财务;② 对董事、高级管理人员执行公司职务的行为进行监督,对违反法律、行政法规、公司章程或者股东会决议的董事、高级管理人员提出罢免的建议;③ 当董事、高级管理人员的行为损害公司的利益时,要求董事、高级管理人员予以纠正;④ 提议召开临时股东会会议,在董事会不履行本法规定的召集和主持股东会会议职责时召集和主持股东会会议;⑤ 向股东会会议提出提案;⑥ 依照本法第 152 条的规定,对董事、高级管理人员提起诉讼;⑦ 公司章程规定的其他职权。监事的任期每届为 3 年。监事任期届满,连选可以连任。监事会每年度至少召开一次会议,监事可以提议召开临时监事会会议。监事会决议应当经半数以上监事通过。

股份有限公司设监事会,其成员不得少于 3 人。监事会应当包括股东代表和适当比例的公司职工代表,其中职工代表的比例不得低于 1/3,具体比例由公司章程规定。监事会中的职工代表由公司职工通过职工代表大会、职工大会或者其他形式民主选举产生。董事、高级管理人员不得兼任监事。监事会每 6 个月至少召开一次会议。监事可以提议召开临时监事会会议。监事会的议事方式和表决程序,除《公司法》有规定的外,由公司章程规定。

监事会决议应当经半数以上监事通过。监事会应当对所议事项的决定做会议记录,出席会议的监事应当在会议记录上签名。

(三) 公司的变更

公司的变更包括公司合并、分立及组织形式的转换。

1. 公司合并

公司合并(consolidation)是指两个或两个以上的公司依照法定程序或契约归并入其中一个公司或创设一个新公司的法律行为。公司合并的形式主要有吸收合并和新设合并两种。

公司合并的程序一般由同意合并的各个公司的董事就合并条件进行磋商。各公司的董事达成合并协议后,即由各有关公司召开股东大会再做出合并决议。

股东大会在做出决议后,各合并公司应编造资产负债表及财产目录,并将合并的办法公告及通知各债权人,债权人可以在规定的期限内提出异议。公司对于持有异议的债权人应如数清偿,或向其提供适当的担保。各国法律还规定,反对合并的股东有权要求公司以公平的价格收买其持有的股份。公司在合并之后,应依法向有关主管部门进行登记。

在公司合并的问题上,各国的法律规定逐渐趋于一致。德国、意大利的法律认为,公司合并的法律性质是被合并的公司把它的全部财产全面地转让给合并的公司,或转让给合并后成立的公司,即由后者总括地承受前者的权利与义务,做到债权、债务与公司现有合同的全部转让。美国的法律亦认为,公司的合并是公司财产的总体移转,公司的合并引起被合并公司的解散,合并公司当然必须承受被合并公司的债权与债务。我国公司法规定,公司合并的程序包括:① 参与合并公司的董事会或执行董事提出合并方案;② 股东会或股东大会对合并做出特别决议;③ 签订合并协议;④ 股东会或股东大会通过合并协议;⑤ 编制资产负债表和财产清单;⑥ 通知、公告债权人;⑦ 实施合并并办理登记。

公司合并的法律效力有三点:① 公司设立、变更、消灭的效力。在吸收合并中,存续公司发生变更,被吸收公司法人资格消灭;新设公司中,参与合并的各公司法人资格消灭,新设立的公司成立。② 股东资格的当然承继。原有股东的股份按合并协议转换为合并后公司的股份。③ 公司权利和义务的概括转移。参与合并的公司的权利和义务概括地转移给合并后存续或新设的公司,由其全部承受。

2. 公司分立

公司分立是指一个公司依法定程序分为两个或两个以上公司的法律行为。公司分立的形式有派生分立和新设分立。派生分立是指一个公司在其法人资格存续情况下,分出一部分或若干部分财产成立一个或数个公司的法律行为。新设分立是指将一个公司的财产进行分割,分别设立两个或两个以上的新公司,原公司因此消灭的法律行为。

因为公司分立的程序及法律后果与公司合并的程序和法律后果基本相同,在此不赘述。

各国对公司分立后的债务承担的规定大致相似。我国《公司法》规定,公司分立前的债务由分立后的公司承担连带责任。但是,公司在分立前与债权人就债务清偿达成的书面协议另有约定的除外。

3. 公司组织形式的转换

公司组织形式的转换也称公司组织变更,是指原有公司在存续情况下,由一种法定形态转变为另一种法定形态的行为。通常情况下,只有责任形式相近的公司才能进行相互变更。比如,我国《公司法》第9条规定,有限公司与股份有限公司可以相互转换,但应当符合法律规定的有限公司或者股份有限公司的条件,且公司变更前的债权、债务由变更后的公司继承。

(四) 公司的解散和清算

1. 公司解散

公司解散是公司消灭的法律程序。各国公司法对公司解散的原因都有具体的规定。根据德国、法国有关公司法与《日本商法典》的规定,股份有限公司的解散主要有以下七个方面的原因:① 公司章程所规定的解散事由发生,例如公司章程规定的期限已经届满;② 公司经营的事业已经完成或不能完成;③ 股东会议的决议;④ 公司的股东人数或资本总额低于法定的最低数额;⑤ 被其他公司合并;⑥ 公司破产;⑦ 政府主管部门下令解散。

根据我国《公司法》第180条的规定,公司因下列原因解散:① 公司章程规定的营业期限届满或者公司章程规定的其他解散事由出现;② 股东会或者股东大会决议解散;③ 因公司合并或者分立需要解散;④ 依法被吊销营业执照、责令关闭或者被撤销;⑤ 公司经营管理产生严重困难,继续存续会使股东利益受到重大损失,通过其他途径不能解决的,持有公司全部股东表决权10%以上的股东,可以请求人民法院解散公司。

2. 公司清算

公司清算是指公司解散后,清理其财产及债权债务、分配公司剩余财产、了结公司法律关系、最终消灭公司法人资格的法律程序。公司清算分为破产清算和非破产清算。

公司在解散后,应指定清算人(liquidator)对公司的债权、债务与公司财产进行清理。有些国家的法律规定,清算人原则上可以由公司董事担任,也可以根据公司章程的规定由股东大会选任。由董事担任清算人有利有弊:一方面因为董事熟悉公司的内情,由其担任清算人有利于清算工作的开展;另一方面,由于董事与公司有利害关系,其担任清算人有可能会发生舞弊的情况。因此,许多国家的法律规定,法院有权根据利害关系人的申请选派清算人。

清算人的主要职责是:① 清理公司财产,分别编制资产负债表和财产清单;② 通知、公告债权人;③ 处理与清算有关的公司未了结的业务;④ 清缴所欠税款以及清算过程中产生的税款;⑤ 清理债权、债务;⑥ 处理公司清偿债务后的剩余财产;⑦ 代表公司参与民事诉讼活动。

清算人在履行清算职责时,有代表公司的全权。公司对清算人权限所做出的限制,不得对抗善意的第三人。清算人必须在一定的期限(如6个月)内完成公司的清算工作。清算结束后,清算人应造具清算期内的收支表与公司利润表,连同各种账册提交股东大会请求追认,同时应向法院呈报,经股东大会认可后,清算人即可解除责任。

英国公司法关于公司解散与清算程序的规定与德国和日本的法律有所不同。英国公司法将公司解散的程序称为结业(winding up),而结业分为以下三种情况:

(1) 强制结业。具体包括破产、政府主管部门命令解散、法院裁定解散。在这种情况下,由一名破产事务官担任临时清算人,公司的财产也由其临时负责监管。通常法院在适当的时候会另行指定正式的清算人。清算人的职责是,在法院的指导下,办理公司结业的一切有关事项,包括核查与分配公司的财产,并且有权以公司的名义起诉与应诉。

(2) 自愿结业。具体包括:① 公司章程所规定的事由发生,例如,公司存续期已满;② 公司所经营的事业已经完成或不能完成;③ 股东大会决定解散;④ 在合并中被另外一个公司吸收。在这种情况下,公司可以自己指定清算人。该清算人的职权与在强制结业的情况下由法院指定的清算人的职权相同。所不同的是,自愿结业的清算人在一定程度上可以独立行事,而强制结业的清算人则必须在法院的指导下行事。

(3) 在法院监督下的结业。在公司决定自愿结业时,在某些情况下,法院有权下令这种自愿结业必须在法院的监督下进行。一般而言,解散与清算是消灭公司法人资格的两个阶段。解散导致公司权利与义务的消灭,即导致其公司法人资格的消灭。而清算则是了结公司解散之后的法律关系,最终使其消灭法人资格。也就是说,解散是过程,清算是结果。因为公司解散之后,除了破产或合并等情况外,其法人资格并不随即消灭,还必须进入清算程序,以便最终消灭其法人资格。

根据我国《公司法》第183条的规定,清算组的组成要求如下:除破产清算外,公司应当在解散事由出现之日起15日内成立清算组,开始自行清算。有限责任公司的清算组由股东组成,股份有限公司的清算组由董事或者股东大会确定的人员组成。逾期不成立清算组进行清算的,债权人可以申请人民法院指定有关人员组成清算组进行清算。人民法院应当受理该申请,并及时组织清算组进行清算。根据《公司法》第184条规定,清算组在清算期间行使下列职权:① 清理公司财产,分别编制资产负债表和财产清单;② 通知、公告债权人;③ 处理与清算有关的公司未了结的业务;④ 清缴所欠税款以及清算过程中产生的税款;⑤ 清理债权、债务;⑥ 处理公司清偿债务后的剩余财产;⑦ 代表公司参与民事诉讼活动。在清算期间,公司存续,但不得开展与清算无关的经营活动。清算期间,公司机关应停止执行职务,由依法组成的清算组对内组织清算,对外代表公司,依法行使其职权。清算组在清理公司财产、编制资产负债表和财产清单后,应当制订清算方案,并报股东会、股东大会或者人民法院确认。

关于清算顺序,我国公司法规定:公司财产在分别支付清算费用、职工工资、社会保险费用和法定补偿金,缴纳所欠税款,清偿公司债务后的剩余财产,有限公司按照股东的出资比例分配,股份有限公司按照股东持有的股份比例分配。公司财产在未按以上顺序清偿前,不得分配给股东。

公司清算结束后,清算组应当制作清算报告,报股东会、股东大会或者人民法院确认,并报送公司登记机关,申请注销公司登记,公告公司终止。值得注意的是,如果清算组在清理公司财产、编制资产负债表和财产清单后,发现公司财产不足清偿债务的,应当向人民法院申请宣告破产,依法进入破产清算程序。

 评一评

江苏刚松防护科技股份有限公司的司法重整案[①]

【案情】 刚松防护科技股份有限公司(简称刚松公司)主营医用无纺布制品、手术衣、手术洞巾、手术包、PM2.5口罩及工业和民用防护类产品,厂区配备10万级无尘生产车间,产品远销海外,与世界500强企业有长期稳定合作。2018年,由于经营不善,加之为关联企业提供担保,导致刚松公司资金链断裂、陷入债务危机,并于当年下半年停止生产经营。2019年12月,江苏省苏州市吴江区人民法院裁定受理刚松公司破产清算案。

【评析】 面对突如其来的新冠疫情,口罩等防护用品成为紧缺物资。刚松公司虽已停止生产经营一年多,但其具有医用口罩的生产资质和生产所需的无尘车间。2020年春节期间,吴江区法院依托破产审判"府院联动"机制,积极主动与辖区政府沟通并进行实地调查,指导管理人以招募同业投资人的方式恢复经营。在辖区政府的协调下,刚松公司厂区恢复

---

① [案件案号]江苏省苏州市吴江区人民法院(2019)苏0509破123号。

水电,刚松公司正式投入生产,日平均生产口罩7万余只,均由属地政府定向采购用于疫情防控,重整价值日益显现。2020年4月,吴江区法院通过在线拍卖平台以4 880万元的价格确定刚松公司重整投资人,普通债权清偿率由清算状态下的7%提升至24%。吴江区法院依法裁定终结刚松公司重整程序。

【典型意义】 2019年12月,刚松公司在新冠疫情暴发前夕进入破产程序。2020年初,突如其来的疫情既对防疫物资提出了需求,也给主业生产防疫物资的刚松公司带来了转机。吴江区法院在已有投资人报价的情况下,借鉴"假马"竞标规则,创新适用"线下承诺出价+线上拍卖竞价"确定重整投资人,兼顾了重整价值和重整效率。"假马"竞标规则系指由破产企业选择一家有兴趣的买受人设定最低竞买价格,其他潜在竞买人不能提出低于该价格的收购价。吴江区法院创造性地运用该规则,并借用破产审判信息化建设成果,采用网络方式召开债权人会议,最大可能保障了破产企业的权益,并降低了破产成本,提升了工作效率。本案自受理重整申请至批准重整计划仅用时17天,至最终网络拍卖确定重整投资人也仅用62天。刚松公司司法重整案的办案思路和办理结果生动诠释了人民法院破产审判工作围绕中心、服务大局的主题。

第四节 中国的外商投资法

一、外商投资企业法的含义

外商投资是指外国的自然人、企业或者其他组织(以下称外国投资者)直接或者间接在中国境内进行的投资活动,包括下列情形:① 外国投资者单独或者与其他投资者共同在中国境内设立外商投资企业;② 外国投资者取得中国境内企业的股份、股权、财产份额或者其他类似权益;③ 外国投资者单独或者与其他投资者共同在中国境内投资新建项目;④ 法律、行政法规或者国务院规定的其他方式的投资。这里的其他投资者包括中国自然人在内。

外商投资企业是指全部或者部分由外国投资者投资,依照中国法律在中国境内经登记注册设立的企业。

外商投资企业法是调整外商投资企业在设立、终止、延长及其生产经营活动过程中所发生的各种经济关系的法律规范的总称。根据我国宪法和相关法律的规定,中国投资者包括中国的企业或者其他经济组织,外国投资者包括外国的企业、其他经济组织和个人。

二、我国外商投资企业法的立法历程

自改革开放以来,我国有关外商投资的立法经历了一系列历史性变更,逐步形成了一个具有中国特色的外商投资法律体系。

1979年7月1日,第五届全国人民代表大会第二次会议通过了《中华人民共和国中外合

资经营企业法》，我国自此有了第一部外商投资企业法律。1986年4月12日，第六届全国人民代表大会第四次会议通过了《中华人民共和国外资企业法》。1988年4月13日，第七届全国人民代表大会第一次会议通过了《中华人民共和国中外合作经营企业法》。这三部外商投资企业法成为当时规范我国外商投资企业活动的支柱法律，常被统称为"外资三法"。

2019年3月15日，第十三届全国人大第二次会议表决通过了《中华人民共和国外商投资法》（以下简称《外商投资法》），该法自2020年1月1日起施行，之前实施的"外资三法"被同时废止。《外商投资法》是我国历史上第一部全面系统的外资立法，它重构了我国外资企业的基础性法律，标志着我国迈进了制度型开放的新阶段，对扩大对外开放和促进外商投资具有里程碑式的意义。《外商投资法》分为总则、投资促进、投资保护、投资管理、法律责任和附则六个部分。

《外商投资法》施行前依照"外资三法"设立的外商投资企业，在外商投资法施行后5年内，可以依照《中华人民共和国公司法》《中华人民共和国合伙企业法》等法律的规定调整其组织形式、组织机构等，并依法办理变更登记，也可以继续保留原企业组织形式、组织机构等。自2025年1月1日起，对未依法调整组织形式、组织机构等并办理变更登记的现有外商投资企业，市场监督管理部门不予办理其申请的其他登记事项，并将相关情形予以公示。

三、外商投资的基本原则

《外商投资法》的制定是为了进一步扩大对外开放，积极促进外商投资，保护外商投资合法权益，规范外商投资管理，推动形成全面开放新格局，促进社会主义市场经济健康发展。

1. 坚持对外开放的基本国策，鼓励外国投资者依法投资

国家实行高水平投资自由化便利化政策，建立和完善外商投资促进机制，营造稳定、透明、可预期和公平竞争的市场环境。

2. 依法保护外国投资者在中国境内的投资、收益和其他合法权益

在中国境内进行投资活动的外国投资者、外商投资企业，应当遵守中国法律法规，不得危害中国国家安全、损害社会公共利益。

3. 实行准入前国民待遇加负面清单管理制度

东道国对外商的投资一般要经过审批，特别是一些发展中国家。在审批制度下一般有三种做法：① 一般审批制度。东道国对外商投资一律进行审批。② 个别审批制度。只对特殊项目或个别投资进行审批。③ 公告审批制度。以法令或公告形式明确规定政府许可投资的领域，对公告以外的投资领域必须审批。

我国《外商投资法》规定，对外商投资实行准入前国民待遇加负面清单管理制度。这与之前的一般审批完全不同。所谓准入前国民待遇，是指在投资准入阶段给予外国投资者及其投资不低于本国投资者及其投资的待遇；所谓负面清单，是指国家规定在特定领域对外商投资实施的准入特别管理措施。国家对负面清单之外的外商投资，给予国民待遇。准入负面清单由国务院投资主管部门会同国务院商务主管部门等有关部门提出，报国务院发布或

者报国务院批准后由国务院投资主管部门、商务主管部门发布。国家根据进一步扩大对外开放和经济社会发展需要,适时调整负面清单。中华人民共和国缔结或者参加的国际条约、协定对外国投资者准入待遇有更优惠规定的,可以按照相关规定执行。

资料卡

外商投资实行准入前国民待遇加负面清单制度解读

《外商投资法》正式将准入前国民待遇加负面清单管理制度以法律形式加以固定。该框架下,中国的外商投资环境更加开放、稳定和透明。这与之前实行的一般审批制度,即东道国对外商投资一律进行审批的制度不同,由"逐案审批"到"审批和备案双轨制",并且外商投资违反负面清单规定时,除了由有关部门依法查处外,该违法违规行为还将被纳入信用信息系统。

练一练

《外商投资法》规定,国家对外商投资实行准入前国民待遇加负面清单管理制度。下列各项中有权发布负面清单的是( )。

A. 国务院及其所属部委
B. 国务院办公厅
C. 国务院
D. 中共中央办公厅

【参考答案】A

评一评

外商投资准入负面清单实施后的外资合同效力规则①

【案情】 2012年7月,吉美公司与鹰城集团及华丰集团,经批准设立了外商投资企业鹰城房地产公司。2016年3月,吉美公司与鹰城集团签署"股权转让合同",约定:吉美公司将其持有的鹰城房地产公司40%的股权以1亿元价格转让给鹰城集团,鹰城集团于2016年3月31日前支付吉美公司。合同自各方签字或盖章之日起成立,自审批机关批准之日生效。2016年4月11日,平顶山商务局作出同意股权转让的批复,同日又发出通知书,根据鹰城房地产公司撤回申请,不再继续受理股权转让报批事项,故未作出批准证书。吉美公司据此提起诉讼,请求鹰城集团支付1亿元股权转让款。

【评析】 最高人民法院审理认为,2016年10月1日起,我国对外商投资准入特别管理措施以外的外商投资企业的设立、变更,已由行政审批制转为备案管理制。对不属于外资准入负面清单的外商投资企业的股权转让合同,不再将审批作为认定合同生效的要件。当事人关于"自审批机关批准之日起生效"的约定,亦不再具有限定合同生效条件的意义,应当认

---

① 资料来源:最高院于2022年2月28日发布的第三批涉"一带一路"建设典型案例。

定合同有效。鹰城集团最迟付款履行期间已经届满,故判决鹰城集团向吉美公司支付股权转让款1亿元。

四、《外商投资法》的基本法律制度

(一) 外商投资的行政主管

国务院商务主管部门、投资主管部门按照职责分工,开展外商投资促进、保护和管理工作;国务院其他有关部门在各自职责范围内,负责外商投资促进、保护和管理的相关工作。以上部门应按照职责分工,密切配合、相互协作,共同做好外商投资促进、保护和管理工作。

县级以上地方人民政府应当加强对外商投资促进、保护和管理工作的组织领导,支持、督促有关部门依照法律法规和职责分工开展外商投资促进、保护和管理工作,及时协调、解决外商投资促进、保护和管理工作中的重大问题。

(二) 外商投资的促进

1. 平等适用国家支持企业发展的各项政策

一方面,政府及其有关部门在政府资金安排、土地供应、税费减免、资质许可、标准制定、项目申报、人力资源政策等方面,应当依法平等对待外商投资企业和内资企业。另一方面,对政策实施中需要由企业申请办理的事项,政府及其有关部门应当公开申请办理的条件、流程、时限等,并在审核中依法平等对待外商投资企业和内资企业。

2. 采取适当方式征求外商投资企业的意见和建议

制定与外商投资有关的行政法规、规章、规范性文件,或者政府及其有关部门起草与外商投资有关的法律、地方性法规,应当根据实际情况,采取书面征求意见以及召开座谈会、论证会、听证会等多种形式,听取外商投资企业和有关商会、协会等方面的意见和建议;对反映集中或者涉及外商投资企业重大权利义务问题的意见和建议,应当通过适当方式反馈采纳的情况。

3. 及时公布与外商投资有关的规范性文件、裁判文书

与外商投资有关的规范性文件应当依法及时公布,未经公布的不得作为行政管理依据。与外商投资企业生产经营活动密切相关的规范性文件,应当结合实际,合理确定公布到施行之间的时间。

4. 建立健全外商投资服务体系

各级人民政府应当按照政府主导、多方参与的原则,建立健全外商投资服务体系,不断提升外商投资服务能力和水平。政府及其有关部门应当通过政府网站、全国一体化在线政务服务平台集中列明有关外商投资的法律、法规、规章、规范性文件、政策措施和投资项目信息,并通过多种途径和方式加强宣传、解读,为外国投资者和外商投资企业提供法律法规、政策措施、投资项目信息等方面的咨询、指导等服务。

5. 加强投资领域的国际交流与合作

国家与其他国家和地区、国际组织建立多边、双边投资促进合作机制,从而加强国际交

流与合作。

6. 实行外商投资试验性政策措施

国家根据需要,设立特殊经济区域,或者在部分地区实行外商投资试验性政策措施,促进外商投资,扩大对外开放。这里的特殊经济区域,是指经国家批准设立、实行更大力度的对外开放政策措施的特定区域。国家在部分地区实行的外商投资试验性政策措施,经实践证明可行的,根据实际情况在其他地区或者全国范围内推广。

7. 鼓励和引导外国投资者在特定行业、领域、地区投资并享受优惠待遇

国家根据国民经济和社会发展需要,制定鼓励外商投资产业目录,列明鼓励和引导外国投资者投资的特定行业、领域、地区。鼓励外商投资产业目录由国务院投资主管部门会同国务院商务主管部门等有关部门拟订,报国务院批准后由国务院投资主管部门、商务主管部门发布。

外国投资者、外商投资企业可以依照法律、行政法规或者国务院的规定,享受财政、税收、金融、用地等方面的优惠待遇。外国投资者以其在中国境内的投资收益在中国境内扩大投资的,依法享受相应的优惠待遇。

8. 保障平等参与标准制定工作,强化标准制定的信息公开和社会监督

外商投资企业依法和内资企业平等参与国家标准、行业标准、地方标准和团体标准的制定、修订工作。外商投资企业可以根据需要自行制定或者与其他企业联合制定企业标准。外商投资企业可以向标准化行政主管部门和有关行政主管部门提出标准的立项建议,在标准立项、起草、技术审查以及标准实施信息反馈、评估等过程中提出意见和建议,并按照规定承担标准起草、技术审查的相关工作以及标准的外文翻译工作。标准化行政主管部门和有关行政主管部门应当建立健全相关工作机制,提高标准制定、修订的透明度,推进标准制定、修订全过程信息公开。

国家制定的强制性标准对外商投资企业和内资企业平等适用,不得专门针对外商投资企业适用高于强制性标准的技术要求。

9. 保障依法通过公平竞争参与政府采购活动

政府采购依法对外商投资企业在中国境内生产的产品、提供的服务平等对待。政府及其有关部门不得阻挠和限制外商投资企业自由进入本地区和本行业的政府采购市场。

政府采购的采购人、采购代理机构不得在政府采购信息发布、供应商条件确定和资格审查、评标标准等方面,对外商投资企业实行差别待遇或者歧视待遇,不得以所有制形式、组织形式、股权结构、投资者国别、产品或者服务品牌以及其他不合理的条件对供应商予以限定,不得对外商投资企业在中国境内生产的产品、提供的服务和内资企业区别对待。

外商投资企业可以依照《中华人民共和国政府采购法》及其实施条例的规定,就政府采购活动事项向采购人、采购代理机构提出询问、质疑,向政府采购监督管理部门投诉。采购人、采购代理机构、政府采购监督管理部门应当在规定的时限内作出答复或者处理决定。

政府采购监督管理部门和其他有关部门应当加强对政府采购活动的监督检查,依法纠正和查处对外商投资企业实行差别待遇或者歧视待遇等违法违规行为。

10. 允许通过合法方式进行融资

外商投资企业可以依法在中国境内或者境外通过公开发行股票、公司债券等证券,以及公开或者非公开发行其他融资工具、借用外债等方式进行融资。

11. 地方政府可以制定外商投资促进和便利化政策措施

县级以上地方人民政府可以根据法律、行政法规、地方性法规的规定,在法定权限内制定费用减免、用地指标保障、公共服务提供等方面的外商投资促进和便利化政策措施。

县级以上地方人民政府制定外商投资促进和便利化政策措施,应当以推动高质量发展为导向,这有利于提高经济效益、社会效益、生态效益,也有利于持续优化外商投资环境。

12. 进一步提高外商投资服务水平

各级人民政府及其有关部门应当按照便利、高效、透明的原则,简化办事程序,提高办事效率,优化政务服务,进一步提高外商投资服务水平。

有关主管部门应当编制和公布外商投资指引,为外国投资者和外商投资企业提供服务和便利。外商投资指引应当包括投资环境介绍、外商投资办事指南、投资项目信息以及相关数据信息等内容,并及时更新。

(三)外商投资的保护

1. 原则上不征收对外国投资者的投资

在特殊情况下,国家为了公共利益的需要,可以依照法律规定对外国投资者的投资实行征收或者征用。征收、征用应当依照法定程序、以非歧视性的方式进行,并按照被征收投资的市场价值及时给予公平、合理的补偿。外国投资者对征收决定不服的,可以依法申请行政复议或者提起行政诉讼。

2. 保护相关所得自由汇入、汇出

外国投资者在中国境内的出资、利润、资本收益、资产处置所得、知识产权许可使用费、依法获得的补偿或者赔偿、清算所得等,可以依法以人民币或者外汇自由汇入、汇出。任何单位和个人不得违法对币种、数额以及汇入、汇出的频次等进行限制。外商投资企业的外籍职工和我国香港、澳门、台湾地区职工的工资收入和其他合法收入,可以依法自由汇出。

3. 保护外国投资者和外商投资企业的知识产权

国家保护知识产权权利人和相关权利人的合法权益;对知识产权侵权行为,严格依法追究法律责任。国家鼓励在外商投资过程中基于自愿原则和商业规则开展技术合作。技术合作的条件由投资各方遵循公平原则平等协商确定。

行政机关(包括法律、法规授权的具有管理公共事务职能的组织)及其工作人员不得利用实施行政许可、行政检查、行政处罚、行政强制以及其他行政手段,强制或者变相强制外国投资者、外商投资企业转让技术。

国家加大对知识产权侵权行为的惩处力度,持续强化知识产权执法,推动建立知识产权快速协同保护机制,健全知识产权纠纷多元化解决机制,平等保护外国投资者和外商投资企业的知识产权。标准制定中涉及外国投资者和外商投资企业专利的,应当按照标准涉及专

利的有关管理规定办理。

4. 保守商业秘密

行政机关及其工作人员对履行职责过程中知悉的外国投资者、外商投资企业的商业秘密,应当依法予以保密,不得泄露或者非法向他人提供。

行政机关依法履行职责,确需外国投资者、外商投资企业提供涉及商业秘密的材料、信息的,应当限定在履行职责所必需的范围内,并严格控制知悉范围,与履行职责无关的人员不得接触有关材料、信息。

行政机关应当建立健全内部管理制度,采取有效措施保护履行职责过程中知悉的外国投资者、外商投资企业的商业秘密;依法需要与其他行政机关共享信息的,应当对信息中含有的商业秘密进行保密处理,防止泄露。

5. 制定规范性文件的合法性审查

各级人民政府及其有关部门制定涉及外商投资的规范性文件,应当符合法律法规的规定;没有法律、行政法规依据的,不得减损外商投资企业的合法权益或者增加其义务,不得设置市场准入和退出条件,不得干预外商投资企业的正常生产经营活动。

政府及其有关部门制定涉及外商投资的规范性文件,应当按照国务院的规定进行合法性审核。外国投资者、外商投资企业认为行政行为所依据的国务院部门和地方人民政府及其部门制定的规范性文件不合法,在依法对行政行为申请行政复议或者提起行政诉讼时,可以一并请求对该规范性文件进行审查。

6. 履行政府承诺以及合法合同

地方各级人民政府及其有关部门应当履行向外国投资者、外商投资企业依法做出的政策承诺以及依法订立的各类合同,不得以行政区划调整、政府换届、机构或者职能调整以及相关责任人更替等为由违约毁约。因国家利益、社会公共利益需要改变政策承诺、合同约定的,应当依照法定权限和程序进行,并依法对外国投资者、外商投资企业因此受到的损失及时予以公平、合理的补偿。

这里所称政策承诺,是指地方各级人民政府及其有关部门在法定权限内,就外国投资者、外商投资企业在本地区投资所适用的支持政策、享受的优惠待遇和便利条件等做出的书面承诺。政策承诺的内容应当符合法律、法规规定。

7. 建立外商投资企业投诉工作机制

县级以上人民政府及其有关部门应当按照公开透明、高效便利的原则,建立健全外商投资企业投诉工作机制,及时处理外商投资企业或者其投资者反映的问题,协调完善相关政策措施。

国务院商务主管部门会同国务院有关部门建立外商投资企业投诉工作部际联席会议制度,协调、推动中央层面的外商投资企业投诉工作,对地方的外商投资企业投诉工作进行指导和监督。县级以上地方人民政府应当指定部门或者机构负责受理本地区外商投资企业或者其投资者的投诉。

国务院商务主管部门、县级以上地方人民政府指定的部门或者机构应当完善投诉工作规则、健全投诉方式、明确投诉处理时限。投诉工作规则、投诉方式、投诉处理时限应当对外公布。

外商投资企业或者其投资者认为行政机关及其工作人员的行政行为侵犯其合法权益，通过外商投资企业投诉工作机制申请协调解决的，有关方面进行协调时可以向被申请的行政机关及其工作人员了解情况，被申请的行政机关及其工作人员应当予以配合。协调结果应当以书面形式及时告知申请人。

外商投资企业或者其投资者依照前款规定申请协调解决有关问题的，不影响其依法申请行政复议、提起行政诉讼。

对外商投资企业或者其投资者通过外商投资企业投诉工作机制反映或者申请协调解决问题，任何单位和个人不得压制或者打击报复。除外商投资企业投诉工作机制外，外商投资企业或者其投资者还可以通过其他合法途径向政府及其有关部门反映问题。

8. 允许依法成立和参加商会、协会

外商投资企业可以依法成立商会、协会。除法律、法规另有规定外，外商投资企业有权自主决定参加或者退出商会、协会，任何单位和个人不得干预。

商会、协会应当依照法律法规和章程的规定，加强行业自律，及时反映行业诉求，为会员提供信息咨询、宣传培训、市场拓展、经贸交流、权益保护、纠纷处理等方面的服务。

国家支持商会、协会依照法律法规和章程的规定开展相关活动。

（四）投资管理

1. 负面清单管理

外商投资准入负面清单规定禁止投资的领域，外国投资者不得投资。负面清单规定限制投资的领域，外国投资者进行投资应当符合负面清单规定的股权要求、高级管理人员要求等限制性准入特别管理措施。

有关主管部门在依法履行职责过程中，对外国投资者拟投资负面清单内领域，但不符合负面清单规定的，不予办理许可、企业登记注册等相关事项；涉及固定资产投资项目核准的，不予办理相关核准事项。

外商投资准入负面清单以外的领域，按照内外资一致的原则实施管理。

2. 行政许可管理

外国投资者在依法需要取得许可的行业、领域进行投资的，应当依法办理相关许可手续。除法律、行政法规另有规定外，负责实施许可的有关主管部门应当按照与内资一致的条件和程序，审核外国投资者的许可申请，不得在许可条件、申请材料、审核环节、审核时限等方面对外国投资者设置歧视性要求。负责实施许可的有关主管部门应当通过多种方式，优化审批服务，提高审批效率。对符合相关条件和要求的许可事项，可以按照有关规定采取告知承诺的方式办理。

3. 项目核准、备案管理

外商投资需要办理投资项目核准、备案的，按照国家有关规定执行。

4. 登记注册管理

外商投资企业的组织形式、组织机构及其活动准则，适用《中华人民共和国公司法》《中

华人民共和国合伙企业法》等法律的规定。

外商投资企业的登记注册,由国务院市场监督管理部门或者其授权的地方人民政府市场监督管理部门依法办理。国务院市场监督管理部门应当公布其授权的市场监督管理部门名单。外商投资企业的注册资本可以用人民币表示,也可以用可自由兑换货币表示。

5. 生产经营管理

外商投资企业开展生产经营活动,应当遵守法律、行政法规有关劳动保护、社会保险的规定,依照法律、行政法规和国家有关规定办理税收、会计、外汇等事宜,并接受相关主管部门依法实施的监督检查。

外国投资者并购中国境内企业或者以其他方式参与经营者集中的,应当依照《中华人民共和国反垄断法》的规定接受经营者集中审查。

6. 投资信息报告管理

国家建立外商投资信息报告制度。外国投资者或者外商投资企业应当通过企业登记系统以及企业信用信息公示系统向商务主管部门报送投资信息。国务院商务主管部门、市场监督管理部门应当做好相关业务系统的对接和工作衔接,并为外国投资者或者外商投资企业报送投资信息提供指导。

外商投资信息报告的内容、范围、频次和具体流程,由国务院商务主管部门会同国务院市场监督管理部门等有关部门按照确有必要、高效便利的原则确定并公布。商务主管部门、其他有关部门应当加强信息共享,通过部门信息共享能够获得的投资信息,不得再行要求外国投资者或者外商投资企业报送。

外国投资者或者外商投资企业报送的投资信息应当真实、准确、完整。

7. 投资安全管理

国家建立外商投资安全审查制度,对影响或者可能影响国家安全的外商投资进行安全审查。依法做出的安全审查决定为最终决定。

(五) 法律责任

外国投资者投资外商投资准入负面清单规定禁止投资的领域的,由有关主管部门责令停止投资活动,限期处分股份、资产或者采取其他必要措施,恢复到实施投资前的状态;有违法所得的,没收违法所得。

外国投资者的投资活动违反外商投资准入负面清单规定的限制性准入特别管理措施的,由有关主管部门责令限期改正,采取必要措施满足准入特别管理措施的要求;逾期不改正的,依照前款规定处理。

外国投资者的投资活动违反外商投资准入负面清单规定的,除依照前两款规定处理外,还应当依法承担相应的法律责任。

外国投资者、外商投资企业违反《外商投资法》的规定,未按照外商投资信息报告制度的要求报送投资信息的,由商务主管部门责令限期改正;逾期不改正的,处10万元以上50万元以下的罚款。

对外国投资者、外商投资企业违反法律、法规的行为,由有关部门依法查处,并按照国家有关规定纳入信用信息系统。

行政机关工作人员在外商投资促进、保护和管理工作中滥用职权、玩忽职守、徇私舞弊的,或者泄露、非法向他人提供履行职责过程中知悉的商业秘密的,依法给予处分;构成犯罪的,依法追究刑事责任。

 评一评

正确界定涉外股权转让合同性质　维护合资企业投资者权益①
——山东华立投资有限公司与新加坡 LKE 股权转让合同纠纷上诉案

【案情】 埃尔凯公司原为外商独资企业,于 2010 年 9 月 14 日变更为中外合资经营企业,新加坡 LAURITZKNUDSEN ELECTRIC CO. PTE. LTD.(以下简称 LKE 公司)是合资方之一。2010 年 10 月,LKE 公司与华立公司签订"增资扩股协议",约定华立公司对埃尔凯公司投资人民币 2 000 万元,华立公司和 LKE 公司增资扩股,并约定如果 LKE 公司违反协议任何条款并使协议目的无法实现,华立公司有权终止协议并收回增资扩股投资款项。2010 年 12 月 6 日,双方又签订一份"股权转让协议",约定:鉴于埃尔凯公司将申请改制成立股份有限公司即目标公司,改制后华立公司占有目标公司股份 800 万股。在 2013 年 10 月 10 日后,华立公司有权向 LKE 公司提出以原始出资额为限转让目标公司股权份额,LKE 公司承诺无条件以自身名义或指定第三方收购华立公司提出的拟转让股份。2011 年 1 月 27 日,埃尔凯公司的各方股东签订"增资扩股协议",华立公司溢价认购埃尔凯公司增资,并占 10% 股权。华立公司有权在出现合同约定情形时通知 LKE 公司后终止本协议,并收回此次增资扩股的投资。该协议经主管部门批准后各方办理股权变更登记,华立公司持有埃尔凯公司 10.001% 股权,LKE 公司拥有 76.499% 股权。华立公司以 LKE 公司拒不依约履行增资义务,又不及时履行回购股份担保责任为由,向广东省珠海市中级人民法院提起诉讼,请求判令 LKE 公司收购华立公司所持有的埃尔凯公司股权并支付款项人民币 2 000 万元及利息。

【评析】 广东省珠海市中级人民法院一审认为,华立公司请求 LKE 公司收购华立公司持有的埃尔凯公司的股权缺乏事实和法律依据。据此判决驳回华立公司的全部诉讼请求。华立公司不服一审判决,以双方协议性质实为股权投资估值调整协议,故其有权在融股公司不能按期上市时请求回购股权为由提出上诉。

广东省高级人民法院二审认为,"股权转让协议"的内容是附事实条件的股权转让,即只有在埃尔凯公司改制成为股份有限公司后,华立公司才能将其所持有的埃尔凯公司的股权转让给 LKE 公司。该协议对将来发生事实的约定未违反中国法律、行政法规的强制性规定,依法应认定有效。股权投资估值调整协议是投资公司在向目标公司投资时为合理控制风险而拟定的估值调整条款。订约双方一般会约定在一个固定期限内要达成的经营目标,在该期限内如果企业不能完成经营目标,则一方应当向另一方进行支付或者补偿。但"股权

---

① 资料来源:最高院于 2017 年 5 月 5 日发布的第二批涉"一带一路"建设典型案例。

转让协议"并没有将埃尔凯公司改制成股份有限公司作为双方预先设定的经营目标,且协议中也没有约定作为股东的LKE公司在目标公司埃尔凯公司无法完成股份制改造情况下应承担股权回购的责任。双方在履行协议过程中,既没有出现违约行为导致协议终止的情形,华立公司也已于2011年6月9日取得埃尔凯公司的股权,故华立公司依据"股权转让协议"和"增资扩股协议"请求收回增资扩股投资款的理由缺乏事实和法律依据。据此,广东省高级人民法院判决驳回上诉,维持原判。

【典型意义】 本案是一宗中国国内公司通过股权转让形式对中外合资企业进行投资的案件,其典型意义在于如何判断当事人在合同中约定的股权回购条款的性质,是否属于新型的投融资方式即股权投资估值调整协议,以及该种约定能否得到支持。该判决一方面肯定了股东之间为适应现代市场经济高度融资需求有权自治约定股权投资估值调整的内容,另一方面坚持股权投资估值调整的合意必须清晰地约定于合同中的原则。针对本案"股权转让协议"没有设定经营目标也没有约定埃尔凯公司无法完成股份制改造时由LKE公司承担股权回购责任的情况,认定双方真实意思表示是先将埃尔凯公司改制为股份有限公司,故股权转让协议性质为附未来事实条件的股权转让。在埃尔凯公司改制成为股份有限公司这一条件未成就前,华立公司无权请求LKE公司回购股权。该案判决运用文义解释方法,确定当事人的投资意思表示,并有效避免公司资本被随意抽回,维持了中外投资者合资关系的稳定性,依法保护了投资者权益,对于"一带一路"新型投资方式的有序开展起到强有力的保障作用。

本章思考

1. 解释下列术语:
   商事组织法　个人独资企业　合伙企业　有限责任公司　股份有限责任公司
   一人公司　外商投资　准入前国民待遇　外商投资负面清单
2. 简述个人独资企业的优缺点。
3. 简述有限合伙企业与普通合伙企业在责任承担上的区别。
4. 比较有限责任公司与股份有限公司在设立方式上的区别。
5. 试述我国《外商投资法》的立法原则。
6. 简述我国《外商投资法》中外商管理的基本规则。

学习参考

《外商投资法》的立法特色与创新

第三章

合同法

本章要点

1. 合同的概念、法律特征与分类
2. 合同法的基本原则
3. 合同订立中的两大必经程序
4. 合同的效力状态
5. 合同担保中的保证与定金
6. 合同的变更与转让
7. 合同消灭的主要原因
8. 合同违约的形态与主要救济方法

第一节　概　　述

一、合同的概念、法律特征与分类

(一) 合同的概念

关于合同的概念，各国的立法规定各不相同。大陆法系更强调合同是一种合意，如《法国民法典》中规定：合同是一种合意，依此合意，一人或数人对于其他一人或数人负担给付、作为或不作为的债务。《德国民法典》运用"法律行为"这个抽象概念，将合同纳入法律的范畴。法律行为包括意思表示一致和其他合法行为。例如，依照德国法律，动产转让首先要有双方当事人的意思表示，其次要有一方将动产交付给另一方的行为两个构成要件，也就是说，合同成立包括两个条件：一是当事人的内在意思；二是表示这种意思表示的外在行动。二者缺一不可。

英美法系更强调合同是一种许诺。如美国《合同法重述》中将合同定义为一个或一组允诺，如果违反，则法律给予救济，如果履行，则法律以某种方式将其视为一项义务。

尽管各国对合同的概念在理论上存在不少分歧，但实际上无论是英美法系国家还是大陆法系国家，都把双方当事人的意思表示一致作为合同成立的要素。如果双方当事人不能达成协议，就不存在合同，在这一点上是没有实质性分歧的。

在我国，合同又称契约，是指两个以上当事人在平等自愿的基础上为实现一定目的而达成的协议。在现实生活中，人们可以就各种各样的事项达成协议，但并非任何协议都能直接适用合同法。《中华人民共和国民法典》（以下简称《民法典》）第 464 条规定："合同是民事主体之间设立、变更、终止民事法律关系的协议。婚姻、收养、监护等有关身份关系的协议,适用有关该身份关系的法律规定;没有规定的,可以根据其性质参照适用本编规定。"

练一练

根据我国《民法典》规定,下列合同中应该适用有关身份关系的法律规定的是（　　）。
A. 收养合同　　　　　　　　　B. 出版合同
C. 土地使用权合同　　　　　　D. 质押合同

【参考答案】A

（二）合同的基本法律特征

1. 合同是一种民事法律行为

民事法律行为是指民事主体实施的能够引起民事权利与民事义务的产生、变更或终止的合法行为。合同是以意思表示为成立要素,并且按意思表示的内容赋予法律效果,因此合同在性质上是一种民事法律行为,而非事实行为。

2. 合同是当事人的双方行为

法律行为分为单方行为与双方行为,而合同是一种典型的双方行为。其本质特征是双方当事人(或多方当事人)均要做出意思表示,并且意思表示一致,即当事人之间达成合意。

3. 合同以设立、变更或终止民事权利义务关系为目的

合同是民事主体的一种有意识、有目的性的行为,其目的体现在设立、变更、终止当事人之间的民事权利义务关系。所谓设立民事权利义务关系,是指当事人依法成立合同后,在他们之间便产生了民事权利义务关系。所谓变更民事权利义务关系,是指当事人之间的民事权利义务关系发生变化,形成新的民事权利义务关系。所谓终止民事权利义务关系,是指当事人之间的民事权利义务关系归于消灭。

4. 合同关系应体现平等、自愿与公平的原则

在订立合同时,当事人的法律地位是平等的,任何一方都不得将自己的意志强加给另一方。合同内容应是经过当事人的自愿协商达成,能真实反映当事人的内心愿望,因胁迫、欺诈或重大错误而签订的合同在效力上存在缺陷。合同还应体现出公平的原则,当事人的权利与义务应当对等。

（三）合同的分类

根据不同的标准,合同有不同的分类。主要的分类有以下几种。

1. 有名合同与无名合同

这是根据法律是否设有规范并赋予特定名称而进行的分类。有名合同,又称典型合同,是指法律设有规范,并赋予了特定名称的合同。我国《民法典》所列的买卖合同、借款合同、租赁合同、承揽合同、运输合同等 19 种合同就是有名合同。无名合同,又称非典型合同,是指法律没有特别规定,也没有赋予特定名称的合同。从合同法的发展趋势看,为规范合同关

系,合同法在扩大有名合同的范围,但这并不意味着干预当事人的合同自由。

这种区分的意义在于:对于有名合同,当事人可以参照法律有关规定订立,在合同发生争议时,法院或仲裁机构应按照法律的有关规定裁判;对于无名合同,法律未作具体规定,其成立、生效及纠纷解决,除适用有关民事法律行为和合同一般规定外,可以参照与之类似的有名合同的法律规定。

2. 双务合同与单务合同

这是根据合同当事人是否互负义务而进行的分类。双务合同是指双方当事人都有对待给付的义务。如买卖合同,买方有权获得货物,但也有义务支付货款;卖方有权获得货款,但也有义务交付货物。可见,在双务合同中,一方当事人的权利就是另一方当事人的义务,一方当事人的义务就是另一方当事人的权利。现实生活中的合同大多数为双务合同。单务合同是指仅有一方当事人负给付义务,或虽然双方均负给付义务,但双方的给付义务不能形成对价关系的合同,如赠与合同、民间借款合同、无偿保管合同等。

值得注意的是,单务合同不是单方行为,而仍然是双方行为,比如赠与合同中如果只有赠与人愿意赠与并不能产生合同关系,还必须有受赠与人愿意接受赠与才能使合同具有法律效力。

这种区分的意义在于:双务合同有对价,要相互给付,同时可履行抗辩等,单务合同则没有;双务合同一方履行不能时,另一方可解除合同,而单务合同则没有这种情形。

想一想

借贷合同一般可以分为银行借贷和民间借贷。银行借贷为双务合同,民间借贷又可以分为自然人之间的民间借贷和非自然人之间的民间借贷。想一想所有的民间借贷都是单务合同吗?

3. 诺成合同与实践合同

这是根据合同的成立是否以交付标的物为要件而进行的分类。诺成合同,又称不要物合同,是指只要当事人意思表示一致就可以成立的合同。这种合同不以标的物的交付为要件,即所谓的"一诺而成"。在经济生活中,绝大多数合同是诺成合同,如买卖合同、租赁合同、承揽合同等。实践合同,又称要物合同,是指除当事人意思表示一致以外,还必须实际交付标的物才能成立的合同。这种合同数量较少,如民间借贷、借用、保管、定金合同。在判断一个合同到底是诺成合同还是实践合同,有时还需要具体分析。比如赠与合同,一般的赠与合同自赠与人向受赠人提供赠与物时成立,可以看作实践合同。但是,对于一些特殊的赠与合同,如经过公证的赠与合同或者依法不得撤销的具有救灾、扶贫、助残等公益、道德义务性质的赠与合同则可以看作诺成合同。

这种区分的意义主要在于:二者产生的法律后果不同。在诺成合同中,如不交付标的物则会构成违约责任。而在实践合同中,如果不交付标的物合同则无法成立,也就不存在违约,如果要追究责任的话应是缔约过失责任。

4. 有偿合同与无偿合同

这是根据当事人之间的权利和义务是否存在对价关系而进行的分类。有偿合同是指当事人一方根据合同从对方取得利益必须支付相应代价的合同,如买卖合同、租赁、承揽合同等。有偿合同是商品交换最典型的法律形式。无偿合同是指当事人一方根据合同从对方取得利益不需支付相应代价的合同,如赠与、借用合同等。还有些合同既可以是有偿合同,也可以是无偿合同,如保管合同、委托合同。

值得注意的是,一般而言,有偿合同都是双务合同,但无偿合同并非是单务合同。这里的"偿"是指相应的代价和报酬,与获得的利益在价值数量上应该相当;"务"则是指负有的义务,该义务不一定与其享有的权利在价值数量上相当。例如,有的赠与合同要求受赠人按赠与人的要求做一些事情,这时的受赠人实际上是在获得赠品的同时有义务去做指定的事情,即为双务合同,但赠与人并不需要为所获得的赠品支付相应的报酬,即为无偿合同。通常来说,即使赠与合同是附条件的,所附的条件与赠品的价值相比也是微不足道的。

这种区分的意义在于:当事人的注意义务不同。法律对有偿合同中债务人的注意义务要求较高,而无偿合同中的债务人则负担较轻的注意义务,且对故意或重大过失负责。

5. 要式合同与不要式合同

这是根据合同的成立是否必须采取特定的形式而进行的分类。要式合同是指法律要求必须具备特定形式的合同。特定形式包括书面、公证、登记等。根据特定形式是属于法律规定还是当事人约定,又分法定要式合同与约定要式合同。

不要式合同又称略式合同,是指法律不要求必须具备特定形式的合同,合同的形式可以由当事人任意选择。在经济生活中,大多数合同属于不要式合同。

这种区分的意义在于:二者成立成效的条件不同。要式合同只有符合法律规定或当事人约定的特别形式或程序时,合同才能成立生效。不要式合同则只要符合合同一般成立的要件,合同就能成立生效。

6. 主合同与从合同

这是根据相互有联系的合同之间的主从关系而进行的分类。主合同是指能够独立存在、不以其他合同的存在为条件的合同;从合同又称附属合同,是指不能独立存在而以其他合同的存在为前提才能成立的合同,如保证合同、抵押合同等担保合同。

这种区分的意义在于:明确主从合同之间的制约关系。在通常情况下,从合同以主合同的存在为前提,主合同变更或消灭,从合同原则上也随之变更或消灭。

7. 格式合同与非格式合同

根据合同条款是否能为当事人协商确定而进行的分类。格式合同又称附从合同、定型化合同,是指在订立合同时,一方当事人为了反复使用而预先制订,相对方不能就合同条款进行协商,只能概括地接受或不接受的合同。非格式合同又称商议合同,是指合同条款是经当事人协商确定的合同。这种合同充分考虑了各方当事人的合意自治权,是合同的主要形式。

二、合同法律制度

(一) 合同的立法

1. 大陆法系的合同法

在大陆法系国家,如法国、德国、日本、意大利、瑞士等,合同法以成文法的形式出现。合同法通常包括在民法典或债务法典中。

大陆法系国家的民法理论将合同作为产生"债"的原因之一,将合同侵权行为、不当得利及无因管理等法律规范并列在一起,作为民法的一部分,称为债务关系法。例如,《法国民法典》将有关合同事项集中在第三卷中加以规定,标题就是"合同或合意之债的一般规定",其内容除了合同有效成立的条件、债的种类、债的消灭等合同法的一般规定以外,在其后各编中进一步对各种具体合同做出规定,其中包括买卖、对销、合伙、借贷、委任、保证、和解等合同。

相比《法国民法典》,《德国民法典》有自己的特点,即《德国民法典》使用法律行为这一概念,将有关合同成立的共同性问题,在"总则"一编中加以规定。该法典第二编就是"债务关系法",对因合同而产生的债的关系、债的消灭、债权转让、债务承担、多数债务人与多数债权人以及各种债务关系等做了规定。其中,"各种债务关系"一章实际上是合同法的具体体现,分别对买卖、对销、赠与、租赁、借贷等合同做了具体的规定。总的来说,《德国民法典》对合同的规定较为系统,逻辑性较强,结构也较严谨。

2. 英美法系的合同法

在英美法系国家,关于合同的法律原则主要包括在普通法中,体现为判例法、不成文法。虽然英美等国也制定了一些有关某种具体合同的成文法,如英国1893年的《货物买卖法》、美国1906年的《统一买卖法》和20世纪50年代制定的《统一商法典》等,但这些只是对货物买卖合同以及其他一些有关的商事交易合同做了具体规定,至于合同法的基本原则、合同成立的普遍规则等仍需按判例法所确定的规则来处理。

3. 我国的合同立法

我国合同法律制度经历了一个曲折的发展过程。自20世纪80年代以来,为了适应改革开放的需要,我国先后颁布实施了《中华人民共和国经济合同法》《中华人民共和国涉外经济合同法》《中华人民共和国技术合同法》等法律,同时,国务院还制定了一系列与经济合同法、技术合同法相配套的各类实施细则或者合同条例。自此,我国合同法形成了三足鼎立的立法格局,对保护合同当事人的合法权益、维护社会经济秩序发挥了重要的作用。

但随着我国市场经济体制改革的深化,三部单行法分别调整合同关系的模式已经不能适应市场经济对市场交易规则统一化的要求。因此,1999年3月15日,第九届全国人民代表大会第二次会议通过了《中华人民共和国合同法》(简称《合同法》),该法从1999年10月1日起施行,之前的三部单行法同时废止,这才使我国的合同法律走向统一。

随着社会主义市场经济的发展和对外开放的扩大,客观需要全面推进和落实依法治国的基本方略。在这样的背景下,2020年5月28日,十三届全国人民代表大会第三次会议表决通过了《民法典》,其中第三编为合同编,该法自 2021 年 1 月 1 日起开始施行,《合同法》同时废止。《民法典》的颁布,是新时代全面依法治国的必然要求。

除了《民法典》以外,海商法、电子商务法等其他与合同有关的法律、行政法规、法律解释,以及我国参加的与合同有关的国际条约等,也都是我国合同法律制度的重要组成部分。

(二) 合同法的基本原则

合同法的基本原则是制定、解释、执行和研究合同法的依据和出发点,也是合同立法的指导思想以及民事主体间合同关系所应遵循的基本方针和准则。各国合同法的基本原则一般包括以下六点。

1. 平等原则

平等原则是指合同当事人的法律地位是平等的,一方当事人不能将自己的意志强加给另一方。这一原则是民事权利义务关系的本质和基础,是自愿原则的前提,贯穿于合同的整个过程。

2. 自由原则

自由原则是指当事人依法享有自由签订合同的权利,任何单位和个人不得非法干预,即当事人意思自治。这一原则的确立是市场经济不断发展和完善的必然结果,通常包括以下内容:缔结合同的自由、选择合同相对人的自由、决定合同内容的自由、选择合同形式的自由、变更和解除合同的自由、选择合同方式的自由。

应当注意的是,我国《民法典》所确定的合同自由是一种有限制的、相对的自由。首先,合同自由是在法律规定范围内的自由,不违反法律、行政法规的强制性规定;其次,如果是为了保护社会公共利益和社会正义,在立法上有必要限制当事人一方的合同自由。

3. 公平原则

公平原则是指合同当事人本着公平合理的观念确定各方的权利义务。即当事人之间要互利,不得损害对方的利益。判断公平的标准,是从社会正义的角度,体现社会的价值观、是非观,包括人们公认的经济利益上的合理标准。

4. 诚信原则

诚信原则是指当事人行使权利、履行义务时应诚实不欺、讲究信用,在不损害他人利益及社会利益的前提下追求自身利益。此原则贯穿于合同订立、履行、变更和终止的整个过程,是合同法的一个重要原则。诚信原则本来是存在于商品交易中的一种道德规范,当其上升为法律原则以后,就兼具了道德调整和法律调整的双重功能,正如杨仁寿先生所言,诚实信用原则虽以社会伦理观念为基础,但其并非道德,而是将道德法律技术化:一方面它要求和鼓励当事人在进行民事活动时应讲求诚信和善意;另一方面,它又给予当事人的民事活动以强制性的约束,直接对当事人所做行为的后果产生影响。

通常来说,诚信原则包括三层含义:一是诚实,要表里如一,因欺诈订立的合同无效或者可以撤销;二是守信,要言行一致,不能反复无常,也不能口惠而实不至;三是从当事人协商合同条款时起,就处于特殊的合作关系中,当事人应当恪守商业道德,履行相互协助、通知、保密等义务。

5. 遵守法律与社会公共利益原则

这一原则要求当事人订立和履行合同遵守法律和行政法规、尊重社会公德,不得扰乱社会公共秩序、损害社会公共利益。遵守公序良俗与诚信原则的区别在于二者的适用范围不同,诚信原则主要适用于市场交易中,而公序良俗规则的适用范围还包括社会道德、社会经济秩序和社会公共利益的合同关系、民事关系。

6. 鼓励交易原则

鼓励交易原则是指在不违背法律及社会公共利益的前提下,法律赋予交易的当事人快速达成交易并尽可能促使更多交易获得成功,从而实现经济效益的提高。鼓励交易原则符合社会主义市场经济体制对经济交易的根本要求,交易越活跃,越有利于市场经济的发展。合同法作为维护市场交易秩序的基本法律,应当起到鼓励交易快速达成并尽可能促使更多交易获得成功的作用。

需要注意的是,鼓励交易原则是有限制的:一是应当鼓励合法、正当的交易。合同的合法性是合同能够生效的前提,如果当事人之间已经成立的合同,违背了法律或社会公共道德,则此种交易不仅不应当受到鼓励,而且应当追究交易当事人的责任。二是应当鼓励自愿的交易,即在当事人意思表示真实的基础上产生的交易。基于欺诈、胁迫或其他意思表示有瑕疵的行为而产生的交易,往往并不符合双方当事人,特别是意思表示不真实一方的意志和利益,因此也会产生不公平、不公正的交易,对此种交易活动不应当予以鼓励,而应当通过可变更、可撤销等法律规则予以限制和调整。

第二节 合同的订立与效力

一、合同订立的概述

(一)合同订立的概念

合同的订立,是指当事人之间为了设立、变更和终止相互之间的民事权利义务关系而互为意思表示,并就合同条款达成合意的过程。这个过程分为要约和承诺两个阶段。在这个过程中,缔约当事人负有先合同义务,因过失违反先合同义务而给缔约相对方造成损失的,产生缔约过失责任。

合同订立与合同成立的含义有所不同。合同的订立着眼于缔约当事人达成协议的过程,而合同的成立是一个事实判断问题,着眼于合同是否存在,即缔约当事人达成协议的结果。可以说,合同成立是合同订立所产生的最理想的结果。

(二)合同订立的主体

合同订立的主体是指实际订立合同的人。根据《民法典》规定,订立合同的主体是民事主体,一般包括自然人、法人、非法人组织。自然人作为合同主体,必须具备《民法典》规定的民事行为能力。十八周岁以上的成年人是完全民事行为能力人,可以独立实施民事法律行为;限制民事行为能力人实施民事法律行为由其法定代理人代理或者经其法定代理人同意、追认;无民事行为能力人实施民事法律行为由其法定代理人代理实施民事法律行为。法人、非法人组织的民事行为能力则有不同,它们只有在登记核准的经营范围内签订的合同才有法律效力,能够受到法律保护。

(三) 合同订立的形式

合同的形式是合同当事人所达成的协议的外在表现形式。在国际贸易中,交易双方订立合同有下列几种形式。

1. 书面形式

书面形式是合同书、信件、电报、电传、传真等可以有形地表现所载内容的形式。以电子数据交换、电子邮件等方式能够有形地表现所载内容,并可以随时调取查用的数据电文,视为书面形式。

合同书是一种常用的合同形式。合同书文本多种多样,有行业协会制定的示范性合同文本,也有营业者提供的由营业者制订的格式合同文本,而大量的则是双方当事人自己签订的合同文本。一般来说,作为合同书应当符合以下条件:① 必须以某种文字、符号书写。② 必须有双方当事人(或者代理人)的签字(或者同时盖章)。③ 必须规定当事人的权利和义务。

采用书面形式订立合同的优点是明确肯定,有据可查,举证方便,有利于防止争议和解决纠纷。因此,书面形式成为当事人最普遍采用的一种合同形式。

2. 口头形式

口头形式是指当事人面对面或者通过电讯设备等以口头交谈的方式达成的合同的形式。以交谈方式达成的口头合同,其内容应当符合下列要求:不违反法律、行政法规的强制性规定;一方没有以欺诈、胁迫的手段订立合同,损害国家利益;双方不是恶意串通,损害国家、集体或者第三人利益;双方不是以合法的形式掩盖非法目的;没有损害社会公共利益;订立合同的主体具有民事行为能力和民事权利能力;意思表示真实。符合以上要求的口头合同就成立并具有法律效力,受法律保护。

采用口头形式订立合同的优点是简便、快捷,缔约成本低。缺点是发生纠纷时难以举证,不易分清责任。因此对于非即时结清的,或者比较重要、内容复杂的合同不提倡采取口头形式。

3. 其他形式

合同的其他形式,是指当事人以书面、口头以外的其他方式进行意思表示,表现合同内容的形式。这个"其他形式",主要指行为形式,即当事人通过某种作为或者不作为的行为方式进行意思表示。前者是明示意思表示的一种,比如顾客到超市购买商品,直接到货架上拿取商品,支付价款后合同即成立,无须以口头或书面形式确立双方的合同关系。后者是默示意思表示方式,比如存在长期供货业务关系的企业之间,一方当事人在收到与其素有业务往来的相对方发出的订货单或提供的货物时,如不及时向对方表示拒绝接受,则推定为同意接受。但需要注意的是,不作为的意思表示只有在有法定或约定、存在交易习惯的情况下可视为同意的意思表示。

我国合同法承认合同的"其他形式",这与我国经济的发展、交易形态的多样化是相符的。如果仅仅拘泥于书面形式和口头形式,将可能使一些交易变得过于烦琐,从而违背鼓励交易的原则。

二、合同订立的程序

合同订立的过程,也就是当事人相互协商、达成合意的过程。各国法律基本均规定要约、承诺是合同订立必经的两大程序。

(一) 要约

1. 要约的概念与构成要件

要约(offer),又称发盘、出盘、发价、出价或报价。根据《联合国国际货物销售合同公约》第14条第1款的规定,向一个或一个以上特定的人提出的订立合同的建议,如果其内容十分确定并且表明发盘人有在其发盘一旦得到接受就受其约束的意思,即构成要约。发出要约的一方称为"要约人"(offeror),接受要约的一方称为"受要约人"(offeree)。要约人可以是买方、也可以是卖方,法律并没有限定要约人必须是特定的哪一方当事人。

根据上述《联合国国际货物销售合同公约》对要约的界定,一项有效的要约通常应具备下列两个构成要件:

(1) 要约内容必须具体且确定。由于要约一旦得到受要约人的承诺,合同就成立,因此要约内容应当具体且明确,以便受要约人确切知道要约的内容,从而做出承诺。要约至少应当具有合同成立所必备的条款,而哪些是必备条款,各国的法律规定不尽相同。在实际业务中,如果要约的交易条件太少或者过于简单,会给合同的履行带来困难,甚至引起争议。因此,必备条款除了满足各国明确规定外,还应根据合同的性质和当事人的合同目的来确定。当然,要约人也不必在要约中详细载明合同的全部内容,而只要达到足以确定合同内容的程度即可。在这一点上,大陆法和英美法的要求基本上是一致的。

值得一提的是,美国《统一商法典》(*Uniform com-mercial Code*, UCC)在这个问题上采取了更为开放的态度。按照美国《统一商法典》的规定,在货物买卖中,要约的内容最重要的是要确定货物的数量或提出确定数量的方法,至于价格、交货条件或付款时间等内容,均可暂不提出,留待日后按照合理的标准来确定。何谓合理,属于事实问题,得由法院根据案情和周围的情况做出解释。美国《统一商法典》的这一规定是为了适应当代经济贸易发展的要求,尽可能使某些合同不致由于缺少某项条件而不能成立。

(2) 表明经受要约人承诺,要约人即受该意思表示的约束。要约人发出要约是以订立合同为目的,因此要约中应当表明,该要约一旦经受要约人承诺,要约人就要接受该意思表示的约束。这一点也是合同法诚信原则的具体要求。

如果要约人只是就某些交易条件建议与对方进行磋商,而根本没有受其建议约束的意思,则此项建议不能被认为是一项要约。例如,要约人在其提出的订约建议中加注诸如"仅供参考""须以要约人的最后确认为准"或其他保留条件,这样的订约建议就不是要约,而只是邀请对方要约。

我国《民法典》对要约及构成要件的规定同上述《联合国国际货物销售合同公约》的规定与解释基本是一致的。

2. 要约与要约邀请的区别

要约邀请是指希望他人向自己发出要约的表示。要约邀请是人订立合同当事的预备行为,如拍卖公告、招标公告、招股说明书、债券募集办法、基金招募说明书、商业广告和宣传、寄送的价目表等为要约邀请。如果商业广告和宣传的内容符合要约条件的,构成要约。

要约与要约邀请的区别主要表现在:

(1) 要约是一方向另一方发出的以订立合同为目的的意思表示,并且要约内容具体确定。要约邀请则是一方向另一方发出的邀请其向自己发出要约的意思表示,不具有合同成立所应当具备的主要条款。

(2) 要约中包含当事人愿意接受要约拘束的意思表示,承诺生效,合同就成立。要约邀请不含当事人愿意接受拘束的意思表示,只产生对方向其发出要约的可能,还须要约邀请人承诺,合同才能成立。

(3) 发出要约和接受要约的当事人应为特定,而要约邀请的对方往往是不特定的,但也有例外的情形,如公共汽车驶入站台载客、标价出售的商品、自动售货机售卖商品的要约邀请的接受人可以不特定。

想一想

在各国法律中,悬赏广告一般是要约还是要约邀请?

练一练

根据相关法律制度的规定,下列情形中不属于要约邀请的是(　　)。

A. 甲公司向数家贸易公司寄出价目表
B. 乙公司通过报刊发布招标公告
C. 丙公司在其运营中的咖啡自动售卖机上载明"每杯两元"
D. 丁公司向社会发布招股说明书

【参考答案】C

3. 要约的法律效力

要约的法律效力又称要约的拘束力,包括要约生效的时间、对要约人的效力、对受要约人的效力以及要约的存续期间四个方面。

（1）要约生效的时间。各国对于要约的生效存在三种立法标准，即发信主义（也称投邮生效）、到达主义和了解主义。《联合国国际货物销售合同公约》采用的就是到达生效原则。我国《民法典》第137条分两种情况采用了不同的生效标准：① 以对话方式做出的意思表示，相对人知道其内容时生效。② 以非对话方式做出的意思表示，到达相对人时生效。以非对话方式做出的采用数据电文形式的意思表示，相对人指定特定系统接收数据电文的，该数据电文进入该特定系统时生效；未指定特定系统的，相对人知道或者应当知道该数据电文进入其系统时生效。当事人对采用数据电文形式的意思表示的生效时间另有约定的，按照其约定。

（2）对要约人的效力，又称对要约的形式拘束力。它是指要约一经生效，要约人即受到要约的拘束，不得随意撤销要约或对要约加以限制、变更和扩张。其目的在于维护交易安全，保护受要约人的合法权益。

（3）对受要约人的效力，又称对要约的实质拘束力。要约生效即意味着受要约人取得了承诺的权利，在要约的有效期间内，受要约人可以承诺，也可以不承诺。但在强制缔约的情况下，承诺也是一种义务。

（4）要约的存续期限。要约的存续期限是指要约发生法律效力的期间，即承诺期限。具体分为两种情形：定有存续期限和未定有存续期限。定有承诺期限的要约，受要约人须在此期限做出承诺，才能对要约人有拘束力。但何谓"在此期限内做出承诺"，各国的解释有不同，有的解释为受要约人在期限内发出承诺即为生效，有的解释为在期限内承诺到达要约人才生效，也就是投邮原则和到达原则两种解释。为了避免争议，在实际业务操作中，一般明确规定有效期，并明确以要约人收到承诺的时间为准。我国民法典中也是采用的到达原则。

未定承诺期限的要约，受要约人应在合理时间内承诺才有效。根据《联合国国际货物销售合同公约》，要约以口头方式做出的，除当事人另有约定的以外，应当即时承诺；要约以非口头方式做出的，承诺应当在合理期限内到达。如何确定合理期限，通常应考虑要约与承诺到达对方所需的在途时间、受要约人考虑是否做出承诺的权衡时间、行业习惯以及双方因营业地不同而产生的时差等因素。在合理期间受要约人未承诺，要约失效。

4. 要约的撤回与撤销

（1）要约的撤回（withdrawal）。要约撤回是指在要约生效之前，要约人阻止要约发生法律效力的行为。

根据《联合国国际货物销售合同公约》的规定，一项要约（包括注明不可撤销的要约）只要尚未生效，都是可以撤回的。要约的撤回既尊重了要约人的意志，又未损及受要约人的利益，我国《民法典》第141条也规定："行为人可以撤回意思表示。撤回意思表示的通知应当在意思表示到达相对人前或者与意思表示同时到达相对人。"

值得注意的是，如果要约人在要约生效前对已发送的要约进行修改，其效果等同于原要约的撤回、新要约的产生。

(2) 要约的撤销(revocation)。要约撤销是指在要约生效以后,受要约人做出承诺之前,要约人将要约的法律效力归于消灭的行为。

根据《联合国国际货物销售合同公约》的规定,在要约送达受要约人,即要约生效后,受要约人做出承诺之前,只要要约人及时将撤销通知送达受要约人,仍可将要约撤销。因为要约的撤销是在该要约生效后进行的,因而有可能此撤销行为对受要约人不利,对此,有必要在法律上对要约的撤销予以严格的限制。因此,要约在以下两种情形不得撤销:① 要约人确定了承诺期限或者以其他形式明示要约不可撤销;② 受要约人有理由信赖该要约是不可撤销的,并本着对该要约的信赖采取了行动。

我国《民法典》第 477 条规定:撤销要约的意思表示以对话方式做出的,该意思表示的内容应当在受要约人做出承诺之前为受要约人所知道;撤销要约的意思表示以非对话方式做出的,应当在受要约人作出承诺之前到达受要约人。

 想一想

要约与承诺都可以撤回和撤销吗?

5. 要约的失效

要约的失效是指要约丧失其法律效力,不再对要约人和受要约人产生拘束力。通常包括以下几种情形:① 在要约规定的有效期内未被承诺,或虽未规定有效期,但在合理时间内未被承诺;② 要约被要约人依法撤销;③ 被受要约人拒绝或反要约之后,要约的效力即告终止。

我国《民法典》的规定相似,第 478 条列举了要约失效的原因:① 要约被拒绝;② 要约被依法撤销;③ 承诺期限届满,受要约人未做出承诺;④ 受要约人对要约的内容做出实质性变更。所谓实质性变更,是指对要约中有关合同标的、数量、质量、价款、履行期限、地点、方式、违约责任、争议的解决方式等做出变更。这实际上是受要约人向要约人发出了新的要约。

(二) 承诺

1. 承诺的概念与构成要件

承诺(acceptance),也称接受、还价,是指受要约人同意要约的意思表示。承诺的法律效力在于,承诺一经做出并送达要约人,合同即告成立。

根据《联合国国际货物销售合同公约》的规定,一项有效的承诺应当具备以下构成要件:

(1) 承诺必须由受要约人向要约人做出。不论是非受要约人向要约人做出的表示接受的意思表示,还是受要约人向非要约人做出的表示接受的意思表示,均不是承诺。

(2) 承诺必须在承诺期限内到达要约人。《联合国国际货物销售合同公约》规定受要约人必须在承诺期限内做出承诺,并使承诺到达要约人。该规定采取了到达生效原则。我国《民法典》第 481 条也规定:"承诺应当在要约确定的期限内到达要约人。"同时还规定,要约人没有确定承诺期限的,承诺应当依照下列规定到达:要约以对话方式做出的,应当即时做出承诺;要约以非对话方式做出的,承诺应当在合理期限内到达。

(3)承诺的内容必须与要约的内容一致。这是承诺有效的核心要件。合同是当事人双方权利义务意思表示一致的产物,因此,从严格意义上说,承诺必须与要约的内容完全一致,不得限制、扩张或者变更要约的内容。这一观点得到了两大法系国家的一致承认,尤其是英美法系国家采取了"镜像原则"(mirror rule),要求承诺如同照镜子一般照出要约的内容。正如英国学者阿蒂亚在《合同法概论》中提到的:"承诺应当是绝对和无条件的,而且必须表示愿意按照要约人所提出的各项条件签订合同。一个意图增加或改变要约人所提出的条款的承诺,实际上根本就不是承诺。"但是,随着交易的发展,人们发现绝对地坚持这一原则可能会阻碍很多合同的成立,不利于鼓励交易。因此两大法系和有关国际公约都对这一原则做了变通,允许承诺对要约进行非实质性更改。

我国《民法典》借鉴了这一立法经验,认为承诺的内容应当与要约的内容一致。如果要约人对要约的内容做出实质性变更的,为新要约;如果承诺对要约的内容做出非实质性变更的,除要约人及时表示反对或者要约表明承诺不得对要约的内容做出任何变更外,则该承诺有效。

 评一评

该还价是否成立

【案情】 法国公司甲给中国公司乙发盘:"供应50台拖拉机。100匹马力,每台CIF北京4 000美元,合同订立后3个月装船,不可撤销即期信用证付款。请电复。"乙还盘:"接受你的发盘,在订立合同后即装船。"

请问:双方的合同是否成立?为什么?

【评析】 没有成立。《联合国国际货物销售合同公约》第19条规定:① 对发价表示接受但载有添加、限制或其他更改的答复,即为拒绝该项发价,并构成还价。② 但是,对发价表示接受但载有添加或不同条件的答复,如所载的添加或不同条件在实质上并不变更该项发价的条件,除发价人在不过分迟延的时间内以口头或书面通知反对其间的差异外,仍构成接受。如果发价人不做出这种反对,合同的条件就以该项发价的条件以及接受通知内所载的更改为准。③ 有关货物价格、付款、货物质量和数量、交货地点和时间、一方当事人对另一方当事人的赔偿责任范围或解决争端等的添加或不同条件,均视为在实质上变更发价的条件。案例修改了装船条件,是对实质内容的更改,构成新的要约,因此合同没有成立。

2. 承诺的方式

 想一想

默示可以作为承诺的答复方式吗?

承诺方式是指承诺人通过何种形式将其承诺的意思送到要约人。根据《联合国国际货物销售合同公约》的规定，承诺的做出可以采用通知与非通知的行为两种方式：

（1）通知方式。在一般情况下，受要约人接受要约应当向受要约人发出承诺通知，承诺通知应为明示通知，书面、口头均可。

（2）非通知的行为方式。这是指明示行为以外的行为方式。依据民法理论，该行为方式称为默示，包括作为的默示和不作为的默示。应当注意的是，以此种方式承诺的，要么必须依据交易习惯，要么是要约中表明了的。

作为的默示是非通知行为方式的主要形式。这样的行为通常是履行行为，如预付价款、装运货物等，即承诺人以实际履行要约内容的行为表示接受要约。

不作为的默示即缄默本身原则上不构成承诺，但对此也不能绝对化。在以下几种特殊的情况下，应承认其效力：一是受要约人在向要约人发出要约邀请时曾明确声明，在对方发出要约后的一定期限内，如果没有收到答复，即视为已经承诺。在这种情况下，实际上双方已经就承诺的方式达成了协议，即约定承诺的方式为缄默。二是双方已经有过多次磋商，并达成了初步的协议，一方更改了初步协议中的部分条款，并要求另一方当事人就这部分条款做出答复，同时提出，如果不在规定时间内做出答复，则视为接受。这是因为双方已经过协商，产生了一种合理的信赖，即信任对方在没有明确表示对更改条款有异议的情况下，视为同意接受该条款。三是依据双方以前的交易习惯或者当地的某种交易惯例，承诺可以缄默的方式成立。

3. 承诺的生效

承诺的生效是指承诺发生法律效力即法律约束力。因此，承诺生效的时间在合同法上具有极其重要的意义。

在承诺生效时间的问题上，英美法系和大陆法系采用了不同的原则。英美法采用投邮生效的原则，即承诺通知一经投邮或交邮电部门发出则立即生效；大陆法系采用到达生效的原则，即承诺通知必须送达要约人时才生效，但法国例外。

英美法认为，在以书信、电报电传做出承诺时，承诺一经投邮，立即生效，即告成立。例如，以书信或电报电传做出承诺时，只要受要约人将书信投入邮局信箱或把电报交到电报局发出，承诺即告生效，即使表示承诺的函件在传递过程中丢失，只要受要约人能证明确实已给函件付了邮资，写妥地址交到邮局，合同仍可成立。其理由是，要约人曾默示地指定邮局作为他接受承诺的代理人，但这通常被认为是表面上的理由，真正的理由是为了保护受要约人而尽量缩短要约人能够撤销要约的时间。原因是在英美法固守的"对价"(consideration)原则下，要约人可以不受要约约束，在要约被承诺前，随时可以撤销要约，这项原则明显对受要约人不利，如果承诺生效时间再采用到达生效，无疑更不利于受要约人。因此，为了调和要约人和受要约人之间的利益冲突，给予处在不利方的受要约人一定的交易安全保障，英美法系在承诺生效时间这一问题上采用了投邮原则。

大陆法特别是德国法，在承诺生效时间问题上，采取了与英美法不同的原则。《德国民法典》对承诺生效的时间没有具体规定，但按照德国法，无论是要约、承诺或撤回要约还是承诺的通知等，都属于意思表示之列，适用有关意思表示的规定。而根据《德国民法典》第130

条的规定,对于相对人以非对话方式所做的意思表示,于意思表示到达相对人时发生效力。换言之,德国法对承诺生效的时间是采取到达原则的。到达原则是指从信件到达收信人的支配范围时起,即由收信人承担风险,纵使收信人没有及时拆阅,不了解其内容,承诺亦于到达时生效。到达收信人的支配范围一般是指送达收信人的营业处所或惯常的居住地点,而不要求必须送到收信人的手中。

《法国民法典》对承诺何时生效没有做出具体规定。但法国最高法院认为,关于承诺生效的时间完全取决于当事人的意思,因此,这是一个事实问题,应根据具体情况,特别是根据当事人的意思来决定。但往往推定为适用投邮生效的原则,即根据事实情况推定承诺于发出承诺通知时生效,合同亦于此时成立。

《联合国国际货物销售合同公约》第18条第2款明确规定,承诺送达要约人时生效。此外,受要约人可以通过某种行为表示承诺,承诺在采取某种行为时生效。如果承诺未在要约规定的时限内送达要约人,或者要约虽没有规定时限,但在合理时间内未曾送达要约人,则该项承诺称作逾期承诺。按各国法律规定,逾期承诺不是有效的承诺。

我国《民法典》第484条规定,以通知方式做出承诺,其生效分为两种情况:一是对话方式,相对人知道其内容时生效;二是非对话方式,通知到达相对人时生效。承诺不需要通知的,根据交易习惯或者要约的要求做出承诺的行为时生效,这与《联合国国际货物销售合同公约》的规定是基本一致的。

 想一想

承诺的生效时间有投邮生效和到达生效两个原则,这两个原则对要约人和受要约人来说各有什么利弊?

4. 承诺的撤回

承诺的撤回是指受要约人在发出承诺通知以后,承诺发生法律效力之前阻止其生效的行为。承诺可以撤回,撤回意思表示的通知应当在意思表示到达相对人前或者与意思表示同时到达相对人。

如果承诺已经生效,则合同成立,此时受要约人不能再撤回承诺。

5. 承诺的迟延

承诺的迟延是指受要约人未在承诺期限内发出承诺或者承诺到达时超过了承诺期限。具体分为以下两种情况:一是迟发或虽然期限内发出但通常不能及时到达的承诺。《联合国国际货物销售合同公约》第21条第2款规定,如果载有逾期承诺的信或其他书面文件显示,依照当时的寄发情况,只要传递正常,它本来是能够及时送要约人的,则此项逾期承诺应当有效。合同于承诺通知送达要约人时订立。除非要的人毫不迟延地口头或书面通知受要约人,认为其要约因逾期承诺而失效。《民法典》第486条也有类似的规定:"受要约人超过承诺期限发出承诺,或者在承诺期限内发出承诺,按照通常情形不能及时到达要约人的,为新要约;但是,要约人及时通知受要约人该承诺有效的除外。"二是迟到的承诺。《联合国国际货物销售合同公约》第21条第1款规定,只要要约人毫不迟延地口头或书面通知受要约人,认为该项逾期的承诺可以有效,愿意承受逾期承诺的约束,合同仍可于承诺通知送达要约人时订立。如果要约人对逾期的承诺表示拒绝或者没有立即向受要约人发出上述通知,则该项逾期承诺无效,合同不能成立。我国《民法典》第487条也规定:"受要约人在承诺期限内发出承诺,按照通常情形能够及时到达要约人,但是因其他原因致使承诺到达要约人时超过承诺期限的,除要约人及时通知受要约人因承诺超过期限不接受该承诺外,该承诺有效。"

评一评

四个合同是否都成立

【案情】 某粮食公司向甲、乙、丙、丁四家商场发出函电:"我公司有一批粮食可以出售,你方是否需要?"次日粮食公司即收到四个商场的回电:"需要,请告知详情。"粮食公司遂于3月3日向四个商场发电详告:"袋装珍珠米共2 000袋,一级,规格为10千克/袋,单价5.00元/千克,质量符合国家标准,我方负责运输,10日内答复有效。"甲商场于3月6日回电:"同意,请尽快送货。"乙商场考虑到当地市场需求的特点,于3月8日回电:"请将规格改为5千克/袋,其他条件同意。"丙商场于3月10发出函电:"同意。"但该函电由于电信局的原因于3月14日才到达粮食公司。丁商场负责人在外出差,直到3月15日才回来,当日即发电给粮食公司:"同意。"粮食公司在收到四家商场的函电后均没做出任何答复。

请问:粮食公司与四家商场的合同是否都成立?

【评析】 ①粮食公司与甲商场的合同成立。甲商场3月6日的回电中的"请尽快送回"并没有对要约构成实质内容的更改,为有效承诺,合同成立。②粮食公司与乙商场的合同不成立。乙商场3月8日的回电修改了袋装珍珠米的规格,这是对要约实质内容的更改,为反要约或新要约,合同不成立。③粮食公司与丙商场的合同成立。丙商场在承诺期限内做出承诺,并且该承诺通常也应该在承诺期限内到达要约方,却由于第三方的客观原因造成逾期,之后粮食公司并没有明确做出否定的意思表示,该承诺依然有效,合同成立。④粮食公司与丁商场的合同不成立。丁商场3月15日发出承诺,发出承诺的时间就已经逾期了,之后粮食公司也没有明确做出接受该承诺的意思表示,该逾期承诺为新要约,合同不成立。

三、合同的条款

所谓合同的条款,从实质上说,即合同的内容,是确定合同当事人权利与义务的根据。合同条款应当明确、肯定、完整,并且条款之间彼此不矛盾。如果合同条款含混不清或者存在漏洞,则应通过合同的解释予以完善。

根据合同条款在合同中的地位和作用,可以将合同条款进行不同的分类,这里着重介绍必备条款与非必备条款。必备条款是指依据合同的性质和当事人的特别约定所必须具备的条款,缺少这些条款将影响合同的成立。必备条款主要包括两个方面:一是依据合同性质所必须具备的条款,如所有合同都应具备标的条款,买卖合同应具备价金条款。二是根据当事人的特别约定所必须具备的条款。例如，当事人在合同中约定："本合同必须经过公证才能生效。"则公证成为该合同的必备条款。非必备条款，是指依据合同的性质在合同中不是必须具备的条款，即使缺少这些条款也不会影响合同的成立。我国《民法典》第510条与第511条规定了如果缺少履行期限、数量、质量等条款则可以采用的办法和依据的标准。

（一）合同的一般条款

根据我国《民法典》第470条规定，合同的内容由当事人约定，一般包括下列条款：① 当事人的姓名或者名称和住所；② 标的；③ 数量；④ 质量；⑤ 价款或者报酬；⑥ 履行期限、地点和方式；⑦ 违约责任；⑧ 解决争议的方法。这其中既有必备条款，也有非必备条款；既有实体条款，也有程序条款。

（二）合同的格式条款

格式条款，又称标准条款、格式合同，是指当事人为了反复使用而预先制订，并在订立合同时未与对方协商的条款。格式条款的产生和发展是20世纪合同法发展的重要标志之一，其形成是由于某些行业发展到一定程度时出现了大量重复性的交易，为了简化合同订立的程序而预先制订的，刚开始这样的合同确实大大提高了工作效率，但这些企业一般发展较快、规模较大，带有一定程度的垄断性。因此格式合同也带来了弊端，即提供商品或服务的一方往往利用其优势地位，制订有利于自己而不利于相对方的条款，而相对方不能与之协商，只能被动接受。这样一来，格式合同就违背了合同自由原则与公平原则。

我国《民法典》对格式合同予以了一定的限制，具体如下：

（1）制订格式条款应当遵循公平原则。如果内容显失公平，相对方有权请求人民法院或者仲裁机构予以撤销。

（2）格式合同的制订方应当采取合理方式对免责条款进行提示和说明。这里的"合理方式"，是指格式条款的制订方采用的提请对方注意的方式应在通常情况下确实能起到让对方注意的作用。

（3）规定了格式合同无效的情形。比如，造成对方人身伤害或者因故意、重大过失造成对方财产损失的免责条款无效；格式合同制订方免除其责任、加重对方责任、排除对方主要权利的，该条款无效。

（4）确立格式合同的解释规则。对格式条款的理解发生争议的，应按照通常理解予以解释。如果对格式条款有两种以上解释的，应当做出不利于提供格式条款一方的解释。格式条款与非格式条款不一致的，应当采用非格式条款。

四、合同的效力

（一）合同效力的概念

合同的效力又称合同的法律效力，是指法律赋予依法成立的合同在当事人之间产生的法律拘束力。一般情况下，由于合同具有相对性，合同的效力原则上局限在当事人之间，但有时合同对第三人也有拘束力，主要表现在赋予合同当事人具有排斥第三人的妨害及在第三人侵害合同债权时享有要求赔偿损失的权利。此外，合同对第三人的拘束力还表现在为保全合同利益，法律允许债权人可在特定的情况下主张代位权和撤销权。例如，债务人基于恶意将财产低价出售给第三人，明显不利于债权人债权的，则债权人可依法主张撤销该转让行为。

（二）合同成立与合同生效的关系

合同的成立与合同的生效在合同效力制度中是一个很重要的问题，二者既有联系又有区别。联系可以体现在：合同的成立是合同生效的前提，如果合同没有成立当然就不可能生效；反之，合同生效是合同成立的结果和当事人订约的目的，如果合同不能生效，那订立合同也就没有意义了。

但是，二者确实是属于不同的法律范畴，区别主要表现在：合同的成立是指当事人就合同的主要条款达成合意，只是表明当事人之间存在合意这一事实。因此，合同成立与否属于事实判断问题，着眼点在于判断合同是否存在，其判读结果只能是成立或不成立的事实。合同的生效则反映的是法律对已经成立的合同的评价。也就是说，合同的有效与否是一个法律价值判断问题，着眼点在于判断合同是否符合法律的精神和规定，能否发生法律上的效力。其判断结果有生效、无效、效力待定、可变更、可撤销等多种状态。

（三）合同成立的时间

当事人采用合同书形式订立合同的，自当事人均签名、盖章或者按指印时合同成立。有两种情况例外：一是在签名、盖章或者按指印之前，当事人一方已经履行主要义务，对方接受时，该合同成立。二是法律、行政法规规定或者当事人约定合同应当采用书面形式订立，当事人未采用书面形式但是一方已经履行主要义务，对方接受时，该合同成立。

当事人采用信件、数据电文等形式订立合同要求签订确认书的，签订确认书时合同成立。当事人一方通过互联网等信息网络发布的商品或者服务信息符合要约条件的，对方选择该商品或者服务并提交订单成功时合同成立，但是当事人另有约定的除外。

（四）合同的生效

国际商事交易双方就各项交易条件达成协议后，并不意味着该合同一定有效。根据各国合同法的规定，一般合同生效除了双方当事人意思表示一致以外，还需要具备以下要件：

1. 合同当事人必须具有缔约能力

这是指合同当事人在订立合同时必须具有相应的缔约能力。所谓相应的缔约能力，包括三个方面的内容：一是缔约人缔约时要有相应的民事行为能力；二是缔约人缔约时要有相应的缔约资格，比如由代理人代理订立合同，代理人要取得代理权；三是缔约人缔约时对其所处分的财产权利要有相应的处分能力，比如买卖合同的出卖人对其出卖的财产要有处分权,如果没有处分权,合同一般为效力待定合同,需要有处分权的人追认或否认该合同。

签订合同的当事人主要为自然人或法人。按各国法律的一般规定,自然人签订合同的行为能力,是指精神正常的成年人才能订立合同;未成年人、精神病人、醉汉等订立合同须受到限制,这些人所订立的合同,根据不同的情况,有的是无效的,有的是可以撤销的。这些法律规定的目的是保护未成年人和精神病人的利益。这些人由于年龄太小或者神志不清,缺乏判断力或经验,不能理解自身行为的后果,所以法律上需要给予特别的保护。

成年人除法律另有规定外,都具有订立合同的能力。但各国对于成年人的法定年龄规定不同。之前大多数国家如英国、美国、德国、法国、荷兰、葡萄牙、西班牙、比利时、意大利、丹麦、瑞典、奥地利等国的法律,都以年满21岁作为成年人的标准。近年来,部分国家的法律已降低成年人的年龄标准,如德国、英国等都将18岁作为成年标准,但也有一些国家以20岁(如日本、瑞士)为成年标准。我国法律规定以18周岁为成年标准。

关于法人签订合同的行为能力,各国法律一般认为,法人必须通过其代理人,在法人的经营范围内签订合同,即越权的合同不能发生法律效力。法人是由自然人组织起来的,它必须通过自然人才能进行活动。现在最常见的法人是公司。

我国《民法典》第143条～145条规定:行为人具有相应的民事行为能力;无民事行为能力人实施的民事法律行为无效。限制民事行为能力人实施的纯获利益的民事法律行为或者与其年龄、智力、精神健康状况相适应的民事法律行为有效;实施的其他民事法律行为经法定代理人同意或者追认后有效。

 想一想

未成年人签订的销售合同都是无效的吗?

2. 合同必须有对价或约因

英美法认为,对价(consideration)是指当事人为了取得合同利益所付出的代价,即交易双方互为有偿,相互给付。法国法认为,约因(cause)是指当事人签订合同所追求的直接目的,例如,一方交出货物是为了得到货款,而另一方交款是为了得到货物。按照英美法和法国法的规定,合同只有在有对价或约因时,才是法律上有效的合同,无对价或无约因的合同是得不到法律保障的。有无对价或约因是区别有诉权的合同(actionable contract)和无强制执行力的约定(unenforceable pact)或社交性的协议(social agreement)的一个根本标志。德国法与法国法不同,德国法认为,合同的有效成立取决于当事人之间的意思是否表示一致,而不以有无约因作为合同成立的要件。其理由是,在双务合同中,双方当事人互为允诺,互为给付,这是双务合同固有的特点,其本身就具备合同成立的条件,无须再借助于约因作为合同成立的条件。但在德国法中,约因这一概念在其他方面仍然有其作用。如在不当得利的情况下,法律上就可以使用无约因来解除不当得利者的权利或利益。不当得利是指无法律上的原因而取得他人的财产或其他利益。在这种情况下,由于缺乏法律上的原因,取得他人财产或利益的一方无权保留这种财产或利益而必须把它归还给真正的所有人。

练一练

根据英国法的规定,一项在法律有效的合同,除当事人间的意思表示一致外,还须具备的要素是( )。

A. 书面形式　　　　B. 对价　　　　C. 签字蜡封　　　　D. 约因

【参考答案】B

3. 意思表示真实

意思表示真实是指表意人的表示行为真实地反映其内心的效果意思,这是契约自由与契约正义的基本要求,也是各国法律在合同生效中普遍认同的构成要件。如果意思表示不真实或意思表示有瑕疵,都将直接影响合同的生效,即产生合同无效或者合同为可撤销、可变更的法律后果。

4. 不违反法律、行政法规的强制性规定,不违背公序良俗

这要求合同的内容、形式与目的具有合法性。只有当事人缔结的合同内容与形式符合法律的规定,不违背公序良俗,并且不具有规避法律的目的,法律才对其做出肯定性的评价,赋予其法律效力,此时合同才能产生当事人预期的法律后果。

《法国民法典》在总则中原则性地规定,任何个人都不得以特别约定违反有关公共秩序和善良风俗的法律;然后把违法、违反善良风俗与公共秩序的问题和合同的原因(即约因)与标的联系在一起加以规定。如《法国民法典》第1131条规定:"基于错误原因或不法原因的债,不发生任何效力……如原因为法律所禁止,或违反善良风俗或公共秩序,此种原因为不法的原因。"从上述规定中可以看出,按照法国法,构成合同非法的主要有两种情况:一种是交易的标的物是法律不允许进行交易的物品,如贩卖毒品和其他违禁品等。另一种是合同的约因不合法,即合同所追求的目的不合法。例如,某甲与某乙相约,如某乙肯为某甲去做某种犯罪行为,某甲即允诺给予报酬若干元,这种允诺在法律上是无效的,因为他所追求的目的是驱使他人犯罪,这种行为必然是法律所禁止的。

德国法没有具体规定合同的标的违法还是合同的约因违法,而是着重法律行为和整个合同的内容是否违法。《德国民法典》在总则第二章法律行为中规定,法律行为违反法律上的禁止者,无效;并规定违反善良风俗的法律行为亦无效。这些规定不仅适用于合同,也适用于合同以外的其他法律行为。

英美法认为,一个有效的合同必须具有合法的目标或目的。根据部分英美法学者的分类,非法的合同主要有三类:① 违反公共政策的合同。公共政策是英美法的概念。违反公共政策的合同是指损害公众利益,违背某些成文法所规定的政策或目标,或旨在妨碍公众健康、安全、道德以及一般社会福利的合同。② 不道德的合同。按照英美法的解释,不道德的合同是指违反社会公认的道德标准,如对家庭婚姻生活起不良影响,或导致人们忽视夫妻义务的合同。英国判例认为,允诺以支付妻子生活费作为她同意离婚的交换条件的合同也是不道德的合同。③ 违法的合同。违法的合同范围很广,例如,差使他人去做犯罪行为的合

同、以欺骗为目的的合同、赌博合同等,都是违法无效的。

评一评

翰瑟公司与中意公司买卖合同纠纷案①

【案情】 中意公司是在湖南自贸试验区内设立的外商投资企业,专营进出口贸易。翰瑟公司与中意公司签订了两份买卖合同,约定由中意公司从意大利供应商处为翰瑟公司购买碎皮料,并约定因海关检查等原因致合同不能履行的,免除相应违约责任。涉案货物经海关查验并取样送检被认定为"成品皮革、皮革制品或再生皮革的边角料",为我国禁止进口的固体废物。海关对中意公司做出处罚。翰瑟公司诉请解除两份买卖合同,判令中意公司返还货款204 100元并支付资金占用利息。

【评析】 长沙市中级人民法院一审认为,涉案买卖合同的标的属于我国禁止进口的固体废物,该合同违反法律、行政法规的强制性规定,故合同无效。两公司明知涉案货物属于我国禁止进口的固体废料,双方对合同的签订和履行均有过错,应按照各自过错承担责任。判决中意公司返还翰瑟公司货款204 100元。双方均不服,提起上诉。湖南省高级人民法院二审判决驳回上诉,维持原判。

【典型意义】 既要依法保护,也要依法监管,是自贸试验区法治化营商环境的完整内涵。近年来,我国深化对固体废物的管理制度改革并取得了明显成效。本案明确了进口固体废物合同系违反我国法律规定的无效合同,依法有效切断洋垃圾进入我国境内,规范和引导中外投资者诚信、合法经营,对优化自由贸易试验区生态环境、保护人民身体健康具有重要意义。

5. 合同必须符合法定或约定的形式

从订立合同的形式的角度看,合同可以分为要式合同和不要式合同两种。要式合同是指必须按照法定的形式要求或手续订立的合同,不要式合同是法律上不要求按特定的形式订立的合同。

世界上大多数国家只对少数合同才要求必须按法律规定的特定形式订立,而对大多数合同特别是商务合同,一般不从法律上规定应当采取的形式。我国《民法典》第469条规定,当事人订立合同,可以采用书面形式、口头形式或者其他形式,即采取与国际惯例接轨的合同形式自由的原则与规定。

想一想

合同的效力除了生效和无效以外,还包括哪些效力状态?具体情形是怎样的?

---

① 最高院于2022年2月28日发布的人民法院服务保障自由贸易试验区建设典型案例。

练一练

1. 根据各国法律的规定,合同的有效要件主要有(　　)。
   A. 当事人之间必须有一致的意思表示
   B. 意思表示必须真实
   C. 标的物必须合法
   D. 当事人必须有缔约的能力
   E. 合同形式必须合法或合约

   【参考答案】ABCDE

2. 根据各国法律的规定,合同可能因为(　　)而无效。
   A. 标的物违法
   B. 当事人对合同性质认识错误
   C. 订约人无行为能力
   D. 预期违约

   【参考答案】AC

(五) 合同的生效时间

我国《民法典》第502条规定:"依法成立的合同,自成立时生效,但是法律另有规定或者当事人另有约定的除外。依照法律、行政法规的规定,合同应当办理批准等手续的,依照其规定。未办理批准等手续影响合同生效的,不影响合同中履行报批等义务条款以及相关条款的效力。应当办理申请批准等手续的当事人未履行义务的,对方可以请求其承担违反该义务的责任。"

第三节　合同的履行

一、合同履行概述

(一) 合同履行的概念

合同履行是指合同成立并生效后,合同当事人按照合同约定或者法律规定全面、适当地履行自己所承担的义务。从合同消灭原因上来看,合同履行又称为债的清偿,当合同债务人全面、适当地履行了义务,合同债权即达到目的而得到满足,合同关系即归于消灭。

(二) 合同履行的原则

1. **全面履行原则**

全面履行原则是指当事人按照合同约定的标的及其品质、数量,在适当的履行时间、履行地点,以适当的履行方式全面完成合同义务的履行原则。

我国《民法典》第509条规定:"当事人应当按照约定全面履行自己的义务。"该原则是合同履行的一项最根本的要求。可以说,全面履行是判断合同是否履行或者是否违约的标准,也是衡量合同履行程度和违约责任的尺度。

2. 协作履行原则

协作履行原则是指当事人应当按照诚实信用原则协助对方履行义务的履行原则。这要求当事人不仅要约定履行义务,还要根据合同的性质、目的和交易习惯,履行通知、协助、保密等义务,即附随义务。具体包括下列内容:一是债务人履行债务,债权人应当受领给付;二是债务人履行债务,债权人应当创造必要的条件,提供必要的方便;三是因故不能履行或不能完全履行时,应积极采取措施,避免或减少损失;四是合同一旦发生纠纷,各自应主动承担责任,不得推诿拖延;五是从订立合同开始,就应注意通知相关事项及为对方保密等。

3. 绿色原则

绿色原则是指当事人在履行合同过程中,应当避免浪费资源、污染环境和破坏生态。这是我国《民法典》中最新增加的原则,遵守绿色原则就成为民事主体在合同履行中的一个法定义务。

二、合同约定不明时的履行规则

通常,当事人订立合同应当尽量具体、明确而详尽,但在实践中,由于种种原因,合同总有各种未尽事宜,这给合同的履行带来了麻烦和困扰。

根据我国《民法典》第510条与第511条的规定,如果缺少履行期限、数量、质量等条款则可以采用下列办法和依据。合同生效后,当事人就质量、价款或者报酬、履行地点等内容没有约定或者约定不明确的,当事人双方可以协议补充;不能达成补充协议的,按照合同的有关条款或者交易习惯确定;如果按上述办法仍不能确定的,则适用下列规定:

(1) 质量要求不明确的,按照强制性国家标准履行;没有强制性国家标准的,按照推荐性国家标准履行;没有推荐性国家标准的,按照行业标准履行;没有国家标准、行业标准的,按照通常标准或者符合合同目的的特定标准履行。

(2) 价款或者报酬不明确的,按照订立合同时履行地的市场价格履行;依法应当执行政府定价或者政府指导价的,依照规定履行。

(3) 履行地点不明确,给付货币的,在接受货币一方所在地履行;交付不动产的,在不动产所在地履行;其他标的,在履行义务一方所在地履行。

(4) 履行期限不明确的,债务人可以随时履行,债权人也可以随时请求履行,但是应当给对方必要的准备时间。

(5) 履行方式不明确的,按照有利于实现合同目的的方式履行。

(6) 履行费用的负担不明确的,由履行义务一方负担;因债权人原因增加的履行费用,由债权人负担。

三、合同履行中的抗辩权

（一）抗辩权的概念

抗辩权又称异议权，是指对抗对方请求权或否认对方的权利主张的权利，即合同一方当事人对抗对方当事人的履行请求权，暂时拒绝履行自己义务的权利。值得注意的是，抗辩权通常发生在双务合同中，且合同抗辩权是一种延期抗辩权，不具有消灭对方请求权的效力，而仅产生使对方请求权延期的效力。当产生抗辩权的原因消灭后，债务人仍应当履行其债务。

（二）合同履行抗辩权的种类

1. 同时履行抗辩权

同时履行抗辩权是指在互负债务，没有先后履行顺序的双务合同中，一方当事人在对方未履行债务或履行债务不符合约定时，有拒绝履行自己的债务的权利。同时履行抗辩权是诚实信用原则所要求的，具有担保实现自己的债权和迫使对方履行合同义务的双重功效，有利于实现当事人之间的利益平衡。

同时履行抗辩权应具备以下四个要件：一是当事人因同一双务合同而互负债务；二是当事人所互负之债务没有先后履行顺序并均已届清偿期；三是对方当事人没有履行其所负债务或履行不符合约定；四是对方当事人的对待履行是可能履行的。如果当事人所负的债务成为不能履行的债务，则不发生同时履行抗辩权的问题，当事人只能通过其他途径请求补救，因而只有在债务可以履行的情况下，同时履行抗辩权才有意义。

2. 后履行抗辩权

后履行抗辩权是指在约定了履行先后顺序的双务合同中，应当先履行义务的一方当事人未履行时，后履行的一方当事人有权拒绝其履行要求的权利。

后履行抗辩权应具备以下三个要件：一是双方当事人因同一双务合同而互负债务；二是双方所负债务有履行的先后顺序，这是其区别于同时履行抗辩权的关键；三是先履行一方到期未履行或履行不符合约定，这是后履行抗辩权的实质条件。

3. 不安抗辩权

不安抗辩权是指在双务合同中，应当先履行债务的当事人有确切证据证明对方有丧失或可能丧失履行能力的情形时，有中止履行自己债务的权利。不安抗辩权是大陆法的概念，一般为大陆法系国家民法所规定。法律设置该抗辩权意在保护当事人的合法权益，贯彻公平原则，防范合同欺诈。

不安抗辩权应具备以下四个要件：一是双方当事人因同一双务合同而互负债务，二是当事人一方有先履行的义务并已届履行期，三是后履行一方有丧失或可能丧失履约能力的情形，四是后履行义务一方没有对待给付或未提供担保。

根据《民法典》第527条的规定，应当先履行债务的当事人，有确切证据证明对方有下列情形之一的，可以中止履行：① 经营状况严重恶化；② 转移财产、抽逃资金，以逃避债务；

③丧失商业信誉;④有丧失或可能丧失履行债务能力的其他情形。如果当事人没有证据中止履行的,应当承担违约责任。

不安抗辩权的效力主要在于中止合同,并且在中止合同时,先履行方负有及时通知对方的义务。对方提供适当担保时,应当恢复履行。中止履行后,对方在合理期限内未恢复履行能力并且未提供适当担保的,中止履行的一方可以解除合同。

评一评

签合约为卖菌种　不履行遭诉讼①

【案情】 8月14日,被告漯河市某食用菌开发有限公司与该公司法定代表人邢某找到原告孔某、窦某签订了香菇种植、收购合同一份。合同约定孔某、窦某负责提供场地、种植及种植设施,并从该食用菌公司定购菌袋42 000袋,按公司要求搭建大棚70个。被告必须于当年11月15日前向原告交付菌袋42 000袋,并保证菌袋质量。协议签订后,二原告按照协议约定向被告支付了定金92 400元,并且按照协议约定找工人建种植大棚,先后投入数万元。但在二原告履行协议的同时,被告无正当理由拒不履行合同义务,致使孔某、窦某遭受重大经济损失。

【评析】 人民法院审理后认为,合法有效的合同应该得到履行。被告漯河市某食用菌开发有限公司未及时向二原告交付其所定购的菌袋,致使合同无法履行,违约的事实清楚、证据充分。因此判决被告漯河市某食用菌开发有限公司返还原告孔某、窦某129 360元;若被告漯河市某食用菌开发有限公司不能清偿该债务,则由被告邢某对公司债务不能清偿的部分承担补充责任。

第四节　合同的担保与保全

一、合同担保与合同保全的关系

合同担保是指依据法律规定或当事人约定而设立的确保合同义务履行和债权实现的法律制度。合同保全是指债权人为了防止债务人的财产不当减少而危害其债权,从而对债务人或第三人实施的行为行使代位权或撤销权,以保护其债权的制度。合同担保与合同保全均是合同债权的保障方式,但二者又有着明显的区别。

(一) 第三人的地位不同

合同担保体现的是合同的对内效力。在合同担保中,第三人是合同的当事人,而不是合同关系以外的第三人,他所承担的担保责任是依据法律或合同约定所应当承担的义务。而

---

① 资料来源:http://lawyer.95089.com/jingjianli/1922.html。

合同保全体现的是合同的对外效力,涉及的第三人不是合同的当事人,而是合同关系以外的第三人。

(二) 产生的依据不同

合同担保产生的依据可以是法律的规定,如留置,也可以是当事人的约定,而且这也是主要的依据,如保证、抵押、质押等方式。而合同保全产生的依据只能是法律的规定。

(三) 保障的作用不同

相对而言,合同担保对债权的保障作用更为重要。在绝大多数情况下,被担保合同订立之时或订立之后履行之前,担保形式就已经确定,因此非常有利于督促债务人履行债务。而通常在运用合同保全的措施时,债权人的实际掌控能力较弱,也不能对第三人享有优先受偿的权利。

(四) 适用的前提不同

合同担保通常是在债务人不履行债务的情况下适用,而合同保全不以此为前提,主要是为防止债务人的财产不当减少给债权人带来严重危害而设立的。

二、合同的担保

合同的担保方式一般包括保证、抵押、质押、留置和定金。其中保证和定金这两种方式是合同中比较特有的担保方式,因此这里着重介绍这两种。

(一) 保证

1. 保证的概念

保证是指保证人和债权人约定,当债务人届期不履行合同债务时,保证人按照约定履行债务或者承担责任的担保方式。保证合同具有从属性,其当事人是保证人和债权人,而债务人不是保证合同的当事人。

2. 保证人的资格

保证人应当是主合同债权人、债务人以外的第三人,并且具有一定的资格。根据《民法典》的规定,保证人必须有代为清偿债务的能力,并且以下组织不得作为担保人:一是机关法人,但是经国务院批准为使用外国政府或者国际经济组织贷款进行转贷的除外;二是以公益为目的的非营利法人、非法人组织,比如以公益为目的的学校、幼儿园、医院等事业单位。

3. 保证方式

根据《民法典》的规定,保证方式分为一般保证与连带责任保证。

(1) 一般保证。所谓一般保证,是指当事人在保证合同中约定,债务人不能履行债务时,由保证人承担保证责任的保证。一般保证的保证人对债权人享有先诉抗辩权,即一般保证的保证人在主合同纠纷未经审判或者仲裁,并就债务人财产依法强制执行仍不能履行债务前,有权拒绝向债权人承担保证责任。但是有下列情形之一的除外:① 债务人下落不明,且无财产可供执行;② 人民法院已经受理债务人破产案件;③ 债权人有证据证明债务人的财产不足以履行全部债务或者丧失履行债务能力;④ 保证人书面表示放弃本款规定的权利。需要注意的是,当事人在保证合同中对保证方式没有约定或者约定不明确的,按照一般保证承担保证责任。

(2) 连带责任保证。所谓连带责任保证,是指当事人在保证合同中约定,保证人和债务人对债务承担连带责任的保证。连带责任保证一般以当事人约定而成立。连带责任保证的保证人对债权人没有先诉抗辩权,即连带责任保证的债务人不履行到期债务或者发生当事人约定的情形时,债权人可以请求债务人履行债务,也可以请求保证人在其保证范围内承担保证责任。

4. 保证合同

(1) 保证合同的订立。《民法典》第685条规定:"保证合同可以是单独订立的书面合同,也可以是主债权债务合同中的保证条款。第三人单方以书面形式向债权人做出保证,债权人接收且未提出异议的,保证合同成立。"

(2) 保证合同的内容。《民法典》第684条规定:"保证合同的内容一般包括被保证的主债权的种类、数额,债务人履行债务的期限,保证的方式、范围和期间等条款。"

5. 保证责任

(1) 保证责任的范围。保证责任的范围可以由当事人约定,如果没有约定或者约定不明的,保证人应当对全部债务承担责任,责任的范围包括主债权及利息、违约金、损害赔偿金和实现债权的费用。

(2) 保证期间。保证期间是确定保证人承担保证责任的期间,不发生中止、中断和延长。债权人与保证人可以约定保证期间,但是约定的保证期间早于主债务履行期限或者与主债务履行期限同时届满的,视为没有约定。

没有约定或者约定不明确的,保证期间为主债务履行期限届满之日起6个月,保证期间自债权人请求债务人履行债务的宽限期届满之日起计算。

(二) 定金

1. 定金的概念

定金是指当事人为确保合同的履行,依法律或当事双方的约定,由当事人一方在合同尚未订立或合同订立后、履行前,按合同标的额的一定比例先行给付对方货币或其他代替物。

定金有成约定金、证约定金、违约定金、解约定金、立约定金等种类,我国现行法上的定金兼具证约定金和违约定金的性质。具体体现在:合同履行后,定金应当抵作价款或者收回。如果因当事人一方的过错不履行债务时,给付定金的一方不履行义务的,无权要求返还定金;收受定金的一方不履行或者不完全履行义务的,应当双倍返还不履行部分的定金。

值得一提的是,当事人既约定违约金,又约定定金的,一方违约时,对方可以选择适用违约金或定金条款。定金不足以弥补一方违约造成的损失的,对方可以请求赔偿超过定金数额的损失。

2. 定金合同

定金的成立必须有书面合同。定金合同是实践性合同,从实际交付定金之日起生效。定金合同是主合同的从合同,其成立以主合同的存在为前提。定金的数额由当事人约定,但不得超过主合同标的额的20%,超过部分不产生定金的效力。如果实际交付的定金数额多于或者少于约定数额的,视为变更约定的定金数额。

 评一评

长城控股公司与中德西拉子公司担保合同纠纷案[①]

【案情】 2017年,中德西拉子公司与中国香港长城控股公司、华西银行成都分行签订"监管协议"。约定以中德西拉子公司的名义在华西银行成都分行开立监管账户,进入监管账户的全部资金将进行封闭管理,用于清偿中德西拉子公司的德国子公司欠付中国香港长城控股公司的债务,账户监管期限于债务清偿完毕之日止。协议签订后,中国香港长城控股公司与中德西拉子公司的德国子公司签订"借款合同",向该子公司出借1.7亿欧元。其后,中德西拉子公司在华西银行成都分行开立专门账户,向该账户划入监管资金共计人民币25 000万元。中国香港长城控股公司提起诉讼,要求确认其对涉案专门账户中的8 100万元存款享有优先受偿权,中德西拉子公司在8 100万元范围内承担质押担保责任。

【评析】 四川省高级人民法院一审认为,中德西拉子公司和华西银行成都分行均设立在成都自贸试验区内,本案纠纷因中德西拉子公司为其境外子公司外币借款提供担保产生,涉案担保合同依法有效,判决确认中国香港长城控股公司对涉案账户中的8 100万元存款享有质权。中德西拉子公司不服,提起上诉。最高人民法院二审判决驳回上诉,维持原判。

【典型意义】 涉外担保是自贸试验区商事活动的常见形态。2014年国家外汇管理局发布施行的《跨境担保外汇管理规定》,明确了外汇管理部门对跨境担保合同的核准、登记、备案等外汇管理要求,不构成涉外担保合同的生效要件。本案判决明确了涉外担保合同效力的认定规则,依法保障国际贸易自由化、便利化,对促进自贸试验区开放型经济发展具有重要意义。

三、合同的保全

(一)合同保全的概念

合同保全即合同债权的保全,是指债权人为了防止债务人的财产不当减少而危害其债权,可以对债务人或第三人实施的行为行使代位权或撤销权,以保护其债权的制度。合同保全制度体现为合同的对外效力,是对债的相对性原理的突破,意义十分重大,它是在消除债务人损害债权人利益的行为,对保障债权实现具有积极的预防作用。

根据我国《民法典》的规定,合同的保全方式有两种:一是为保持债务人的财产而设的

[①] 最高院于2022年2月28日发布的人民法院服务保障自由贸易试验区建设典型案例。

债权人的代位权,二是为恢复债务人的财产而设的债权人的撤销权。

(二) 债权人的代位权

1. 债权人的代位权的概念

债权人的代位权是指债权人为了保全自己的债权,以自己的名义代替债务人直接向第三人行使权利的权利。《民法典》第535条规定:"因债务人怠于行使其债权或者与该债权有关的从权利,影响债权人的到期债权实现的,债权人可以向人民法院请求以自己的名义代位行使债务人对相对人的权利,但是该权利专属于债务人自身的除外。代位权的行使范围以债权人的到期债权为限。债权人行使代位权的必要费用,由债务人负担。相对人对债务人的抗辩,可以向债权人主张。"

2. 债权人的代位权的成立要件

(1) 债权人与债务人之间存在合法的债权债务关系,这是代位权成立的前提条件。

(2) 债务人怠于行使其债权,且影响债权人的到期债权实现。所谓怠于行使是指债务人应当行使且能行使而不行使。

(3) 债务人的债权是非专属于债务人自身的债权。所谓专属于债务人自身的债权,是指基于收养关系、扶养关系、抚养关系、赡养关系、继承关系产生的给付请求权和劳动报酬、退休金、养老金、抚恤金、安置费、人寿保险、人身伤害赔偿请求权等权利。

3. 代位权的行使方式

代位权的行使必须通过诉讼的方式进行。诉讼当事人是以自己名义提起诉讼的债权人,次债务人为代位权诉讼中的被告,而债务人则为第三人。

(三) 债权人的撤销权

1. 债权人的撤销权的概念

债权人的撤销权又称废罢诉权,是指当债务人实施的减少其财产的行为危害债权人的债权实现时,债权人有权请求人民法院对该行为予以撤销。

根据《民法典》第538条、第539条的规定,以下两类情况债权人可以请求人民法院撤销债务人的行为:① 债务人以放弃其债权、放弃债权担保、无偿转让财产等方式无偿处分财产权益,或者恶意延长其到期债权的履行期限,影响债权人的债权实现。② 债务人以明显不合理的低价转让财产、以明显不合理的高价受让他人财产或者为他人的债务提供担保,影响债权人的债权实现,债务人的相对人知道或者应当知道该情形。需要说明的是,这里的"明显不合理的低价",法院应当以交易当地一般经营者的判断,并参考交易当时交易地的物价部门指导价或者市场交易价,结合其他相关因素综合考虑予以确认。

2. 债权人的撤销权的行使方式

债权人行使撤销权应以债权人自己的名义在法定的期间内以诉讼方式进行。撤销权的行使范围以债权人的债权为限,债权人行使撤销权的必要费用由债务人负担。

关于法定期间,《民法典》541条规定:"撤销权自债权人知道或应当知道撤销事由之日起一年内行使。自债务人的行为发生之日起五年内没有行使撤销权的,该撤销权消灭。"

 评一评

中交浚航公司与福建中海公司、中海控股公司买卖合同纠纷案①

【案情】 中交浚航公司与福建中海公司长期进行大宗油品交易,因国际油价行情波动剧烈,福建中海公司资金周转困难,累计拖欠中交浚航公司货款及违约金6 500余万元。中海控股公司与中交浚航公司签订"关于油品销售合同的最高额保证合同",为福建中海公司的债务提供连带责任保证。中交浚航公司因多次催讨欠付货款未果,提起诉讼并要求保全福建中海公司、中海控股公司的银行账户、股权、房产、土地、海域使用权及油罐等多项财产。

【评析】 浙江省舟山市中级人民法院自贸试验区法庭受理案件后,从既要保障原告的合法权益,也要尽可能减少对被告生产经营影响的角度出发,确定了先查控银行账户,后逐步保全其他资产的方案,并抓紧保调对接,款项每到位一笔即裁定解除部分保全。经各方努力,该案最终成功调解。

【典型意义】 建设以油气为核心的大宗商品资源配置基地是浙江自贸试验区最重要的功能定位,也是舟山片区的主要发展方向。大宗油品交易具有标的大、金额大、行情波动大等特点,每单交易都对企业经营有重大影响。本案针对性地确立"灵活保全、平衡保护、保调对接"的工作思路,采取符合企业经营现状与发展需要、对企业经营影响最小的司法措施,努力做到不中断企业的资金往来,不影响企业的正常生产经营,不扩大对企业声誉的负面影响,最大限度地避免对涉案企业正常生产的影响,助力企业有序开展经营活动,体现了审慎、善意、文明的司法理念,有效优化了自由贸易试验区的法治营商环境。

第五节 合同的变更与转让

一、合同的变更

(一) 合同变更的概念与特征

1. 合同变更的概念

合同变更有广义与狭义之分。广义的合同变更包括合同内容的变更与合同主体的变更。前者是指在不改变合同当事人的前提下,改变合同的内容。后者是指在不改变合同内容的前提下,变更合同的主体。狭义的合同变更则是仅对合同内容的变更,这也是我国《民法典》中对合同变更的界定;而主体的变化,在我国《民法典》中称为合同的转让。

因此根据我国《民法典》,合同变更是指合同在成立后,尚未履行或尚未履行完毕以前,当事人经过协议在不改变合同主体的情况下改变合同的内容。通常,合同的变更是基于当

---

① 最高院于2022年2月28日发布的人民法院服务保障自由贸易试验区建设典型案例。

事人协商一致,但也可以基于裁判而变更合同。

2. 合同变更的特征

(1) 合同变更的对象是合同内容,而合同当事人保持不变。这是区别合同变更与合同转让的主要标志。

(2) 合同变更只能发生在合同成立后,尚未履行或尚未完全履行之前。合同未有效成立,当事人之间就不存在合同关系,也就谈不上合同的变更。如果合同履行完毕,当事人之间的合同关系已经消灭,也不存在变更的问题。

(3) 合同变更通常依据双方当事人的约定,也可以基于法律的直接规定。合同变更有两种:一是根据当事人之间的约定对合同进行变更,即约定的变更;二是当事人依据法律规定请求人民法院或仲裁机构进行变更,即法定的变更。我国《民法典》所规定的合同变更实际上就是约定的变更。

(二) 合同变更与合同更新的区别

传统的民法理论将合同变更与合同更新区别看待。合同更新又称债务更新或债的更新,是指当事人双方通过协商,变更了原合同的基本条款或主要内容,从而使变更后的合同与变更前的合同在内容上失去同一性与连续性,导致原合同关系消灭,新合同关系发生。简单地说,合同更新就是以一个新的合同代替一个旧的合同。

合同变更与合同更新的区别具体表现在:

(1) 合同变更仅限于合同内容的变化,合同更新则可能是合同内容或主体的变化。例如,债权人解除旧债务人的债务而由新债务人代替,此时合同主体发生变化,为合同更新。

(2) 合同变更是合同内容的非根本性变化,合同更新则是合同内容的根本性变化。所谓"合同内容的非根本性变化",是指合同变更只是对原合同关系的非要素内容做某些修改或补充,而不是对合同内容的全部变更。比如对标的数量、履行地点、履行时间、价款及结算方式等的变更等就属于非要素内容。在非根本性变更的情况下,变更后的合同关系与原有的合同关系在性质上不变,属于同一法律关系,即所谓的"同一性"。合同更新是合同内容的根本性变化,在新旧合同的内容之间,可能并无直接的内在联系,这种变化直接导致原合同关系的消灭、新合同关系的产生。需要注意的是,合同是否发生根本性变化,应依当事人的意思和一般交易观念予以确定。

(3) 合同变更主要通过当事人双方协商而实现,但在特殊情况下也可以直接依据法律规定而发生;而合同更新只能是当事人双方协商一致的结果。

(三) 合同变更的条件

(1) 须原已存在有效的合同关系。合同的变更是在原合同的基础上,通过当事人双方的协商或者法律的规定改变原合同关系的内容。因此,原合同的有效成立是合同变更的前提条件,无原合同关系就无变更的对象。

(2) 合同变更应当协商一致或满足法定事由。各国普遍规定合同的变更需要当事人协商一致或者满足法定的变更事由。我国《民法典》第 543 条规定:"当事人协商一致,可以变更合同。"因此,任何一方不得采取欺诈、胁迫的方式来欺骗或强制他方当事人变更合同。如果变更合同的协议不能成立或不能生效,则当事人仍应按原合同的内容履行。对于法定的变更事由,各国法律的规定不一,但大致有不可抗力、情由变迁、重大误解、显失公平等。法定变更合同通常应通过法院或者仲裁机构来实现。

 想一想

何谓"重大误解"？在我国当事人对因重大误解而订立的合同除了可申请撤销以外,是否可以协商变更？

(四) 合同变更的效力

(1) 在合同发生变更后,当事人应当按照变更后的合同的内容履行,任何一方违反变更后的合同内容都构成违约。

(2) 合同变更仅对未履行部分发生法律效力,对已履行的债务没有溯及力。任何一方都不能因为合同变更而单方面要求另一方返还已经做出的履行。

(3) 合同变更不影响当事人要求赔偿的权利。原则上,提出变更的一方当事人对对方当事人因合同变更所受损失应负赔偿责任。

二、合同的转让

(一) 合同转让的概念与特征

1. 合同转让的概念

合同的转让即合同主体的变更,是指合同当事人一方依法将其合同的权利和义务全部或部分地转让给第三人。

2. 合同转让的特征

合同转让具有以下法律特征:

(1) 合同转让是合同主体的转让。即合同当事人一方将自己在合同中的权利或者义务全部或部分地转让给合同当事人以外的第三人。

(2) 合同转让不改变原合同的权利义务内容。无论何种形式的转让,都只是合同主体发生变更,而合同的性质和内容均未改变,转让后的合同内容仍保持同一性。

(3) 合同转让应当经过对方同意或者通知对方才可产生法律效力。《民法典》第 551 条规定:"债务人将债务的全部或者部分转移给第三人的,应当经债权人同意。债务人或者第三人可以催告债权人在合理期限内予以同意,债权人未作表示的,视为不同意。"

(二) 合同转让的条件

合同转让通常应当具备以下条件:

(1) 须原已存在有效的合同关系。这是合同转让的前提条件,如果合同不存在或被宣告无效、被依法撤销、解除,转让的行为属无效行为,转让人应对善意的受让人所遭受的损失承担损害赔偿责任。

(2) 应当由转让人与受让人达成有效协议。该协议应该是在平等自愿的基础上进行的协商,而且符合民事法律行为的有效要件,否则,该转让行为属无效行为或可撤销行为。

(3) 合同转让应当符合法律规定的程序。合同转让人应征得对方同意并尽到通知义务。

(三) 合同转让的种类

按照所转让的权利义务不同,合同转让可以分为债权让与、债务承担、债的概括承受三种。

1. 债权让与

(1) 债权让与的概念。债权让与又称合同权利的转让,是指合同债权人与第三人协议将其债权转让给第三人的法律行为。债权人转让的可以是全部权利,也可以是部分权利。在权利全部转让的情形,受让人取代原债权人成为合同关系的新的债权人;而在权利部分转让的情形,受让人则加入债的关系,与原债权人共享债权,形成多数人之债。

(2) 债权让与的自由与限制。合同权利原则上可以自由转让,这是市场经济条件下市场主体自主性的要求和体现,但是,有的合同或基于当事人之间的人身信赖关系,或基于特定社会政策考虑,合同债权转让自由原则得受限制。根据我国《民法典》第545条的规定,有下列情形之一的债权不得转让:① 根据债权性质不得转让;② 按照当事人约定不得转让;③ 依照法律规定不得转让。另外,当事人约定非金钱债权不得转让的,不得对抗善意第三人。当事人约定金钱债权不得转让的,不得对抗第三人。

(3) 债权让与的法律效力。从受让人角度看,债权人转让债权的,受让人取得与债权有关的从权利,但是该从权利专属于债权人自身的除外。需要注意的是,受让人取得从权利不应该因从权利未办理转移登记手续或者未转移占有而受到影响。从债务人角度看,债务人接到债权转让通知后,债务人对让与人的抗辩,可以向受让人主张。有下列情形之一的,债务人可以向受让人主张抵销:① 债务人接到债权转让通知时,债务人对让与人享有债权,且债务人的债权先于转让的债权到期或者同时到期;② 债务人的债权与转让的债权是基于同一合同产生。因债权转让增加的履行费用,由让与人负担。

2. 债务承担

(1) 债务承担的概念。债务承担又称合同义务的转移,是指在不改变合同内容的情况下,合同债务人经债权人同意将其合同义务全部或部分转让给第三人的法律行为。

(2) 债务承担的种类。债务承担包括两种情形:一是债务全部转移,即免责的债务承担。此时由第三人取代原债务人的地位,成为新的债务人。二是债务部分转移,即并存的债务承担。此时债务的受让人即第三人加入债的关系,与原债务人共担债务,原债务人并不退出合同关系。

(3) 债务承担的法律效力。免责的债务承担后，原合同之债务人脱离合同债务关系，债权人向承担人主张权利。并存的债务承担时，原合同债务人与第三人承担的是连带责任还是按份责任须在承担合同中明确；新债务人可以主张原债务人对债权人的抗辩，此外还应当承担与主债务有关的从债务，但专属于原债务人自身的从债务除外。

3. 债的概括承受

债的概括承受又称合同债权债务的概括移转，是指合同当事人一方经对方同意将其合同的权利与义务一并转让给第三人，由第三人概括承受的法律行为。我国《民法典》第556条规定："合同的权利和义务一并转让的，适用债权转让、债务转移的有关规定。"

第六节 合同的消灭

一、合同消灭的概述

（一）合同消灭的概念

合同的消灭（discharge of contract）是指合同当事人双方在合同关系建立以后，因一定的法律事实的出现，使合同确立的权利义务关系消灭，即合同当事人不再具有法律约束力。

合同消灭不同于合同效力的停止或减弱，也不同于合同的解除。合同效力的停止是指因债务人行使抗辩权而拒绝债权人的履行请求，从而使债权的效力受到阻止。合同效力的减弱是指债权人不能行使给付请求权而仅能受领债务人的给付。合同的解除与合同的终止一直是一个有争议的问题，各国立法也持有不同的态度。从我国《民法典》的规定来看，合同解除只是合同终止的一种原因。总的来说，合同的终止意味着合同权利义务关系不复存在。

（二）合同消灭的效力

合同消灭的效力具体表现为：一是当事人之间的合同关系消灭，即债权人不再享有债权，债务人也不再承担债务；二是债权的担保及其他从属的权利、义务消灭，如利息债权、担保物权、利息保证物权、违约金债权等于合同消灭时消灭；三是负债字据的返还；四是后合同义务，即合同终止后，当事人还是应当遵循诚实信用原则，根据交易习惯履行通知、协助、保密的义务；五是合同终止不影响合同中结算和清理条款的效力。

二、大陆法系各国对债的消灭的规定

大陆法系各国将合同的消灭包括在债的消灭的范畴之内，作为债的消灭的内容之一。这是因为大陆法系各国都用"债"这个总的概念，将合同、侵权行为、代理权的授予、无因管理与不当得利等均作为产生债的不同原因。合同只是债的一种，不是债的全部。所以，大陆法系各国在其民法典或债务法典中，也仅仅就债的消灭做出规定，而没有专就合同的消灭做出

规定。

《法国民法典》规定,债有下列情形之一者即告消灭:① 清偿;② 更新;③ 自愿免除;④ 抵销;⑤ 混同;⑥ 标的物灭失;⑦ 取消;⑧ 解除条件成就;⑨ 时效完成。《德国民法典》规定,债的消灭的原因有以下四种:① 清偿;② 提存;③ 抵销;④ 免除。《日本民法典》把债的消灭的原因规定为五项,前四项均与《德国民法典》的规定相同,第五项是混同,《德国民法典》虽然对混同没有明确规定,但实际也是承认这是债的消灭的原因之一。

我国《民法典》第557条规定,有下列情形之一的,债权债务终止:① 债务已经履行;② 债务相互抵销;③ 债务人依法将标的物提存;④ 债权人免除债务;⑤ 债权债务同归于一人;⑥ 法律规定或者当事人约定终止的其他情形。此外,合同解除的,该合同的权利义务关系终止。

总的来看,大陆法系国家普遍认为清偿、提存、抵销、免除、混同是合同消灭的主要原因。

(一) 清偿

所谓清偿(payment),是指向债权人履行债的内容,即债务人向债权人履行合同规定的义务。例如,在买卖合同中,卖方向买方交货,买方向卖方支付价金,这都叫清偿。各国法律一致认为,清偿是债的消灭的主要原因。当债权人接受债务人的清偿时,债的关系即告消灭。

大陆法原则上允许债务人以外的第三者向债权人清偿债务,但如果由于债的性质必须由债务人亲自履行者,则不能由第三者履行。例如,提供个人劳务的合同,由于各人的专长、技能、水平各不相同,因此,这种合同的义务就不能由债务人以外的第三者代为履行。

清偿的标的物一般应当是合同规定的标的物,但如果债权人同意,债务人也可以用规定的标的物以外的物品来清偿其债务。例如,欠钱可以还米,欠米也可以还钱。这在大陆法上称为代物清偿。代物清偿也可以产生债的消灭的效力,但必须取得债权人的同意。如《德国民法典》第364条规定,债权人受领约定给付以外的他种给付以代替原定的给付者,债务关系消灭。《日本民法典》也有类似规定。

至于清偿的地点,大陆法各国法律也有一些具体的规定。清偿地亦称履行地,如果合同对履行地已有明确的规定,则应在规定的地点履行。如果合同对此没有做出规定,则根据标的物的不同性质而有两种不同的情况:① 如属特定物的债务,应于订约之时该特定物所在地交付。② 如属于其他债务,究竟应当在债权人还是债务人的住所地交付,各国法律分别采取两种不同的办法。一是往取债务,即以债务成立时债务人的住所为清偿地,法国、德国、瑞士等采取这种办法,着重于维护债务人的利益。二是赴偿债务,即以债权人现时的住所地为清偿地,日本采取这种办法,着重于维护债权人的利益。清偿地在法律上有重要的意义,它是确定法院管辖权和确定合同适用的法律的标准之一。

关于履行的期限,如果合同已有规定,应按合同的规定履行;如合同没有规定,则称为未定期限债务,债权人在合同成立以后随时可以向债务人要求清偿,债务人也可以随时向债权人清偿。应当注意的是,许多大陆法国家的法律认为,有关期限的规定一般应推定它是为了债务人的利益而订立的,如《德国民法典》明文规定,在合同规定了履行期限的情况下,债权人虽然无权在规定的期限届至以前请求债务人清偿债务,但债务人可以在期限届至以前履行其义务。

关于清偿的费用,如当事人在合同中没有其他规定,一般应由债务人负担。但是,当由于债权人的住所发生变更,清偿费用有所增加时,其增加的部分应由债权人负担。

(二) 提存

1. 提存的概念

提存(deposit)是指由于债权人的原因使债务人无法向其交付合同标的物时,债务人将该标的物提交给提存机关,以消灭合同债务的行为。如《德国民法典》第372条规定,债权人负受领迟延责任时,债务人得为债权人利益将应给付的金钱、有价证券、其他权利证书以及贵重物品提存于公共提存所。其他因债权人本身的缘故,或非因债务人的过失而不能确定谁是债权人,以致不能清偿其债务或不能安全清偿者,亦可按此办理。

2. 提存的条件

根据大陆法的解释,提存必须具备以下条件。

(1) 债权人受领迟延。所谓受领迟延,是指在债务人提出清偿时,债权人拒绝接受,在这种情况下,债务人不能无限期地等待,因此,各国法律都允许债务人把给付的金钱或其他物品寄存在法定的提存所,借此免除债务人的责任。

(2) 不能确定谁是债权人。由于不能确定谁是债权人,不知道谁有权受领给付,这种情况下,债务人就很难清偿其债务。例如,债权人死亡后,有子女若干人,其中谁是继承人尚未确定,此时债务人即可把应给付的金钱或其他物品寄存于提存所,债的关系归于消灭。

我国还提出了提存标的物适当的条件。根据我国《提存公证规则》第7条的规定,货币、有价证券、票据、提单、权利证书、贵重物品、担保物(金)或其他替代物等可以提存。如果标的物不适于提存或者提存费用过高的,债务人依法可以拍卖或者变卖标的物,提存所得的价款。

3. 提存的适用情形

我国《民法典》第570条规定,有下列情形之一,难以履行债务的,债务人可以将标的物提存:① 债权人无正当理由拒绝受领;② 债权人下落不明;③ 债权人死亡未确定继承人、遗产管理人,或者丧失民事行为能力未确定监护人;④ 法律规定的其他情形。

4. 提存的法律效力

债务人将标的物或者将标的物依法拍卖、变卖所得价款交付提存部门时,提存成立。提存成立的,视为债务人在其提存范围内已经交付标的物。

标的物提存后,债务人有及时通知义务。债务人应当及时通知债权人或者债权人的继承人、遗产管理人、监护人、财产代管人。

标的物提存后,毁损、灭失的风险由债权人承担。提存期间,标的物的孳息归债权人所有。提存费用由债权人负担。债权人可以随时领取提存物。但是,债权人对债务人负有到期债务的,在债权人未履行债务或者提供担保之前,提存部门根据债务人的要求应当拒绝其领取提存物。债权人领取提存物的权利,自提存之日起五年内不行使而消灭,提存物扣除提存费用后归国家所有。但是,债权人未履行对债务人的到期债务,或者债权人向提存部门书面表示放弃领取提存物权利的,债务人负担提存费用后有权取回提存物。

练一练

根据各国的法律,提存的法律效力是( )。
A. 债务人不能免除责任
B. 提存物风险转移至债权人
C. 提存费用由债权人支付
D. 债务人在提存后有及时通知的义务

【参考答案】BCD

(三) 抵销

1. 抵销的概念与种类

抵销(set-off)是指合同双方当事人互负债务时,各自以其债权充当债务之清偿,从而使其债务与对方的债务在对等数额内相互消灭。

抵销基于其产生根据的不同,可以分为法定抵销与约定抵销。法定抵销是指合同当事人依据法律规定的条件依法行使抵销权。约定抵销又称合意抵销、意定抵销,是指合同双方当事人基于合意所为的抵销。

2. 法定抵销

《法国民法典》第290条规定双方互负债务时,债务人双方虽均无所知,以法律的效力仍可发生抵销。法国法称为当然抵销。

我国《民法典》第568条规定:"当事人互负债务,该债务的标的物种类、品质相同的,任何一方可以将自己的债务与对方的到期债务抵销;但是,根据债务性质、按照当事人约定或者依照法律规定不得抵销的除外。当事人主张抵销的,应当通知对方。通知自到达对方时生效。抵销不得附条件或者附期限。"法律对通知的具体形式没有规定,因此,主张抵销的通知可以采取口头形式、书面形式。

3. 约定抵销

各国法律均允许基于双方合意可以进行债务抵销。我国《民法典》第569条也规定:"当事人互负债务,标的物种类、品质不相同的,经协商一致,也可以抵销。"约定抵销与法定抵销具有同等效力,即都具有消灭当事人之间同等数额的债权债务关系。

4. 以当事人单方面的意思表示的抵销

《德国民法典》《日本民法典》《瑞士债务法典》均认为,双方互负债务时,任何一方当事人均得以意思表示通知对方进行抵销。

(四) 免除

免除(release)是指债权人抛弃债权从而使债务全部或部分归于消灭的行为。免除是否需要得到债务人的同意才能生效,各国法律有不同规定。德国法和法国法认为,免除是双方的法律行为。《日本民法典》则认为,债务免除是债权人的单方法律行为,即债权人根据其单方的意思表示就可以免除债务人的债务;并且债权人一旦做出了免除债务的意思表示,该意思表示就不得撤回。

我国《民法典》第 575 条规定:"债权人免除债务人部分或者全部债务的,债权债务部分或者全部终止,但是债务人在合理期限内拒绝的除外。"债务免除可以凭借债权人单方意思产生,但债务人在合理期限内享有拒绝的权利。

(五) 混同

混同(merger)是指债权与债务同归于一人,从而使合同关系消灭的事实。《德国民法典》《日本民法典》《瑞士债务法典》对此都有规定,《德国民法典》虽然没有明文规定,但实际上也是认同的。

混同的原因主要有:① 民法上的继承。在自然人死亡时,如该死者是债务人或债权人,而由其债权人或债务人继承债务或债权,在这种情况下,其债权或债务即因混同而消灭。② 商法上的继承。作为债权人的公司和作为债务人的公司进行合并时,公司的债权债务也可能因混同而消灭。③ 特定继承。如因债权转让或债务承担而使债权债务集中于一人身上,也可发生混同而使债的关系归于消灭。

在某些特殊情况下,虽然债权债务发生混同,但债的关系并不因此而消灭,主要有以下两种情况:① 债权已被作为他人权利的标的。例如,甲把对乙的债权出质于丙,成为丙的质权的标的,日后即使乙继承了甲的债权,债权债务已发生混同,其出质的债权也并不因此而消灭,这是为了保护第三人的利益。如《日本民法典》第 529 条规定,债权与债务同归一人时,其债权消灭,但其债权为第三人之权利标的者,不在此限。我国《民法典》第 576 条也规定:"债权和债务同归于一人的,债权债务终止,但是损害第三人利益的除外。" ② 票据法上的特殊规定。例如,各国的票据法均规定,汇票可以用背书方式转让给出票人、承兑人、付款人或其他票据的债务人,这就可能发生混同。因为汇票的流通过程是:首先由出票人将汇票开出给收款人,收款人可以将汇票背书转让给被背书人,被背书人还可以将汇票背书转让给另一个被背书人,最后由付款人承兑付款。在这个过程中,出票人、付款人、承兑人及其以前的各个背书人都是债务人,而收款人以及最后的一个被背书人则是债权人。因此,当出票人、承兑人或付款人成为最后一个被背书人时,债权债务就集中于同一人身上,即发生混同,在这种情况下,汇票的权利理应归于消灭。但是,为了确保票据的流通性,各国的票据法规定,在上述情况下,只要该票据尚未到期,仍可以背书方式继续转让。

练一练

甲汽车配件厂对乙汽车厂负有合同债务。此时两公司合并，致使该债务归于消灭，从而使原合同关系亦不复存在。这种合同消灭的方式称为（　　）。

A．抵销　　　　　B．免除　　　　　C．混合　　　　　D．混同

【参考答案】D

三、英美法关于合同消灭的法律规定

英美法认为，合同消灭的方式有：① 合同因双方当事人的协议而消灭；② 合同因履行而消灭；③ 合同因违约而消灭；④ 合同依法律而消灭。

1. 合同因双方当事人的协议而消灭

英美法认为，合同是依照双方当事人的协议成立的，因此它也可以按照双方当事人间的协议而解除。如果双方当事人达成协议，解除其中一方当事人履行合同的义务，则这种协议必须有对价，或者必须要以签字蜡封的形式作成，否则就不能强制执行。但是，如果双方当事人达成协议，彼此免除各自对尚待履行的合同的履行义务，则不需要另外的对价，因为在这种协议中，双方当事人都放弃了他们在尚待履行的合同中的权利，这本身就是对价。以协议方式来消灭合同的权利和义务有各种不同的做法：① 以新合同代替原合同。如果双方当事人约定以一个新的合同代替其原来的合同，则原来的权利与义务即告消灭。同样，如果双方当事人达成协议，对原合同的某些条款加以修改或删除，则原来所规定的相应权利义务亦告解除，按照普通法的原则，这种协议必须要有对价，或者必须采用签字蜡封的方式作成。但是，根据美国《统一商法典》第2～209条的规定，买卖合同的双方当事人可以通过协议对合同进行修改，不要求有对价。② 更新合同。合同更新也是指以一个新的合同代替原来的合同，不同在于合同更新时，至少要有一个新的当事人参加进来，这个新的当事人应享有原合同的权利并承担原合同的义务。合同一经更新，原合同即告消灭。③ 依照合同自身规定的条件而解除合同。双方当事人可以在合同中规定，如果遇到某种情况，合同即告解除。这种情况的条件有两种：一是先决条件。如果先决条件不能实现，当事人即可解除该合同的义务。例如，在对外贸易合同中，有时规定该合同须经当事人所属国家的政府签发进口或出口许可证才能生效，如果政府拒绝签发许可证，合同即告消灭。二是后决条件。合同规定的后决条件一旦出现，当事人即可解除合同。例如，在买卖合同中经常规定，当发生战争、水灭、火灭、地震等不可抗力事故时，因受不可抗力事故的阻碍而无法履行合同的一方可以通知对方解除合同。④ 弃权。弃权指合同一方当事人自愿放弃其依据合同所享有的权利，从而解除了他方的履约责任。例如，买方对卖方所交付的货物有异议，应在合理的时间内通知卖方，或向卖方提出损害赔偿，如没有在合理时间内通知对方，则将视为弃权。

2. 合同因履行而消灭

履行是合同消灭的主要原因。合同一经履行，当事人之间的债权债务关系即告消灭。

关于履行合同的问题,在前面已有介绍,在此不再赘述。

3. 合同因违约而消灭

英美法把违约作为消灭合同的一种方法,这是不太确切的,因为这要视违约的情况而定,只有一方违反条件或发生重大违约,即发生根本违约时,才使对方取得解除合同的权利。

4. 合同依法律而消灭

在英美法中,有一些法律规定可以使合同在某些情况下归于消灭,具体有:① 合并(merger),这种情况与大陆法的混同类似;② 破产(bank-ruptcy),根据有关破产法的规定,如破产人宣告破产后,经过破产清理程序,破产人即可解除一切债务和责任;③ 擅自修改书面合同。如果一方当事人擅自对书面合同做了修改,对方即可解除责任。但这种修改必须是未经对方同意擅自修改或对合同的主要部分做了修改。

 想一想

合同的解除是否也可以看作合同消灭的一种情况?

第七节 合同的责任

一、缔约过失责任

(一)缔约过失责任的概念与特征

1. 缔约过失责任的概念

缔约过失责任是指在缔约过程中,当事人因自己的过失违反基于诚信原则负有的先合同义务,导致合同不成立,或者合同虽然成立,但不符合法定的生效条件而被确认为无效、可变更或可撤销,并给对方造成损失时所应承担的民事责任。

2. 缔约过失责任的法律特征

(1)法定性。缔约过失责任是基于法律的规定而产生的一种民事责任。依据《民法典》第500条、第501条的规定,只有符合下列情况,并给对方造成经济损失的,才应承担该责任:① 假借订立合同,恶意进行磋商;② 故意隐瞒与订立合同有关的重要事实或者提供虚假情况;③ 有其他违背诚信原则的行为;④ 泄露、不正当地使用该商业秘密或者信息。

(2)相对性。缔约过失责任只能发生在缔约阶段,也只能在缔约当事人之间产生。这是该责任与违约责任的一个主要不同之处。

(3)补偿性。缔约过失责任旨在弥补或者补偿因缔约过失行为所造成的财产损害,这是民法意义上的平等、等价原则的具体体现,也是市场交易关系在法律上的内在要求。

(二)缔约过失责任的构成要件

缔约过失责任采取的是过错责任原则,其构成要件主要有:

(1) 缔约一方违反先合同义务。所谓先合同义务，又称先契约义务或缔约过程中的附随义务，是指自缔约当事人因签订合同而相互磋商，至合同有效成立前，双方当事人基于诚信原则负有的协助、通知、告知、保护、照管、保密、忠实等义务。

(2) 违反先合同义务的行为给对方造成了信赖利益的损失。所谓信赖利益损失，是指相对方因合理地信赖合同会有效成立却由于合同最终不成立或无效而受到的利益损失。需要注意的是，如果从客观的事实中不能对合同的成立或生效产生信赖的，即使已经支付大量费用，也不能视为信赖利益的损失，因为这是由于缔约人自己判断失误造成的。

(3) 违反先合同义务者主观上存在过错。这里的过错既包括故意也包括过失，但必须是在缔约过程中违反先合同义务者主观上应具备的条件。

(4) 违反先合同义务与对方的损失之间存在因果关系。即相对方的信赖利益损失是由行为人的缔约过失行为造成的，而不是其他行为造成的。

(三) 缔约过失责任的赔偿范围

我国现行法律对缔约过失责任的赔偿范围未做明确规定，但通常认为，其赔偿范围限于信赖利益的损失，主要体现为直接损失与间接损失两部分。一是直接损失，指因为信赖合同成立和生效而支出的各种费用，比如缔约费用、准备履约和实际履行所支付的费用及利息等；二是间接损失，指如果缔约一方能够获得各种机会，而在因另一方的过错导致合同不成立时，这些机会丧失所带来的损失。比如因信赖合同有效成立而放弃获利机会的损失，即丧失与第三人另订合同机会所蒙受的损失；因身体受到伤害而减少的误工收入；其他可得利益损失等。

二、违约责任

(一) 违约责任的概念

1. 违约责任的概念

违约责任又称违反合同的民事责任，是指合同当事人不履行合同义务或者履行合同义务不符合约定时所应承担的民事法律责任。

2. 违约责任与缔约过失责任的区别

违约责任与缔约过失责任不同，二者的区别主要体现在：

(1) 成立的前提不同。违约责任以合同有效成立为前提；缔约过失责任只发生在缔约过程中，其成立不以合同成立或有效为前提。

(2) 责任方式不同。违约责任的方式多样，比如赔偿损失、支付违约金、实际履行等；缔约过失责任则只有赔偿损失这一种责任。

(3) 发生依据不同。违约责任主要基于当事人在合同中的约定，具有约定性；缔约过失责任则是基于法律的明确规定，具有法定性。

(4) 归责原则不同。违约责任一般采用严格责任的归责原则，并且法律规定了免责的事由;缔约过失责任则采用过错责任的归责原则,法律没有规定免责事由。

(5) 赔偿范围不同。违约责任通常要求赔偿期待利益的损失,缔约过失责任的赔偿往往限于信赖利益的损失。

(二) 违约责任的构成要件

1. 违约行为

违约行为是指合同当事人违反合同义务的行为,即合同当事人不履行合同或履行合同不符合约定,这是承担违约责任的前提条件。

2. 不存在免责事由

如果有法定或约定的免责事由,即使有违约行为也不承担违约责任。确立免责事由主要是基于建立风险合理分配机制及有效防止风险的激励制度。免责事由可以分为法定的免责事由与约定的免责事由。根据《民法典》的相关规定,法定的免责事由有两种类型:一是不可抗力。这里的不可抗力是指不能预见、不能避免并不能克服的客观情况,包括台风、洪水等自然灾害和战争等社会现象。二是债权人有过错。约定的免责事由是由双方当事人预先在合同中约定的,只要其约定不违反法律、社会公序良俗和《民法典》对免责条款的两项限制,那就可以依据此约定免除违约方应承担的违约责任。《民法典》中的两项限制为:提供格式条款一方免除其责任,加重对方责任,排除对方权利的,该条款无效;免除造成对方人身伤害或免除因故意重大过失造成对方财产损失的责任的免责条款无效。

(三) 违约行为的形态

违约行为形态是指违约行为的具体表现形式。根据不同的标准,其可以分为不同的形态。

1. 根本违约与非根本违约

根据违约行为是否影响到合同目的的实现,违约可以分为根本违约与非根本违约。

(1) 根本违约(fundamental breach)。这是指一方当事人违反合同的结果,使另一方当事人蒙受损害以致实际上剥夺了其根据合同规定所能得到的预期利益。判定根本违约的标准是受害人的预期利益是否根本受损。根本违约在英美法中称为违反条件。在英美法中,合同条款被分为两种:一是条件(condition)。条件条款是合同中重要的、根本性的条款。具体来讲,在商务合同中,关于履约的时间、货物的品质及数量等条款,都属于合同的条件,如果卖方不能按时、按质、按量交货,则买方有权拒收货物,并可以请求损害赔偿。但是合同中有关支付时间的规定,除双方当事人另有意思表示外,一般不作为合同的条件论处。至于合同规定的哪些事项构成"条件",哪些不是合同的"条件",这是一个法律问题,应由法官根据合同的内容和当事人的意思做出决定,而不是事实问题,不能由陪审员来决定。二是保证或担保(warranty),保证条款是次要的、从属于合同主要目的的条款。

(2) 非根本违约。这是指合同当事人不履行合同义务的行为没有达到合同目的无法实现的程度。此时非违约方不能解除合同。

2. 预期违约与实际违约

根据违约发生在合同履行期限届满前还是届满后,违约可以分为预期违约与实际违约。

(1) 预期违约(anticipatory breach of contract)。预期违约又称先期违约,是指在履行期限到来之前,当事人一方无正当理由以明示或暗示的行为表示在履行期限到来后将不履行合同。预期违约可能是一般违约,也可能是根本违约。根据《联合国国际货物销售合同公约》的规定,如果订立合同后,一方当事人不履行其大部分义务,另一方当事人就可以中止履行义务。中止履行义务的一方必须立即通知另一方当事人,如经另一方当事人对履行义务提供充分保证,则必须继续履行合同义务。我国《民法典》的规定与之一致,第578条规定:"当事人一方明确表示或者以自己的行为表明不履行合同义务的,对方可以在履行期限届满之前要求其承担违约责任。"这里"自己的行为"有经营状况严重恶化、转移财产、丧失或可能丧失履行债务能力、丧失商业信誉等。根据这一规定,预期违约又分为明示预期违约与默示预期违约。需要注意的是,默示预期违约的构成要件包括非违约方应有确凿的证据证明对方确有违约行为。如果另一方只是预见或推测一方在履行期限届满时将不履行合同,则不能构成确切证据。预期违约制度有利于保护当事人的权益,防止损失进一步扩大。

(2) 实际违约。实际违约是指合同规定的履行期限届满后发生的违约行为。现实中,大多数违约属于实际违约,即在合同规定的期限届满时没有履行或没有完全履行合同义务。

实际违约行为的具体类型有:一是拒绝履行,即不履行,是指在合同期限到来以后,一方当事人无正当理由拒绝履行合同的全部义务。二是迟延履行,是指合同当事人的履行违反了履行期限的规定。广义的迟延履行包括债务人的给付迟延和债权人的受领迟延,狭义的迟延履行只是债务人的给付迟延。我国《民法典》采用的是广义的概念。三是不适当履行,即质量有瑕疵的履行,是指当事人交付的标的物不符合合同规定的质量要求。四是部分履行,是指合同虽然履行但履行不符合数量的规定,或者说履行在数量上存在着不足。五是其他不完全履行的行为,比如在履行地点、方法等方面的不适当履行。

(四) 违约的救济方法

违约的救济方法(remedies for breach of contract)是指一个人的合法权利被他人侵害时,法律上给予该受损害人的补救方法。各国法律对于不同的违约行为都规定了相应的救济方法,但是对于哪些违约行为可以采取哪些救济办法,各国法律的规定并不完全相同。归纳起来,违约的救济方法一般有实际履行、损害赔偿、解除合同、违约金等。

1. 实际履行

实际履行(specific performance)即具体履行或依约履行,一般有两层含义:一是指债权人要求债务人按合同的规定履行义务;二是指债权人向法院提起实际履行之诉,由执行机关运用国家的强制力,使债务人按照合同的规定履行义务。例如在房地产的买卖中,当卖方拒绝交付售出的房子时,如果买方不愿取得金钱的赔偿,买方可以向法院提起实际履行之诉,要求卖方交付合同所规定的房地产。如法院判决买方胜诉,买方即可根据法院的判决,要求执行机关予以强制执行,令卖方交付已售出的房地产。但各国法律对实际履行有不同的规定和要求。实际履行是违约救济的一种基本方式。

英美法国家,将损害赔偿作为违约责任的主要形式,对实际履行加以严格限制。在英美法国家,实际履行乃是衡平法之救济,唯有在普通法上的损害赔偿救济不足时,才由法院命令履行。

在大陆法系国家,实际履行是一种普遍的救济方法。德国法认为,实际履行是对不履行合同的一种主要的救济方法。凡是债务人不履行合同的,债权人都有权要求债务人实际履行。《德国民法典》第241条规定:债权人根据债务关系,有向债务人请求履行债务的权利。这就是说,债权人可以请求法院判令债务人实际履行合同。但法院只有在债务人履行合同尚属可能时,才会做出实际履行合同的判决,如属于履行不可能的情况,就不能做出实际履行的判决。例如,在房地产买卖中,房屋因发生火灾被烧毁,或者在订立租船合同后,船只被政府征用等,在此类情况下,债权人就不能要求实际履行,因为实际履行已不可能。有时债务人延迟履约也可能造成履行不可能,例如新年演出或结婚宴席,一旦履行期届满,履行就属于不可能。在这样的情况下,要求实际履行已无意义,债权人可以要求损害赔偿。但是,在双务合同中,如债务人延迟履约,债权人得指定一个适当的期限,并告知债务人在该期限届满后,他将拒绝接受其履行;在这种情况下,如期限届满后,债务人仍不履行,债权人可要求损害赔偿或解除合同,但不得要求实际履行。需要注意的是,德国法虽然规定以实际履行为主要救济办法,但实际上提起实际履行的情况是很少的。

我国《民法典》第577条规定:"当事人一方不履行合同义务或者履行合同义务不符合约定的,应当继续履行、采取补救措施或者赔偿损失等违约责任。"第581条规定:"当事人一方不履行债务或者履行债务不符合约定,根据债务的性质不得强制履行的,对方可以请求其负担由第三人替代履行的费用。"第583条规定:"当事人一方不履行合同义务或者履行合同义务不符合约定的,在履行义务或者采取补救措施后,对方还有其他损失的,应当赔偿损失。"我国《民法典》规定的违约救济方法包括继续履行、采取补救措施、赔偿损失以及解除合同。可以看出,中国法律是鼓励实际履行的,而将损失赔偿这种救济方法放在了最后,即继续履行仍然不能弥补其他损失的,或者还有其他损失的,对于其他损失仍然需要赔偿。

2. 损害赔偿

损害赔偿(damages),又称违约损害赔偿,是指一方当事人因违约行为而给对方造成损失,应依法和依约赔偿对方当事人所受的损失。

损害赔偿具有以下特点:一是损害赔偿是因债务人不履行合同义务所产生的责任;二是损害赔偿原则上仅具有补偿性而不具有惩罚性;三是损害赔偿具有一定的任意性,基于合同自由原则,当事人在订立合同时,可以预先约定一方当事人在违约时应向另一方当事人支付一定的金钱;四是损害赔偿以赔偿当事人实际遭受的全部损失为原则。

各国虽然对损害赔偿责任的成立、赔偿的方法和计算等的具体规定不同,但损害赔偿的基本原则是一致的,即一方当事人违反合同应负的损害赔偿额,应与另一方当事人遭受的包括利润在内的损失额相当。根据《德国民法典》的规定,损害赔偿的范围包括实际损失与可得利益损失两部分。所谓实际损失,是指因违约已给对方给造成的现有财产的毁损、灭失、减少和债权人为减少或者消除损害所支出的必要的合理的费用。所谓可得利益,是指合同在履行以后可以实现和取得的利益。可得利益必须是一种通过合同的实际履行才能实现的未来的利益,是当事人订立合同时能够合理预见的利益。《民法典》第584条规定:"当事人一方不履行合同义务或者履行合同义务不符合约定,给对方造成损失的,损失赔偿额应当相当于因违约所造成的损失,包括合同履行后可以获得的利益,但不得超过违反合同一方订立合同时预见到或者可以预见到的因违反合同可能造成的损失。"

需要注意的是,损害赔偿受到两方面的限制:一是可预见规则的限制。如果损害不可预见,则违约方不应赔偿。采用此限制规则的根本原因在于,只有在交易发生时,订约当事人对其未来的风险和责任可以预见,才能计算其费用和利润,从而正常地进行交易活动。二是减轻损失规则的限制。所谓减轻损失规则,是指在一方违约并造成损失后,另一方应及时采取合理的措施防止损失扩大,否则,无权要求就扩大部分的损失要求违约方赔偿。当事人因防止损失扩大而支出的合理费用,由违约方负担。

3. 解除合同

解除合同(resolution)是指在合同有效成立后而尚未全部履行前,当事人基于法律规定、协商或当事人约定而使合同关系归于消灭的一种法律行为。

合同解除具有以下特点:(1)合同的解除以当事人之间存在有效合同为前提。无效合同、可撤销合同以及效力待定合同不发生合同的解除。(2)合同的解除应具备一定的条件。合同依法成立后,任何一方不得擅自解除,除非具备了合同解除的条件。这个条件可以是当事人约定或协商的,也可以是法律规定的。(3)合同解除使合同效力归于消灭。合同解除不仅要具备解除的条件,还需要有当事人的解除行为,即合同不能自动解除。这种解除行为是一种法律行为,可以是单方法律行为,也可以是双方法律行为。

解除合同主要有三种类型。

(1)协商解除。协商解除是指在合同成立后履行完毕之前,当事人通过协商而解除合同,从而使合同效力归于消灭的行为。《民法典》第562条第1款规定:"当事人协商一致,可以解除合同。"协议解除的实质在于,它是当事人通过协商一致从而达成一个解除原合同的新合同,这个新的合同又称反对合同。这种解除方式在实践中经常用到。

(2)约定解除。约定解除是指在合同成立后履行完毕之前,当事人基于双方事先约定的事由行使解除权,从而使合同效力归于消灭的行为。《民法典》第562条第2款规定:"当事人可以约定一方解除合同的事由。解除合同的事由发生时,解除权人可以解除合同。"约定解除的实质在于,一旦事先约定的条件成就时,当事人就可行使解除权。因此,约定解除为单方解除,此时不需要双方再进行意思表示。约定解除与协商解除的区别主要体现在二者适用的条件不同:约定解除的条件必须是当事人事先确定的;而协商解除则不须事先约定,往往是在出现了当事人不欲使合同继续存在的情形时,基于当事人的合意而解除合同。

（3）法定解除。法定解除是指在合同成立后且履行完毕之前，一方当事人基于法律规定的事由行使解除权，从而使合同效力归于消灭的行为。法定解除也是一种单方行为，根据《民商法》第563条规定，有下列情形之一的，当事人可以解除合同：① 因不可抗力致使不能实现合同目的；② 在履行期限届满前，当事人一方明确表示或者以自己的行为表明不履行主要债务；③ 当事人一方迟延履行主要债务，经催告后在合理期限内仍未履行；④ 当事人一方迟延履行债务或者有其他违约行为致使不能实现合同目的；⑤ 法律规定的其他情形。此外，以持续履行的债务为内容的不定期合同，当事人可以随时解除合同，但是应当在合理期限之前通知对方。

根据各国法律的规定，行使解除权的方法主要有两种：一是由主张解除合同的一方当事人向法院起诉，由法院做出解除合同的判决；二是无须经过法院，只需向对方表示解除合同的意思即可。法国法采取第一种办法。《法国民法典》第1184条规定，债权人解除合同，必须向法院提起。但是，如果双方当事人在合同中订有明示的解除条款，则无须向法院提出。德国法采取第二种办法。《德国民法典》第349条规定，解除合同应向对方当事人以意思表示为之。换言之，主张解除合同的一方当事人只需把解除合同的意思通知对方即可，不必经过法院的判决。

英美法认为，解除合同是一方当事人由于对方的违约行为而产生的一种权利，其可以宣告自己不再受合同的约束，并认为合同已经终了，而无须经过法院的判决。

按照我国《民法典》的规定，主张解除合同的一方应通知对方，但不一定要经过法院判决。《民法典》第565条规定：当事人一方依法主张解除合同的，应当通知对方。合同自通知到达对方时解除；通知载明债务人在一定期限内不履行债务则合同自动解除，债务人在该期限内未履行债务的，合同自通知载明的期限届满时解除。对方对解除合同有异议的，任何一方当事人均可以请求人民法院或者仲裁机构确认解除行为的效力。

解除合同的法律后果是消灭合同的效力。合同一经解除，合同的效力即告消灭。但这种消灭的作用是溯及既往，还是指向将来，各国法律有不同的规定。法国法认为，解除合同是使合同的效力溯及既往的消灭，未履行的债务当然不再履行，即便已经履行的债务，亦因缺乏法律上的原因，而发生恢复原状问题。《法国民法典》第1183条规定，解除条件成就时，债的关系归于消灭，并使事物恢复至订约前的状态，就像从来都没有订立过合同一样。因此，在解除合同时，各方当事人应把从对方所取得的东西归还给对方，如应返还的物品因毁损、消耗而无法返还时，则应偿还其价额。在这个问题上，德国法与法国法的处理办法基本上是相同的。《德国民法典》第346条规定，在解除合同时，各方当事人互负返还其受领的给付的义务。如已履行的给付是劳务的提供或以自己的物品供对方利用，因无法恢复原状，应补偿其代价。在这个问题上，美国法与大陆法有相似之处，美国法也认为，解除合同应产生恢复原状的效果。

英国法则与大陆法不同，英国法认为，由于违约造成的解除合同，并不使合同自始无效，而只是指向将来，即只是在解除合同时尚未履行的债务不再履行。至于已经履行的债务，原则上不产生返还的问题。但是，英国法在解除合同时，允许当事人提起"按所交价值偿还"之诉,以便收回其所提供的财物或服务的代价。

 评一评

中建二局公司与英孚公司建设工程施工合同纠纷案①

【案情】 英孚公司(台企)8英寸晶圆生产线建设项目是福州高新区重点高科技项目,具有良好的经济社会效益。中建二局公司中标该项目建筑安装第一期工程,合同总金额1.4亿元。工程施工过程中,中建二局诉至福州市中级人民法院,要求英孚公司支付预付款、进度款及各项损失共计约4 200万元。福州市中级人民法院启动福州市台胞权益保障法官工作室(以下简称工作室)主持调解。应英孚公司的请求,工作室还邀请在大陆律师事务所执业的台胞律师和涉台案件特邀调解员参与庭外调解工作。

【评析】 通过多场调解会,双方最终握手言和,协商一致解除合同,英孚公司分五期向中建二局公司支付各项款项共计3 600万元。双方在工作室签订了调解协议,这起标的额逾4 200万元的纠纷得到了圆满解决。

【典型意义】 福州中院回应自贸试验区台胞的司法需求,构建自贸试验区涉台纠纷诉前、诉中、诉后全程调解体系,以福州市台胞权益保障法官工作室为平台,建立台胞律师联动调解机制,邀请在大陆律师事务所执业的台胞律师参与调解,并聘请在大陆的台胞担任涉台案件特邀调解员,为台胞、台企在大陆的发展创造了优良的法治环境。本案充分反映了福州市台胞权益保障法官工作室"联调联动+资源整合"工作机制的良好实践效果。

4. 违约金

违约金(liquidated damages)是指当事人通过协商预先确定的,在违约发生后做出的独立于履行行为以外的给付。《民法典》第585条第1款规定:"当事人可以约定一方违约时应当根据违约情况向对方支付一定数额的违约金,也可以约定因违约产生的损失赔偿额的计算方法。"

大陆法系国家和地区将违约金分为惩罚性违约金与补偿性违约金两种。所谓惩罚性违约金,是指违约金具有惩罚性质,当一方的违约行为未给对方造成损失时,或者约定违约金的数额大于损失额时,此时的违约金即具有一定的惩罚性质。所谓补偿性违约金,又称赔偿性违约金,则具有赔偿损失的性质,当一方的违约行为给对方造成了损失,并且损失大于或者等于违约金时,此时的违约金即具有补偿性质。我国《民法典》更注重强调后者,虽然违约金的约定属于合同自由的范围,但这种自由要受到国家干预的限制。《民法典》第585条第2款规定:"约定的违约金低于造成的损失的,人民法院或者仲裁机构可以根据当事人的请求予以增加;约定的违约金过分高于造成的损失的,人民法院或者仲裁机构可以根据当事人的请求予以适当减少。"英美法则认为,对于违约只能要求赔偿,而不能予以惩罚。

我国《民法典》中规定了违约金与其他责任形式的关系。(1) 违约金与继续履行。在实

---

① 资料来源:最高院于2022年2月28日发布的人民法院服务保障自由贸易试验区建设典型案例。

践中,违约金的支付是独立于履行之外的,如果没有特别约定当事人不得在支付违约金后免除履行主债务的义务,则债务人不得以支付违约金完全代替继续履行。《民法典》第 585 条第 3 款规定:"当事人就迟延履行约定违约金的,违约方支付违约金后,还应当履行债务。"因此,违约金的支付与继续履行可以同时适用。(2) 违约金与损害赔偿。违约金与损害赔偿具有不同的特点,二者不能同时适用。通常,违约金为约定,赔偿金为法定,根据民法意义自治原则,约定优先,因此当事人之间只要约定了违约金,就应当优先适用,但同时也要满足前述《民法典》第 585 条第 2 款的限制。(3) 违约金与定金。根据《民法典》第 588 条的规定,违约金与定金只能选择适用其一,即当事人既约定违约金,又约定定金的,一方违约时,对方可以选择适用违约金或定金条款。但是,定金不足以弥补一方违约造成的损失的,对方可以请求赔偿超过定金数额的损失。

本章思考

1. 理解下列术语：
   诺成合同　实践合同　要约　承诺　不安抗辩权　定金
   合同保全　合同消灭　提存　抵销　债务免除　混同
   根本违约　预期违约
2. 简述合同法的基本原则。
3. 比较要约与要约邀请的区别。
4. 试述合同生效的构成要件。
5. 试述合同担保中的定金规则。
6. 简述债权人代位权的含义及成立条件。
7. 简述合同的变更的条件与效力。
8. 简述缔约过失责任与违约责任的区别。

学习参考

已同中国签订共建"一带一路"合作文件的国家

第四章

国际货物买卖法

本章要点

1. 国际货物买卖的概念与特点
2. 贸易术语与《国际贸易术语解释通则》
3. 买卖双方的权利与义务
4. 国际货物买卖中的货物保全
5. 买卖双方违约的救济方法
6. 货物所有权与货物风险的转移

第一节 概 述

一、国际货物买卖的概念与特点

国际货物买卖通常是由买卖双方以签订国际货物买卖合同的形式进行的。国际货物买卖合同是指不同国家的当事人之间以转让货物所有权为目的所达成的具有国际因素的货物买卖合同。1980年《联合国国际货物销售合同公约》(以下简称《公约》)是目前关于国际货物买卖的一个最重要的国际公约,因此这里依据《公约》来阐述。

国际货物买卖的特点主要有:

(1) 国际货物买卖中的"国际性"。根据《公约》的规定,这里的国际性采用了单一的"营业地"标准,即凡营业地处于不同国家的当事人之间所订立的货物买卖合同,即为国际货物买卖合同。而当事人的国籍、住所、交易标的是否跨越国境等不再作为确定货物买卖合同是否具有国际性的因素。自此,许多国际条约都以"营业地"为标准确定货物买卖的国际性。

(2) 国际货物买卖的标的物是"货物"。《公约》中并未明确规定何谓"货物",但采用了排除法,在第2条规定了不适用该公约的货物买卖包括:① 仅供私人、家人或家庭使用的货物的销售,除非卖方在订立合同前任何时候或订立合同时不知道而且没有理由知道这些货物是购供任何这种使用;② 经由拍卖方式进行的销售;③ 根据法律执行令状或其他令状的销售;④ 公债、股票、投资证券、流通票据或货币的销售;⑤ 船舶、船只、气垫船或飞机的销售;⑥ 电力的销售。该《公约》不调整不被视为货物或有争议的货物,也不调整一般不视为动产的货物。但值得注意的是,该《公约》所调整的货物既包括存在物,也包括尚待制造或生产的货物。

(3) 国际货物交易的性质是"买卖"。交易性质不同,适用的法律也有所不同。国际货物买卖合同是指卖方将货物所有权转移给买方,买方须支付相应对价给卖方的合同。

评一评

罗某某诉前海通利华公司、天津启隆公司买卖合同纠纷案①

【案情】 罗某某委托他人向天津启隆公司购车,支付购车款 107 万元。涉案车辆由 KIMBERLY ANN MURPHY 从美国 4S 店购买,后出售给美国环球公司,美国环球公司又销售给中信港通公司,之后转运到前海通利华公司仓库。罗某某提车后不久,发现所购车辆是事故车。经鉴定,涉案车辆的后备箱覆盖件、钣金件有焊接、修复痕迹。罗某某遂提起本案诉讼。

请问:本案是国际货物买卖吗?能够适用 1980 年《联合国国际货物销售合同公约》吗?

【评析】 本案罗某某的购车行为是一种消费性购买行为,不属于《联合国国际货物销售合同公约》中规定的国际货物贸易,应当适用我国的《消费者权益保护法》。深圳前海合作区人民法院一审判决天津启隆公司退还罗某某购车款 107 万元及利息,赔偿罗某某购买涉案车辆价款的三倍金额 321 万元。天津启隆公司不服,提起上诉。深圳市中级人民法院二审判决驳回上诉,维持原判。

【典型意义】 本案买卖标的物为平行进口汽车,是汽车经销商未经品牌授权,直接从海外市场购买并进入国内市场销售的产品。平行进口汽车是自贸试验区探索性政策的重要内容之一,拓宽了消费者选择渠道,但在售后保障、质量保证方面需加强对消费者权益的保护。本案中,人民法院依照《消费者权益保护法》的规定,认定经销商的行为构成欺诈,并适用惩罚性赔偿,对经销商施以严格的说明义务,督促经销商严格把关汽车质量、认真审核车辆来源,彰显了司法对自贸试验区平行进口汽车产业健康发展的引导和保障功能。

二、关于国际货物买卖的立法与惯例

(一) 各国国内立法

大陆法系国家通常有两种做法:① 民商分立的做法。商法与民法是特别法与一般法的关系,商法优先适用,当商法没有规定的情况下,适用民法的规定。② 民商合一的做法。一般在民法的"债"篇中加以规定。

普通法系国家没有民法与商法的区分,其买卖法由两个部分组成:① 由法院判例形式确立的法律原则。② 成文法,主要体现为单行法规。典型的成文法如英国 1893 年的《货物买卖法》和现行的 1995 年修订的《货物买卖法》、美国 1906 年的《统一买卖法》和 1994 年的《统一商法典》(简称 UCC)。

我国没有专门的货物买卖法,《民法典》中"合同编"部分的相关规定是调整我国货物买卖关系的主要国内立法,该法同时适用于国内和涉外的买卖关系。1986 年我国加入了《联合国国际货物销售合同公约》,因此,在符合公约适用条件的情形下,该公约可以适用于与我国有关的国际货物买卖关系。

---

① 最高院于 2022 年 2 月 28 日发布的人民法院服务保障自由贸易试验区建设典型案例。

(二) 关于国际货物买卖的国际公约

这里着重介绍与我国国际贸易联系最为密切的《联合国国际货物销售合同公约》。

1. 产生背景

联合国国际贸易法委员会(The United Nations Commission on International Trade Law)从1969年开始,经过大约10年的酝酿准备,于1978年完成起草了一项新的公约,即《联合国国际货物销售合同公约》,于1980年3月在维也纳召开的外交会议上获得通过,并于1988年1月1日起生效。我国政府派代表团出席了该会议,参与了《公约》草案的讨论,并于1986年12月11日向联合国秘书处交存了关于《公约》的核准书,从而成为《公约》的最早缔约国之一。截至2015年12月29日,《公约》的缔约国已达到84个。

2. 我国在加入《公约》时提出的两个保留

(1) 关于适用《公约》情形的保留。《公约》第1条规定了当营业地在不同国家的当事人之间所订立的货物销售合同可以适用《公约》的两种情形,一是如果这些国家是缔约国,二是如果国际私法规则导致适用某一缔约国的法律。我国对后一种情形予以保留。因为当时我国由于经济体制的原因,在经济贸易方面制定了两套法律,一套适用于国内商贸,另一套适用于国际商贸,如果对《公约》不进行保留,那么国内的涉外经贸立法就无法得到适用。但1999年我国实行了统一的《合同法》后,原《中华人民共和国经济合同法》《中华人民共和国涉外经济合同法》《中华人民共和国技术合同法》同时废止,这一保留已无意义。2021年1月1日我国《民法典》开始施行,《合同法》同时废止。

(2) 关于合同形式的保留。《公约》第11条规定,销售合同无须以书面订立或书面证明,在形式方面也不受任何其他条件的限制。销售合同可以用包括人证在内的任何方法证明。我国对此提出了保留,强调营业地位于中国的缔约方缔结的国际销售合同必须采用书面形式。

需要特别说明的是,2013年1月中国政府正式通知联合国秘书长,撤回对《联合国国际货物销售合同公约》所作"不受公约第11条及与第11条内容有关规定的约束"的声明,该撤回已正式生效。至此,我国对于合同形式的规定及适用与《公约》趋于统一。

(三) 关于国际货物买卖的商事交易习惯

这里着重介绍影响较大并在实践中得到广泛应用的国际商会编纂的《国际贸易术语解释通则》。

 资料卡

国际商会简介①

国际商会(The International Chamber of Commerce, ICC)于1919年在美国发起,1920年正式成立。其总部设在法国巴黎,发展至今已拥有来自130多个国家的成员公司和协会。国际商会是为世界商业服务的非政府间组织,是联合国等政府间组织的咨询机构。

---

① 资料来源:http://baike.soso.com/v266614.htm?pid=baike.box。

国际商会以贸易为促进和平、繁荣的强大力量，推行一种开放的国际贸易、投资体系和市场经济。由于国际商会的成员公司和协会本身从事国际商业活动，因此它所制定用以规范国际商业合作的规章，如《托收统一规则》、《跟单信用证统一惯例》、国际商会2000年版《国际贸易术语解释通则》等被广泛地应用于国际贸易中，并成为国际贸易不可缺少的一部分。国际商会下属的国际仲裁法庭是国际权威的仲裁机构，它为解决国际贸易争议起着重大的作用。

 资料卡

中国国际商会简介①

中国国际商会（China Chamber of International Commerce，CCOIC）是在中国从事国际商事活动的企业、团体和其他组织组成的国家级国际性会员制商会组织（民政部登记证号：社证字第4768号）。

1988年，国务院批准成立中国国际商会。中国国际商会以为会员提供专属优质服务为宗旨，其职责是向国际组织和政府部门反映中国工商业界的利益诉求，参与国际经贸规则与惯例的制定和推广，促进国内外经贸交流与合作，提供法律服务、商务咨询、信息资讯和业务培训等服务，倡导社会责任与公益事业等。

中国国际商会于1994年代表中国加入了国际商业组织——国际商会，国际商会中国国家委员会（The Affiliate of International Chamber of Commerce in China，ICC CHINA）秘书局设在中国国际商会。中国国际商会在开展与国际商会（ICC）相关业务时，使用ICC CHINA的名义。中国国际商会组织会员单位，全面深入地参与国际商会的各种活动，利用国际商会的全球商业网络，同各国商界、政府相关机构以及国际组织建立广泛联系，促进中外企业的合作与交流，推动中国经济融入世界。

《国际贸易术语解释通则》（International Rules for the Interpretation of Trade Terms）最早由国际商会（ICC）于1936年制定，后分别于1953年、1967年、1976年、1980年、1990年、2000年、2010年和2020年进行了修改和补充，其中2000年版、2010年版和2020年版的影响较大，下面分别对此进行介绍。

1. 2000年版

2000年版《国际贸易术语解释通则》（以下简称《2000年通则》）从2000年1月1日起生效，按照卖方的责任逐渐增大、买方的责任逐渐减小的规律规定了13种贸易术语，分为E组、F组、C组和D组。其中，FOB、CIF、CFR在海运中常用，FCA、CPT、CIP随着多式联运的不断发展，其作用也在日益扩大。

（1）E组术语（内陆交货合同）。

E组中只有1种术语，即EXW（工厂交货）。该术语全称为Ex Works（named place），其中文意为：工厂交货（指定地点）。

---

① 资料来源：http://www.ccoic.cn，中国国际商会。

该术语指出口方在自己的工厂交货,并由进口方负责运输和保险。在 13 个贸易术语中,这个术语的特点是卖方的责任最小,而买方的责任最大。

(2) F 组术语(主要付费未付——装运合同)。

① FCA。该术语全称为 Free Carrier (named place),其中文意为:货交承运人(指定地点)。该术语指卖方只要将货物在指定地点交给由买方指定的承运人,并办理了出口清关手续,即履行了其交货义务,货物的风险亦从交货转移至买方。买方负责运输和保险。

② FAS。该术语全称为 Free Alongside Ship (named port of shipment),其中文意为:船边交货(指定装运港)。该术语指卖方在指定的装运港将货物交至买方指定船只的船边,即履行其交货义务。在交货时风险转移,即风险的转移以指定的船边为界。在办理海关清关手续的义务上,该术语要求卖方办理出口清关手续,而买方办理进口清关手续。该术语仅适用于海运或内河运输。与 FOB 不同的是,卖方不需要安排装货的事宜,与港口接洽安排装货是买方的事情。

③ FOB(船上交货)。该术语全称为 Free on Board (named port of shipment),其中文意为:船上交货(指定装运港),在我国又称"离岸价格"。该术语指卖方在合同规定的装运港负责将货物装到买方指定的船上,并负担货物越过船舷前的一切费用和风险。这意味着买方必须从货物在装运港越过船舷时起承担一切费用以及货物灭失或损坏的一切风险。该术语仅适用于海运或内河运输。在船舷无实际意义的情况下,如在滚装/滚卸或集装箱运输的场合,使用 FCA 术语更为合适。

FOB 的主要特征:第一,卖方必须承担把货物交到船上的责任并支付有关费用;第二,卖方在装运港交货;第三,货物风险从越过船舷时起即转移至买方;第四,买方负责运输与保险。

FOB 在使用中应注意,FOB 条件下卖方的交货义务有两项:第一,将货物装上船;第二,装船之后,必须及时向买方发出已装船通知。而通知义务往往被忽视,如果卖方没有及时通知买方,即构成违约。

(3) C 组术语(主要运费已付——装运合同)。

① CFR。该术语全称为 Cost and Freight (named port of destination),其中文意为:成本加运费(指定目的港)。该术语指在装运港货物越过船舷,卖方即完成交货,卖方必须支付将货物运至指定目的港所需的运费。但货物风险是在装运港船舷转移的。

CFR 在使用中应注意:装船运输由卖方负责,而购买保险由买方负责,若衔接不好,容易出现漏保的现象,因此,卖方在装船后应给买方充分的通知,否则,卖方应承担货物在运输途中的风险。

CFR 与 CIF 相比,在价格构成中少了保险费,因此,在 CFR 价格条件下,除了保险是由买方办理外,其他方面的双方义务与 CIF 基本相同。

② CIF。该术语全称为 Cost, Insurance and Freight (named port of destination),其中文意为:成本、保险费加运费(指定目的港)。在我国被称为"到岸价格"。该术语指卖方除必须负有与 CFR 术语相同的义务外,还必须办理货物在运输途中应由买方承担的货物灭失或损坏的风险的保险。卖方签订保险合同并支付保险费。买方应注意根据 CIF 术语,只能

要求卖方投保最低的保险险别。货物装船后灭失或损坏的风险及货物装船后所发生的任何额外费用,则自货物于装运港越过船舷时起从卖方转由买方承担。

CIF 的主要特点:卖方以向买方提供适当的装运单据来履行其交货义务,不以向买方交付货物是实物来完成其交货义务。

与 FOB 的区别:一是货物的价格构成不同;二是卖方承担的责任不同;三是贸易术语的表述不同,如"FOB 上海"中的上海指的是装运港,而"CIF 上海"中的上海指的是目的港。

③ CPT。该术语全称为 Carriage Paid to（named place of destination）,其中文意为:运费付至(指定目的地)。卖方向其指定的承运人交货,但卖方还必须支付将货物运至目的地的运费。此术语适用于各种运输方式。在货物由多个承运人先后联合承运的情况下,如果由后继承运人将货物运至目的地,则风险自货物交付第一承运人时起由卖方转移至买方。

④ CIP。该术语全称为 Carriage and Insurance Paid to（named place of destination）,其中文意为:运费和保险费付至(指定目的地)。该术语指卖方除必须负有与 CPT 术语相同的义务外,还必须办理货物在运输途中应由买方承担的货物灭失或损坏风险的保险。由卖方签订保险合同并支付保险费。不过,买方应注意,根据 CIP 术语,只能要求卖方以最低的保险险别投保。

(4) D 组术语(到货合同)。

① DAF。该术语全称为 Delivered at Frontier（named place）,其中文意为:边境交货(指定地点)。

② DES。该术语全称为 Delivered Ex Ship（named port of destination）,其中文意为:目的港船上交货(指定目的港)。

③ DEQ。该术语全称为 Delivered Ex Quay（named port of destination）,其中文意为:目的港码头交货(关税已付)(指定目的港)。

④ DDU。该术语全称为 Delivered Duty Unpaid（named place of destination）,其中文意为:未完税交货(指定目的地)。

⑤ DDP。该术语全称为 Delivered Duty Paid（named place of destination）,其中文意为:完税后交货(指定目的地)。卖方必须承担将货物运至目的地的一切风险和费用,包括办理出口及进口手续。

 资料卡

《2000 年通则》解释的贸易术语

贸易术语	交货地点	风险转移	运输	保险	运输方式
EXW 工厂交货	卖方工厂	交货时	买方	无义务	各种运输
FCA 货交承运人	交承运人	交货时	买方	无义务	各种运输
FAS 船边交货	装运港船边	交货时	买方	无义务	海运 内河
FOB 船上交货	装运港船上	装运港船舷	买方	无义务	海运 内河

续　表

贸易术语	交货地点	风险转移	运输	保　险	运输方式
CFR 成本加运费	装运港船上	装运港船舷	卖方	无义务	海运　内河
CIF 成本运费保险费	装运港船上	装运港船舷	卖方	卖方	海运　内河
CPT 运费付至	交承运人	交货时	卖方	无义务	各种运输
CIP 运费保险费付至	交承运人	交货时	卖方	卖方	各种运输
DAF 边境交货	边境指定地点	交货时	卖方	无义务	陆上运输
DES 目的港船上交货	目的港船上	交货时	卖方	无义务	海运　内河
DEQ 目的港码头交货	目的港码头	交货时	卖方	无义务	海运　内河
DDU 未完税交货	指定目的地	交货时	卖方	无义务	各种运输
DDP 完税交货	指定目的地	交货时	卖方	无义务	各种运输

注：除了 CIF 和 CIP 之外，在保险合同的项目下，卖方和买方的义务中均注明"无义务"，所谓无义务，是指一方对另一方不承担义务的情况。但在 D 组中，均为到货合同，即卖方在目的地完成交货，那么在交货前的风险自然由卖方承担。因此，卖方为了货物的安全，应自费办理保险。

2. 2010 年版

2010 年 9 月，国际商会公布了新版本《国际贸易术语解释通则 2010——国际商会制定的适用于国内和国际贸易的术语通则》（以下简称《2010 年通则》），于 2011 年 1 月 1 日正式实施。值得一提的是，《2000 年通则》并不是自动作废，因为国际贸易惯例本身不是法律，对国际贸易当事人不产生必然的强制性约束力。

《2010 年通则》考虑了无关税区的不断扩大，商业交易中电子信息使用的增加，货物运输中对安全问题的进一步关注以及运输方式的变化。《2010 年通则》更新并整合与"交货"相关的规制，将术语总数由原来的 4 组 13 个减少至 2 组 11 个，并对所有规制做出更加简洁、明确的陈述。

 资料卡

《2010 年通则》解释的贸易术语

组　　别	贸　易　术　语	中　文　名　称
适用于任何运输方式或多种运输方式的术语	EXW (Ex Works)	工厂交货（指定交货地点）
	FCA (Free Carrier)	货交承运人（指定交货地点）
	CPT (Carriage Paid to)	运费付至（指定目的地）

续 表

组　别	贸 易 术 语	中 文 名 称
适用于任何运输方式或多种运输方式的术语	CIP (Carriage and Insurance Paid to)	运费保险费付至（指定目的地）
	DAT (Delivered at Terminal)	运输终端交货（指定港口或目的地运输终端）
	DAP (Delivered at Place)	目的地交货（指定目的地）
	DDP (Delivered Duty Paid)	完税后交货（指定目的地）
适用于海运和内河水运的术语	FAS (Free Alongside Ship)	船边交货（指定装运港）
	FOB (Free on Board)	船上交货（指定装运港）
	CFR (Cost and Freight)	成本加运费（指定目的港）
	CIF (Cost Insurance and Freight)	成本、保险费加运费（指定目的港）

《2010年通则》与《2000年通则》的主要区别：

(1) 术语分类调整：E、F、C、D四组贸易术语适用于两类贸易，即水运和各种运输方式。

(2) 贸易术语的数量减少。由原来的13种减少为11种：

① 删除《2000年通则》中D组贸易术语，即DDU、DAF、DES、DEQ，只保留D组中的DDP术语。

② 新增两种D组贸易术语，即DAT与DAP：DAT (Delivered at Terminal)，目的地或目的港集散站交货。该术语类似于DEQ术语，指卖方在指定的目的地卸货后将货物交给买方处置即完成交货，术语所指目的地包括港口。卖方应承担将货物运至指定的目的地的一切风险和费用(除进口费用外)。本术语适用于任何运输方式或多式联运。DAP (Delivered at Place)，目的地交货。该术语类似于DAF、DES和DDU术语，指卖方在指定的目的地交货，只需做好卸货准备无须卸货即完成交货。术语所指到的到达车辆包括船舶，目的地包括港口。卖方应承担将货物运至指定的目的地的一切风险和费用(除进口费用外)。本术语适用于任何运输方式、多式联运方式及海运。

③ E组、F组、C组的贸易术语基本没有变化。

(3)《2010年通则》取消了"船舷"的概念，取而代之"装上船"的概念。即之前关于卖方承担货物越过船舷为止的一切风险的内容，在新术语环境下改为"卖方承担货物装上船为止的一切风险，买方承担货物自装运港装上船后的一切风险"。比如FOB术语中，一直以来风险转移以"在装运港越过船舷"为界限，但这一原则在实践中缺乏操作性，比如由于装货方式的改进，有些货物在装船时并不需要越过船舷，此时"以船舷为界"就失去了意义。《2010年通则》在风险转移的界限上采用了"装上船"(Place on Boat)的概念，这样修改既增强了可操作性，也更有利于平衡当事人的权益。

(4) 在FAS、FOB、CFR和CIF等贸易术语中加入了在货物运输期间被多次买卖(连环贸易)的责任义务的划分。

(5) 赋予电子单据与书面单据同样的效力,增加对出口国安检的义务分配,要求双方明确交货位置,将承运人定义为缔约承运人。

(6) 适用的贸易合同范围扩大。考虑到对于一些区域贸易集团内部贸易的特点,《2010年通则》不仅适用于国际销售合同,也适用于国内销售合同。

其他贸易术语的内容基本没有变化,从 E 组到 D 组,11 种贸易术语还是呈现出卖方责任逐渐增大,买方责任逐渐减小的特点。

 想一想

新版本的《国际贸易术语解释通则》生效后是否意味着之前版本的《国际贸易术语解释通则》被废止?

3. 2020 年版

2019 年 9 月 10 日,国际商会发布了 2020 年版《国际贸易术语解释通则》(以下简称《2020 年通则》),于 2020 年 1 月 1 日生效。

 资料卡

《2020 年通则》解释的贸易术语

组　别	交货地点	贸易术语	中文名称	风险转移界限
适用于任何运输方式或多种运输方式的术语	出口国	EXW	工厂交货(指定交货地点)	货交买方处置时起
		FCA	货交承运人(指定交货地点)	货装上运输工具或货交承运人处置时起
		CPT	运费付至(指定目的地)	货交承运人处置时起
		CIP	运费保险费付至(指定目的地)	货交承运人处置时起
	进口国	DAP	目的地交货(指定目的地)	货载运输工具上交买方处置时起
		DPU	目的地卸货后交货(指定港口或目的地运输终端地)	货从运输工具上交买方处置时起
		DDP	完税后交货(指定目的地)	货交买方处置时起
适用于海运和内河水运的术语	出口国	FAS	船边交货(指定装运港)	货交船边(置于码头或驳船上)
		FOB	船上交货(指定装运港)	货装上船时起
		CFR	成本加运费(指定目的港)	货装上船时起
		CIF	成本、保险费加运费(指定目的港)	货装上船时起

《2020年通则》与《2010年通则》的主要区别：

(1) 将 DAT 修改为 DPU。《2020年通则》将《2010年通则》中的 DAT(Deliver at Terminal,运输终端交货)修改为 DPU (Delivered at Place Unloaded,卸货地交货)。主要的变化是将交货地点从单一的"码头"改为更广义和更具有一般性的"卸货地"。国际商会对此做出的解释是：根据实践中接收到的很多反馈，越来越多的买卖双方希望货物的交付地点不仅仅限于码头，还可以包括工厂、货仓等其他地点。为了满足买卖双方对于约定交付地点的任意性的需求，国际商会将 DAT 修改为 DPU，使其更加具有普遍适用性。

(2) FCA 规则增加了卖方提交提单(B/L)的相关规定。《2020年通则》中 FCA 术语下就提单问题引入了新的附加机制。根据该新引入的附加机制，买方和卖方同意买方指定的承运人在装货后将向卖方签发已装船提单(Free Carrier Alongside ＋ Billing on Board Option,货交承运人＋装船提单选项)，然后由卖方向买方做出交单(可能通过银行链)。《2010年通则》中 FCA 术语存在的一个主要问题是，该术语的交货效力在货物装船前就已经随货交承运人而截止(交货是在货物装船之前完成的，卖方不能从承运人处获得已装船提单)。但是在一般情况下，已装船提单是银行在信用证项下的常见单据要求，因此对 FCA 规则的修订充分考虑到这一市场上的实际情况。

(3) 提高了 CIP 投保险别。在《2020年通则》适用 CIP 术语的贸易中，最低保险范围已经提高到《协会货物保险条款》(A)条款的要求，即"一切险"，不包括除外责任。这是基本险中最高的保险级别，国际商会之所以做出这样的调整，是因为 CIF 通常适用于大宗商品交易，而 CIP 通常适用于制成品交易，即这种调整是基于商品属性和费率的考虑而做出的。也就是说，在《2020年通则》中，使用 CIP 术语，卖方承担的保险义务变大，而买方的利益会得到更多保障。

(4) 增加了 DAP、DPU、DDP 及 FCA 术语中卖方/买方自己运输货物的可能性。近年来，国际商会越来越意识到不是所有的货物贸易在运输上都存在一个独立的第三方，即承运人，因此在《2020年通则》中考虑到了这一情形，允许在 D 组规则 DAP(目的地交货)、DPU(卸货地交货)和 DDF(完税后交货)中卖方使用自己的运输工具，不受条款限制。同样，在采用 FCA(货交承运人)条款时，买方也可以选用自己的交通工具，不受条款限制。

(5) 在运输责任及费用划分条款中增加安保要求。《2010年通则》中 A2/B2 及 A10/B10 简单提及了安保要求。随着对运输的安全性要求(如对集装箱进行强制性检查)越来越普遍，《2020年通则》将与之相关的安保要求明确定在了各个术语的 A4"运输合同"条款和 A7"出口清关"条款中，因安保要求增加的成本费用也在 A9/B9"费用划分"条款中做了更明确的规定。这一举措一方面被视为对国际贸易中更严格的安全监管规则做出的反应，另一方面也可以防范可能产生的费用纠纷，特别是在港口或交货地点产生的费用纠纷。

评一评

【案情】 我国某公司以 FOB 条件出口一批冻鸡。合同签订后接到国外买方来电,称租船较为困难,委托我方代为租船,有关费用由买方负担。为了方便合同履行,我方接受了对方的要求,但恰逢装运高峰期,我方在规定的装运港无法租到合适的船,且买方又不同意改变装运港。因此,到装运期满时货仍未装船,买方因销售旺季即将结束,便来函以我方未按期租船履行交货义务为由撤销合同。

请问:我方公司应如何处理?

【评析】 我方公司应拒绝买方撤销合同的无理要求。因为按 FOB 条件成交的合同,按惯例应由买方负责租船订舱。卖方可以接受买方的委托代为租船订舱,但卖方不承担租不到船的责任。就本案来说,因卖方代为租船没有租到,买方又不同意改变装运港,因此,卖方不承担因自己未租到船而延误装运的责任,买方也不能因此要求撤销合同。

第二节　买卖双方的义务

买卖双方的义务是国际货物买卖合同的核心内容。本节的内容主要以 1980 年《联合国国际货物销售合同公约》为依据进行介绍。

一、卖方的义务

根据《公约》的规定,卖方的主要义务包括三项:① 交付货物和移交单据;② 货物相符义务,即品质担保义务;③ 权利担保义务,也称第三方要求。

(一) 交付货物和移交单据

对于货物销售合同的卖方而言,交付货物和移交货物单据是其最基本的合同义务。

1. 交货方式

所谓交货(delivery),是指卖方自愿地转移货物的所有权,使货物的所有权从卖方手中转移到买方手中。交货的方式可以由买卖双方在合同中约定。在国际货物销售中,存在两种交货方式:

(1) 实际交货(physical delivery)。实际交货指将货物本身连同单据一并转移给买方。比如,在 EXW、DES、DEQ、DDP 等贸易术语中,卖方必须在指定的地点将货物置于买方的支配之下,这就是一种实际交货的方式。

(2) 象征性交货(symbolic delivery)。象征性交货指卖方将代表货物所有权的证书交给买方就视为完成交货的义务。比如在 CIF 贸易术语中,当卖方将货物交给了指定的承运人,取得了提单或类似的装运单据,并将该提单或单据交给买方,就视为已经履行了交货义务。

2. 交货地点

《公约》第 31 条规定，如果根据合同，卖方没有义务在其他特定地点交货，那么，其交货义务如下：① 如果销售合同涉及货物的运输，卖方就应当把货物交给第一承运人，以由后者运交给买方；② 在不涉及货物运输的情况下，如果合同指定的是特定货物或从特定存货中提取的或尚待制造或生产的未经特定化的货物，而且双方当事人在订立合同时已经知道这些货物是在某一特定地点，或将在某一特定地点制造或生产，那么，卖方就应当在该地点把货物交由买方处置；③ 在其他情况下，卖方应当在订立合同时的营业地把货物交由买方处置。

3. 交货时间

《公约》第 33 条规定，卖方必须按以下规定的日期交货：① 如果合同规定了交货日期，或者虽合同未明确规定交货日期，但从合同中可以确定交货日期，卖方就应当在该日期交货；② 如果合同规定有一段时间，或从合同中可以确定一段时间为交货期，那么，除非情况表明应由买方选定一个日期以外，卖方就应在该段时间内的任何时候交货；③ 在其他情况下，卖方应在订立合同后的一段合理时间内交货。

4. 移交单据

《公约》第 34 条规定，如果按照合同的规定，卖方有义务移交与货物有关的单据，那么，卖方就必须按照合同规定的时间、地点和方式移交这些单据。如果卖方在合同所规定的交单时间以前已经移交了这些单据，卖方可以在合同所规定的交单时间到达以前，纠正单据中任何不符合合同规定的情形，但是，卖方的这种权利的行使不应使买方遭受不合理的不便或承担不合理的开支。而且，在这种情况下，买方仍然保留根据公约的规定其所具有的要求损害赔偿的任何权利。

有关货物的单据一般包括提单、装箱单、保单、商业发票、领事发票、原产地证书、重量证书或品质检验证书等。

(二) 货物相符的义务 (品质担保义务)

1. 明示义务

《公约》第 35 条第 1 款规定，卖方交付的货物必须与合同所规定的数量、质量和规格相符，须按照合同所规定的方式装箱或包装。

2. 默示义务

《公约》第 35 条第 2 款规定，除双方当事人另有约定外，货物必须符合以下规定，否则即为与合同不符：① 货物适用于同规格货物通常的目的；② 货物适用于订立合同时曾明示或默示地通知卖方的任何特定目的，除非情况表明买方并不依赖卖方的技能和判断力，或者这种依赖对卖方是不合理的；③ 货物的质量与卖方向买方提供的货物样品或样式相同；④ 货物按照同类货物通用的方式装箱或包装，如果没有此种通用方式，则按照足以保全和保护货物的方式装箱或包装。

买方有权检验货物，以确定货物是否与合同相符。如果因货物与合同不符而向卖方索赔,买方必须在发现或理应发现不符情形后一段合理时间内通知卖方,说明不符合同情形的性质,否则,买方就丧失就货物与合同不符而向卖方索赔的权利。

但是,无论如何,如果买方未在其实际收到货物之日起2年内将货物不符合同的情形通知卖方,那么,买方就丧失因货物与合同不符而主张损害赔偿的权利,除非这一时限与合同所规定的保证期限不一致。

(三) 权利担保义务(第三方要求)

卖方保证对其出售的货物享有合法权利,没有侵犯任何第三人权利,第三人也不能就货物向买方主张任何权利。

1. 具体内容

权利担保义务是法定义务,无须合同约定,其具体内容包括:① 卖方有权出售;② 货物不存在任何未曾披露的担保物权;③ 没有侵犯他人的知识产权。

2.《公约》的相关规定

《公约》第41条规定了卖方的一般权利担保义务,即卖方所交付的货物,必须是第三方不能提出任何权利或要求的货物,除非买方同意在这种权利或要求的条件下收取货物。

《公约》第42条规定了卖方的知识产权权利担保义务,即卖方所交付的货物,必须是第三方不能根据工业产权或其他知识产权主张任何权利或要求的货物。但以卖方在订立合同时已经知道或不可能不知道的权利或要求为限,而且这种权利或要求根据以下国家的法律规定是以工业产权或其他知识产权为基础的:① 如果双方当事人在订立合同时预期货物将在某一国境内转售或做其他使用,则根据货物将在其境内转售或做其他使用的国家的法律;② 在任何其他情况下,根据买方营业地所在国家的法律。

上述对卖方规定的义务不适用于以下情况:① 买方在订立合同时已经知道或不可能不知道此项权利或要求;② 此项权利或要求的发生,是由于卖方要遵照买方所提供的技术图样、图案、程式或其他规格。

评一评

卖方的权利担保责任[①]

某年,我国某机械进出口公司向一法国商人出售一批机床。法国商人又将该机床转售到美国及一些欧洲国家。机床进入美国后,美国的进出口商被起诉侵犯了美国某一有效的专利权,法院判令被告赔偿专利人损失,随后美国进口商向法国出口商追索,法国商人又向我方索赔。

问题:我方是否应该承担责任,为什么?

评析:根据《公约》规定,作为卖方的我国某机械进出口公司应该向买方即法国商人承担所出售的货物不会侵犯他人知识产权的义务,但这种担保应该以买方告知卖方所要销往

---

① 资料来源:http://news.9ask.cn/gjmy/fg/201004/542213.html。

的国家为限,否则,卖方只保证不会侵犯买方所在国家的知识产权人的权利。

二、买方的义务

根据《公约》的规定,买方的义务主要包括两个:一是支付货款,二是收取货物。

(一) 支付货款

支付货款是买方在贸易合同中最基本的义务。

1. 确定货物的价格

根据《公约》第55条规定,如果合同已有效地订立,但没有明示或暗示地规定价格或规定如何确定价格,在没有任何相反表示的情况下,双方当事人应视为已默示地引用订立合同时此种货物在有关贸易的类似情况下销售的通常价格。

《公约》第56条规定,如果价格是按货物的重量规定的,如有疑问,应按净重确定。

练一练

根据《联合国国际销售合同公约》的规定,如果合同没有明示或默示地规定货物的价格或规定价格的方法时,应(　　)。

A. 按交货时的合理价格来确定货物的价格
B. 按提货时的合理价格来确定货物的价格
C. 按照进口国法律规定来确定货物的价格
D. 按订立合同时的通常价格来确定货物的价格

【参考答案】D

2. 付款地点

根据《公约》第57条的规定,如果买方没有义务在其他特定地点支付货物价款,那么,买方就必须在以下地点向卖方支付价款:① 卖方的营业地;② 在移交货物或单据、支付价款的场合,移交货物或单据的地点。需要注意的是,如果在订立合同后,卖方的营业地发生了变动,那么,卖方就必须承担因其营业地变动而使买方增加的与支付价款有关的费用。

3. 付款时间

《公约》第58条对买方的付款时间规定了3条规则:① 如果按照合同的规定,买方没有义务在任何其他特定的时间内付款,那么,买方就必须于卖方按照合同和公约的规定将货物或控制货物处置权的单据交给买方处置时付款,卖方可以将买方的付款作为其移交货物或单据的条件;② 如果合同涉及货物的运输,卖方可以在买方付款后,才把货物或控制货物处置权的单据移交买方,作为发运货物的条件;③ 买方在未有机会检验货物前,无义务支付货款,除非这种机会与双方当事人所约定的交货或付款程序相抵触,比如双方采用FOB、不可撤销信用证的方式。

(二) 收取货物

买方的第二项基本合同义务是收取货物。按照《公约》第60条的规定,买方收取货物的义务有以下两个方面:① 采取一切理应采取的行动,以期卖方能交付货物;② 接收货物。值得一提的是,"接收"并非"接受"。"接受"是买方认为货物在品质、数量等各方面均符合合同的要求时的行为。如果货到目的地经检验,不符合合同规定,则买方也应"接收"货物,但可向卖方及时提出索赔。假如买方将货物置于码头或露天任其遭受风吹雨打,则买方违反了收取货物的义务,由此造成的损失应由买方负责。

三、买卖双方的共同义务

(一) 合同履行中的通知义务

在履行合同的过程中,买卖双方需要根据合同的实际履行情况相互发出通知。如果不发出通知,则违反了《公约》规定的通知义务。

《公约》对不同通知的效力分别进行了规定:

1. 发出即生效

通知发出方履行了义务,该通知发出即产生效力,对方收到与否都不影响发送方的权利。这类通知包括:检验缺陷的通知、要求索赔或补救的通知、交付宽限期的决定的通知、宣告合同无效的通知。

2. 到达才生效的通知

如果收到的通知是进一步行为或不行为,或产生某种后果的条件,则通知只有在收到后才产生效力。这类通知包括:为对方设立的履约宽限期和合理期限的通知、遇到履行障碍的一方发出的通知。

(二) 保全货物

保全货物是公约对不同情况下的买方和卖方规定的一项非常富于实务性的义务。《公约》第85条至第88条是关于保全货物的规定。

(1) 保全货物的含义。保全货物是指在一方当事人违约时,另一方当事人仍持有货物或控制货物的处置权时,该当事人有义务对他所持有的或控制的货物进行保全。其目的是减少违约一方当事人因违约而给自己带来的损失。

(2) 保全货物的条件。买卖双方都有保全货物的义务,但条件不同。① 卖方:买方没有支付货款或接收货物,而卖方仍拥有货物或控制货物的处置权。② 买方:买方已接收了货物,但打算退货。

(3) 保全货物的方式。保全货物的方式:① 将货物寄放于第三方的仓库,由违约方承担费用,但费用必须合理;② 将易坏货物出售,并应将出售货物的打算在可能的范围内通知对方。出售货物的一方可从出售货物的价款中扣除保全货物和销售货物发生的合理费用。

（4）提前发出意向通知。如果另一方当事人在收取货物、收回货物、支付价款或保全货物费用方面有不合理的迟延，那么，有义务保全货物的当事人可以采取任何适当办法出售货物，但必须提前向另一方当事人发出合理的意向通知。

 想一想

买卖双方各自在什么情形下可以采取货物保全的措施？

第三节　买卖双方违约的救济方法

一、卖方违约的救济方法

卖方违约主要有不交货、延迟交货或所交货物与合同不符三种情形。《公约》第 45 条至第 52 条对卖方违约的救济方法做了详细规定，卖方违约的救济方法分以下五种。

1. 要求实际履行合同义务

《公约》将此作为第一补救办法，目的是保证合同履行的稳定性。根据《公约》第 46 条的规定，有三种情形：① 买方可以要求卖方履行义务，除非买方已采取与此要求相抵触的某种补救办法；② 如果货物不符合同，买方只有在此种不符合同情形构成根本违反合同时，才可以要求交付替代货物，而且关于替代货物的要求，应当在向对方发出不符合同通知的同时或者之后的一段合理时间内提出；③ 如果货物不符合同，买方就可以要求卖方通过修理对不符合同之处做出补救，除非买方考虑了所有情况之后，认为这样做是不合理的。修理的要求应当在向卖方发出不符合同通知的同时或者之后一段合理时间内提出。

 评一评

是中止履行还是继续履行

【案情】　加拿大公司与泰国公司订立了一份精密仪器的合同。合同规定：泰国公司应在仪器制造过程中按进度预付货款。合同订立后，泰国公司获悉加拿大公司供应的仪器质量不稳定，于是立即通知加拿大公司：据悉你公司供货质量不稳定，故我方暂时中止履行合同。加拿大公司收到通知后，立即向泰国公司提供书面保证：如不能履行义务，将由银行偿付泰国公司支付的款项。但泰国公司收到此通知后，仍然坚持暂时中止履行合同。

请问：泰国公司的做法是否妥当？

【评析】　泰国公司的做法欠妥，泰国公司不能暂时中止履行合同。《联合国国际货物销售合同公约》第 71 条(3)规定："中止履行义务的一方当事人不论是在货物发运前还是发运后，都必须立即通知另一方当事人，如经另一方当事人对履行义务提供充分保证，则其必须继续履行义务。"根据该规定,加拿大公司收到泰国公司的通知后,立即向泰国公司提供了书面保证,因此,泰国公司不能暂时中止履行合同,而应继续履行合同。

2. 给卖方合理宽限期

这是针对卖方延迟交货而规定的一种救济方法。根据《公约》第47条规定,买方可以规定一段合理时限的额外时间,让卖方履行其义务。除非买方收到卖方的通知,声称其将不在所规定的时间内履行义务,买方在这段时间内不得对违反合同采取任何补救办法。但是,买方并不因此丧失其对迟延履行义务可能享有的要求损害赔偿的任何权利。

3. 减低货价

如货物与合同不符,无论货款是否已付,买方都可要求减低价款。减价应按实际交付的货物在交货时的价值,与符合合同的货物在当时的价值两者之间的比例进行计算。但如果卖方已经对货物不符合同的规定做了补救,或者买方拒绝卖方对此做出补救,则买方无权采用这种救济方法。

4. 买方宣告合同无效

宣告合同无效是买卖双方都可以采取的最为严厉的救济手段。宣告合同无效解除了双方在合同中规定的义务,即使合同已经部分履行或全部履行,也应该相互返还财产,使合同恢复到未成立以前的状态。宣告合同无效不仅会造成社会财富的极大浪费,更不利于交易的进行。因此《公约》对于这一救济措施采用了非常谨慎的态度,规定只有在一方根本违反合同时,另一方才可以采用宣告合同无效的救济措施。

当卖方根本违约时,买方可以宣告合同无效。根本违约在这里具体包括三项内容:① 卖方不交付货物,延迟交货或交货不符或所有权有瑕疵;② 卖方声明其不在规定时间内履行合同;③ 在买方给予的宽限期届满后仍不履行合同。另外,需要注意的是,买方宣告合同无效的声明,只有在向卖方发出通知时才产生效力。若货物部分符合合同,则买方应接受符合的部分,只有当卖方完全不交货或不按规定交货构成根本违约时,才能宣告合同无效。

根据《公约》规定,宣告合同无效并不妨碍另一方采取损害赔偿措施,合同中有关解决争议的条款仍然有效。

 资料卡

根本违约①

根本违约是从英国普通法上发展出来的一种制度,其影响力之大在《联合国国际货物销售合同公约》《国际商事合同通则》《欧洲合同法原则》中均有体现。

在19世纪的英国,法院开始将合同条款依其重要程度之轻重区分为"条件"(condition)和"担保"(warranty),相应地有不同的法律效果。"条件可定义为一种对事实的陈述,或者一个允诺,它构成了合同的基本条款(an essential term of the contract);如果此一对事实的

---

① 资料来源:韩世远. 根本违约论[J]. 吉林大学社会科学学报,1999(4).

陈述被证明为不真实,或者该允诺未经履行,则无辜方可将此种违反作为毁约,并使他从合同的继续履行中解脱出来。"换言之,违反条件被作为根本违约,非违约方可以因此而解除合同。而担保作为合同中次要的和附属性的条款,当它被违反时,并不能够使无辜方以毁约待之,不能够解除合同而只能够请求损害赔偿。

不过,上述产生于19世纪的英国普通法上的合同条款分类方法,在近年来有了新的发展。英国的法官们通过发展出一类称为中间条款(intermediate terms 或 innominate terms)的合同条款新类型,对非违约方的合同解除权加以限制。从此,该条款打破了19世纪的过分强调条款之性质的"条件"和"担保"之分类,开辟出了一个更富于弹性的基于违约及其后果的严重程度的检验方式。如果合同不履行并非违反条件,而是违反中间条款,则非违反方当事人将自己从继续履行中解脱出来的权利将取决于违约及其后果的严重程度。英国法院近年来不断扩大中间条款的范围,除了法律或合同明文规定了为条件或担保的条款,几乎所有条款都可以被视为中间条款。

总的说来,英国普通法在判断是否构成根本违约问题上,经历了一个从以所违反的合同条款的性质为依据到以违约及其后果的严重程度为依据的过程,目前英国法已主要是根据违约及其后果的严重程度判断是否构成根本违约。

英国普通法上对合同条款所作的"条件"与"担保"之分类,对美国合同法也产生了较大的影响,美国法没有使用"根本违约"的概念,通常使用的是"重大违约"(marterial breach)或"实质不履行"(substantial non-performance)。当一方当事人构成重大违约时,另一方有权解除合同。尽管"重大违约"与"违反条件"在法律后果上相似,但实际上却代表两种完全不同的思维方法。"条件"是对合同条款性质的表述,判断某一条款是否属于"条件",必须考察双方当事人在订立合同时是否把它当作合同的要素(essence),因而是主观性的;"重大违约"则是对违约后果的描述,判断违约是否重大,必须考察违约给对方所造成的实际损害的大小,因而是客观的。

就大陆法系的情况而言,在法国,法院在判断是否允许非违约方解除合同时,违约的严重程度是一个重要的参考因素,但法国法对违约严重程度的判断并未形成任何统一的明确的标准和概念。德国对违约的严重程度虽然没有给出一个统一的标准,但值得注意的是,当因一方的原因致部分给付不能、给付迟延或不完全给付时,如果"合同的履行对于对方无利益",对方就得解除合同。此处所谓无利益,是指受害方已无法获得订立合同所期待获得的利益。学说上认为德国法此一概念与英美法中的"根本违约"或"重大违约"颇为相似,只是内容及适用要窄一些。

1980年《联合国国际货物销售合同公约》第25条规定根本违约是指"一方当事人违反合同的结果,如使另一方当事人蒙受损害,以致实际上剥夺了他根据合同规定有权期待得到的东西,即为根本违反合同,除非违反合同一方并不预知而且一个同等资格、通情达理的人处于相同情况中也没有理由预知会发生这种结果"。从该公约这一界定中可以看出这里已转向违约所致损害的程度,该公约对根本违约的构成有两个要件:一是违约后果的严重程度,二是违约后果的可预见性。

国际统一私法协会1994年《国际商事合同通则》也有关于根本违约的规定,只不过其所使用的概念是"根本不履行",此即第7.3.1条(终止合同的权利):"① 合同一方当事人可终止合同,如另一方当事人未履行其合同项下的某义务构成对合同的根本不履行。② 在确定不履行义务是否构成根本不履行时,应特别考虑到以下情况:不履行是否实质性地剥夺了受损害方当事人根据合同有权期待的利益;对未履行义务的严格遵守是否为合同项下的实质内容;不履行是否有意所致还是疏忽所致;若合同终止,不履行方当事人是否将因已准备或已履行而蒙受不相称的损失。③ 在延迟履行的情况下,只要另一方当事人未在第7.1.5条允许的额外期限届满前履行合同,受损害方当事人亦可终止合同。"

在我国《民法典》中,根本违约是作为非违约方当事人解除合同的理由之一加以规定的,第563条第(4)项规定:"当事人一方迟延履行债务或者有其他违约行为致使不能实现合同目的。"

5. 损害赔偿

损害赔偿是买卖双方都可以采用的一种重要的救济方式。

(1) 损害赔偿的责任范围。《公约》第74条规定,一方当事人违反合同应负的损害赔偿额,应与另一方当事人因其违反合同而遭受的包括利润在内的损失额相等。这种损害赔偿不得超过违反合同一方在订立合同时,依照其当时已知道或理应知道的事实和情况,对违反合同预料到或理应预料到的可能损失。需要注意的是,违约责任的损害赔偿并不以过失为构成要件,只要给另一方当事人造成损失,就应承担责任。

(2) 可以与其他一些救济方法并用。《公约》第75条规定,如果合同被宣告无效,而在宣告无效后一段合理时间内,买方已以合理方式购买替代货物,或者卖方已以合理方式把货物转卖,则要求损害赔偿的一方可以取得合同价格和替代货物交易价格之间的差额以及按照第74条规定可以取得的任何其他损害赔偿。

(3) 减轻损失原则。《公约》第77条规定,声称另一方违反合同的一方,必须按情况采取合理措施,减轻由于该另一方违反合同而引起的损失,包括利润方面的损失。如果他不采取这种措施,违反合同一方可以要求从损害赔偿中扣除原可以减轻的损失数额。

评一评

额外损失是否赔偿①

【案情】 某年11月,美国S公司与北京A公司签订了购进100吨钼铁的买卖合同,交货条件是天津FOB每吨3 000美金,于2004年2月前交货。合同签订后,A公司立即与各生产厂家联系,但由于当时钼铁市场需求量很大,各厂家供货成问题,A公司向S公司要求推迟交货期,遭到S公司拒绝。2004年开始,国际市场钼铁价格暴涨,A公司要求S公司抬高合同价格,也遭到拒绝。次年2月前,A公司未能履行交货义务,4月份,国际市场钼铁价

---

① 资料来源:http://news.9ask.cn/gjmy/fg/201004/542221.html。

格已涨到合同签订时的近2倍。6月5日,S公司根据合同中仲裁条款向中国贸易仲裁委员会提请仲裁,要求A公司赔偿S公司于6月初补进的100吨钼铁与合同价格的差额货款。

问题:S公司的要求是否合法?应由哪家公司对未能及时补进货物而产生的额外损失负责?

【评析】 S公司的请求不合法,应由S公司自行承担因未能及时补进货物而产生的额外损失。理由:本案主要涉及国际货物买卖合同违约后的损害赔偿问题。根据《联合国国际货物销售合同公约》的规定,损害赔偿是一种主要的救济方法。当一方违反合同时,另一方有权利要求赔偿损失,而且要求损害赔偿的权利,并不因已采取其他救济方法而丧失。另外《公约》第74条至77条对损害赔偿的责任范围和计算方法做了具体的规定。第74条的规定对买卖双方同样适用,而且适用于因各种不同的违约事项所提出的损害赔偿要求。这里,《公约》没有采用过失责任原则,而是采取了严格责任原则。根据《公约》的规定,当一方请求损害赔偿时,毋须证明违约的一方有过失。只要一方违反合同,并给对方造成了损失,对方就可以要求其赔偿损失。另外,《公约》第77条规定适用于买方或卖方的各种违约索赔情况。本案中买方即美国S公司明知卖方不能按时履行合同,买方有义务自行及早购买合同标的的替代物,却不及时采取措施减轻损失。

练一练

根据《联合国国际货物销售合同公约》的规定,当卖方只交付部分货物而未构成根本违反合同时,买方所不能采取的救济方法是( )。

A. 退货 B. 损害赔偿 C. 减价 D. 撤销整个合同

【参考答案】D

二、买方违约的救济方法

买方违约主要是指买方拒付货款和拒收货物。《公约》第61条至第65条规定了买方违约的救济方法,除了与卖方违约一样也具有请求损害赔偿的权利外,还有以下四种方法。

(一) 实际履行
卖方可以要求买方支付货物价款、收取货物或履行其任何其他合同义务。

(二) 给予宽限期
卖方可以规定一段合理时限的额外时间,让买方履行义务。除非卖方收到买方的通知,声称他将不在所规定的时间内履行义务,卖方不得在这段时间内对违反合同采取任何补救办法。但是,卖方并不因此丧失他对迟延履行义务可能享有的要求损害赔偿的任何权利。

(三) 宣告合同无效
根据《公约》第64条的规定,卖方在以下情况下可以宣告合同无效:① 买方不履行其在合同或本公约中的任何义务,等于根本违反合同;② 买方在规定的额外时间内不履行支付价款的义务或收取货物,或买方声明他将不在所规定的时间内这样做。但是,如果买方已支付价款,无特殊情况时,卖方必须在合理时间内行使上述权利,否则将丧失这一权利。

评一评

可以宣告整个合同无效吗

【案情】 意大利某公司与我国某公司签订了出口加工生产大理石的成套机械设备合同。合同规定分4批交货。在交付的前两批货物中都存在不同程度的质量问题。在第3批货物交付时,买方发现货物品质仍然不符合合同要求,故推定第4批货物的质量也难以保证,所以向卖方意大利公司提出解除全部合同。

请问:我方公司的要求是否合理?

【评析】 我方公司要求合理。《联合国国际货物销售合同公约》第73条规定:"① 对于分批交付货物的合同,如果一方当事人不履行对任何一批货物的义务,便对该批货物构成根本违反合同,则另一方当事人可以宣告合同对该批货物无效。② 如果一方当事人不履行对任何一批货物的义务,使另一方当事人有充分理由断定对今后各批货物将会发生根本违反合同,该另一方当事人可以在一段合理时间内宣告合同今后无效。③ 卖方宣告合同对任何一批货物的交付为无效时,可以同时宣告合同对已交付的和今后交付的各批货物均为无效,如果各批货物是相互依存的,不能单独用于双方当事人在订立合同时所设想的目的。"根据上述规定,因我方公司所购货物是加工生产大理石的成套机械设备,任何一批货物存在质量问题,都会导致该套设备的无法使用,也就是说,各批货物是相互依存的。而实际情况是,意大利公司交付的3批货物均存在质量问题,而且,也有理由推定最后一批货物的质量也难以保证。因此,我方公司可以解除全部合同。即使第4批货物的质量不存在问题,除非该批货物是该套设备的关键设备,而其他3批货物是零配件,我方公司才无权解除合同。

(四) 卖方可自行订明货物规格

根据《公约》第65条的规定,有两种情况可以自行订明货物规格:① 如果买方应根据合同规定订明货物的形状、大小或其他特征,而其在议定的日期或在收到卖方的要求后一段合理时间内没有订明这些规格,则卖方在不损害其可能享有的任何其他权利的情况下,可以依照他所知的买方的要求,自己订明规格;② 如果卖方自己订明规格,其必须把订明规格的细节通知买方,而且必须规定一段合理时间,让买方可以在该段时间内订出不同的规格。如果买方在收到这种通知后没有在该段时间内这样做,卖方所订的规格就具有约束力。

三、免责

《公约》第79条对买卖双方的免责情形做出了明确规定。(1)当事人对不履行义务不负责任,如果其能证明此种不履行义务,是由于某种非他所能控制的障碍,而且对于这种障碍,没有理由预期其在订立合同时能考虑到或能避免或克服它或它的后果。(2) 如果当事人不履行义务是由于其所雇用履行合同的全部或一部分规定的第三方不履行义务所致,该当事人只有在以下情况下才能免除责任:① 其按照上一款的规定应免除责任。② 假如该项的规定也适用于他所雇用的人,这个人也同样会免除责任。③ 本条所规定的免责对障碍存在的期间有效。④ 不履行义务的一方必须将障碍及其对他履行义务能力的影响通知另一方。如果该项通知在不履行义务的一方已知道或理应知道此一障碍后一段合理时间内仍未为另一方收到,则他对由于另一方未收到通知而造成的损害应负赔偿责任。⑤ 本条规定不妨碍任何一方行使本公约规定的要求损害赔偿以外的任何权利。

 评一评

该合同可以主张遭遇不可抗力而免责吗

【案情】 中方某公司从阿根廷进口普通豆饼 2 万吨,交货期为 8 月底,拟转售欧洲。然而,4 月份阿根廷方原定的收购地点发生百年未遇的洪水,收购计划落空。阿根廷方要求按不可抗力免除交货责任。

请问:中方公司应如何处理?

【评析】 阿根廷方发生的事件不构成不可抗力。《联合国国际货物销售合同公约》第 79 条规定:"当事人对不履行义务,不负责任,如果其能够证明此种不履行义务是由于某种非他所能控制的障碍,而且,对于这种障碍,没有理由预期他在订立合同时能考虑到或能够避免或克服它或它的后果。"本案中,虽然 4 月份阿根廷方原定的收购地点发生百年未遇的洪水,但收购计划并未落空,因为中国从阿根廷进口的是普通豆饼,而并非一定是阿根廷方原定的收购地点的豆饼。因此,阿根廷方原定的收购地点发生百年未遇的洪水对该合同而言,并不是不可抗力。况且,发生洪水到交货期还有 4 个月,阿根廷方完全有时间购进替代物并向我方交货。因此,我方有权要求阿根廷方按时交货。

第四节　货物所有权与风险的转移

一、货物所有权的转移

(一) 确定货物所有权的意义

确定货物所有权的重要意义主要表现在:① 如果因意外事故导致货物灭失损害,除非当事人另有约定,这种损失的风险将随所有权转移,由买方承担;② 针对货物损失向第三人(如保险人、承运人)起诉的权利也取决于起诉方是否拥有所有权;③ 当买卖双方有一方破产时,认定交易中的货物所有权就非常重要了。如果是卖方破产,即使其占有货物,但货物所有权已转移到买方,买方可以对抗卖方清算人。如果是买方破产,即使其占有货物,卖方仍保留货物的所有权,卖方可以以此对抗买方破产清算人。

(二) 各国法律的规定

由于各国国情和经济发展状况都存在极大差异,各国的法律难以统一。《公约》在无法调和各国法律冲突的情况下,仅规定了卖方的所有权担保义务,而对所有权何时转移以及合同对所有权可能产生的影响都没有规定。因此,关于所有权的转移应该根据当事人所选择的国际惯例以及各国的国内法律来解决。

1. 大陆法系国家的一般规定

大陆法系国家关于货物所有权的问题存在两种不同的规定方式:

(1) 双方当事人在合同予以明确约定。如果没有约定,则货物所有权于合同成立之时起转移至买方。法国、比利时、意大利、葡萄牙等国均实行这一原则。

(2) 区分动产与不动产。如果为动产,则货物所有权于货物交付时转移至买方;如果为不动产,则其所有权在向主管机关登记时转移。德国、荷兰、西班牙等国则实行这一原则。

2. 英美法系国家的一般规定

(1) 英国1979年《货物买卖法》。货物所有权转移也分为两种情况:① 特定化货物。其所有权转移应依据双方当事人的合同约定;② 非特定化货物,其所有权转移一般在货物特定化的时候才可转移给买方。所谓货物特定化,是指将货物无条件地划拨于合同项下的行为。

(2) 美国《统一商法典》。货物在特定于合同项下之前的所有权不发生转移,除双方另有约定外,特定化后的货物所有权在交货时发生转移。

3.《公约》的有关规定

《公约》对货物所有权转移的问题没有做出具体规定,只是在第30条规定了卖方有义务将货物所有权转移给买方,并保证其所交货物必须是第三方不能提出任何权利要求或请求权的货物。至于所有权转移中的细节,如时间、地点和条件等均未做任何规定。

4. 我国的相关规定

我国没有专门的货物买卖法,根据《民法典》的规定,依据合同或其他合法方法取得财产的,财产的所有权从交付时起转移,法律另有规定的除外。另外还规定买卖合同可以设定货物留置权,当事人可以在买卖合同中约定买方未履行支付价款或其他主要义务的,货物所有权属于卖方。总体来看,我国《民法典》对货物所有权转移的原则是:有约定依约定,无约定的货物所有权在交付时转移。

二、货物风险的转移

货物发生损失的原因很多,因双方责任导致的损失,由责任方承担,因风险造成的损失则应由承担风险的一方当事人来承担。国际货物买卖合同中的风险一般是指货物在高温、水浸、火灾、严寒、盗窃或者查封等非正常情况下发生的短少、变质或灭失的损失。在国际货物买卖合同中货物风险的划分和转移非常重要,其目的是确定由谁对货物风险承担责任。比如货物所有权已经转移给买方,但风险仍由卖方承担,一旦货物发生毁损或灭失,卖方仍需向买方交付货物;反之,若风险已经转移至买方,即使货物发生毁损或灭失,买方仍需向卖方支付货款。

《公约》第66条至第70条对货物风险转移做出了一些原则性规定,且与贸易术语关系密切。

1. 风险转移的效果

根据《公约》第66条的规定,货物在风险移转到买方承担后遗失或损坏,买方支付价款的义务并不因此解除,除非这种遗失或损坏是由于卖方的行为或不行为所造成。

2. 风险转移的时间

关于这一问题,一般有两类规定,一是将风险转移与货物所有权联系在一起;二是将两者分开,《公约》采用的就是这一类。

(1) 货物涉及运输时的风险转移。根据《公约》第67条的规定,如果销售合同涉及货物的运输,但卖方没有义务在某一特定地点交付货物,自货物按照销售合同交付给第一承运人以转交给买方时起,风险就移转到买方承担。如果卖方有义务在某一特定地点把货物交付给承运人,在货物于该地点交付给承运人以前,风险不移转到买方承担。卖方受权保留控制货物处置权的单据,并不影响风险的移转。无论何种情况,货物在特定化之前,即货物被划拨在合同项下之前,风险不转移到买方。

练一练

根据《联合国国际货物销售合同公约》规定,如买卖合同对风险没有约定,且卖方没有义务在某一特定地点将货物交给承运人,则货物风险转移的时间为( )。

A. 卖方将货物交给第一承运人时
B. 卖方将货物交给买方时
C. 卖方将货物在该特定地点交给承运人时
D. 卖方将货物起运时

【参考答案】A

(2) 货物在运输途中的风险转移。《公约》第68条规定了货物在运输途中销售,即"路货"风险的转移时间:对于在运输途中销售的货物,从订立合同时起,风险就移转到买方承担。但是,如果情况表明有此需要,从货物交付给签发载有运输合同单据的承运人时起,风险就由买方承担。尽管如此,如果卖方在订立合同时已知道或理应知道货物已经遗失或损坏,而他又不将这一事实告之买方,则这种遗失或损坏应由卖方负责。

(3) 其他情况下风险转移的时间。《公约》第69条对其他情况下风险的转移做了规定: ① 在卖方营业地交货,此时,风险从买方接收货物时转移给买方。如果买方不在适当时间内接收货物或在货物交买方处置时遭到无理拒收的,认为是买方违约,此时风险移转到买方承担。② 如果买方有义务在卖方营业地以外的某一地点接收货物,当交货时间已到而买方知道货物已在该地点交给他处置时,风险开始转移给买方。③ 如果合同指的是当时未加识别的货物,则这些货物在未清楚注明有关合同以前,不得视为已交给买方处置。

评一评

货物风险何时转移

【案情】 中国香港某公司与内地某公司于某年10月2日签订进口服装合同。11月2日货物出运,11月4日我国香港公司与瑞士公司签订合同,将该批货物转卖,此时货物仍在运输途中。

请问:货物风险何时由我国香港公司转移给瑞士公司?

【评析】 11月4日我国香港公司与瑞士公司签订合同后,货物风险由香港公司转移给瑞士公司。《联合国国际货物销售合同公约》第68条规定:"对于在运输途中销售的货物,从订立合同时起,风险就转移到买方承担。但是,如果情况表明有此需要,从货物交付给签发载有运输合同单据的承运人时起,风险就由买方承担。尽管如此,如果卖方在订立合同时已知道或理应知道货物已经遗失或损坏,而他又不将这一事实告知买方,则这种遗失或损坏应由卖方负责。"本案中,货物装运后,香港公司于11月4日和瑞士公司签订合同,将货物转卖,因此,货物风险从该日转移给瑞士公司承担。

3. 风险转移与卖方违约的关系

根据《公约》第70条的规定,如果货物的损坏或灭失是由于卖方违反合同所致,则买方仍然有权向卖方提出索赔,采取因此种违反合同而可以采取的各种补救办法。

 本章思考

1. 解释下列术语:
   国际货物买卖　　权利担保义务　　保全货物
2. 比较FOB、CFR、CIF三个贸易术语的异同。
3. 试述2020年版《贸易术语解释通则》与2010年版的主要区别。
4. 试论国际货物买卖中买卖双方的主要义务。
5. 简述保全货物的意义和方式。
6. 试论卖方违约时买方可以采取的救济措施。

学习参考

1980年《联合国国际货物销售合同公约》

第五章

国际货物运输与保险法

 **本章要点**

1. 班轮运输、租船运输的概念与种类
2. 有关约束提单的主要公约
3. 有关铁路运输的主要公约
4. 有关航空运输的主要公约
5. 海上货物运输保险的基本原则
6. 海上货物运输承保的风险范围

第一节 概 述

一、国际货物运输合同的概念及特点

国际货物运输合同是指承运人采用某种运输方式将货物托运人托运的货物从一国运至另一国,而由托运人支付运费的合同。

国际货物运输合同除了具有国际性、双务有偿性、诺成性等特征外,还具有不同于一般合同的特点。

（1）国际货物运输合同多为格式合同,受相应的国际立法或国内立法强制性规范的调整。为了防止承运人利用其优势地位侵害货主的合法权益,一些国际公约和国内立法对国际货物运输合同的当事人的权利、义务、责任和豁免做了强制性规定,当事人一旦选择适用或根据冲突规则适用某一立法,该立法就对其有约束,因此可以说,国际货物运输合同当事人"意思自治"的权利是受到相应限制的。

（2）国际货物运输合同往往是为第三人利益订立的合同。国际货物运输合同的当事人是托运人和承运人,而收货人则不是合同的当事人,属于合同的利害关系人[①]。但是由于作为合同证明的运输单据转移至收货人手中,因此使其享有了向承运人要求提货的权利,从而可以直接取得合同规定的利益。因此,根据当事人的约定或法律的规定,收货人也应承担合同项下的某些义务,比如《中华人民共和国海商法》（以下简称《海商法》）第78条就明确规定承运人和收货人之间的权利义务关系,依据提单的规定而确定,并规定了收货人及时领取货物的义务。

[①] 1990年《国际海事委员会海运单统一规则》第3条规定了代理原则,即托运人同时是收货人的代理人,收货人被视为海运单所包含的运输合同的当事人之一。这与传统的理论是不同的。

二、国际货物运输的种类

国际货物运输的方式和种类很多,也比国内运输更为复杂,但总的来看,海上货物运输是目前采用最广泛的运输方式,因此本章也着重介绍海上货物运输以及海上货物保险。

(一) 国际海上货物运输

这是历史最为悠久的运输方式,具有运输量大、运费低廉、对货物的适应性强等优越性。近年来,随着航海技术的提高及货物包装方式的改进,集装箱运输成为海上货物运输的主要方式,从而使海上运输固有的风险大、航速慢等缺点得到了很大的改善。

(二) 国际铁路货物运输

与其他运输方式相比,国际铁路运输具有运输速度快、运输量大、安全可靠、运输成本低、运输准确性和连续性强以及受气候因素影响小等特点,因此其在以陆路连接的不同国家之间的货物运输中占有较高的比例。

(三) 国际航空货物运输

航空运输业开始于 20 世纪初,是一种出现时间较晚但发展速度很快的运输方式。国际航空运输的优势和局限都比较明显,其具有运送速度快、手续简便、节省费用(如保险、包装、储存等)、安全准确并且不受地面条件的影响,可以深入内陆地区等优点,同时其具有运费较高、舱容有限、受气候影响较大等局限性。但随着航空技术的发展,飞机的运载能力、运航性能等不断提高,国际航空运输在国际贸易中将越来越显现其优越性。

(四) 国际货物多式联运

这种运输方式是在集装箱运输的基础上产生和发展起来的新型运输方式,也是近午来发展较快的一种综合连贯的运输方式。联运经营通过运用上述运输方式中的一种或多种,有效解决了不同国家的两地间无法以单一运输方式完成运输的问题。

三、国际货物运输单证

目前,国际货物运输中常用的运输单证有运单和提单两种。

(一) 运单(waybill or consignment note)

运单是由承运人签发的,证明货物运输合同和货物由承运人接管或装船,以及承运人保证将货物交给指定的收货人的一种不可流通的单证。

运单根据运输方式的不同可以分为海上货运单、铁路运单、航空运单。运单通常由托运人填写有关的货物信息和运输要求,承运人将之与货物核查无误后予以签字确认。因此,运单具有合同证明和货物收据的作用。但是需要注意的是,运单不具有物权凭证的作用,是一种不可转让的债权凭证。

(二) 提单(bill of lading, B/L)

提单是国际海上货物运输所特有的单证,同时也是象征性交货和银行结汇的重要贸易单证,其与国际贸易术语、信用证共同构成现代国际贸易体系的三大支柱。提单与运单最大的区别在于提单具有物权凭证的作用,可以流通、转让。

(三) 国际货物多式联运单据(international multimodal transport document)

根据《联合国国际货物多式联运公约》的规定,多式联运单据是在多种运输方式运送货物的情况下,由多式联运经营人签发的证明货物已由其接管并将负责完成国际多式联运的合同。多式联运单据的作用具体有:多式联运单据是多式联运合同的证明,也是多式联运经营人在货物接收地接管货物和在目的地交付货物的凭证。

四、《UCP600》基本规范

运输与支付是两个伴随国际贸易活动的紧密相连的基本行为,在目前的国际贸易支付中,信用证成为最常用的一种支付工具,其主要依据的规则是《跟单信用证统一惯例》。

《跟单信用证统一惯例》(Uniform Customs and Practice for Documentary Credits,UCP),是国际银行界、律师界、学术界自觉遵守的规则,是全世界公认的、到目前为止最为成功的一套非官方规定。

2006年10月25日,经71个国家和地区ICC委员会以105票赞成,《跟单信用证统一惯例(2007年修订本)》第600号出版物(简称UCP600)最终得以通过。与UCP500相比,UCP600重新规整、定义了相关术语,条文数量虽然减少了10条,只有39条,但是更准确、清晰,更易掌握和操作。其实质性的变动主要有:改进了议付的定义;银行审单时间缩短为5个工作日;删除了信用证可撤销的表述;增加了银行对不符单据的处理方式;审单标准表述改为"不必完全一致,但不冲突";改进了有关转让信用证的规定。从UCP600的内容变化来看,总体上遵循一个基本原则,即扶持信用证在国际结算中的地位,对信用证业务的运行起到更好的规范作用。

 评一评

这批货物是分批装运吗①

【案情】 我国某农产品进出口公司向国外某贸易公司出口一批花生仁,国外客户在合

---

① 资料来源:https://www.docin.com/p-2160051987.html。

同中规定的开证时间内开出一份不可撤销信用证,其中装运条款规定"Shipment from Chinese port to Singapore in May, Partial shipment prohibited"。农产品进出口公司按证中规定,于5月15日将200公吨花生仁在福州港装上"嘉陵"号轮,又由同轮在厦门港续装300公吨花生仁,5月20日农产品进出口公司同时取得了福州港和厦门港签发的两套提单。农产品公司在信用证有效期内到银行交单议付,却遭到银行以单证不符为由拒付货款。

请问:银行的拒付是否有理?为什么?

【评析】 银行的拒付没有道理。信用证中的装运条款规定:"Shipment from Chinese port to Singapore in May, Partial shipment prohibited."即规定不允许分批装运。而我方的两百公吨货物分别在福州和厦门装运,且同为"嘉陵"号,因此,本案的主要问题是要确定运往同一目的地的货物在不同的时间和地点分别装上同一航次,同一艘载货船只,属不属于分批装运的问题。

UCP600第31条规定:"表明使用同一运输工具并经由同次航程运输的数套运输单据在同一次提交时,只要显示相同目的地,将不视为部分发运,即使运输单据上标明的发运日期不同或装卸港、接管地或发送地点不同。"由此可见,本案中,我方的做法不属于分批装运。所以,银行拒绝付款没有道理。

第二节 国际海上货物运输法

一、国际海上货物运输的种类

国际海上货物运输按照其运输特点和法律特征,一般可以分为班轮运输和租船运输两种。

(一)班轮运输(line transport)

班轮运输也称定期运输或提单运输,是船舶在固定的航线上和港口间按事先公布的船舶表航行,从事货物运输业务并按事先公布的费率收取运费的运输方式。班轮运输的特点表现为:(1)"四固定",即航线固定、港口固定、船期固定和费率相对固定;(2)"一负责",班轮运输的运费包括装卸费、班轮公司和托运人不计滞期费和速遣费。因此,班轮运输适合一般杂货和小额货物运输,手续简便,方便货方操作。

(二)租船运输(shipping by chartering)

租船运输,也称不定期运输,是租船人与船东临时商谈租船合同加以确定,运价一般比班轮运费低,它是通过租船市场并由船舶经纪人参与进行的。租船运输根据租用方式的不同,分为航次租船(voyage charter)、定期租船(time charter)和光船租船(bare boat charter)。

二、国际海上货物运输合同

(一) 海上运输合同的含义与特征

根据我国《海商法》第 41 条的规定,海上货物运输合同,是指承运人收取运费,负责将托运人的货物经由一港运至另一港的合同。

海上货物运输合同的特征主要体现在以下四个方面。

(1) 合同主体。运输合同的主体是承运人和托运人。承运人常被称为船方,通常指的是船舶所有人,但也有可能是船舶经营人或船舶承租人。

(2) 海上货物运输合同是承揽合同。承运人与托运人签订运输合同的目的,是要求承运人完成对货物从一个港口运至另一港口的位移服务,而不是要求其单纯提供劳务,因此海上货物运输合同不是雇佣合同,而是属于承揽合同的性质。

(3) 海上货物运输合同是诺成性合同。当双方当事人就货物及运输条款达成一致,只要不违反法律的强制规定,运输合同即告成立并生效。

(4) "货物"的范围。我国《海商法》第 42 条第 5 款对货物的规定除了通常意义上的货物外,还包括活动物,以及由托运人提供的用于集装货物的集装箱、货盘或者类似的装运器具。而对风险较大的活动物、舱面货是否属于海商法所调整的"货物",各国立法不同。

想一想

海上运输合同与提单的联系与区别?

(二) 海上货物运输合同的种类

1. 班轮货物运输合同

此种合同通常并不缔结书面的运输合同,运输合同的存在及内容通常由提单或海运单证明,如果没有相反证明,提单或海运单背面所记载的条款即为运输合同的内容。

2. 租船运输合同

不同的租船方式,其合同的性质也不同。

(1) 航次租船合同。航次租船合同是典型的运输合同。其在租船运输中应用较广,是指船舶出租人向承租人提供船舶或者船舶的部分舱位,装运约定的货物,从一港运至另一港,由承租人支付约定运费的合同。航次租船合同多以标准格式出现,常见的有波罗的海国际航运公会制订的《统一杂货租船合同》(简称"金康"合同)、《澳大利亚谷物租船合同》(简称"奥斯特拉尔")等。

我国《海商法》对航次租船合同中出租人与承租人的责任做出了比较详细的规定,值得注意的是,这些规定仅在合同没有约定或没有不同约定时适用。

第一,出租人的主要义务与权利。① 出租人应当提供约定的船舶。经承租人同意,可以更换船舶。但是提供的船舶或者更换的船舶不符合合同约定的,承租人有权拒绝或者解除合同。因出租人过失未提供约定的船舶致使承租人遭受损失的,出租人应当负赔偿责任。② 出租人应在约定的受载期限内提供船舶,否则承租人有权解除合同。但是,出租人将船舶延误情况和船舶预期抵达装货港的日期通知承租人的,承租人应当自收到通知时起 48 小时内,将是否解除合同的决定通知出租人。因出租人过失延误提供船舶致使承租人遭受损失的,出租人应当负赔偿责任。③ 出租人应当在合同约定的卸货港卸货。合同订有承租人选择卸货港条款的,在承租人未按照合同约定及时通知确定的卸货港时,船长可以从约定的选卸港中自行选定一港卸货。出租人未按照合同约定,擅自选定港口卸货致使承租人遭受损失的,应当负赔偿责任。

第二,承租人的主要义务与权利。① 承租人可以将其租用的船舶转租。转租后,原合同约定的权利和义务不受影响。② 承租人应当提供约定的货物。经出租人同意,可以更换货物。但是更换的货物对出租人不利的,出租人有权拒绝或者解除合同。因未提供约定的货物致使出租人遭受损失的,承租人应当负赔偿责任。③ 承租人未按照合同约定及时通知确定的卸货港,致使出租人遭受损失的,应当负赔偿责任。

(2) 定期租船合同。定期租船合同兼具运输合同和财产租赁合同的性质。定期租船合同,是指船舶出租人向承租人提供约定的由出租人配备船员的船舶,由承租人在约定的期间内按照约定的用途使用,并支付租金的合同。

根据我国《海商法》的规定,出租人与承租人的权利与义务如下:

第一,出租人的主要义务与权利。① 出租人应当按照合同约定的时间交付约定的船舶,否则承租人有权解除合同。因出租人过失未提供船舶或者延误提供船舶致使承租人遭受损失的,出租人应当负赔偿责任。② 出租人交付的船舶具有适航性。交付的船舶应当适于约定的用途,否则承租人有权解除合同,并有权要求赔偿因此遭受的损失。船舶在租期内不符合约定的适航状态或者其他状态,出租人应当采取可能采取的合理措施,使之尽快恢复。船舶不符合约定的适航状态或者其他状态而不能正常营运连续满 24 小时的,对因此而损失的营运时间,承租人不付租金,但是前述状态是由承租人造成的除外。

第二,承租人的主要义务与权利。① 承租人应当向出租人支付租金或者履行合同约定的其他义务;否则出租人对船上属于承租人的货物和财产以及转租船舶的收入有留置权。② 承租人应当保证船舶在约定航区内的安全港口或者地点之间从事约定的海上运输;否则出租人有权解除合同,并有权要求赔偿因此遭受的损失。③ 承租人应当保证船舶用于运输约定的合法的货物。承租人将船舶用于运输活动物或者危险货物的,应当事先征得出租人的同意。④ 承租人可以将租用的船舶转租,但是应当将转租的情况及时通知出租人。租用的船舶转租后,原租船合同约定的权利和义务不受影响。

资料卡

航次租船合同与定期租船合同的区别[①]

比较点	种类	
	航次租船合同	定期租船合同
合同性质	运输合同	运输合同，兼具财产租赁性质
运营管理及费用	出租人负责	承租人负责
出租人责任	适用提单运输中承运人的责任	按约定提供适航船舶
租金的计算标准	按航程计算	按时间计算
承租人性质	货主或托运人	租船从事海运业务的运输公司

（3）光船租赁合同。光船租赁合同的性质为财产租赁合同，而非运输合同。光船租赁合同，是指船舶出租人向承租人提供不配备船员的船舶，在约定的期间内由承租人占有、使用和营运，并向出租人支付租金的合同。

根据我国《海商法》的规定，出租人与承租人的权利与义务如下：

第一，出租人的主要义务与权利。① 出租人应依约向承租人交付船舶以及船舶证书。交船时，出租人应当做到谨慎处理，使船舶适航。交付的船舶应当适于合同约定的用途，否则承租人有权解除合同，并有权要求赔偿因此遭受的损失。② 因船舶所有权争议或者出租人所负的债务致使船舶被扣押的，出租人应当保证承租人的利益不受影响；致使承租人遭受损失的，出租人应当负赔偿责任。③ 未经承租人事先书面同意，出租人不得在光船租赁期间对船舶设定抵押权。出租人违反此规定致使承租人遭受损失的，应当负赔偿责任。

第二，承租人的主要义务与权利。① 在光船租赁期间，承租人负责船舶的保养、维修和保险。承租人应当按照合同约定的船舶价值，以出租人同意的保险方式为船舶进行保险，并负担保险费用。② 在光船租赁期间，因承租人对船舶占有、使用和营运的原因使出租人的利益受到影响或者遭受损失的，承租人应当负责消除影响或者赔偿损失。③ 在光船租赁期间，未经出租人书面同意，承租人不得转让合同的权利和义务或者以光船租赁的方式将船舶进行转租。④ 承租人应当按照合同约定支付租金。承租人未按照合同约定的时间支付租金连续超过 7 日的，出租人有权解除合同，并有权要求赔偿因此遭受的损失。船舶发生灭失或者失踪的，租金应当自船舶灭失或者得知其最后消息之日起停止支付，预付租金应当按照比例退还。⑤ 订有租购条款的光船租赁合同，承租人按照合同约定向出租人付清租购费时，船舶所有权即归于承租人。

---

① 资料参考：田东文. 国际商法[M]. 2版. 北京：机械工业出版社，2013.

三、提单

提单在国际海上运输中是使用频率最高的运输单证,因此这里专门予以介绍。

(一) 提单的定义与作用

提单,是指用以证明海上货物运输合同和货物已经由承运人接收或者装船,以及承运人保证据以交付货物的单证。

提单的作用主要体现在以下几点:

(1) 提单是运输合同的证明。在班轮运输中,如果托运人与承运人之间事先订有货运协议(如订舱单、托运单),提单就是双方运输合同的证明;如果事先无货运协议,提单则可以看作双方订立的运输合同,其背面所记载的条款即为运输合同的内容。

(2) 提单是收货凭证。当托运人将货物交给承运人后,承运人(船长或者代理人)签发给托运人提单以证明收到了提单上所列的货物,同时提单也是承运人向收货人据以交付货物的保证。

(3) 提单是物权凭证。这是提单最根本的作用,作为权利凭证,提单可以进行买卖和自由转让,谁持有提单,谁就有权提取货物。

练一练

下列选项中,不属于提单的主要作用的是( )。

A. 物权凭证 B. 装船凭证
C. 收货凭证 D. 运输合同的证明

【参考答案】B

(二) 调整提单的三个国际公约

1.《海牙规则》(Hague Rules)

《海牙规则》,全称为《统一提单的若干法律规则的国际公约》,于 1924 年 8 月 25 日在布鲁塞尔订立,于 1931 年 6 月 2 日生效。全文共 16 条,主要规定了承运人的最低限度责任与义务、权利与豁免、责任起讫、最低赔偿限额、托运人义务以及索赔与诉讼时效等。

2.《维斯比规则》(Visby Rules)

《维斯比规则》,全称为《修改统一提单若干法律规定的国际公约议定书》,于 1968 年 2 月 23 日在布鲁塞尔签订,于 1977 年 6 月 23 日生效。但成员不多,影响不大。

3.《汉堡规则》(Hamburg Rules)

《汉堡规则》,全称为《联合国海上货物运输公约》,于 1978 年 3 月经汉堡会议通过,于 1992 年 11 月 1 日生效。该规则按照船方和货方合理分担风险的原则,适当加重了承运人的责任,使双方权利和义务趋于合理、平等。

资料卡

调整提单三个国际公约的比较[①]

比较点	公约		
	《海牙规则》	《维斯比规则》	《汉堡规则》
归责原则		不完全过失责任	推定过失责任
责任期间		钩至钩	港至港
迟延交货		无规定	承运人承担赔偿责任
管辖权		无规定	被告营业地、合同签订地、装卸港等地法院
责任限制	100英镑/件	1万金法郎/件或30法郎/千克,改为666.67结算单位/件或2结算单位/千克,取高值	835结算单位/件或2.5结算单位/千克,取高值
运输对象	甲板货和活动物除外	①同《海牙规则》;②集装箱	包括甲板货和活动物
诉讼时效	1年	1年,但可协议延长	2年
适用范围	所有缔约成员签发的提单	①同《海牙规则》;②在缔约国签发、从一个缔约国港口开始运输的提单;③当事人选择适用	①在某一缔约国签发的提单;②装、卸港位于缔约国的提单;③当事人选择适用

(三) 我国《海商法》关于提单的规定

我国虽然不是前述三个国际公约的缔约国,但我国在制定《海商法》中有关提单的法律规定时是以《海牙规则》为基础的,同时吸收了《汉堡规则》中关于清洁提单、延迟交货的概念。

《海商法》中对提单做了如下规定:

(1) 根据《海商法》第74条的规定,以下情形可以将收货待运提单视为已装船提单:货物装船前,承运人已经应托运人的要求签发收货待运提单或者其他单证的,货物装船完毕,托运人可以将收货待运提单或者其他单证退还承运人,以换取已装船提单;承运人也可以在收货待运提单上加注承运船舶的船名和装船日期,加注后的收货待运提单视为已装船提单。

(2) 承运人的责任包括以下四点:① 承运人或者代其签发提单的人,知道或者有合理的根据怀疑提单记载的货物的品名、标志、包数或者件数、重量或者体积与实际接收的货物不符,在签发已装船提单的情况下怀疑与已装船的货物不符,或者没有适当的方法核对提单

[①] 资料参考:田东文. 国际商法[M]. 2版. 北京:机械工业出版社,2013.

记载的,可以在提单上批注,说明不符之处、怀疑的根据或者说明无法核对。② 承运人或者代其签发提单的人未在提单上批注货物表面状况的,视为货物的表面状况良好。③ 承运人或者代其签发提单的人签发的提单,是承运人已经按照提单所载状况收到货物或者货物已经装船的初步证据;承运人向善意受让提单的包括收货人在内的第三人提出的与提单所载状况不同的证据,不予承认。④ 承运人签发提单以外的单证用以证明收到待运货物的,此项单证即为订立海上货物运输合同和承运人接收该单证中所列货物的初步证据。承运人签发的此类单证不得转让。

 评一评

合理认定承运人提单批注义务　维护提单在国际贸易的流通性①

【案情】　2017年2月28日,元成公司向外商订购的6万余吨散装巴西大豆装载于复兴公司所属"美嘉"轮,从巴西巴拉那瓜港运往中国福州松下港。元成公司经付款取得包括提单在内的信用证项下全套单据。货物运抵目的港后,元成公司在卸货过程中发现货物异常。经检验,货物中的大部分杂质、碳化粒、热损粒等随机分布在货舱内,说明该情况在装港即已存在,卸港未发现货物存在大规模水湿结块或霉变现象。元成公司委托进行验残,结论为货物实际损失20 026 172.98元。元成公司以承运人违反批注义务签发清洁提单导致其丧失拒绝对外付款机会而造成损失为由,诉请判令复兴公司赔偿货物价款损失、利息及诉前扣船费等。

【评析】　厦门海事法院审理认为,本案系涉外案件,双方当事人均援引中国法律尤其是《海商法》支持各自的主张,应视为双方当事人协议选择了适用中国法律解决争议。本案应根据《海商法》的相关规定判断复兴公司是否违反了法定义务以及是否存在过错。复兴公司未对案涉大豆品质指标作出批注不违反法定义务,其签发清洁提单没有过错,对元成公司不构成侵权。元成公司的损失起因于其贸易合同中的卖方未按货物品质证书所载的标准提供货物,是贸易合同项下的风险,不应由承运人承担。据此判决驳回元成公司的诉讼请求。元成公司提起上诉,二审期间又撤回上诉。

【典型意义】　本案是一起提单持有人以承运人未履行提单批注义务导致其丧失拒付信用证项下货款权利为由提出索赔的案例。《海商法》对承运人签发提单时对货物状况的批注仅作了原则性规定,实践中对如何把握批注标准存在争议。本案结合国际贸易、国际海运实践进行全面剖析,正确解释《海商法》规定,明确货物的等级和品质指标不属于承运人提单批注的范围;对承运人就货物表面状况的判断要求应建立在与作业条件相适应的基础上;在货物非正常颗粒未集中板结成块的情形下,承运人未作出货物表面状况不良的判断符合正常智识和通常判断标准等三项规则,认定承运人签发清洁提单未违反提单批注义务,妥善平衡了船货双方的利益,维护了提单在国际贸易中的流通性。

---

① 资料来源:最高院于2022年2月28日发布的第三批涉"一带一路"建设典型案例。

(3) 收货人、提单持有人的权利。收货人、提单持有人不承担在装货港发生的滞期费、亏舱费和其他与装货有关的费用,但是提单中明确载明上述费用由收货人、提单持有人承担的除外。

(4) 根据《海商法》第79条规定,提单的转让,依照下列规定执行:① 记名提单:不得转让。② 指示提单:经过记名背书或者空白背书转让。③ 不记名提单:无须背书,即可转让。

评一评

提单与损失赔偿案①

【案情】 某年4月1日,中国隆源公司与加拿大乙公司签订了一份国际货物买卖合同。合同约定:交货条件为CIF宁波;货物应于当年5月1日之前装船;买方应于4月10日之前开出以卖方为受益人的不可撤销的即期信用证。4月5日,买方开出了信用证。4月24日,卖方向承运人瑞典丙公司提交货物,并向英国丁保险公司投保。4月27日,承运人向卖方签发了提单。提单载明:承运人为瑞典丙公司;提单签发日期为4月27日;本提单生效后为已装船提单。卖方即向买方发出货物已装船及已办理保险的通知。随后,卖方凭借提单及有关单据向议付行结汇。实际上,货物于5月5日才开始装船,至5月15日始装运完毕,船舶于5月25日抵达目的港。另外,在运输途中,由于遭遇台风和海啸,货物遭受部分损坏。接到卖方的通知以后,买方即与韩国戊公司签订了一份货物转售合同,交货日期为5月15日。但由于货物于5月25日才抵达目的港,买方无法如期向韩国戊公司交货;韩国戊公司解除了合同。由此,买方不但丧失了其预期利润,而且承担了向韩国戊公司的损害赔偿。此外,由于市场行情发生了很大的变化,买方只得以低价就地转售,又遭受了一笔损失。买方在查实情况后,即向法院起诉。但承运人丙公司提出:其所签发的提单只是一份备运提单,只有在货物实际装船以后,才能被认为是已装船提单,这是国际惯例。因此,买方的损失与其无关。

问题:(1) 承运人丙公司的理由是否成立?为什么?

(2) 承运人丙公司签发上述提单属于什么性质的行为?为什么?

(3) 货物在运输途中遭受的损失由谁承担?为什么?

(4) 如何确定被告方的赔偿范围?

【评析】 (1) 不成立。已装船提单是在货物已经实际装船以后签发的提单。但在本案中,承运人签发的提单实质上符合已装船提单的特征,构成一份已装船提单。

(2) 属于签发了预借提单。由于提单是在货物未开始装船或未全部装船的情况下签发的提单。

(3) 应由卖方承担,因为在CIF术语下,货物在运输途中的一切风险归于卖方,买方及保险人不对此承担责任。

---

① 资料来源:http://news.9ask.cn/gjmy/fg/201004/542214.html。

(4) 根据《联合国国际货物销售合同公约》第 74 条,赔偿范围应为买方的全部实际损失,这种损害赔偿不得超过违反合同一方在订立合同时,依照他当时已知道或理应知道的事实和情况,对违反合同预料到或理应预料到的可能损失。

四、国际海上货物运输承运人的强制性义务

为了防止承运人减轻自己的义务和责任,保护货方的合法权益,各国际组织在制定的公约中基本上规定承运人除了承担一般运输合同承运人的基本义务外,还应承担强制性的义务和责任,承运人利用提单背面条款和其他约定减轻这些义务的行为是无效的①。

(一) 船舶的适航性

适航性(sea worthiness)最早是英国普通法中的概念。根据《海牙规则》第 3 条第 1 款的规定,船舶的适航性包括三个方面:

(1) 适船。适船即船舶必须在设计、结构、条件和设备等方面经受得起航程中通常出现的或可能合理预见的一般风险。

(2) 适员。适员即配备合格、数量适当的船长和船员,船舶航行所用的各种设备必须齐全,资料、淡水、食品等供应品必须充足,以便船舶能安全地把货物运送到目的地。

(3) 适货。适货即适宜于接收、保管和运输货物。货舱、载货处所设备完善,能满足所运货物的要求,包括货舱清洁、干燥、无味、无污水和通风畅通,舱盖严密,装卸货机械和索具齐全并处于有效工作状态。

值得注意的是,这里的适航性并不是绝对的,而是相对适航,即只要承运人"谨慎处理",使船舶适航。"谨慎处理"一般是指承运人在运输前应对能合理预见到的所有情况采取合理措施以避免损失。如果承运人能够证明船舶不适航是由于虽然经过谨慎处理仍不能发现的潜在的缺陷所致,则承运人可以免责。在海运业务中,承运人往往以船舶领有适航证书作为其已经履行提供适航船舶义务的依据。

评一评

船舶碰撞损害责任纠纷案②

【案情】 2018 年 12 月 26 日,蒋某某所有的"华伦 67"轮与林某某所有的"浙奉渔 26011"轮在浙江舟山朱家尖岛东侧水域发生碰撞,"华伦 67"轮倾覆沉没。事故经舟山沈家门海事处调查认定,"华伦 67"轮和"浙奉渔 26011"轮各负事故主、次责任,双方均未配备足够且满足要求的合格船员。蒋某某起诉请求判令林某某赔偿损失。林某某抗辩其有权享受

---

① 从英国法的规定来看,承运人的强制性义务并不是条件条款,而是一个中间条款,即只有承运人违反强制性义务达到损害货主根本利益,使其合同目的落空的程度,托运人才能解除合同;否则,货主只能要求承运人对此承担赔偿责任。

② 资料来源:最高院于 2021 年 8 月 17 日发布的 2020 年全国海事审判典型案例。

海事赔偿责任限制。

【评析】 宁波海事法院一审认为,综合比较两船碰撞过失程度以及违法行为与损害后果之间的因果关系,由"华伦67"轮承担80%的责任,"浙奉渔26011"轮承担20%的责任。"浙奉渔26011"轮的六名船员仅有两人持有船员职务证书,但均不适任,其余四人,尤其是履行船长、大副职责的当班人员均为无证驾驶,严重危及航行安全。林某某作为船舶所有人,未尽到船舶经营安全管理义务,配备船员不足且船员不适任,其对船员不适任等可能发生的危险和造成的危害理应预见,构成"明知可能造成损失而轻率地作为或者不作为",无权享受海事赔偿责任限制。一审判决林某某赔偿蒋某某船舶损失177.2万元。双方均未上诉,林某某已主动履行判决。

【典型意义】 近年来,国内一些船舶存在配员不足、船员不适任、超航区航行等问题,极易发生水上交通安全事故,对国内水路通航环境和人民生命财产安全带来严重威胁。本案一方面依法认定内河船超航区航行、未遵守避碰规则系事故发生的主要原因,判令"华伦67"轮对事故承担主要责任;另一方面准确适用《中华人民共和国海商法》规定,将船员无证驾驶导致事故发生认定为丧失海事赔偿责任限制的情形,明确了裁判标准,警示违规航行风险与责任承担,引导船舶所有人和经营人培养安全航行意识、强化船舶安全管理,对遏制内河船违规入海、船员无证驾驶现象,进一步规范水上交通秩序,维护船舶航行安全具有积极意义。

(二) 妥善和谨慎地管理货物

承运人要妥善、谨慎地承担货物在转载、搬运、积载、运送、保管、照料和装卸等七个环节的责任。"妥善"要求承运人及其代理人应发挥通常要求的或为所运货物特殊要求的知识和技能,并建立有效的工作系统。"谨慎"则要求承运人及其代理人在管理货物时表现出一名能胜任海上货物运输工作的人所应表现出的合理谨慎程度,采用合理有效的方法处理货物。

与适航义务不同的是,这个义务是承运人的绝对性义务,是一种严格责任。虽然在某些场合承运人可以援引免责条款,但如果其没有采取减少损失的措施,致使损失扩大,也可能被认为是不谨慎的,对扩大的损失应承担赔偿责任。

 想一想

对于船长、船员在管理或驾驶船舶中的故意行为造成的货物损失,承运人可以免责吗?

(三) 不得进行不合理绕航

承运人应以合理的速度,按照合理的航线或地理上、习惯上的航线将货物运送到目的港交货,不得无故绕航。但如果为了海上拯救生命或救助财产,或有其他合理理由(如为了避免船舶发生危险)所作的绕航,均不能认为是违反运输合同的行为,承运人对由此造成的损失概不负责。

评一评

买方可以拒收货物吗①

【案情】 一份买卖日用品的 CIF 合同规定"9 月份装运",即期信用证的有效期为 10 月 15 日,卖方 10 月 6 日向银行办理议付所提交的单据中,包括 9 月 29 日签发的已装船清洁提单。经银行审核,单单相符、单证相符,银行接受单据并支付了货款。但买方收到货物后,发现货物严重受损,且短少 50 箱。买方因此拒绝收货,并要求卖方退回货款。

问:(1) 买方有无拒收货物并要求退款的权利,为什么?

(2) 买方应该如何处理才合理?

【评析】 (1) 买方没有拒收货物并要求退款的权利。因为:首先,在信用证支付方式下,银行承担第一付款责任,只要银行审核单据时,确认卖方所提交的单据表面上与信用证的规定相符,付款银行就应该履行付款义务。其次,CIF 术语为象征性交货,卖方凭单交货,买方凭单付款。本案中,卖方已于 10 月 6 日向银行提交单据,经银行审核,单单相符、单证相符并支付了货款,这说明卖方已完成交货,可以按信用证的规定取回货款。

(2) 买方应与有关方面联系,确认货物受损和短少的原因,然后凭保险单及其他证据向有关方面提出索赔以弥补自己的损失。

第三节 其他国际货物运输法

一、国际铁路货物运输法

(一) 铁路货物运输的含义及立法

铁路货物运输是指使用统一的国际铁路联运单据,由铁路部门经过两个或两个以上国家的铁路进行的运输。铁路货物运输在国际运输中的地位仅次于海上运输,我国与周边国家的进出口货物多数采用铁路运输方式。

目前,国际上关于铁路货物运输的国际公约有两个:

1.《国际铁路货物运输公约》

《国际铁路货物运输公约》简称《国际货约》(CIM),于 1961 年在伯尔尼签字,1975 年 1 月 1 日生效。其成员包括主要的欧洲国家,如法国、德国、比利时、意大利、瑞典、瑞士、西班牙及东欧各国,此外还有西亚的伊朗、伊拉克、叙利亚,西非的摩洛哥、突尼斯、阿尔及利亚等。

---

① 资料来源:https://zhidao.baidu.com/question/1111723395814737979.html。

2.《国际铁路货物联运协定》

《国际铁路货物联运协定》简称《国际货协》(CMIC)，于 1951 年 5 月在华沙订立。我国于 1953 年加入。1974 年 7 月 1 日生效的修订本包括 12 个成员，如苏联、蒙古国、朝鲜、越南等。2018 年 7 月 1 日生效的修订本是最新的修订本，此时，成员增加到 25 个。我国的国际铁路货物运输都是按照《国际货协》的规定进行的。

(二) 运单的作用及当事人的责任

1. 运单的作用

根据《国际货协》第 14 条第 3 项至第 5 项的规定，运单为缔结运输合同的凭证。运单中记载的事项不正确或不准确，或者承运人丢失运单，均不影响运输合同的存在及效力。每一接续承运人自接收附有运单的货物时起，即参加了运输合同，并承担由此而产生的义务。

2. 承运人的责任

(1) 承运人基本责任。根据《国际货协》第 37 条规定，承运人的责任包括以下三项：① 承运人按协定规定的办法和范围，对发货人或收货人承担仅由运输合同产生的责任。② 承运人自承运货物时起，至交付货物时为止，对货物灭失、短少、毁损(腐坏)所造成的损失负责。对于承运人负有责任的货物灭失、短少、毁损(腐坏)情况，应以商务记录作为证明。③ 承运人对货物因逾期运到所造成的损失负责。

(2) 承运人责任范围。根据《国际货协》39 条规定，承运人的责任有一定限度，其范围不应超过货物灭失时承运人应支付的赔偿额度。如果承运的货物由于下列原因发生灭失、短少、毁损(腐坏)，则承运人不予负责：① 由于铁路不能预防和不能消除的情况。② 由于货物、容器、包装质量不符合要求或由于货物、容器、包装的自然和物理特性，以致引起其毁损(腐坏)。③ 由于发货人或收货人的过失或由其要求，而不能归咎于承运人。④ 由于发货人或收货人装车或卸车的原因所造成。⑤ 由于货物没有运送该货物所需的容器或包装。⑥ 由于发货人在托运货物时，使用不正确、不确切或不完全的名称，或未遵守本协定的条件。⑦ 由于发货人将货物装入不适于运送该货物的车辆或集装箱。⑧ 由于发货人错误地选择了易腐货物运送方法或车辆(集装箱)种类。⑨ 由于发货人、收货人未执行或未适当执行海关或其他行政手续。⑩ 由于与承运人无关的原因国家机关检查、扣留、没收货物。

如果承运的货物，由于下列原因在国际铁路-轮渡直通联运中发生灭失、短少、毁损(腐坏)或运到逾期，则承运人对货物灭失、短少、毁损(腐坏)或运到逾期也不负责任：① 由于火灾。如承运人能证明火灾不是由于其过失，也不是由于在其履行运输合同时为其提供服务的其他人在履行职责时的过失造成。② 为拯救生命而采取的措施或为抢救财产而采取的合理措施。③ 风险、危险或不幸事故。同时，承运人仅在能够证明货物灭失、短少、毁损(腐坏)或货物运到逾期发生在水路区段上，即从车辆上的货物装到水运交通工具上开始直至从水运交通工具卸下为止的期间，才可引用上述免责原因。

评一评

认定铁路运单提货请求权效力 探索构建中欧班列陆上贸易新规则①

【案情】 2019年2月,中外运公司、物流金融公司、英飒公司签订"铁路提单汽车进口业务合作协议",约定:英飒公司从境外进口一批汽车,以铁路提单作为结算方式项下的单证及提货凭证。中外运公司在境外接收进口货物并签发铁路提单。英飒公司与孚骐公司签订"IMSA车辆销售合同"后,将经境外出口商和物流金融公司背书的铁路提单正本三份交付给孚骐公司。货物经中欧班列运抵目的地后,孚骐公司持铁路提单向中外运公司要求提货,并向中外运公司出示了铁路提单正本以及提车证明原件。中外运公司拒绝交货,孚骐公司遂将其诉至法院,要求确认货物所有权并交付货物。

【评析】 重庆自由贸易试验区人民法院审理认为,案涉铁路提单是签发人通过协议及铁路提单作出的向不特定的铁路提单持有人交付货物的承诺。英飒公司作为进口车辆的所有权人,与孚骐公司约定交付铁路提单视为车辆交付,符合物权法关于指示交付的规定。由于铁路提单与提货请求权的对应关系,孚骐公司受领铁路提单后,享有铁路提单项下车辆的提货请求权。据此,判决确认孚骐公司享有铁路提单项下货物所有权;中外运公司向孚骐公司交付铁路提单项下货物。

【典型意义】 铁路运单及相应的运输交易,是依托中欧班列推进"一带一路"国际陆上贸易产生的新商业模式,人民法院应当在不违反法律、行政法规强制性规定和社会公共利益的前提下,尊重当事人意思自治并依法保障交易安全。铁路运单尚不构成物权法规定的提单,其所代表的提货请求权之实现应取决于当事人的合同约定及运单本身的记载。本案中,各方约定缔约承运人签发案涉国际铁路运(提)单并明确持有人具有提货请求权,转让该单证应视为提货请求权的转让,属于特殊形式的指示交付。该案在现有法律框架下对铁路运单及其交易模式予以认可,是对中国(重庆)自由贸易试验区创新铁路运单及其配套规则的积极探索,有利于推动中欧班列国际陆上贸易规则的构建。

3. 赔偿请求

根据《国际货协》第46条的规定,发货人和收货人有权向承运人提出赔偿请求。赔偿请求应附有相应依据并注明赔偿款额,由发货人向缔约承运人,收货人向交付货物的承运人提出。赔偿请求以纸质形式提出,当运送参加者之间有协议时,以电子形式提出。

承运人必须在收到赔偿请求书之日起的180天内对其进行审查,并给赔偿请求人以答复,在全部或部分承认赔偿请求时,向赔偿请求人支付应付的款额。

4. 诉讼

根据《国际货协》第47条的规定,当事人在下列情况下可以提起诉讼:① 如承运人没有在规定的赔偿请求审查期限内对赔偿请求做出答复;② 如在赔偿请求审查期限内已将

---

① 资料来源:最高院于2022年2月28日发布的第三批涉"一带一路"建设典型案例。

全部或部分拒绝赔偿请求一事通知请求人。当事人应向被告所在地的相应司法机关提起诉讼。

二、国际航空货物运输法

（一）国际航空货物运输的立法

国际航空货物运输这种方式是在第二次世界大战后出现的,其具有速度快、安全性高、破损率低、不受地面条件影响等优点,适合运送鲜活货物、易碎易损货物及贵重物品。

目前,调整国际航空货物运输的国际公约主要有：

1.《华沙公约》

《关于统一国际航空运输某些规则的公约》简称《华沙公约》,1929 年签订,1933 年 2 月 13 日生效。我国于 1958 年 7 月加入该公约。该公约是国际航空运输的一项最基本公约,规定了以航空运输承运人为一方和以旅客、货物托运人及收货人为另一方的法律义务和相互关系。《华沙公约》适用于运输合同中规定的起运地和目的地都属于该公约成员国的航空运输,也适用于起运地和目的地都在一个成员国境内,但飞机停留地在其他国家的航空运输。

2.《海牙议定书》

《修改 1929 年 10 月 12 日在华沙签订的统一国际航空运输某些规则的公约的议定书》,简称《海牙议定书》,1955 年 9 月签订,1963 年 8 月 1 日生效。我国于 1975 年加入该协定书。《海牙议定书》的适用范围比《华沙公约》更广泛,无论有无转运,无论是否是连续运输,只要起运地和目的地在两个成员的领域内,或者在一个成员领域内而在另一个成员或非成员领域内有一定的经停点的任何运输都适用。

3.《瓜达拉哈拉公约》

《统一非缔约承运人所办国际航空》,简称《瓜达拉哈拉公约》,订于 1961 年,1964 年 5 月 1 日生效。该公约主要是为补充《华沙公约》而订立的。该公约将《华沙公约》中有关承运人的各项规定扩及至非合同承运人,即根据与托运人订立航空运输合同的承运人的授权来办理全部或部分国际航空运输的实际承运人。我国未加入该公约。

4.《蒙特利尔附加议定书》

1975 年国际民航组织在蒙特利尔召开会议,签订了 4 个《蒙特利尔附加议定书》,对《华沙公约》进行了一定的修改。

以上四个公约中,前两个公约是目前规范国际航空货物运输最重要的国际公约。《海牙议定书》作为对《华沙公约》的修改,已经有 100 多个缔约成员。我国也是这两个公约的成员国,同时在制定《中华人民共和国民用航空法》时吸收了这两个公约的规定。

（二）空运单

航空货物运输单,即空运单是当事人订立合同、接受货物、运输条件及关于货物的基本情况的初步证明。空运单与提单不同,其不是物权凭证,一般不能转让①。货到目的地后,收货人凭承运人的到货通知及有关证明提货,而不是凭空运单提货。

(三) 承运人与托运人的基本义务

1. 承运人的基本义务与免责

(1) 承运人的基本义务

根据《华沙公约》的规定,承运人对货物在空运期间所发生的毁灭、遗失或损坏承担责任。承运人对货物在空运过程中因延迟而造成的损失承担责任。

(2) 承运人的免责

根据《华沙公约》的规定,在下列情况下免除或减轻承运人的责任:① 承运人证明自己及其代理人已经为避免损失采取了一切必要措施或不可能采取这种造成损失的措施;② 损失的发生是由于驾驶上、航空器的操作上、领航上的过失,但《海牙议定书》删除了这一免责规定;③ 货物的灭失或损失是由于货物的属性或本身质量缺陷造成的;④ 损失是由受损人自己的过失造成的。

2. 托运人的基本义务

根据《华沙公约》的规定,托运人的基本义务如下:① 托运人应正确填写空运单上关于货物的各项说明和声明,如果因填写不合规或不完备使承运人或其他任何人遭受损失,托运人应负赔偿责任;② 托运人应提供货物或与货物有关的必要的资料,如果因这种资料或证件的不足或不合理规定所造成的一切损失,都应由托运人对承运人负责;③ 支付规定的各项费用;④ 承担承运人因执行其指示所造成的损失。

(四) 索赔与诉讼

根据《华沙公约》的规定,除非有相反的证据,如果收货人在收货时没有提出异议,就被认为货物已完好地交付,并和运输凭证相符,提取货物后发生的损坏,应在收到货物后 7 天内提出;如果是迟延交货,最迟在 14 天内提出。异议必须以书面形式提出。《海牙议定书》对异议的期限作了延长:如果是货物损坏,异议期限可以延长到 14 天;如果是迟延交付,异议期限可以延长到 21 天。如果货物毁灭或遗失,一般应自空运单填写日起 120 天内提出异议。

空运合同的诉讼时效为 2 年,从货物到达目的地之日起或从运输终止之日起计算。发货人可以根据自己的意愿选择以下缔约国之一的法院提出诉讼请求:承运人住所地、承运人的总管理处所地、签订合同的机构所在地、目的地。诉讼程序遵循法院地的法律规定。

---

① 根据《海牙议定书》的规定,承运人可以填发流通的航空货运单。

评一评

航空货物运输合同纠纷管辖权异议案[①]

【案情】 新时代公司上海分公司与阿联酋 National FZE 公司签订包机合同,约定 National FZE 承运新时代公司上海分公司的货物,由上海运至美国芝加哥。新时代公司上海分公司依约向 National FZE 支付运费后,收到 National FZE 的通知,称飞机无法依约运输货物。新时代公司上海分公司因另寻其他公司运输产生经济损失 31.80 万元,诉请 National FZE 和美国 National Group 赔偿。National FZE、National Group 主张人民法院对本案无管辖权,应驳回新时代公司上海分公司的起诉。

【评析】 上海市浦东新区人民法院一审认为,中国、阿联酋、美国均系《统一国际航空运输某些规则的公约》(以下简称蒙特利尔公约)缔约国,本案包机合同约定货物从中国运至美国,属于该公约适用的国际航空运输,应适用该公约确定本案管辖。该公约第 33 条第一款规定:"损害赔偿必须在一个当事国领土内,由原告选择,向承运人住所地、主要营业地或者订立合同的营业地的法院,或者向目的地法院提起"。上述地点均不在中国境内,故人民法院对本案无管辖权,裁定驳回新时代公司上海分公司的起诉。

【典型意义】 本案合同约定的运输始发地是上海,故新时代公司上海分公司依照我国《民事诉讼法》的规定在上海法院提起诉讼。蒙特利尔公约未约定运输始发地法院的管辖权,这与我国《民事诉讼法》有关航空运输合同纠纷管辖的规定不同。根据我国《民事诉讼法》的规定,我国缔结或者参加的国际条约有不同规定的,适用国际条约的规定,但我国声明保留的条款除外,故本案应优先适用蒙特利尔公约的规定。一、二审法院准确适用国际条约,依法驳回新时代公司上海分公司的起诉,展示了中国法院恪守国际条约义务、切实保障自由贸易试验区法治化国际化便利化营商环境的司法立场。由于蒙特利尔公约对于管辖权的规定较为严格,如何解释订立合同的营业地尤其是外国航空承运人订立合同时在中国的营业地,今后仍值得进一步研究。

三、国际货物多式联运法

(一) 国际货物多式联运的国际公约及惯例

1.《联合国国际货物多式联运公约》

1980 年 5 月,在联合国贸易与发展委员会的主持下,制定并通过了《联合国国际货物多式联运公约》,我国在该公约上签了字。由于具体实施该公约非常困难,该公约目前尚未生效。但该公约已经具有了相当的影响力,部分当事人开始参照该公约来订立合同。

2.《多式联运单据规则》

联合国贸易与发展委员会吸取了前述公约的教训,于 1992 年与国际商会共同制定了具

[①] 最高院 2022 年 2 月 28 日发布人民法院服务保障自由贸易试验区建设典型案例。

有指导性的规则,即《多式联运单据规则》。该规则没有普遍约束力,当事人可以自由选择。

(二) 多式联运经营人与发货人的主要义务

1. 多式联运经营人的主要义务

根据《联合国国际货物多式联运公约》的规定,多式联运经营人的主要义务如下:多式联运经营人对全程运输承担责任,即责任期间为从其接管货物时起至交付货物时止的整个运输期间,这是多式联运经营人责任的典型特点。经营人的责任形式为网状责任制,即经营人对全程运输负责,各实际承运人仅对自己完成的运输区段负责,且各区段适用的责任原则按适用于该区段的法律予以确定。因此,不论货物损害发生在哪一区段,托运人或收货人都可以向经营人或向损害发生区段的实际承运人索赔;如果无法确定损害发生的区段,即属于货物隐藏损失,只能依照法律向经营人提出。

2. 发货人的主要义务

发货人的主要义务包括:① 保证责任。在多式联运经营人接管货物时,发货人应视为已向经营人保证他在联运单据中提供的货物品类、标志、件数、重量、数量及危险特性的陈述的准确无误,并应对违反这项保证造成的损失负责赔偿责任。② 过失责任。凡因发货人或其受雇人或代理人在受雇范围内行事的过失或疏忽给联运经营人造成损失的,发货人应负赔偿责任。③ 运送危险品的特殊规则。发货人应告知联运经营人危险品的危险特性,必要时还应告知其应采取的预防措施,否则发货人要对由于运载危险品而遭受的损失负赔偿责任。

(三) 索赔与诉讼

1. 索赔

无论是哪一方提出索赔,都应在规定时间内就遭受的损失向对方发出书面的通知:① 收货人的通知。收货人应在收货后的下一个工作日内发出通知;对于货物灭失或损坏不明显的,则应在收货后 6 天内发出通知;对于延迟交货的,应在交货后 60 天内提出索赔。② 联运经营人的通知。经营人应在损失发生后 90 天内,或在提交货物后 90 天内,以较迟者为准,将损失的通知递交发货人。

2. 时效

国际多式联运的诉讼时效是 2 年,自联运经营人交付货物或应交付货物之日的下一日起算。但货物交付之日或应交付之日起 6 个月内未提出书面索赔通知的,在此期限届满后诉讼时效即告结束。

根据《联合国国际货物多式联运公约》的规定,国际多式联运的诉讼可以在下列有管辖权的法院提出:被告主营业地、多式联运合同订立地、接收或交付货物地、多式联运合同或单据载明地。当纠纷发生后,当事人还可以约定其他地点的法院。

(四) 我国《海商法》关于多式联运合同的规定

我国《海商法》第 102 条至 106 条对多式联运合同做了如下规定:

（1）多式联运合同，是指多式联运经营人以两种以上的不同运输方式，其中一种是海上运输方式，负责将货物从接收地运至目的地交付收货人，并收取全程运费的合同。多式联运经营人，是指本人或者委托他人以本人名义与托运人订立多式联运合同的人。

（2）多式联运经营人对多式联运货物的责任期间，自接收货物时起至交付货物时止。

（3）多式联运经营人负责履行或者组织履行多式联运合同，并对全程运输负责。多式联运经营人与参加多式联运的各区段承运人，可以就多式联运合同的各区段运输，另以合同约定相互之间的责任。但是，此项合同不得影响多式联运经营人对全程运输所承担的责任。

（4）货物的灭失或者损坏发生于多式联运的某一运输区段的，多式联运经营人的赔偿责任和责任限额，适用调整该区段运输方式的有关法律规定。如果货物的灭失或者损坏发生的运输区段不能确定的，多式联运经营人就应当依照海商法关于承运人赔偿责任和责任限额的规定负赔偿责任。

第四节　海上货物运输保险

在国际运输保险中，海上货物运输保险历史最悠久、影响最深远、适用最广泛，因此本章在"货物运输保险"这部分将着重介绍海上货物运输保险。

一、海上货物运输保险概述

（一）海上货物运输保险的含义

保险（insurance），以对被保险标的遭受的损失提供经济补偿为目的。国际货物运输保险是由保险人同被保险人双方订立保险合同，经被保险人缴付约定的保险费，当货物在国际运输途中遭受保险事故所致的损失，由保险人负责经济补偿的一种保险。

海上货物运输保险是保险人和被保险人通过协商对船舶、货物及其他海上标的可能遭遇的风险进行约定，保险人承诺一旦上述风险在约定的时间内发生并对被保险人造成损失，保险人将按约定给予被保险人经济补偿的一种商务活动。

（二）海上货物运输保险承保的风险

为了明确责任，各国保险公司都会对其承保的风险加以规定。一般而言，海上货物运输保险承保的风险主要分为海上风险和外来风险，而海上风险又包括自然灾害与意外事故。

1. 海上风险（perils of sea）

（1）自然灾害。自然灾害主要是指不以人的意志为转移的异常的自然力量所引起的灾害。但海上货物运输保险所承保的自然灾害是有限的，主要包括：飓风或大浪暴雨等恶劣气候、雷电、海啸、浪击落海、洪水、地震等。其中，浪击落海不在我国海运保险的基本险中，可以通过附加投保舱面险而得到保障。洪水和地震实际上并非真正发生在海上的风险，但因这些风险是随附海上航行而产生的,且危害大,逐渐被列入承保的风险范围。

(2) 意外事故(fortuitous accidents)。意外事故一般是指外来的、突然的、非意料之中的事故。该事故不仅局限发生在海上,也包括发生在陆地上。意外事故具体包括火灾、爆炸、搁浅、触礁、沉没、碰撞、失踪等。

2. 外来风险

外来风险一般是指海上风险以外的其他外来原因所造成的风险。外来风险包括一般外来风险和特殊外来风险两种。

一般外来风险主要包括偷窃、渗漏、短量、碰损、破碎、钩损、生锈、沾污、串味、淡水雨淋、受热受潮等。

特殊外来风险是指由于社会政治原因所造成的风险,主要包括战争、罢工、拒收以及交货不到等。

练一练

在保险人承保的海上货物运输保险风险中,搁浅、触礁属于(　　)。

A. 自然灾害　　　　B. 意外事故　　　　C. 一般外来风险　　　　D. 特殊外来风险

【参考答案】B

(三) 海上货物运输保险的基本原则

1. 保险利益原则

保险利益,又称可保利益,是指投保人对保险标的具有的法律上承认的利害关系。在订立和履行保险合同的过程中,投保人或被保险人对保险标的必须具有保险利益,否则运输保险合同无效;或者保险合同生效后,投保人或被保险人失去了对保险标的的可保利益,运输保险合同也随之失效。

2. 最大诚信原则

诚实信用原则是当事人在任何民事活动中都应当遵循的基本原则,在保险活动中,由于法律关系的特殊性,法律所要求的诚信程度远远高于一般的民事活动,因此称之为最大诚信原则。

海上货物运输保险合同的当事人应当做到:

(1) 告知。也称"披露",指被保险人在签订保险合同时,应该将其知道的或推定应该知道的有关保险标的的重要情况如实向保险人进行说明。如实告知是保险人判断是否承保和确定保险费率的重要依据。

(2) 申报。也称"陈述",不同于告知的是,申报指在磋谈签约过程中,被保险人对保险人提出的问题进行如实答复。申报内容由于关系到保险人承保与否,涉及海上货物运输保险合同的真实有效,因此成为最大诚信原则的另一基本内容。

(3) 保证。保证是指被保险人向保险人做出的履行某种特定义务的承诺。在海上运输保险合同中,保证分为明示保证和默示保证两类。明示保证主要有开航保证、船舶状态保证、船员人数保证、护航保证、国籍保证、中立性保证、部分不投保保证等。默示保证则主要包括船舶适航保证、船舶不改变航程和不绕航保证、船货合法性保证等。

3. 损失补偿原则

损失补偿原则,是指保险标的发生保险责任范围内的损失时,按照保险合同约定的条件,依据保险标的的实际损失,在保险金额以内进行补偿的原则。补偿原则的限制条件:① 以实际损失为限,是补偿原则最基本的限制条件。② 以保险金额为限。③ 以被保险人对保险标的具有的保险利益为限。

4. 近因原则

各国在判定较为复杂的因果关系时通常采用近因原则。所谓近因,是指引起保险标的损失的直接、有效、起决定的因素,而非时间上距离损失发生最近的原因。我国虽然没有采用"近因"这一概念,而是用"导致损失发生的重要原因""主要原因"作为判定的依据,但在实践中也适当参考了近因原则的精神。

二、海上货物运输保险合同

(一)海上保险合同的概念与内容

海上货物运输保险合同,是指保险人按照约定,对被保险人遭受保险事故造成保险标的的损失和产生的责任负责赔偿,而由被保险人支付保险费的合同。所谓保险事故,是指保险人与被保险人约定的所有海上事故,包括与海上航行有关的发生于内河或者陆上的事故。

海上保险合同的内容,主要包括下列各项:保险人名称、被保险人名称、保险标的、保险价值、保险金额、保险责任和除外责任、保险期间、保险费。

(二)保险标的与保险价值

1. 保险标的

根据我国《海商法》第218条的规定,下列各项可以作为保险标的:① 船舶;② 货物;③ 船舶营运收入,包括运费、租金、旅客票款;④ 货物预期利润;⑤ 船员工资和其他报酬;⑥ 对第三人的责任;⑦ 由于发生保险事故可能受到损失的其他财产和产生的责任、费用。保险人可以将对前述保险标的的保险进行再保险。除合同另有约定外,原被保险人不得享有再保险的利益。

2. 保险价值

《海商法》第219条至229条对保险价值做了如下规定:

(1)保险标的的保险价值由保险人与被保险人约定。保险人与被保险人未约定保险价值的,保险价值依照下列规定计算:① 船舶的保险价值,是保险责任开始时船舶的价值,包括船壳、机器、设备的价值,以及船上燃料、物料、索具、给养、淡水的价值和保险费的总和;② 货物的保险价值,是保险责任开始时货物在起运地的发票价格或者非贸易商品在起运地的实际价值以及运费和保险费的总和;③ 运费的保险价值,是保险责任开始时承运人应收运费总额和保险费的总和;④ 其他保险标的的保险价值,是保险责任开始时保险标的的实际价值和保险费的总和。

(2) 保险金额由保险人与被保险人约定。保险金额不得超过保险价值;超过保险价值的,超过部分无效。

(三) 合同的订立、解除和转让

1. 保险合同的订立

(1) 合同订立程序。被保险人提出保险要求,经保险人同意承保,并就海上保险合同的条款达成协议后,合同成立。保险人应当及时向被保险人签发保险单或者其他保险单证,并在保险单或者其他保险单证中载明当事人双方约定的合同内容。

(2) 被保险人的告知义务。合同订立前,被保险人应当将其知道的或者在通常业务中应当知道的有关影响保险人据以确定保险费率或者确定是否同意承保的重要情况,如实告知保险人。保险人知道或者在通常业务中应当知道的情况,保险人没有询问的,被保险人无须告知。

如果由于被保险人的故意,未将前述规定的重要情况如实告知保险人的,保险人有权解除合同,并不退还保险费。合同解除前发生保险事故造成损失的,保险人不负赔偿责任;如果不是由于被保险人的故意,未将前述规定的重要情况如实告知保险人的,保险人有权解除合同或者要求增加相应的保险费。保险人解除合同的,对合同解除前发生保险事故造成的损失,保险人应当负赔偿责任。但未告知或者错误告知的重要情况对保险事故的发生有影响的除外。

2. 保险合同的解除

保险责任开始前,被保险人可以要求解除合同,但是应当向保险人支付手续费,保险人应当退还保险费。除合同另有约定外,保险责任开始后,被保险人和保险人均不得解除合同。根据合同约定在保险责任开始后可以解除合同的,被保险人要求解除合同,保险人有权收取自保险责任开始之日起至合同解除之日止的保险费,剩余部分予以退还;保险人要求解除合同,应当将自合同解除之日起至保险期间届满之日止的保险费退还被保险人。根据《海商法》第228条的规定,货物运输和船舶的航次保险,保险责任开始后,被保险人不得要求解除合同。

3. 保险合同的转让

海上货物运输保险合同可以由被保险人背书或者以其他方式转让,合同的权利、义务随之转移。合同转让时尚未支付保险费的,被保险人和合同受让人负连带支付责任。

因船舶转让而转让船舶保险合同的,应当取得保险人同意。未经保险人同意,船舶保险合同从船舶转让时起解除;船舶转让发生在航次之中的,船舶保险合同至航次终了时解除。合同解除后,保险人应当将自合同解除之日起至保险期间届满之日止的保险费退还被保险人。

(四) 被保险人的义务

(1) 支付保险费。除合同另有约定外,被保险人应当在合同订立后立即支付保险费;被保险人支付保险费前,保险人可以拒绝签发保险单证。

(2) 通知义务。① 被保险人违反合同约定的保证条款时,应当立即书面通知保险人。保险人收到通知后,可以解除合同,也可以要求修改承保条件、增加保险费。② 一旦保险事故发生,被保险人应当立即通知保险人,并采取必要的合理措施,防止或者减少损失。被保险人收到保险人发出的有关采取防止或者减少损失的合理措施的特别通知的,应当按照保险人通知的要求处理。对于被保险人违反前述规定所造成的扩大的损失,保险人不负赔偿责任。

(五) 保险人的责任

1. 支付赔偿及其限额

发生保险事故造成损失后,保险人应当及时向被保险人支付保险赔偿。

(1) 保险人赔偿保险事故造成的损失,以保险金额为限。

(2) 保险金额低于保险价值的,在保险标的发生部分损失时,保险人按照保险金额与保险价值的比例负赔偿责任。

(3) 保险标的在保险期间发生几次保险事故所造成的损失,即使损失金额的总和超过保险金额,保险人也应当赔偿。对发生部分损失后未经修复又发生全部损失的,保险人按照全部损失赔偿。

(4) 被保险人为防止或者减少根据合同可以得到赔偿的损失而支出的必要的合理费用,为确定保险事故的性质、程度而支出的检验、估价的合理费用,以及为执行保险人的特别通知而支出的费用,应当由保险人在保险标的损失赔偿之外另行支付。保险人对上述规定的费用的支付,以相当于保险金额的数额为限。保险金额低于保险价值的,除合同另有约定外,保险人应当按照保险金额与保险价值的比例,支付本条规定的费用。

(5) 保险金额低于共同海损分摊价值的,保险人按照保险金额同分摊价值的比例赔偿共同海损分摊。

2. 保险人的免责

根据《海商法》的规定,下列情形发生时保险人可以免责:

(1) 对于被保险人故意造成的损失,保险人不负赔偿责任。

(2) 除合同另有约定外,因下列原因之一造成货物损失的,保险人不负赔偿责任:① 航行迟延、交货迟延或者行市变化;② 货物的自然损耗、本身的缺陷和自然特性;③ 包装不当。

(3) 除合同另有约定外,因下列原因之一造成保险船舶损失的,保险人不负赔偿责任:① 船舶开航时不适航,但是在船舶定期保险中被保险人不知道的除外;② 船舶自然磨损或者锈蚀。

(六)保险标的的损失

1. 部分损失与全部损失

保险标的的损失可以分为部分损失和全部损失。全部损失又分为实际全损和推定全损。

(1) 实际全损(actual total loss)。实际全损是指保险标的的物已全部毁灭,或受到损害而失去投保时原有的性质,或被保险人已经无法弥补地丧失了保险标的物。

保险标的发生保险事故后灭失,或者受到严重损坏完全失去原有形体、效用,或者不能再归被保险人所拥有的,为实际全损。船舶在合理时间内未从被获知最后消息的地点抵达目的地,除合同另有约定外,满两个月后仍没有获知其消息的,为船舶失踪,船舶失踪视为实际全损。

(2) 推定全损(constructive total loss)。推定全损是指保险标的物因实际全损不可避免而合理地予以委付,或因如不支付超过其价值的费用就不能防止实际全损。

船舶发生保险事故后,认为实际全损已经不可避免,或者为避免发生实际全损所需支付的费用超过保险价值的,为推定全损。货物发生保险事故后,认为实际全损已经不可避免,或者为避免发生实际全损所需支付的费用与继续将货物运抵目的地的费用之和超过保险价值的,为推定全损。

2. 单独海损与共同海损

(1) 单独海损(particular average)。单独海损,是指在海上运输中因遇难及其他意外事故而发生的不能列入共同海损的部分损失。它仅限于标的物本身的损失,而不包括由此引起的费用。

(2) 共同海损(general average)。共同海损,是指在同一海上航程中,船舶、货物和其他财产遭遇共同危险,为了共同安全,有意地合理地采取措施所直接造成的特殊牺牲、支付的特殊费用。无论在航程中还是在航程结束后发生的船舶或者货物因迟延所造成的损失,包括船期损失和行市损失以及其他间接损失,均不得列入共同海损。

根据《海商法》第199条的规定,共同海损应当由受益方按照各自的分摊价值的比例分摊。

练一练

在海上运输过程中,被保险货物茶叶经水浸已不能饮用,这种海上损失属于(　　)。

A. 实际全损　　　B. 推定全损　　　C. 单独海损　　　D. 共同海损

【参考答案】A

评一评

单独海损与共同海损的判断[①]

【案情】 某货轮从天津新港驶往新加坡,在航行途中船舶货舱起火,大火蔓延至机舱,

---

① 资料来源:https://www.examw.com/dz/Case/173946/。

船长为了船货共同安全决定采取紧急措施,往舱中灌水灭火。火虽被扑灭,但由于主机受损,无法继续航行,于是船长决定雇用拖轮将货船拖回新港修理,检修后重新驶往新加坡。其中的损失与费用有:(1)1 000箱货被火烧毁;(2)600箱货由于灌水受损;(3)主机和部分甲板被烧坏;(4)拖轮费用;(5)额外增加的燃料费、船长及船员工资。

请问:请指出这些损失中哪些是单独海损,哪些是共同海损。

【评析】 (1)1 000箱货被火烧毁属单独海损;(2)600箱货由于灌水造成损失属共同海损;(3)主机和部分甲板被烧坏属单独海损;(4)拖轮费用属于共同海损;(5)额外增加的燃料、船长及船员工资属共同海损。

(七)委付与代位求偿权

1. 委付

委付,是指在保险标的物发生推定全损时,被保险人把保险标的物所有权转让给保险人,而请求支付保险标的物全部保险金额。根据《海商法》第249条的规定,保险标的发生推定全损,被保险人要求保险人按照全部损失赔偿的,应当向保险人委付保险标的。保险人可以接受委付,也可以不接受委付,但是应当在合理的时间内将接受委付或者不接受委付的决定通知被保险人。委付不得附带任何条件。委付一经保险人接受,不得撤回。《海商法》第250条还规定,保险人接受委付的,被保险人对委付财产的全部权利和义务转移给保险人。

2. 代位求偿权

代位求偿权,是指因第三者对保险标的的损害而造成保险事故的,保险人自向被保险人赔偿保险金之日起,在赔偿金额范围内代位行使被保险人对第三者请求赔偿的权利。保险事故发生后,被保险人已经从第三者取得损害赔偿的,保险人赔偿保险金时,可以相应扣减被保险人从第三者已取得的赔偿金额。

保险人行使代位请求赔偿的权利,不影响被保险人就未取得赔偿的部分向第三者请求赔偿的权利。保险事故发生后,保险人未赔偿保险金之前,被保险人放弃对第三者请求赔偿的权利的,保险人不承担赔偿保险金的责任。保险人向被保险人赔偿保险金后,被保险人未经保险人同意放弃对第三者请求赔偿的权利的,该行为无效。被保险人故意或者因重大过失致使保险人不能行使代位请求赔偿的权利的,保险人可以扣减或者要求返还相应的保险金。

 资料卡

委付与代位求偿权的区别

	委 付	代位求偿权
适用情形	推定全损	全部损失、部分损失
转让的权利	保险标的的所有权	向第三者的求偿权
转让程序	权利转让后,保险公司赔付	保险公司赔付,权利转让

三、国际海上货物运输保险惯例

现代意义的保险法产生于14世纪之后的海上保险业务。意大利1369年《热那亚法令》中的规定已涉及保险业务,西班牙1425年《巴塞罗那法令》规定了海上保险的承保规则和损害赔偿程序,将西方的海运保险业务予以系统化,这就是最早的海上保险法。到了19世纪,欧洲的主要海运国家都把海上保险作为海商法的重要组成部分编入商法典。其中,具有代表性的是1807年的《法国商法典》和1861年的《德国商法典》。

英国的《1906年海上保险法》是西方国家中影响最为深远的一部海上保险法,被世界各国视为海上保险法的范本。目前全世界约有2/3的国家的海上保险法是参照其而制定的。该法制定的目的在于调整海上保险合同,承认其法律效力,解释其法律含义并赋予法律上的其他支持。该法的规定相当完整,包括海上保险合同的定义、形成、形式要件、基本法律特征、默示内容、合同条款的法律界限及适当解释等。

目前,在共同海损理算方面适用最广泛的规则是《约克·安特卫普规则》。该规则是由英、美和欧洲大陆海运国家的理算、海运、贸易和保险界等方面的代表最初于1860年在英国格拉斯哥开会时制订的,故被称为格拉斯哥决议,其后经过数次修改,现在使用的规则称为2016年《约克·安特卫普规则》。该规则不是国际公约,而只是一种国际贸易惯例规则,但由于它在很多问题上基本统一了欧美各国海损理算的做法,并曾取得国际法协会的认可,因此被广泛采用。目前国际上载运国际贸易商品的海轮若发生共同海损事故,一般都按照此项规则理算。

四、我国海上货物运输保险险别

我国现行的《海洋运输货物保险条款》是由中国人民保险公司制定的,可分为基本险和附加险。

(一) 基本险

基本险,又称主险,可以单独投保。

(1) 平安险。平安险原意为"单独海损不赔",是三种基本险别中保险人承责范围最小的一种。

平安险的承保范围为:① 被保货物在运输途中由于恶劣气候、雷电、海啸、地震、洪水自然灾害造成的整批货物的全部损失或推定全损;② 运输工具搁浅、触礁、沉没、互撞、与流冰或其他物体碰撞以及失火、爆炸意外事故造成货物的全部或部分损失;③ 在运输工具已经发生搁浅、触礁、沉没、焚毁意外事故的情况下,货物在此前后又在海上遭受恶劣气候、雷电、海啸等自然灾害所造成的部分损失;④ 在装卸或转运时由于一件或数件整件货物落海造成的全部或部分损失;⑤ 被保险人对遭受承保责任内危险的货物采取抢救、防止或减少货损的措施而支付的合理费用,但以不超过该批被救货物的保险金额为限;⑥ 运输工具遭遇海难后,在避难港由于卸货所引起的损失以及在中途港、避难港由于卸货、存仓以及运送货物所产生的特别费用;⑦ 共同海损的牺牲、分摊和救助费用;⑧ 运输契约订有"船舶互撞责任"条款,根据该条款规定应由货方偿还船方的损失。

(2) 水渍险。水渍险原意为"单独海损负责",承保范围:平安险+由于恶劣气候、雷电、海啸、地震、洪水等自然灾害造成的部分损失。

(3) 一切险。一切险的承保范围:平安险+水渍险+由于外来原因招致的全部或部分损失。这里的外来原因指一般附加险承担的损失,而不包括特别附加险和特殊附加险。

(二) 附加险

附加险是基本险的扩展,不能单独投保。

(1) 一般附加险。一般附加险有 11 种:偷窃、提货不着险;淡水雨淋险;短量险;混杂、沾污险;渗漏险;碰损、破碎险;串味险;受潮受热险;钩损险;包装破裂险;锈损险。一般附加险不能单独投保,它们包括在一切险之中,或在投保了平安险或水渍险后,根据需要加保其中一种或几种险别。

(2) 特别附加险。特别附加险的致损因素,往往是同政治、国家行政管理、战争以及一些特殊的风险相关联的。其主要有以下几种:交货不到险、舱面货物险、进口关税险、拒收险、黄曲霉素险、出口货物到香港特别行政区(包括九龙)或澳门特别行政区存仓火险责任扩展保险。

(3) 特殊附加险。其主要包括战争险和罢工险。

(三) 除外风险

下列损失保险公司不负赔偿责任:① 被保险人的故意行为或过失所造成的损失;② 属于发货人责任所引起的损失;③ 在保险责任开始前,被保险货物已存在的品质不良或数量短差所造成的损失;④ 被保险货物的自然损耗、本质缺陷、特性以及市价跌落、运输延迟所引起的损失或费用;⑤ 海洋运输货物战争险条款和货物运输罢工险条款规定的责任范围和除外责任。

(四) 保险责任的期限

保险期限是保险人承担对海洋运输货物赔偿责任的期间。我国人民保险公司主要以"仓至仓条款"作为标准。"仓至仓条款"内容:① 从被保险货物运离保险单所载明的启运地仓库或储存处开始运输时起,至该货物到达保险单所载明的目的地收货人的最后仓库或储存处为止;② 如果未抵达上述仓库或储存处,则以货物在最后卸货港全部卸离海轮后满 60 天为止;③ 如果在上述 60 天内货物被转运到保险单所载目的地以外的地点,则保险责任从货物开始转运时终止。以上哪个条款内容先满足就以哪个为准。

索赔时效:海洋运输货物保险的索赔时效为 2 年,从被保险货物在最后卸货港全部卸离运输工具后起算,最多不超过 2 年。

评一评

保险公司是否应该赔付①

【案情】 某年2月,中国某纺织进出口公司与大连某海运公司签订了运输1 000件丝绸衬衫到马赛的协议。合同签订后,进出口公司又向保险公司就该批货物的运输投保了平安险。2月20日,该批货物装船完毕后启航,2月25日,装载该批货物的轮船在海上突遇罕见大风暴,船体严重受损,于2月26日沉没。3月20日,纺织品进出口公司向保险公司就该批货物索赔,保险公司以该批货物由自然灾害造成损失为由拒绝赔偿。于是进出口公司向法院起诉,要求保险公司偿付保险金。

请问:本案中保险公司是否应负赔偿责任?

【评析】 保险公司应负赔偿责任。根据中国人民保险公司《海洋运输货物保险条款》的规定,海运货物保险的险别分为基本险和附加险两大类,基本险是可以单独投保的险种,主要承保海上风险造成的货物损失,包括平安险、水渍险与一般险。平安险对由于自然灾害造成的部分损失一般不予负责,除非运输途中曾发生搁浅、触礁、沉没及焚毁等意外事故。平安险虽然对自然灾害造成的部分损失不负赔偿责任,但对自然灾害造成的全部损失应负赔偿责任。本案中,进出口公司投保的是平安险,而所保的货物在船因风暴沉没时全部灭失,发生了实际全损,故保险公司应负赔偿责任,其提出的理由是不能成立的。

 ## 本章思考

1. 解释下列术语:

   班轮运输　　租船运输　　提单适航性　　实际全损　　推定全损　　单独海损
   共同海损　　委付　　代位求偿权
2. 简述提单的法律效力。
3. 试述国际海上货物运输承运人的强制性义务。
4. 简述海上货物运输保险的基本原则。
5. 试述我国海上货物运输保险的主要险别。

学习参考

中欧班列:春光正好

---

① 资料来源:https://doc.wendoc.com/ba956419cdd33cde237aa1dc7.html。

第六章

产品责任法

本章要点

1. 产品责任的概念和特征
2. 产品与产品缺陷的概念
3. 美国产品责任法中确定的三个基本理论
4. 欧共体《关于对有缺陷的产品的责任的指令》的主要内容
5. 中国的产品责任法的主要内容

第一节 概　　述

一、产品责任法的概念和特征

产品责任法是调整有关产品的生产者、销售者和消费者之间基于侵权行为所引起的人身或财产损害赔偿的法律规范的总称。

产品责任不同于买卖合同的质量违约责任。质量违约造成的损失仅限于货物本身的损失,但产品责任造成的损失则是产品给产品以外的人或其他财物造成的损害。例如,出口的儿童玩具质量不合格,构成质量违约责任,但如果不合格的玩具给儿童造成了人身伤害,则还要承担产品责任。

产品责任最初不是一种独立的责任,只是合同责任的一部分。在 20 世纪以前,产品的消费者、使用者在遭受缺陷产品伤害之后,只能以买方的身份向卖方提起违反明示担保或者存在过错或欺诈的民事责任。但是,自工业革命以后,这种救济方法显然不能适应随之而产生的产品大规模的生产和销售。因为大多数产品可能没有明示担保,证明卖方存在过错或欺诈往往也十分困难,最重要的是,如果受伤害者不是产品的买方,则根据法律的规定,其根本无法适用合同法追究卖方的责任。随着科技与生产力的高速发展,产品责任问题不断增多,对消费者造成的损害越发严重,专业化和高技术使得消费者不仅对许多产品失去了识别、检查、防范的能力,缔约能力的不平等也使得消费者不可避免地接受各种免责条款,保护消费者权益成为一个重大的社会问题。如何采取有效的措施保护消费者合法权益的问题受到世界各国的普遍重视。

产品责任的法律特征包括:① 它由产品缺陷所引起;② 它是一种侵权责任,而且一般适用严格责任原则,区别于货物买卖法中的违约责任;③ 它是一种损害赔偿责任,其赔偿金额比一般货物买卖法索赔的赔偿金额要大得多。

二、产品责任法的几个重要术语

(一) 产品(products)

1. 美国

按照美国《统一产品责任示范法》的规定,产品是具有真正价值的、为进入市场而生产的,能够作为组装整件或者作为部件、零售交付的物品,但人体组织、器官、血液组成成分除外。出于保护产品使用者的基本公共政策的考虑,法官们的态度倾向于更广泛、更灵活的产品定义,即无论此物品是用于工业还是农业,只要因使用它而引起伤害,就可视为引发产品责任的"产品"。

2. 欧盟

按照1985年欧共体[①]《关于对有缺陷的产品的责任的指令》的规定,产品是指可以移动的物品,不包括初级农产品和戏博用品。但各成员国可通过国内立法,将上述两种产品包括在产品的定义范围之内,至于经过工业加工的农产品则包括在产品的范围内。

3. 中国

我国《产品质量法》所规定的产品范围较窄,包括经过加工、制作并用于销售的产品。建设工程不适用《产品质量法》的规定,但是,建设工程所使用的建筑材料、建筑构件和设备属《产品质量法》所称的产品范围。我国《产品质量法》规定的产品不包括初级农产品、未经加工的天然形成的物品和军工产品。

(二) 产品缺陷

各国产品质量法都要求受到伤害的产品使用者提供致人伤亡或引起财产损失的产品存在缺陷(defects)的证明,否则将不能得到赔偿。但对什么是产品缺陷并未做明确、具体的解释,只做了概括的抽象说明。

1. 美国

美国法一般认为,具有不合理的危险性或过分不安全的产品就是有缺陷的产品。法院一般采用以下两个标准来确定某项产品是否具有不合理的危险性。

(1) 消费者对产品安全性的期望。这是指一项产品应该具备普通消费者或使用者在可预见的该产品的可能使用范围内认为它应该具有的安全性。若产品不具备此种安全性即被认为有缺陷。

---

① 欧共体,全称欧洲共同体,欧盟的前身。1951年4月18日,法国、联邦德国、意大利、荷兰、比利时和卢森堡六国在法国巴黎签署关于建立欧洲煤钢共同体条约(又称《巴黎条约》)。1952年7月25日,欧洲煤钢共同体正式成立。1957年3月25日,前述六国在意大利首都罗马签署旨在建立欧洲经济共同体和欧洲原子能共同体的条约(又称《罗马条约》)。1958年1月1日,欧洲经济共同体和欧洲原子能共同体正式组建。1965年4月8日,六国在比利时首都布鲁塞尔又签署《布鲁塞尔条约》,决定将欧洲煤钢共同体、欧洲经济共同体和欧洲原子能共同体合并,统称"欧洲共同体"。1967年7月1日,《布鲁塞尔条约》生效,欧共体正式诞生。1993年11月1日,根据共同体内外发展的需要,欧共体正式易名为欧洲联盟。

（2）效益-危险性分析。法院如果认为某项产品对社会的用途远超过其具有的潜在危险性就不认为它有缺陷；反之，则视其为有缺陷的产品。这一方法常被用来判定某项产品的设计是否存在缺陷。

2. 欧盟

欧共体《关于对有缺陷的产品的责任的指令》对缺陷的定义采用客观标准，即在考虑所有情况后，如果某产品未能提供一般消费者有权期待的安全，则该产品就是有缺陷的产品，所有应考虑的情况包括：产品的使用说明、合理预期的使用目的及产品投入流通的时间等。

3. 中国

我国《产品质量法》第46条规定："本法所称缺陷，是指产品存在危及人身、他人财产安全的不合理的危险；产品有保障人体健康和人身、财产安全的国家标准、行业标准的，是指不符合该标准。"

想一想

有危险的产品、质量不合格的产品都是有缺陷的产品吗？

三、产品责任法与相关法律的关系

（一）产品责任法与买卖法

产品责任法与买卖法有一定的联系，因为买卖法中有关卖方对货物的品质担保责任的规定同产品责任法的某些要求有着共通之处。但就法律性质而言，产品责任法与买卖法是不同的。买卖法属于私法范畴，它的规定大多数是任意性的；而产品责任法则属于社会经济立法范畴，它的有关规定或原则大多是强制性的。

（二）产品责任法与消费者权益保护法

产品责任法主要是确定产品的制造者和销售者对其生产或销售的产品所应承担的责任。产品责任法的主旨是加强生产者的责任，保护消费者的利益。因此，产品责任法是一种保护消费者的法律。

（1）各国法对产品责任的规定甚严，强化了生产者的义务，有利于最大限度地保护消费者的合法权益。

（2）各国的法律包括产品责任法是保护消费者权益的重要法律工具。各国产品责任的归责原则大多采用严格责任，表明在处理生产者与消费者关系上，从保护以生产者利益为重转到了以保护消费者利益为重。

（3）各国的产品责任法始终将充分保护消费者权益原则贯穿其中。

第二节　美国的产品责任法

一、产品责任的理论

在西方国家中,美国的产品责任法发展得最早,也最完备。在其发展演变的过程中,先后产生了以下理论。

(一) 疏忽责任理论

疏忽责任理论(theory of negligence),是指由于生产者和销售者的疏忽致使产品有缺陷,而且由于这种缺陷使消费者或其他第三人的人身或财产遭到损害,对此,该产品的生产者和销售者应承担责任。

该原则源于1916年的"麦克弗森诉别克汽车公司案",该案为消费者对制造厂商提起产品责任之诉不需有合同关系开辟了道路。法院认为,如果一件产品粗枝大叶地制造出来会对人身造成威胁时,就是一种危险品,若该产品由直接购买者以外的人不经检查就使用,那么不需要考虑合同关系是否存在,制造者负有谨慎制造的义务;如果违反了这个义务,制造者得负责赔偿由此给消费者造成的损失。自此,美国司法实践在处理产品责任时,确立了"基于侵权行为而承担责任"的原则。即当原告以疏忽为由对被告起诉时,可以从各个不同的方面证明被告有疏忽,比如:原告可以证明产品的设计有缺点,也可以证明被告对产品的危险性没有作充分的说明或提醒消费者注意,还可以证明被告在生产、经销该产品时违反了联邦或州的有关这种产品的质量、检验、广告或推销方面的规章、法令,而违反这种规章、法令的本身就是一种疏忽行为。但是在现代化大生产条件下,原告要证明被告有疏忽往往是比较困难的。因此在实际诉讼中,法官逐渐倾向于对原告采取减轻举证责任的态度。

 评一评

1916年美国的"麦克弗森诉别克汽车公司案"①

【案情】　被告别克汽车公司向汽车零售商出售一辆别克汽车,零售商又把此车售给原告麦克弗森。由于一车轮在制造上有缺陷,因而汽车在行进中突然翻倒并导致原告麦克弗森受到伤害。有关证据表明,如果事前被告对车轮进行合理的检查就能发现其缺陷,但被告没有这样做。而由于原告并非直接从被告那里直接购得该汽车,所以被告应否承担过失责任,尚属疑问。这成为该案处理的关键问题所在。

【评析】　卡多佐法官引证了许多先例,试图从诸多先例中归纳出适用本案的法律规则,如1852年的托马斯诉温切斯特案件,被告由于过失把颠茄剂这一毒药贴成蒲公英制剂的标

---

① 资料来源:http://www.law-lib.com/lw/lw_view.asp?no=538。

签,出售给药剂师。药剂师又将此药卖给原告导致原告中毒。法院判原告胜诉,认为把毒药贴错标签会给任何得到它的人带来急迫的危险,不论药物的合法使用者是否与被告有合同关系,其都应负过失责任。而 1882 年的"德夫林诉史密斯案"中,被告制造有一缺陷的脚手架卖给油漆师,结果油漆师的雇员从脚手架上跌下致死。法院判决原告胜诉,理由是像脚手架这样的东西,如果在制造上有问题是极其危险的。被告知道脚手架是给工人用的,因此,不仅对与其有合同关系的油漆师,而且对与其无合同关系的工人,被告都有确保质量的义务。在 1909 年的"斯塔特勒诉雷制造公司案"中,原告从批发商那里买得一个被告制造的大咖啡壶,由于咖啡壶做工有缺陷,因此其在加热过程中爆炸导致原告严重受伤,法院判决原告胜诉。因为像咖啡壶这类东西,如果有制造上的问题,就会在使用中给许多人带来严重的危险。

通过考察这些先例及其他先例,卡多佐法官得出了适用本案的法律规则。他在判决中指出:具有急迫危险性的产品概念并不局限于毒药、爆炸物或其他同类物品,而应扩大到对人身有危险性的一切物品中。如果一件物品在制造上有过失,依其本质,可合理确定将使人的生命和躯体处于危险之中,那么它就是一件危险物品。除此项危险因素之外,制造商若知悉该物品将由购买者之外的第三人不经检验而使用,则无论有无契约关系,该危险品的制造者都负有仔细加以制造的义务和责任。卡多佐法官在该案中宣布:制造商给予注意的责任不受合同关系的限制,受害人无须与制造商有相互关系即可获得赔偿。纽约州法院依此判定别克汽车公司应向麦克弗森承担过失责任。

(二) 担保责任理论

担保责任理论(theory of breach of warranty),是指生产者或者销售者违反了对货物的明示或默示担保义务,致使产品质量或性能存在某种缺陷或瑕疵,并对消费者的人身或财产造成损失时,生产者或销售者应当承担责任。

在美国早期的审判实践中,以产品担保责任为由提起产品责任诉讼的原告仅限于与被告有直接合同关系的人。这种限制对保护消费者的合法权益极其不利。1932 年美国华盛顿州最高法院在"巴克斯特诉福特汽车公司"一案中,取消了这种限制。

 评一评

巴克斯特诉福特汽车公司案

【案情】 1932 年,美国人巴克斯特从某销售商处购买了一辆福特牌汽车。有一天,他开着汽车在公路上行驶,一辆和他并排行驶的汽车卷起一块石头打碎了福特车的挡风玻璃,使巴克斯特的眼睛受伤,后来失明了。巴克斯起诉到法院,认为福特车的汽车玻璃的安全性与广告宣传中的承诺不符,要求赔偿损失。经查,福特汽车公司曾在其广告中表明其汽车玻璃不会破裂。

【评析】 法院判决认为:制造商借着广告向一般消费者做广泛陈述,若因其陈述虚伪而导致消费者受损,则基于诚实信用原则,制造商应承担明示保证责任,因为原告相信了被告在广告中的说明。

这个判例首次使明示担保责任突破了契约关系的限制,将责任范围扩大到契约外第三人。"公共政策"因素和"卖方负有社会责任"理论是其理论基础。

在以担保责任为由提起诉讼时,原告无须证明被告有疏忽,只需证明产品确有缺陷或损害事实,就可以要求被告赔偿损失。与疏忽理论相比,原告方更容易举证,但该理论也存在一些局限性:(1) 买方必须在发现瑕疵后立即通知卖方,如果发现瑕疵后不停止使用,或发现后拖很长时间才通知,卖方就不负责任;(2) 买方必须是依赖卖方的建议而做出购买决定的。如果买方是根据自己的判断而决定购买的,卖方就不负责任;(3) 根据《美国统一商法典》(简称 UCC),卖方可以不承认某些法律规定的担保条件,比如买方可以在买卖合同中明文宣布"本合同不存在质量担保"或者通过其他形式来否认担保的存在;(4) 根据 UCC 第 2-316 条,第 2-719 条规定,默示担保可以被排除或修改,对违反默示担保的补偿可以减轻或限制。

(三) 严格责任理论

严格责任理论是一种新发展起来的、对消费者最有利的责任理论。严格责任又称无错责任,即只要产品存在缺陷,对使用者具有不合理的危险,并使其人身或财产遭受损害,该生产者和销售者就应对此承担赔偿责任。

该责任制度是在 1963 年的"格林曼诉尤巴电力公司案"中确立下来的。到了 20 世纪 70 年代,美国已有 2/3 的州采用严格责任制度。严格责任是一种侵权责任。原告不需要与被告存在合同关系,而且任何产品的受害人,无论是买主,还是第三人,都可以追究产品生产者、销售者的责任。在该责任制度下,原告所负的举证责任最小,但要想得到赔偿,仍须证明三点:① 产品存在缺陷。美国《统一产品责任示范法》将缺陷分为:制造缺陷、设计缺陷、警示缺陷和说明缺陷。② 产品投入流通时缺陷就已存在。③ 产品缺陷直接造成了损害。

 评一评

"格林曼诉尤巴电力公司产品"案

【案情】 1955 年,原告格林曼的夫人为他购买了一种组合电动工具。两年后,原告使用这套工具做车床旋一块大木头,制作高脚酒杯,不料一块木头从机器中飞出来撞击到格林曼的头部,致其重伤。经检查,该电器属于有缺陷的产品,它与事故有直接关系。

【评析】 法院判决原告胜诉。通过该案,加州最高法院制定了具有里程碑意义的规则,现在一般通称为格林曼规则:"当一个制造商将一件产品投放市场时,明知其将不经检查缺陷而使用,如果此项产品表明含有致使人受到伤害的缺陷,那么制造商在侵权方面负有严格的责任。"严格责任使得原告无须举证被告的过失,而只需举证产品的缺陷及缺陷与损害之间的因果关系,对产品责任而言,整个焦点由制造者的行为转向了产品,这无疑对使用者是极为有利的。

练一练

下列各项理论中,不属于美国产品责任法的法学理论依据是(　　)。
A. 疏忽责任理论　　　　　　　B. 担保责任理论
C. 违反条件理论　　　　　　　D. 严格责任理论

【参考答案】C

二、产品责任的承担

承担产品责任的原则也叫产品责任归责原则,是指产品责任归属所依据的法律准则或标准,它分为主观归责和客观归责。

1. 过失责任原则

所谓过失责任是指由于生产者和销售者的疏忽,造成产品缺陷,致使消费者的人身或财产受损害所应负之责任。有过失才会有责任,无过失则无责任。

在过失责任基础上,原告如以过失责任请求损害赔偿时,应至少提出外表上认为有过失的证据;如原告未举证,法院即以诉讼不存在等为由,判决原告败诉。因此,凡是原告举出以下证据的,即可推定被告之过失:① 其损害非生产者之过失不应发生;② 该损害系由曾在被告管理或支配下之产品所引起;③ 该损害并非因原告之行为所致等事实。另外,如果被告不能证明自己没有过错,那么就推定被告存在过失(过错推定原则),应赔偿原告的损失。

2. 严格责任原则

严格责任又称侵权行为法上的无过失责任,是新近发展起来的一种产品责任理论。按照严格责任原则,只要产品有缺陷,对消费者和使用者具有不合理的危险,并因此使他们的人身或财产受损,该产品的生产者和销售者都应对此负责。

受害人有下列条件的,即可提出赔偿要求:① 产品中存在有缺陷。② 缺陷是造成伤害或损失的实质性因素;产品是按照正常预定的方式使用的;使用人虽已尽了合理的注意,但未能发现缺陷并未能意识到产品的危险;受害人虽已尽了合理的注意但无法避免伤害和损失。这是早期的严格产品责任。因其产生于重要的商业区纽约的"卡德林诉派格利亚"一案中,故也被称为纽约原则。

3. 市场份额原则

严格责任有时会无法解决受害人的赔偿请求,因此,美国的"市场份额说"不失为对严格责任补充的好办法。美国许多法院基于对公平正义的考虑,允许消费者请求产品对其有危害的所有制造商按产品出售时占有的市场份额来分摊责任,即依照市场份额责任原则处理案件。

三、美国产品责任法的主要内容

（一）产品

虽然美国《统一产品责任示范法》给"产品"做了一个界定，但在美国审判实践中，法官倾向于采用更广泛、更灵活的产品定义。例如，1978年的"哈雷斯诉西北天然气公司"案，法官将天然气纳入了产品范围；在"兰赛姆诉威廉康星电力公司"案中，电被确认为产品；科罗拉多州法院曾将血液视为产品。

（二）产品责任中的责任主体

产品责任主体就是产品责任的承担人。综观各国立法，一般有两种立法方式：① 单一主体说，即将生产者作为责任的承担者，有的国家对生产者做扩大解释，涵盖了销售者、进口商等，比如《欧共体产品责任指令》的规定；② 复合主体说，以美国为代表，美国将产品的制造者和销售者作为产品责任的主体。"制造者"包括在产品出售给使用者或消费者之前，设计、生产、制作、组装、建造或者加工产品的人，还包括"实际不是但自称是制造者"的产品销售实体；"销售者"包括产品制造者、批发商、出租人、经纪人。责任承担人的范围比欧洲各国更为广泛。

（三）产品责任中的权利主体

根据美国《统一产品责任示范法》第102条的规定，产品责任诉讼的"索赔人"是指因遭受损害而提出产品责任索赔的自然人或实体。这里的"损害"包括：① 财产损害；② 人身肉体伤害、疾病和死亡；③ 由人身肉体伤害、疾病和死亡引起的精神痛苦或情感伤害；④ 由于索赔人被置于直接人身危险的境地而引起的并表现为实际存在的他觉症状的精神痛苦或情感伤害。

（四）损害赔偿

1. 损害赔偿的范围

通常情况下，原告可以从以下四个方面提出损害赔偿请求：

（1）对人身伤害的损害赔偿。它包括痛苦与疼痛、精神上的痛苦和苦恼、收入的减少和挣钱能力的减弱、合理的医疗费用、身体残废等。

（2）财产损失的赔偿。比如替换或者修复受损坏的财产而支出的合理费用。需要注意的是，财产损害的范围并不包括直接或间接的经济损失，这些损失属于合同的范畴。

（3）商业上的损害赔偿。这通常是指有缺陷的产品的价值与完好、合格产品的价值之间的差价。

（4）惩罚性的损害赔偿。这是美国赔偿制度上的一个特点。它专门用于惩罚那些生产、销售行为中全然置公共政策于不顾的恶意、轻率行为。《统一产品责任示范法》规定："原告通过明显的和令人信服的证据证明，由于产品销售者对产品使用者、消费者或可能受到产品损害的其他人员的安全采取轻率漠视态度,致使原告遭受损害的,原告可得到惩罚性损害赔偿。"

2. 损害赔偿的限额

在美国赔偿制度中,还有一个特点是精神损害的赔偿数额较大,在赔偿总额中所占的比重也较大,但《统一产品责任示范法》中对其也有相应限制:金额不得超过2 500美元,或不得超过金钱性损害赔偿金额的2倍(注:精神损害赔偿属于非金钱性损害赔偿),以二者中少者为准。但是以下情形例外:原告通过优势证据证明,产品使原告遭受严重的和永久的或长期的毁容、身体机能的损坏、痛苦和不适、精神疾病。

(五) 诉讼时效

关于诉讼时效的规定,美国各州的规定差异较大。《统一产品责任示范法》建议,一般诉讼时效为2年,从原告发现或者在谨慎行事情况下应当发现产品的损害及其原因时起算。该法还规定了最长的诉讼时效为投入流通10年,除非明示的安全期限长于10年。

第三节　欧洲各国的产品责任法

欧洲各国的产品责任立法比美国发展较晚,主要是在20世纪80年代以后才开始相继制定各自的产品责任法。而各国国内法的不统一妨碍了竞争,妨害了共同市场内部的自由商品流通,并形成了对消费者合法权益保护不公平的情形。因此各国陆续通过了以下两个比较重要的公约。

一、《斯特拉斯堡公约》

该公约的全称为《欧洲共同体关于造成人身伤害和死亡的产品责任的欧洲公约》。1977年1月27日欧洲理事会各成员国正式签订了该公约,共17条,第13条第2款的规定,该公约已经在比利时、奥地利、法国三个国家批准生效。

《斯特拉斯堡公约》的主要内容如下。

1. 适用范围

该公约适用于因生产者提供的产品存在缺陷而造成消费者人身伤害或死亡的赔偿问题。

2. 应负产品责任的生产者范围

该公约将四类人列入生产者的范围:① 制造商。产品或零配件的制造商以及天然气产品的生产者,这是基本主体。② 产品进口商。任何以将产品投入流通为目的的按商业通常管理的进口产品者。③ 名称或商标出示者。任何使自己的名字、商标或者其他识别特征出现在商品上而将其作为自己的产品出示者。④ 产品供应商。产品没有标明任何生产者的身份时,则每个供应商应被视为公约所指的生产者,并承担同样的责任,除非根据索赔人的要求,供应者在合理的时间内披露生产者或向其提供产品者的身份。

3. 归责原则

根据《斯特拉斯堡公约》的规定,对生产者所承担的产品责任采取严格责任原则,只要是产品的缺陷造成的人身伤害或死亡,生产者就应承担产品责任。

4. 生产者的抗辩事由

在下列情形时,生产者可以减免其产品责任:① 产品未投入流通;② 产品投入流通时,所造成损害的缺点或缺陷并不存在,或产品缺陷是投入流通以后产生的;③ 该产品制造的目的不是为销售、出租或其他经济目的,而且不是按照通常商业做法制造或分销的;④ 损害是由受害人或索赔人自身的过失造成的。

5. 赔偿限额

《斯特拉斯堡公约》规定,对产品责任的损害赔偿范围仅限于人身伤亡,不包括其财产所造成的损失。该公约附则中规定,缔约国可以声明保留由国内法规定的赔偿限额的权利,但对每一死者或遭到人身伤害的受害人的赔偿额不得少于相当于 7 万特别提款权的国内货币,有相同缺陷的同一产品造成的全部损害赔偿不得少于 1 000 万特别提款权的国内货币。

6. 诉讼时效

索赔人的诉讼时效为自其知道或应当知道损害、缺陷及生产者身份之日起算 3 年;生产者的负责时效为其造成损害的产品投入流通之日起 10 年。

二、欧共体《关于对有缺陷的产品的责任的指令》

欧共体部长理事会于 1985 年 7 月 25 日通过了《关于对有缺陷的产品的责任的指令》(以下简称《指令》),在欧共体范围内统一确立了缺陷产品致害的严格责任原则,并要求成员国在 1988 年 8 月 1 日以前采取相应的国内立法予以实施。当然,成员国在部分问题上有取舍的权利,如损害赔偿额的上限规定等。截至 2003 年 2 月,欧盟 15 国均完成了相应的国内立法程序,各国在产品责任的基本问题上基本达成了统一。从 2004 年 5 月 1 日起,欧盟成员国数量已达到了 25 个,而欧盟东扩的进程仍在继续,这些新加入的国家也必然要对国内法做相应调整,以与《指令》趋同。

《指令》的主要内容如下。

1. 产品责任主体

《指令》只规定了一类责任主体,即生产者,但通过列举方式扩大了生产者的内涵,将销售者、进口商等责任人也纳入其中。

2. 关于缺陷的定义

《指令》对缺陷的定义采用客观标准。如果产品不能提供人们有权期待的安全性,即属于缺陷产品。在确定产品是否有缺陷时需要考虑各种情况,其中包括:产品的状况、对产品的合理预期的使用和把产品投入流通的时间,不能因为后来有更好的产品投入市场,就认定之前的产品有缺陷。对产品的操作、使用说明书,也是涉及产品安全性的因素之一。例如,20 世纪 60 年代,汽车座位上都没有安全带,当时不认为这种汽车有缺陷,但到 20 世纪 80 年代如果汽车没有安全带则会被认为是一种缺陷。

3. 产品责任的抗辩事由

包括:未将产品投入流通;缺陷在产品投入流通时并不存在;产品非生产者为销售或经济目的而制造或分销,为使产品符合强制性法规而导致缺陷;产品投入流通时的科技水平不能发现缺陷存在;零部件制造者能证明缺陷是由于装有该零部件的产品设计或制造者的指示造成。

4. 严格责任原则

在产品责任诉讼中,消费者只需证明损害事实和产品缺陷的事实,以及二者之间存在因果关系,即可以使产品的责任人承担赔偿责任,而无须证明责任人有过失。

5. 时效

提起产品责任诉讼的时效期间为 3 年,自受害方应该知道损害、缺陷的存在以及生产者时起算。但产品进入流通后满 10 年后,生产者对产品缺陷造成的损害不承担责任。

第四节 中国的产品责任法

一、产品责任法的适用范围

自改革开放以来,我国制定了一系列有关产品责任的法律法规,其中,最主要的是 1993 年 2 月 22 日第七届全国人民代表大会常务委员会第三十次会议通过的《中华人民共和国产品质量法》(以下简称《产品质量法》),2000 年 7 月,全国人大常委会对其进行了修订,自 2000 年 9 月 1 日起施行。本节的内容就是基于这部法律。

《产品质量法》第 2 条规定,在我国境内从事产品生产、销售活动,必须遵守产品质量法。而这里所称"产品"是指经过加工、制作,用于销售的产品。另外需要注意两点:一是建设工程不适用该法规定,但是建设工程使用的建筑材料、建筑构配件和设备,属于上述规定的产品范围的,适用《产品质量法》规定。二是因核设施、核产品造成损害的赔偿责任,法律、行政法规另有规定的,依照其规定。

二、产品质量监督管理

(一) 产品质量监督管理体制

产品质量监督管理体制是产品质量监督管理机构及其职权的统称。根据《产品质量法》的规定,我国产品质量监督管理体制的基本内容如下:国务院产品质量监督部门主管全国产品质量监督工作,国务院有关部门在各自的职责范围内负责产品质量监督工作;县级以上地方产品质量监督部门主管本行政区域内的产品质量监督工作,县级以上地方人民政府有关部门在各自的职责范围内负责产品质量监督工作。法律对产品质量的监督部门另有规定的,依照有关法律的规定执行。

(二) 产品质量监督管理具体制度

1. 产品标准

我国的产品标准包括国家标准、行业标准、地方标准、企业标准等。如果生产可能危及人体健康和人身、财产安全的工业产品,必须符合保障人体健康和人身、财产安全的国家标准、行业标准;未制定国家标准、行业标准的,必须符合保障人体健康和人身、财产安全的要求。禁止生产、销售不符合保障人体健康和人身、财产安全的标准和要求的工业产品。具体管理办法由国务院规定。

2. 质量认证制度

(1) 企业质量体系认证制度。企业质量体系认证是对企业的质量体系和质量保证能力进行的审核。根据《产品质量法》第14条规定:"国家根据国际通用的质量管理标准,推行企业质量体系认证制度。企业根据自愿原则可以向国务院产品质量监督部门认可的或者国务院产品质量监督部门授权的部门认可的认证机构申请企业质量体系认证。经认证合格的,由认证机构颁发企业质量体系认证证书。"

(2) 产品质量认证制度。产品质量认证制度是指依据具有国际水平的产品标准和技术要求,经过认证机构确认,并通过颁发认证证书和产品质量认证标志的形式,证明产品符合相应标准和技术要求的制度。

产品质量认证分为两类:一是安全认证,一般为强制认证,它是对商品在生产、储运、使用过程中是否具备保证人身安全与避免环境遭受危害等基本性能的认证;二是合格认证,一般为自愿性认证,它是依据商品标准的要求,对商品的全部性能进行的综合性质量认证。实行合格认证的产品,必须符合《中华人民共和国标准化法》规定的国家标准或者行业标准的要求。

3. 监督检查制度

国家对产品质量实行以抽查为主要方式的监督检查制度,对可能危及人体健康和人身、财产安全的产品,影响国计民生的重要工业产品以及消费者、有关组织反映有质量问题的产品进行抽查。抽查的样品应当在市场上或者企业成品仓库内的待销产品中随机抽取。监督抽查工作由国务院产品质量监督部门规划和组织。县级以上地方产品质量监督部门在本行政区域内也可以组织监督抽查。法律对产品质量的监督检查另有规定的,依照有关法律的规定执行。抽查时需要注意以下问题:① 国家监督抽查的产品,地方不得另行重复抽查;上级监督抽查的产品,下级不得另行重复抽查。② 根据监督抽查的需要,可以对产品进行检验。检验抽取样品的数量不得超过检验的合理需要,并不得向被检查人收取检验费用。监督抽查所需检验费用按照国务院规定列支。③ 生产者、销售者对抽查检验的结果有异议的,可以自收到检验结果之日起15日内向实施监督抽查的产品质量监督部门或者其上级产品质量监督部门申请复检,由受理复检的产品质量监督部门做出复检结论。

三、产品质量责任与义务

(一) 生产者的产品质量责任与义务

1. 保证产品内在质量

保证产品内在质量是生产者的首要义务。根据《产品质量法》的规定,产品质量应当符合下列要求:

(1) 不存在危及人身、财产安全的不合理的危险,有保障人体健康和人身、财产安全的国家标准、行业标准的,应当符合该标准。这是法律对产品质量最基本的要求。

生产者要保证其产品不存在危及人身、财产安全的不合理的危险,首先应当在产品设计上保证安全、可靠。产品设计是保证产品不存在危及人身、财产安全的不合理危险的基本环节。其次,在产品制造方面保证符合规定的要求。制造是实现设计的过程,在实际经济生活中,制造上的缺陷往往是导致产品存在危及人身、财产安全的不合理的危险的主要原因。

资料卡

产品缺陷与产品瑕疵的不同

产品缺陷,实质是指产品缺乏合理的安全性,即存在危及人身、财产安全的不合理危险。判断某产品是否存在缺陷的标准是看该产品是否存在不合理危险。

产品瑕疵,是指产品不具备应当具备的使用性能,或者所具备的性能低于明示的产品标准,但不存在危及人身、财产安全的不合理危险。判断某产品是否存在瑕疵是看该产品是否具备通常应当具备的使用性、效用性以及其他约定的品质。

产品缺陷关注的是产品的安全性,而产品瑕疵关注的是产品的效用性,两者的明显区别是产品的安全性。举例说明:电脑经常死机,手机不能正常通话,打火机打不着火,农药不能杀死害虫等这些是产品瑕疵。手机通话时漏电,食物吃了中毒,啤酒瓶开启爆炸,汽车挂前进挡时突然后退造成人员伤亡等致使消费者或第三者的人身、财产受到损害,则属于产品缺陷。

练一练

下列产品中存在《产品质量法》所称的"缺陷"的是(   )。

A. 致人中毒的假酒　　　　　　　B. 口感不佳的劣酒
C. 易醉人的高度酒　　　　　　　D. 突然爆炸炸坏家具的汽酒(原因为气压过高)

【参考答案】AD

(2) 具备产品应当具备的使用性能,对产品存在使用性能的瑕疵做出说明的除外。所谓产品具有应当具有的使用性能,是指某一特定产品应当具有其基本的使用功能,比如电冰箱应当具备制冷性能,保温瓶应当具有保温性能等,并在正常使用条件下应有合理的使用寿命。

具体来说，产品应当具有使用性能主要体现在两方面：一是在产品标准、合同、规范、图样和技术要求以及其他文件中明确规定的使用性能；二是隐含需要的使用性能。这里的"隐含需要"是指消费者对产品使用性能的合理期望，通常是被人们公认的、不言而喻的、不必做出规定的使用性能方面的要求。

(3) 产品质量应当符合明示的质量状况，即产品质量应当符合在产品或者其包装上注明采用的产品标准，符合以产品说明、实物样品等方式表明的质量状况。这是法律对生产者保证产品质量所规定的明示担保义务。

练一练

下列选项中，(　　)属于生产者对产品质量的默示担保义务。
A. 电冰箱应当具备制冷的功能
B. 家具应当符合以实物样品标明的质量状况
C. 保健食品所含主要成分及其含量应当与其产品说明吻合
D. 燃气热水器应当符合保障人身、财产安全说明所列标准

【参考答案】AD

2. 产品包装标识义务

根据《产品质量法》规定，产品或者其包装上的标识必须真实，并符合下列五项要求。

(1) 有产品质量检验合格证明。合格证明包括合格证、合格印章等各种形式。合格证的项目内容，由企业自行决定。出厂产品的检验，一般由生产自身设置的检验部门进行检验。对于不具备检测能力和条件的企业，可以委托社会产品质量检验机构进行检验。

(2) 有中文标明的产品名称、生产厂厂名和厂址。这里所称的用中文标明，是指用汉字标明，根据需要，也可以附以中国民族文字。

(3) 根据产品的特点和使用要求标注产品标识。具体来说，就是根据产品的特点和使用要求，需要标明产品规格、等级、所含主要成分的名称和含量的，用中文相应予以标明；需要事先让消费者知晓的，应当在外包装上标明，或者预先向消费者提供有关资料。

(4) 限期使用产品的标识要求。对于限期使用的产品，应当在显著位置清晰地标明生产日期和安全使用期或者失效日期。

所谓限期使用的产品，是指具备一定使用期限，并且能够在此期限内能够保证产品质量的产品。例如食品、药品、农药、化肥、水泥、化妆品、饮料等产品，都应当具有一定的使用期限。所谓安全使用期，一般是泛指保证产品质量的期限。安全使用期包括保质期、保存期、有效期、保鲜期等。

(5) 涉及使用安全的标识要求。对于使用不当容易造成产品本身损坏或者可能危及人身、财产安全的产品，要有警示标志或者中文警示说明，裸装的食品和其他根据产品的特点难以附加标识的裸装产品，可以不附加产品标识。

所谓警示标志,是指用以表示特定的含义,告诫、提示人们应当对于某些不安全因素引起高度注意和警惕的图形。例如,表示剧毒、危险、易燃、易爆等意思,均有专用的对应的图形标志。所谓中文警示说明,是指用来告诫、提示人们应当对不安全因素引起高度重视和警惕的中文文字说明。中文警示说明也可以理解为用中文标注的注意事项。一般标注在产品或者产品说明书、产品外包装上。例如在燃气热水器上注明"注意室内通风"字样。总之,对上述产品标注中文警示说明和警示标志是为了保护被使用的产品免遭损坏,保护使用者的安全、健康。

《产品质量法》第 28 条规定:易碎、易燃、易爆、有毒、有腐蚀性、有放射性等危险物品以及储运中不能倒置和其他有特殊要求的产品,其包装质量必须符合相应要求,依照国家有关规定作出警示标志或者中文警示说明,标明储运注意事项。

练一练

下列产品中,应有警示标志或中文警示说明的有(　　)。

A. 有副作用的药品　　　　　　　B. 需稀释方可使用的农药
C. 易燃易爆物　　　　　　　　　D. 书籍

【参考答案】ABC

评一评

橄榄油保质期标注不当,超市是否退货①

【案情】 原告刘某因所购买的商品保质期标注不当,将被告某仓储超市起诉至北京市西城区人民法院,要求退货并 10 倍赔偿。

原告起诉称,2010 年 1 月 12 日,其在被告处购买了 6 瓶进口橄榄油,共计花费 669.80 元。该产品瓶身显著位置贴有中文标签,其中生产日期标注为"310/31-10-08",保质期标注为"10-2010"。刘先生认为该橄榄油保质期标注不符合国家规定,故诉请法院判令被告返还购物款并 10 倍赔偿,并由被告赔偿误工费、承担诉讼费。

被告某超市辩称,其销售的食品的日期标注方式并未违反国家标准,只是不符合原告的消费习惯。且该产品经过质量部门检验,并通过海关合法途径进入国内销售,不存在违反食品安全法的情形。故不同意原告的全部诉讼请求。

【评析】 法院经审理后认为:消费者享有知悉其购买、使用的商品或者接受的服务的真实情况的权利。在我国销售的进口产品,应该遵守我国的法律规定,应在产品的显著位置标明生产日期和保质期,并且日期的标注格式应该符合我国相关法律规定及大众的消费习惯,即应按年、月、日的顺序标示日期。被告作为销售者,其未按国家有关规定适当地标注产品的生产日期和保质期,上述做法欠妥,故原告要求被告退货并返还货款的诉讼请求,法院予以支持。原告未举证证明被告销售的产品存在食品安全问题,故原告要求被告赔偿 10 倍

① 资料来源:https://www.chinacourt.org/article/detail/2010/06/id/411905.shtml。

货款的诉讼请求,法院不予支持。原告要求被告赔偿误工费的诉讼请求没有事实和法律依据,法院不予支持。最终,法院判决该超市为原告退货并退还货款,并驳回了原告的其他诉讼请求。

3. 生产者的禁止性义务

根据《产品质量法》的规定,产品生产者的禁止性义务主要包括:① 生产者不得生产国家明令淘汰的产品;② 生产者不得伪造产地,不得伪造或者冒用他人的厂名、厂址;③ 生产者不得伪造或者冒用认证标志等质量标志;④ 生产者生产产品,不得掺杂、掺假,不得以假充真、以次充好,不得以不合格产品冒充合格产品。

(二) 销售者的产品质量责任与义务

《产品质量法》对销售者的产品质量义务做了具体规定,上述生产者的产品包装标识义务与禁止性义务也适用于销售者,除此之外,销售者的义务还包括:

1. 进货检验义务

销售者应当建立并执行进货检查验收制度,验明产品合格证明和其他标识。执行进货检查验收制度,不仅是保证产品质量的一个措施,也是保护销售者自身合法权益的一个措施。销售者对所进货物经过检查验收,发现存在产品质量问题时,可以提出异议,经进一步证实所进产品不符合质量要求的,可以拒绝验收进货。如果销售者不认真执行进货检查验收制度,对不符合质量要求的产品,予以验收进货,则产品质量责任随即转移到销售者这一方。因此,销售者必须认真执行进货检查验收制度。

2. 保持产品质量义务

销售者应当采取措施,保持销售产品的质量。销售者不得销售国家明令淘汰并停止销售的产品和失效、变质的产品。《产品质量法》赋予销售者这一义务是为了促使其增强对产品质量负责的责任感,加强企业内部质量管理,增加对保证产品质量的技术投入,从而保证消费者购买产品的质量。

四、损害赔偿

(一) 归责原则

产品质量的归责原则,是指生产者、销售者就产品缺陷所致的损害应承担何种形式的责任。这里所称的缺陷,是指产品存在危及人身、他人财产安全的不合理的危险;产品有保障人体健康和人身、财产安全的国家标准、行业标准的,是指不符合该标准。根据《产品质量法》第 41 条和第 42 条的规定,我国采取的是严格责任与过错责任相结合的归责原则。

1. 生产者的严格责任

生产者的严格责任,是指因产品存在缺陷造成他人人身、财产损害的,无论生产者处于什么样的主观心理状态,都应当承担赔偿责任。但严格责任不同于绝对责任,它仍然是一种有条件的责任,产品质量法同时规定了三种法定免责条件。确立严格责任的最重要的法律意义在于"举证责任倒置",这使得法律对受害者的保护大大推进了一步。

2. 销售者的过错责任

销售者的过错责任,是指由于销售者的过错致使产品存在缺陷,造成他人人身、财产损害的,其应当承担赔偿责任。但销售者如果能够证明自己没有过错,则不必承担赔偿责任。这种过错是一种推定过错,销售者负有举证责任,否则不能免除赔偿责任。

(二) 损害赔偿责任

1. 销售者的赔偿责任

根据《产品质量法》第40条规定,售出的产品有下列情形之一的,销售者应当负责修理、更换、退货;给购买产品的消费者造成损失的,销售者应当赔偿损失:① 不具备产品应当具备的使用性能而事先未作说明的;② 不符合在产品或者其包装上注明采用的产品标准的;③ 不符合以产品说明、实物样品等方式表明的质量状况的。

销售者依照上述规定负责修理、更换、退货、赔偿损失后,属于生产者的责任或者属于向销售者提供产品的其他销售者(以下简称供货者)的责任的,销售者有权向生产者、供货者追偿。销售者未按照上述规定给予修理、更换、退货或者赔偿损失的,由产品质量监督部门或者工商行政管理部门责令改正。

生产者之间,销售者之间,生产者与销售者之间订立的买卖合同、承揽合同有不同约定的,合同当事人按照合同约定执行。

还需要注意的是,由于销售者的过错使产品存在缺陷,造成人身、他人财产损害的,销售者应当承担赔偿责任。如果销售者不能指明缺陷产品的生产者也不能指明缺陷产品的供货者的,销售者也应当承担赔偿责任。

2. 生产者的赔偿责任

根据《产品质量法》第41条规定,因产品存在缺陷造成人身、缺陷产品以外的其他财产(以下简称他人财产)损害的,生产者应当承担赔偿责任。

需要注意的是,如果生产者能够证明有下列情形之一的,不承担赔偿责任:① 未将产品投入流通的;② 产品投入流通时,引起损害的缺陷尚不存在的;③ 将产品投入流通时的科学技术水平尚不能发现缺陷的存在的。

(三) 求偿对象

因产品存在缺陷造成人身、他人财产损害的,受害人可以向产品的生产者要求赔偿,也可以向产品的销售者要求赔偿。属于产品的生产者的责任,产品的销售者赔偿的,产品的销售者有权向产品的生产者追偿;属于产品的销售者的责任,产品的生产者赔偿的,产品的生产者有权向产品的销售者追偿。

(四) 损害赔偿范围

因产品存在缺陷造成受害人人身伤害的,侵害人应当赔偿医疗费、治疗期间的护理费、因误工减少的收入等费用;造成残疾的,还应当支付残疾者生活自助具费、生活补助费、残疾赔偿金以及由其扶养的人所必需的生活费等费用;造成受害人死亡的,并应当支付丧葬费、死亡赔偿金以及由死者生前扶养的人所必需的生活费等费用。

因产品存在缺陷造成受害人财产损失的,侵害人应当恢复原状或者折价赔偿。受害人因此遭受其他重大损失的,侵害人应当赔偿损失。

想一想

如果购买者将产品赠送给朋友使用,朋友在使用过程中因为产品缺陷而遭到伤害,请问这种情况能否追究商家的产品责任?

(五) 产品责任诉讼

因产品质量发生民事纠纷时,当事人可以通过协商、调解、仲裁与诉讼等方式解决。产品质量责任诉讼由侵权行为地或者被告居住地人民法院管辖。这里的侵权行为地既包括行为发生地也包括行为结果地。侵权行为发生地一般是指缺陷产品已被投放市场的地点,侵权行为结果地是指缺陷产品给消费者造成实际损害的地点。原告可以在以上的三个地点中任选一个法院管辖。

《产品质量法》第45条规定:因产品存在缺陷造成损害要求赔偿的诉讼时效期间为2年,自当事人知道或者应当知道其权益受到损害时起计算。因产品存在缺陷造成损害要求赔偿的请求权,在造成损害的缺陷产品交付最初消费者满10年丧失;但是,尚未超过明示的安全使用期的除外。

评一评

高效审结国际商事案件　明晰产品跨境召回责任
——广东本草药业集团有限公司与意大利贝斯迪大药厂产品责任纠纷案①

【案情】 贝斯迪大药厂(Bruschettini S. R. L)指定香港 Aprontech 公司在中国独家销售细菌溶解物"兰菌净"。2013年11月,本草公司与 Aprontech 公司签订《独家经销协议》,从该公司进口"兰菌净",在内地独家销售。2016年1月,国家食品药品监督管理总局发布公告,要求停止进口"兰菌净",并责令召回。因贝斯迪大药厂未召回"兰菌净",导致本草公司尚未销售的234 719瓶库存产品无法处理。本草公司起诉要求贝斯迪大药厂赔偿其库存产品的损失及利息等。

【评析】 最高人民法院审理认为,本草公司与贝斯迪大药厂未成立合同关系,其不能向贝斯迪大药厂主张合同权利。但贝斯迪大药厂作为生产者,在负有召回义务的情况下,怠于

---
① 资料来源:最高院于2022年2月28日发布第三批"一带一路"建设典型案例。

采取召回措施,给本草公司造成了损失,系不作为方式的侵权,应对本草公司承担侵权赔偿责任。故判决贝斯迪大药厂向本草公司赔偿库存"兰菌净"的损失和利息、分销商退回"兰菌净"的损失和利息、库存的处理费用等。

【典型意义】 该案是最高人民法院第一国际商事法庭实体审理的"第一案",也是其作出的首个国际商事判决。该案根据《最高人民法院关于设立国际商事法庭若干问题的规定》,实行一审终审制,判决一经作出即生效,以公正高效的争议解决优势极大满足了商事主体高效率解决纠纷的需求,并对国际商事法庭的运行和发展做出了有益的探索。该案系因跨境销售的缺陷产品召回而引起的赔偿纠纷。针对境内销售商能否超越合同相对性原则,直接向境外生产商索赔这一法律问题,首次明确了裁判规则,即确认境外生产商作为缺陷产品的最终责任主体,在其怠于履行产品召回责任的情况下,境内销售商可以在履行召回义务后,依据侵权责任法的规定向境外生产商直接主张侵权赔偿责任。该归责原则对今后类似纠纷案件的解决具有示范指导作用。

本章思考

1. 解释下列术语:
   产品责任　疏忽责任　担保责任　过失责任　严格责任　产品缺陷
2. 试述美国产品责任法中确定的三项基本理论。
3. 简述欧共体《关于对有缺陷的产品的责任的指令》中产品缺陷的定义标准。
4. 试述我国《产品质量法》中生产者应承担的产品责任。
5. 试述我国《产品质量法》中销售者应承担的产品责任。
6. 简述我国生产者和销售者各自的产品责任归责原则。

学习参考

共担时代责任,
共促全球发展

第七章

国际商事代理法

第3章

国武术学典大

本章要点

1. 代理与商事代理的含义
2. 代理的内部关系
3. 代理的外部关系
4. 《国际货物销售代理公约》的主要内容
5. 我国外贸代理制度的立法现状

第一节 概 论

一、代理(Agency)的含义

(一) 英美法系代理的含义

英美法系代理制度中代理人与本人关系的理论基础是"同等论",即"将他人的行为视同为本人自己亲自的行为"。因此英美法系所关心的并不是代理人究竟以代理人的身份还是以本人的名义与第三人签约这一表面上的形式,而是更看重商事交易的实质内容,即由谁来承担代理人与第三人签订的合同的责任。

(二) 大陆法系代理的含义

虽然大陆法系国家和英美法系国家关于代理的定义不同,但其核心却是相同的。代理涉及的法律关系一般包括三个方面,即被代理人与代理人的关系、代理人与第三人的关系、被代理人与第三人的关系。大陆法系代理的含义可以界定为代理人在代理权限内,以本人的名义与第三人订立合同或者其他的法律行为,由此产生的权利与义务对本人发生效力。

大陆法系代理制度中的基础理论是"区别论",即严格区别委任与代理权的不同,内部关系与外部关系的区别。这里的"委任",是指委托人(本人)与代理人之间的关系,为内部关系;"代理权"是指代理人代委托人(本人)与第三人签订合同的权利,为外部关系。这种观点强调代理是独立于内部关系的,因此本人不能通过对委托合同中代理人代理权的限制来减轻自己的责任,从这个角度来说,该理论更注重对第三人利益的保护。

练一练

国际商事代理关系中的当事人包括( )。

A. 本人（被代理人）　　B. 代理人　　　　　C. 第三人　　　　　D. 中间人

【参考答案】ABC

二、商事代理

传统意义上的代理，是建立在民事代理制度的基础之上的，随着商事活动的发展，代理行为不断突破传统民事领域代理规则的约束，逐渐在商事领域广泛运用，形成了独具特色的商事代理制度。关于"商事代理"一词，各国立法并未确定其统一的概念，有的称之为"商务代办"或"商业代理"，而有的没有明确称谓，只是混同于民事代理之中。一般认为，商事代理是指代理商以自己的名义或被代理人的名义为被代理人从事交易，并从中获取佣金的经营活动。

与民事代理比较，商事代理具有以下基本特征。

（一）职业性

现代各国商法中一般将商事代理分为两类：一是由商业企业职员实现的代理，二是通过各种代理商（即商事代办）实现的代理。前者属于职务代理或业务代理，这种代理是建立在雇佣关系基础上的隶属关系，其代理权限由法律加以规定，并由企业主或法定代理人以明示方式授予代理权。对于此种代理是否属于商事代理，在各国法律中有不同，大多数大陆法系国家一般不认为其属于商事代理。后者则是专业的代理商，是专门从事各种商事活动的独立的职业代理商，如保险代理人、货物运输中的货代与船代等。根据各国法律，自然人与法人均可成为代理商，但要取得代理商资格，则应当首先取得营业资格，因此代理商和他所代理的企业都是独立的经济个体，他们在营业活动与营业时间上都具有连续性和持续性。

（二）独立性

商事代理关系中的代理商的法律地位是独立的。这种独立性体现在很多方面，如代理商有自己独立的商号、独立的营业场所、独立的账簿，并独立进行商事登记；代理商往往可以自主完成其活动和决定其工作时间；代理商可以以自己的名义与第三人从事被代理人所委托的事项；当第三人的合法权益受到侵犯时，第三人可以独立自主地进行选择是向被代理人求偿，还是要求代理商赔偿等。

（三）灵活性

商事代理的形式显现出更多的灵活性与多样性，代理人既可以以被代理人的名义进行活动，也可以以自己的名义进行活动；商事代理权既可以是一般代理权，又可以是特别代理权；既可以是明示授权，又可以是默示授权；既可以是事前授权，又可以是事后追认。实行如此灵活的制度，主要是为了适应商事活动复杂多变的需要。

（四）有偿性

商事代理都是有偿代理，商事代理人与被代理人之间的合同，是为双方共同利益而订立的。代理人有权按交易的数量和价值抽取佣金。

三、代理的分类

（一）英美法系的规定

根据代理关系的公开程度及本人身份的不同，代理可以分为以下两类。

1. 显名代理

显名代理，也称被代理人身份公开的代理，即代理人明确表示其代理的身份，并公开本人的姓名或名称，代表本人订立合同。合同签订后，代理人即退出代理关系，既不享有权利，也不承担义务。

2. 隐名代理

广义的隐名代理通常有两种情形：一是本人身份不公开的代理，代理人在与第三人签订合同时，既不向其表明自己的代理身份，也不公开本人的姓名或名称。这是隐名代理的典型形式，也可以看作狭义的隐名代理。在这种情况下，代理人应对合同负责。实践中，此种情形主要适用于第三人不愿和本人，而仅愿意单独和代理人进行商事活动的情形。二是本人身份公开但本人姓名不公开的代理。代理人在订约时表示有代理关系存在，表明自己的代理人身份，公开本人的存在，但不指出本人的姓名。这种代理方式有时也称为"不显名代理"。在实际的商事活动中，代理商为了使本人不和第三人建立直接联系，通常采用此种做法。

（二）大陆法系的规定

根据代理的外部关系的不同，代理可以分为以下两类：

1. 直接代理

直接代理，即代理人以本人的名义签订合同，合同直接约束本人与第三人。这里代理人只是代为签订合同，并不承担合同的责任。它相当于英美法系中的显名代理。

2. 间接代理

间接代理，即代理人为本人的利益以自己的名义签订合同。这里本人与第三人没有直接的法律关系，合同并不约束本人。但代理人是为本人利益实施的民事行为，本人是可以加入合同中的，但需要代理人将合同转让给本人之后，本人才可以向第三人主张权利或承担义务。

间接代理与被代理人身份不公开的代理的区别在于：间接代理需要两个合同关系才可建立本人与第三人之间的法律关系；被代理人身份不公开只需由代理人同第三人之间的一个合同就可以建立本人与第三人的法律关系，本人即享有介入权，同时第三人享有选择权，可以选择是由代理人还是本人来承担合同责任。

练一练

依大陆法,代理人以自己的名义为了本人的利益而与第三人订立合同,日后再将其权利、义务通过另外一个合同转移于本人的,称为(　　)。

A. 直接代理　　　B. 再代理　　　C. 间接代理　　　D. 复代理

【参考答案】C

第二节　代理权的产生

一、英美法系的规定

英美法认为代理权的产生主要有以下四种方式。

(一) 明示代理

明示代理,也称明示授权,是指被代理人以明示的方式指定某人为代理人的代理。明示代理中的代理权是被代理人以口头或书面形式明确授予代理人的,有的代理权限做了明确的表述,也有的对代理权限大小没有做具体规定,只是泛泛指出一个合理的范围。

 评一评

帕劳诺玛发展公司诉法妮新织造有限公司案(1971)

被告法妮新织造有限公司的一位秘书以公司名义租了辆车子,但用于私事,被告认为秘书雇车私用,非公司业务,拒绝付款。法院认为公司的秘书有为被告公司目的订车的暗示的合理权限,原告帕劳诺玛发展公司只认为秘书为被告的代理人,故被告公司应付款,至于私用问题只能由公司内部处理。

 评一评

任特诉佛兰威克案(1893)

A是被告佛兰威克酒吧的经理,被告已禁止A用信用卡去买香烟,但A仍然在原告任特处用信用卡买了香烟,被告想以已禁止A用信用卡买香烟为由拒绝付款。法院认为:A作为被告酒吧的经理,按常规有权用被告的信用卡买烟,原告只知道A为被告的代理人,至于是否禁止,原告并不知晓,故被告应付款。

(二) 默示代理

默示代理,也称暗示代理,是指本人以其言行使某人有权以本人的名义签订合同,而且第三人也相信本人已委托某人为代理人,并基于该种信赖而与某人订立了合同。此时认为善意第三人的利益与本人利益相比,前者更加应该得到保护,因此尽管本人并没有正式授权,但仍要受合同的约束。

 评一评

里奥德诉葛内斯·斯密斯公司案(1912)

被告葛内斯·斯密斯公司指派一公司职员从事了几项业务外事项,即帮助公司客户里奥德转让财产,后来这个职员使客户大受损失,这一客户起诉了被告。法院认为,这个职员受被告指派从事非业务事项,这就是从被告的指派行为中获得了暗示代理权,故被告应对客户负责。

(三) 客观必需的代理

客观必需的代理通常是在一个人受委托照管另一个人的财产,基于情况的紧急,为了保护该财产而必须采取某种行为时产生的代理权。在这种情况下,虽然受委托管理财产的人并没有得到采取这一行动的明示授权,但由于客观情况的需要必须视为其具有某种授权。例如承运人在遇到紧急情况时有权采取保护财产的必需行动,如出售易于腐烂的或有灭失可能的货物。但在实践中取得这种代理权是比较困难的,根据英美法判例,行使这种代理权必须具备以下三个条件:① 行使这种代理权是实际上或商业上必须的;② 代理人在行使这种权利前无法与委托人取得联系得到委托人的明示;③ 代理人所采取的措施必须是善意的并且必须考虑到所有有关当事人的利益。

 评一评

斯佩内葛诉威斯特铁路公司案(1921)①

被告威斯特铁路公司替原告斯佩内葛运一批西红柿到A地。由于铁路工人罢工,西红柿被堵在半路上,眼看西红柿即将腐烂,铁路公司只好就地卖掉了西红柿。法院认为,虽然铁路公司是善意的,是为了保护原告的利益,但当时是可以通知原告的,在可以联系而未联系的情况下私自处理他人的财物,不能算是具有客观必须的代理权,被告败诉。

(四) 追认的代理

如果代理人未经授权或超出了授权范围而以被代理人的名义同第三人订立了合同,这个合同对被代理人是没有约束力的,但是被代理人可以在事后批准或承认这个合同,这种行为就叫作追认。追认必须具备以下几个条件:① 代理人在与第三人订立合同时,必须声明他是以被代理人的名义订立合同的;② 合同只能由订立该合同时已经指出姓名的被代理人或可以确定姓名的被代理人来追认;③ 追认合同的被代理人必须是在代理人订立合同时已经取得法律人格的人,这项条件主要针对法人而言,即该法人必须在订立合同时已合法成立了;④ 被代理人在追认该合同时必须了解其主要内容。

---

① 资料来源:张圣翠. 国际商法[M]. 上海:上海财经大学出版社,1997.

追认的效果是溯及既往的,视为自该合同成立时起即对本人产生约束力,未经本人追认的行为视为代理人自己的行为。

练一练

依英美法,一个人以他的言辞或行动使另一个人有权以他的名义签订合同,这种代理权产生的原因为(　　)。

A. 明示的指定　　B. 默示的授权　　C. 客观必需的代理　　D. 追认的代理

【参考答案】B

二、大陆法系的规定

大陆法把代理权产生的原因分为两种:

(一) 意定代理

意定代理,即由本人意思表示产生的代理权。这种意思表示可以向代理人表示,也可以向与代理人打交道的第三人表示。

(二) 法定代理

法定代理,即非本人意思表示而产生的代理权。法定代理权的产生主要有以下三种原因:① 法律的明文规定,如法律规定父母是未成年子女的法定代理人;② 法院的指定,比如审理破产案件时法院指定的清算人;③ 私人的选任,比如亲属所选任的遗产管理人。

第三节　代理的法律关系

代理的法律关系可以分为内部关系与外部关系。代理的内部关系是指代理人与本人之间的关系。代理的外部关系是指本人、代理人与第三人之间的关系。关于这一点,大陆法系与英美法系各国的观点有不同。

一、代理的内部关系

(一) 代理人的主要义务

各国关于代理人的义务规定是基本一致的:

1. 勤勉谨慎义务

代理人应勤勉而谨慎地履行其代理职责。代理人有义务勤勉地并且有足够的谨慎和小心履行其代理职责,并运用自己所具有的技能来完成代理任务。如果代理人不履行其义务,或者在替本人处理事务时有过失,致使本人遭受损失,代理人应对本人负赔偿的责任。

2. 诚信忠诚义务

代理人对本人应诚信、忠实,具体表现为:

(1) 代理人必须向本人公开其所掌握的有关客户的一切必要的情况,以供本人考虑决定是否同该客户订立合同。

(2) 代理人不得以本人的名义同代理人自己订立合同,除非事先征得本人的同意。代理人非经本人的特别许可,也不能同时兼为第三人的代理人,以从两边收取佣金。否则,本人有权随时撤销代理合同或撤回代理权,并有权请求损害赔偿。

(3) 代理人不得受贿或密谋私利,或与第三人串通损害本人的利益。代理人不得谋取超出其本人付给他的佣金或酬金以外的任何私利。

3. 保密报账义务

代理人不得泄露其在代理业务中所获得的保密情报和资料,并须向本人申报账目:

(1) 代理人在代理协议有效期间或在代理协议终止之后,都不得向第三者泄密,也不得由其自己利用这些资料同本人在业务上进行不正当的竞争。但应注意的是,在代理合同终止后,除经双方同意的合理的贸易上的限制外,本人也不得不适当地限制代理人使用他在代理期间所获得的信息,这种限制是无效的。

(2) 代理人有义务对一切代理交易保持正确的账目,并应根据代理合同的规定或在本人提出要求时向本人申报账目。代理人为本人收取的一切款项须全部交还本人。但是,如果本人欠付代理人的佣金或其他费用时,代理人对本人交给他占有的货物享有留置权,或以在他手中掌握的属于本人所有的金钱用于抵销本人欠他的款项。

4. 亲自履行义务

代理人不得把其代理权委托给他人。代理关系是一种信任关系,因此,在一般情况下,代理人有义务亲自履行代理义务,不得把本人授予的代理权委托给他人,让别人替他履行代理义务。但如客观情况有此需要,或贸易习惯上允许这样做,或经征得本人的同意者,可不受此限。

(二) 本人的主要义务

国际商事代理行为是一种"商事性"行为,因此,在通常情况下,它属于有偿代理。

1. 支付佣金义务

在签订代理合同时,对佣金问题应特别注意以下两点:① 本人不经代理人的介绍,直接从代理人代理的地区内收到订货单,直接同第三人订立买卖合同时,是否仍须对代理人照付现金;② 代理人所介绍的买主日后连续订货时,是否仍须支付佣金。以上这些问题都应当在代理合同中明确作出规定,因为有些国家在法律上对此并无详细规定,完全取决于代理合同的规定。

2. 偿还费用义务

一般地说,除合同规定外,代理人履行代理任务时所开支的费用是不能向本人要求偿还的,因为这是属于代理人的正常业务支出。但是,如果其因执行本人指示的任务而支出了费用并遭到损失时，则有权要求本人予以赔偿。例如，代理人根据本人的指示在当地法院对违约的客户进行诉讼所遭受的损失或支出的费用，本人必须负责予以补偿。

3. 检查账册义务

这主要是大陆法国家的规定。有些大陆法国家在法律中明确规定，代理人有权查对本人的账目，以便核对本人付给其的佣金是否准确无误，这是一项强制性的法律，双方当事人不得在代理合同中做出相反的规定。

二、代理的外部关系

(一) 大陆法

在确定第三人究竟是与代理人还是与本人订立了合同的问题时，大陆法所采取的标准是看代理人是以代表人的身份还是以自己个人的身份同第三人订立合同。

如果代理人是以代表人的身份与第三人订立合同，这个合同就是第三人同本人之间的合同，合同的双方当事人是第三人与本人，合同的权利和义务直接归属于本人，由本人直接对第三人负责。在这种情况下，代理人同第三人订立合同，对本人的姓名可以指出也可以不指出，但无论如何，代理人必须表明他是以代理人身份订约的，或依订约时的环境情况可以表明这一点，否则就将认为是代理人自己同第三人订立合同，代理人就应对此合同负责，大陆法将这种代理称为直接代理。

如果代理人是以其个人的身份同第三人订立合同，则无论代理人事先是否得到本人的授权，这个合同都被认为是代理人与第三人之间的合同，代理人必须对合同负责。在这种情况下，本人原则上同第三人没有直接的法律联系。大陆法将这种代理称为间接代理，间接代理人称为行纪人。《德国商法典》第392条规定，由行纪人交易行为所发生的债权，须移转于委托人（即本人）后，委托人才能向债务人主张。因此，在间接代理的情况下，本人需要满足两个条件才能对第三人主张权利：一是由间接代理人与第三人订立的合同，二是由代理人把有关权利转让于本人的合同。根据德国、瑞士、日本等国的法律，行纪人的业务仅以从事动产或有价证券的买卖为限，但法国法没有这种限制，行纪人可以订立各种类型的合同。

(二) 英美法

英美法没有直接代理与间接代理的概念，对于第三人究竟是同代理人还是同本人订立合同的问题，英美法的标准是，对第三人来说，究竟是谁应当对该合同承担义务，即采取所谓义务标准。英美法在回答这个问题时，区分为以下三种不同的情况。

1. 显名代理(agent for a named principal)

显名代理即代理人在订约时已指出本人的姓名。如果代理人在同第三人订约时已经表明其是代理指明的本人订约的，在这种情况下，这个合同就是本人与第三人之间的合同，本人应对合同负责，代理人不承担个人责任。

2. 不显名代理(agent for a unnamed principal)

不显名代理即代理人在订约时表示有代理关系存在,但没有指出本人的姓名。在这种情况下,合同仍认为是本人与第三人之间的合同,应由本人对合同负责,代理人对该合同不承担个人责任。按照英国的判例,代理人在同第三人订立合同时,如仅在信封抬头或在签名之后加列"经纪人"或"经理人"的字样,是不足以排除其个人责任的,而必须以清楚的方式表明其是代理人,如写明"买方代理人"或"卖方代理人"等。至于其所代理的买方或卖方的姓名或公司的名称,则可不在合同中载明。

3. 隐名代理

这里指狭义的隐名代理,即代理人在订约时根本不披露有代理关系的存在。如果代理人虽然得到本人的授权,但他在同第三人订立合同时根本不披露有代理关系一事,即既不披露有本人的存在,也不指出本人是谁,这在英美法上叫作"没有披露的本人"的代理人。在这种情况下,代理人对合同应当负责,因为他在同第三人订约时根本没有披露有代理关系的存在,实际上就是把自己置于本人的地位同第三人订立合同,所以应当对合同承担法律上的责任。问题在于,在这种情况下,未被披露的本人原则上是否可以直接取得这个合同的权利并承担义务。具体来说有以下两种方式。

(1) 未被披露的本人有权介入合同并直接对第三人行使请求权或在必要时对第三人起诉,如果其行使了介入权,就使自己对第三人承担义务。

(2) 第三人在发现了本人之后,享有选择权,其可以要求本人或代理人承担合同义务,也可以向本人或代理人起诉。但第三人一旦选定了要求本人或代理人承担义务,就不能改变主意对他们当中的另一人起诉。按照英国的法律,未被披露的本人在行使介入权时有两项限制:第一,如果未被披露的本人行使介入权会与合同明示或默示的条款相抵触,就不能介入合同;第二,如果第三人是基于信赖代理人的才能或清偿能力而与其订立合同,则未被披露的本人也不能介入该合同。

英美法中的显名代理和不显名代理与大陆法上的直接代理是相同的,但英美法中的隐名代理虽然在表面上与大陆法的间接代理有相似之处,但在英美法中未被披露的本人的法律地位与大陆法的间接代理的委托人(本人)的法律地位是截然不同的。按照大陆法,间接代理关系中的委托人不能直接凭代理人与第三人订立的合同而对第三人主张权利,而必须由代理人同其再订立合同把前一个合同的权利移转给其,其才能对第三人主张权利,即需要经过两个合同关系才能使间接代理关系中的委托人同第三人发生直接的法律关系。但按照英美法,未被披露的本人有介入权,无须经过代理人把权利移转给其,就可以直接对第三人主张权利。而第三人一经发现了未被披露的本人,也可以直接对本人起诉。这是英美法同大陆法的一个重要区别,也是英美代理制度的一个主要特点。

想一想

间接代理与未披露被代理人的代理有何区别?

第四节 国际商事代理法的统一

各国代理制度的不统一,尤其是大陆法系国家和英美法系国家的代理制度存在着较大差异,对国际商事代理活动的开展造成了一定的障碍。国际社会一直在努力促进国际代理立法的融合,虽然效果还不明显,但也有了一些成效,方式主要是制定国际公约和统一国际惯例。

一、国际公约

(一)《关于协调成员国自营商业代理人法指令》

到目前为止,已经生效的、具有统一各成员国商事代理法作用的国际公约是欧共体于 1986 年制定的《关于协调成员国自营商业代理人法指令》(1994 年被并入欧盟第 57 号法律文件中)。欧盟所有成员方适用于自营商业代理人与被代理人之间关系的法律规则自 1994 年 1 月 1 日起,都必须符合该指令。

(二)《国际货物销售代理公约》

国际统一私法学会一直致力于统一国际代理实体法的工作,最终于 1981 年起草完成了《国际货物销售代理公约》(以下简称《代理公约》),并于 1983 年在日内瓦外交会议上获得通过。该公约是在大陆法和普通法兼容并蓄的基础上进行的整合,系统而详尽地概括了各种代理模式,逾越了代理法在两大法系的鸿沟,达成了代理法律关系有限度的统一,是迄今为止在统一代理法方面最成功、最完备的国际公约。目前已经得到多个国家的核准或加入,该公约的最终生效是有希望的。

1. 公约的适用情形及除外

根据《代理公约》的规定,下列情形可以适用该公约:① 当某代理人有权或表示有权代理本人与第三人订立货物销售合同时,适用公约。即无论代理人是否以自己的名义实施代理行为,无论是有权代理还是无权代理均可适用,这就考虑到了英美法系国家代理制度的规定。② 公约不仅适用于代理人订立此种合同,也适用代理人以订立该合同为目的或有关履行该合同所从事的任何行为,即公约不仅调整代理人订立合同的法律行为,也调整代理人旨在订约或有关履行合同的任何具有法律意义的行为,这突破了传统大陆法的观点。③ 公约只涉及以本人或代理人为一方与以第三人为另一方之间的关系。无论代理人以自己的名义还是以本人的名义实施行为,均适用公约,即公约就代理的外部关系制定统一规则。

《代理公约》不适用于以下情形:① 证券交易所、商品交易所或其他交易所之交易商的代理。② 拍卖商的代理。③ 家庭法、夫妻财产法或继承法中的法定代理。④ 根据法律上的或司法上的授权发生的、代理无行为能力人的代理。⑤ 按照司法或准司法机关的裁决或在上述某一机关直接控制下发生的代理。

2. 公约适用的地域范围

(1) 当本人与第三人在不同国家设有营业所,并且符合代理人在某一缔约国内设有营业所,或国际私法规则规定要适用某一缔约国的法律时,适用公约。

(2) 第三人于订立合同时不知道也不能知道代理人是以代理人身份订约时,只有在代理人和第三人在不同国家设有营业所,并且符合代理人在某一缔约国内设有营业所,或国际私法规则规定要适用某一缔约国的法律时,适用公约。

(3) 决定适用公约时,不应考虑当事人的国籍,也不考虑当事人或销售合同的民事或商事性质。

3. 代理权的设定和终止

(1) 代理权的设定。本人对代理人的授权可以是明示的或是默示的。代理人为实现授权目的,有权从事一切必要行为。授权无须用书面形式,也无须用书面证明,亦不受其他任何形式要求的限制,即授权可以通过任何方式证明,包括人证。

(2) 代理权的终止。根据《代理公约》的规定,代理权在下列情况下终止:① 依本人与代理人间的协议终止;② 为之授权的一笔或数笔交易已经完成;③ 无论是否符合本人与代理人的协议条款,本人撤回代理权或代理人辞任。另外,代理权亦可依其所适用的法律的规定而终止。

代理权的终止不影响第三人,除非第三人知道或能知道代理权的终止或造成终止的事实。代理权虽已终止,为不使本人或其他继承人的利益受到损失,代理人仍有权代理本人或其继承人实施必要的行为。

4. 代理行为的法律效力

(1) 代理行为只约束本人与第三人的情形。根据《代理公约》第12条的规定,代理人于其权限范围内代理本人实施行为,而且第三人知道或理应知道代理人是以代理身份实施行为时,代理人的行为直接约束本人与第三人,但代理人实施该行为只对自己发生拘束力时(如所涉及的是行纪合同),不在此限。

(2) 代理行为只约束代理人与第三人的情形。根据《代理公约》第13条的规定,如果代理人代表本人在授权范围内行事,但第三人不知道亦无从知道代理人是以代理人身份实施行为;或者代理人实施该行为只对自己发生拘束力(如所涉及的是行纪合同)的,代理行为不约束本人。

但在一定情形下,本人可以享有代理人从第三人那里取得的权利:① 当代理人无论是因第三人不履行义务或是因其他理由而未履行或无法履行其对本人的义务时,本人可以对第三人行使代理人代理本人所取得的权利,但应受到第三人可能对代理人提出的任何抗辩的限制。② 当代理人未履行或无法履行其对第三人的义务时,第三人可对本人行使该第三人对代理人所有的权利,但应受到代理人可能对第三人提出的任何抗辩以及本人可能对代理人提出的任何抗辩的限制。

本人或第三人对上述权利的行使,必须事先向代理人、第三人或本人递交拟行使这种权利的通知。如果代理人是在第三人不知道本人的情况下以代理人自己的名义与第三人订立合同的,当因本人不履行义务致使代理人未履行或无法履行其对第三人的义务时,代理人负有将本人姓名披露给第三人的义务。同样,当因第三人未履行其对代理人的合同义务致使代理人未履行或无法履行其对本人的义务时,代理人负有将第三人的姓名披露给本人的义务。

如果按照当时情况,第三人知道本人的身份就不会订立合同时,本人不得对第三人行使代理人代理本人所取得的权利。

5. 代理人无权或越权代理的法律效力

(1) 对本人和第三人无拘束力。当代理人未经授权或超越授权范围而做出某种行为时,其行为对本人和第三人无拘束力。但是,若本人的行为使第三人合理地并善意地相信代理人有权代理本人做出某种行为并且相信代理人是在该项授权范围内做出某种行为时,本人不得以代理人无代理权而对抗第三人。

(2) 本人的追认权:① 代理人未经授权或超越授权范围而为的行为,可由本人追认。追认后,该行为即发生如同自始即经授权的同一效力。② 第三人若在代理人行为时,不知道也不能知道该代理人未经授权,并且在追认发出通知,拒绝受追认的拘束时,即对本人不负责任。本人虽已追认,而未在合理期间内追认时,第三人如立即通知本人,即可拒绝受追认的拘束。③ 如果第三人知道或能知道代理人未经授权,则在约定的追认届满前,若无此约定,在第三人确定的合理期间届满前,第三人不得拒绝受追认的拘束。④ 第三人可拒绝接受部分追认。⑤ 追认于追认通知到达第三人或追认经其他方法为第三人获悉时生效。追认发生效力后不能撤回。⑥ 即使追认时行为本身尚未能有效地完成,追认仍然有效。⑦ 代理行为是代理一个尚未成立的公司或其他法人而实施的,只在准许公司设立的国家的法律允许时,追认才有效。⑧ 追认的形式不受任何要求的限制,既可明示追认也可依本人之行为推断之。

(3) 本人未追认的法律效果。未经授权或超越授权范围而行为的代理人,若其行为未得到追认,则应承担对第三人的赔偿责任,以使第三人处于如同代理人有权并且在其权限范围内行为时的状况一样。但是,若第三人知道或能知道代理人未经授权或超越授权范围而行为时,则代理人不承担责任。

二、国际惯例

目前,国际社会尚不存在规范化的、专门适用于国际商事代理关系的国际惯例。国际商会曾于1960年拟定了一份《商业代理合同起草指南》,对促进国际商事活动中被代理人和代理人之间合同关系的标准化,具有一定的积极作用。但其内容仅仅是就被代理人与代理人之间的内部关系提供一些建议,没有如同《国际贸易术语解释通则》那样明确有关当事人之间的权利和义务,而且其适用范围也只局限在直接代理关系中。

然而由于《国际商事合同通则》可以适用于各类国际商事合同,因此国际商事代理关系中的当事人也可以援引该通则,作为确定相互之间代理合同权利和义务的框架规则。

第五节 中国的代理法律制度

由于国际代理立法不够统一,因此在实践中各国国内关于商事代理的立法也起着重要作用。

一、代理法概述

(一) 代理的含义及特征

代理是指代理人以被代理人(即本人)的名义,在代理权限内与第三人(相对人)实施法律行为,其法律后果直接由被代理人承受的民事法律制度。

代理具有以下特征:① 代理人在代理权限之内实施代理行为;② 以被代理人的名义实施代理行为;③ 代理行为直接对被代理人发生效力;④ 代理的是具有法律意义的行为。

(二) 不适用代理的情形

1. 应由本人实施的行为

依照法律规定、当事人约定或者民事法律行为的性质,应当由本人亲自实施的民事法律行为,不得代理:① 具有人身性质的行为,如结婚登记、立遗嘱、收养子女等,不得由代理人代理。② 具有人身性质的债务,约定必须由特定人完成,如文艺表演、绘图等,因与债务人的思想水平、创作能力分不开,必须由债务人亲自履行,不能由他人代理。

2. 违法行为

不得代理侵权行为和内容违法的行为。例如非法侵害他人人身、财产的行为,个人私自买卖黄金等行为,都是国家法律所禁止的,当然不能进行,因而也不能代理。

3. 特殊的民事法律行为

发售债券等民事法律行为只能由特定民事主体代理,其他民事主体不得代理。

练一练

下列行为中,不属于代理关系的是(   )。

A. 甲有朋友远道而来,甲不在家,乙代甲招待该客人
B. 甲董事长为公司的法定代表人,甲以该公司的名义与乙公司签订合同
C. 甲将希望与乙女缔结婚姻的意思表示委托丙代为告知
D. 某房屋中介促成甲乙之间房屋交易的完成

【参考答案】ABCD

资料卡

代表与代理的区别

代表通常是指某一个单位、组织、群体中推荐某一个具有代表性的人物，此人对外可以代表这个群体组织的共同利益而处理相关事务、发表意见或行使权利、义务。代理的前提则是受某个人或群体组织的委托出面处理一些事务或行使权利、义务。

二者主要的区别：

(1) 法律关系不同。代表人必须是群体内的成员或是直接利益关系人；代理人可以是群体内的成员，也可以是非群体的成员，比如请来的行家、律师、技术人员等。简单地说，代表人与被代表的主体之间是同一个民事主体；代理人与被代理人是两个民事主体间的关系，是两个独立的民事主体。

(2) 法律效力不同。代表人实施的民事法律行为就是被代表的主体实施的民事法律行为，因此不存在效力归属问题；代理人从事的法律行为不是被代理人的法律行为，只是其效力归属于被代理人。

(三) 代理的分类

1. 以代理权的产生原因为划分标准

(1) 法定代理。法定代理是指根据法律规定而享有代理权。比如我国《民法典》第 23 条规定："无民事行为能力人、限制民事行为能力人的监护人是他的法定代理人。"第 27 条规定："父母是未成年子女的监护人。"

(2) 委托代理。委托代理是指按照被代理人的委托行使代理权。因委托代理中，被代理人是以意思表示的方法将代理权授予代理人的，故又称"意定代理"或"任意代理"。

2. 以代理权的范围为划分标准

(1) 一般代理。代理权范围涉及一般事项的全部，无特别限制，因此又称"全权代理"或"概括代理"。

(2) 特别代理。特别代理又称"非全权代理""限定代理""部分代理"，是指委托代理人基于被代理人的特别授权而代为进行某些特定的事项或行为。委托代理人进行特别代理必须由被代理人特别授权。

3. 以代理人是否亲自实施为划分标准

(1) 本代理。本代理又称初代理，指代理权直接来源于被代理人的委托、法律直接规定或者法院及有关机关的指定，即代理人亲自实施代理行为。本代理是复代理产生的基础代理关系。

(2) 复代理。复代理又称"再代理"或"转委托"，是指代理人为了被代理人的利益，将其享有的代理权的全部或者一部分转委托给他人行使的行为。一般而言，法定代理的代理人无条件地当然享有转委托的权利，而指定代理人则原则上无委托的权利。

复代理应具备的条件：① 目的必须是为了被代理人的利益；② 原则上应取得被代理人

的同意(事先授权或事后追认)。但是在紧急情况下,代理人为了维护被代理人的利益需要而转委托的,不论被代理人是否同意,均依法产生转委托的法律效力。

(四) 无权代理

1. 无权代理的概念

无权代理是指代理人在不享有或已丧失代理权的情形下所实施的代理行为。

无权代理的产生主要有以下四种情况:(1) 超越授权范围行事的代理;(2) 代理权消灭后的代理;(3) 不具备默示授权的代理;(4) 授权行为无效的代理。

2. 无权代理的法律效力

(1) 本人的追认权与拒绝权。根据各国法律的规定,无权代理所做的代理行为,非经本人的追认,对本人是没有约束力的。如果善意的第三人由于无权代理人的行为而遭受损失,则该无权代理人应对善意的第三人负责;如果第三人明知代理人没有代理权而与之订立合同,则属于咎由自取,法律不予以保护。

(2) 第三人的催告权与撤销权。第三人可以催告被代理人在1个月内予以追认。被代理人未在期限内追认的,视为拒绝追认。第三人行使撤销权,应当以通知的方式做出,但是恶意第三人不享有撤销权。

(五) 表见代理

1. 表见代理的概念

表见代理指没有代理权、超越代理权或者代理权终止后,无权代理人以被代理人的名义进行的民事行为在客观上使第三人相信其有代理权而实施的代理行为。其实质是无权代理的一种,但因其具有特殊性,这里专门对其进行介绍。

2. 表见代理的构成要件

构成表见代理应满足以下四个要件:① 以被代理人名义进行民事法律行为。② 代理人无代理权。③ 该无权代理人有被授予代理权的外表或者假象。通常情况下,行为人持有被代理人发出的证明文件,如被代理人的介绍信、盖有合同专用章或者盖有公章的空白合同书,或者有被代理人向相对人所做法人授予代理权的通知或者公告,这些证明文件构成认定表见代理的客观依据,相对人负有举证责任。④ 相对人为善意,有正当理由相信该无权代理人有代理权。

评一评

本案行为人是否构成表见代理①

【案情】 李某与熊某之妻是姐妹关系,两家分别购买了某商厦相邻的两间店面。因李某夫妇定居外地,故其店房一直委托李某的母亲陈某对外出租。两间店面一直租给过某经

---

① 资料:https://www.110.com/ziliao/article-143105.html。

营业务,租金随行就市,一年一租。李某店面的租金有时是陈某收取,有时是熊某代为收取。其间熊某还曾代替陈某在与过某的租房合同上签过一次陈某之名。

某年初,过某以装修了店房为由,向陈某提出长租店面,陈某口头答应可以长租,但租金要一次交清,过某未同意。两年后的6月,李某丈夫打电话与过某,欲商定下年租金,却被过某告知已与熊某于上一年的3月18日写下协议,将熊某与李某的店面一并租下,租期定为四年。

李某在获知其母也不知道该事宜后,以熊某无权代理为由,将过某告上法庭,同时将熊某列为第三人,要求法院判决过某与熊某之协议对其无约束力。

思考:关于本案,有两种观点,你支持哪一种观点?

观点一认为:原告李某与第三人熊某之妻是姐妹关系,两人店房相邻,数年来一直是共同对外出租。熊某曾代收过租金,也曾代签过租房合同,其种种行为及其与原告之间极近的亲戚关系,有足够的理由让过某相信其能代表原告签订协议。第三人的行为构成表见代理,从保护善意相对人的角度,应认为协议有效。

观点二认为:过某明知陈某拥有代理权,在与陈某协议不成的情况下,为了达到有利于自己的目的,转而与熊某签订协议,其行为非善意。其提出熊某代收过租金、代陈某签过名,而认为有理由相信熊某拥有代理权的抗辩意见太过牵强,法院不予支持。熊某的行为不构成表见代理,协议对原告无效。

【评析】 本案的焦点在于第三人熊某的行为是否属于表见代理。

表见代理的构成要件之一是相对人主观上须为善意,即相对人不知道或不应当知道无权代理人实际上没有代理权,相反,从外部现象上可以使其有理由相信行为人有代理权。本案相对人过某提出熊某曾代收过租金、代陈某签名,以这些行为认定熊某有代理权,该理由太过牵强。熊某与李某是亲戚关系,两家店房相邻,一并租与过某,偶尔在熊某收取其店面租金时,将李某店面数目不大的租金交由熊某转交,是人之常情,不能认为其就有处分店面租赁事宜的权利。况且熊某代陈某签名之事,是得到陈某认可的,若熊某有代理权,则其完全可以直接签自己名字,不必在合同上签陈某之名,其行为恰恰说明熊某没有代理权。其理由不足以认定熊某的行为构成表见代理,因此本案中法院没有支持被告主张,最终认定被告与第三人的协议对原告无效。

3. 表见代理的表现形态

根据《民法典》第172条的规定,在我国现行的民事立法中,表见代理表现形式有三种。

(1) 授权表示型。授权表示型的表见代理,又称由于本人之明示或默示的表见代理,即本人以自己的行为表示授予他人代理权而实际上并未授权,或者明知他人以自己的名义从事民事行为而不做否认表示,造成第三人误以为行为人有代理权时,本人要对相对人承担实际授权人的责任。

授权表示型的具体体现:① 本人以书面、口头或者其他形式直接或间接向相对人表示已经授权而实际上未授权;② 本人将其具有代理权证明意义的文书印鉴交与他人,他人凭此以本人的名义从事民事活动,相对人对此信赖而进行的交易;③ 本人知道他人以自己的名义实施民事行为而不做否认表示的;④ 允许他人作为自己的分支机构进行活动。比如在联营活动中,一些牵头单位允许其他单位或个人以自己"分公司""分厂"的名义进行活动。

(2) 权限逾越型表见代理(又称超越代理权的表见代理,代理权限制的表见代理)。代理人的代理权,通常都有一定的限制,但这一限制不一定为相对人所知,如果表现在外的客观情况,能使善意相对人误以为行为人有代理权,与其为民事行为,就构成表见代理,由本人承担其后果。这通常被称为"代理权的限制不得对抗善意相对人"原则。

(3) 权限延续型(又称代理权终止的表见代理、代理权撤回的表见代理)。这种类型指本人与行为人曾有代理关系,但代理权已经被终止或撤回后,本人未及时向外部公示,相对人并不知情。因此,为保护善意相对人的利益和维护交易安全,其代理权的终止和撤回不得对抗善意相对人。

4. 表见代理的法律后果

(1) 表见代理成立,订立的合同有效。合同有效,即本人(被代理人)对相对人(善意第三人)承担民事责任。

(2) 代理人对本人(被代理人)承担民事赔偿责任。被代理人因表见代理成立而承担民事责任,因此给被代理人造成损失的,被代理人有权依法请求无权代理人给予相应的赔偿。无权代理人应当赔偿给被代理人造成的损失。

(3) 无权代理人对被代理人的费用返还请求权。当表见代理的法律后果是使被代理人从中受益时,根据公平原则,权利义务应当对等,无权代理人有权要求被代理人支付因实施代理行为而支出的相关的合理费用。

想一想

表见代理属于广义上的无权代理,但表见代理的法律效力与其他无权代理的法律效力有什么不同?

二、代理关系的终止

(一) 根据当事人的行为终止代理关系

代理关系可以根据当事人的行为而告终止。如果双方当事人在代理合同中规定了期限,则代理关系于合同规定的期限届满时终止;如果代理合同中没有规定期限,当事人也可以通过双方的同意终止他们的代理关系。至于本人是否可以单方面撤回代理权,根据各国的法律规定,原则上允许本人在代理关系存续期间撤回代理权。

本人在终止代理关系时,必须事先给代理人以合理的时间通知。如果本人在代理关系存续期间不适当地撤销代理关系,则由本人赔偿代理人的损失。

(1) 有些大陆法国家为了保护商业代理人的利益,在法律中规定,本人在终止代理合同时,必须在相当长的时间以前通知代理人。

(2) 有些国家对本人单方面撤回代理权做出了一定的限制。根据英国和美国的判例,如果代理权的授予是与代理人的利益结合在一起时,本人就不能单方面撤回代理权。

(二) 根据法律终止代理关系

根据我国《民法典》第 173 条的规定,在下列情况下,代理关系即告终止:① 代理期限届满或者代理事务完成;② 被代理人取消委托或者代理人辞去委托;③ 代理人丧失民事行为能力;④ 代理人或者被代理人死亡;⑤ 作为代理人或者被代理人的法人、非法人组织终止。

(三) 代理关系终止的后果

(1) 当事人之间的后果。在代理关系终止之后,代理人就没有代理权,如果该代理人仍继续从事代理活动,即属于无权代理。有些大陆法国家为了保护商业代理人的利益,在商法中特别规定,在终止代理合同时,代理人对于他在代理期间为本人建立的商业信誉,有权要求本人予以赔偿。

(2) 对第三人的后果。当本人撤回代理权或终止代理合同时,对第三人是否有效,主要取决于第三人是否知情。根据各国的法律规定,当终止代理关系时,必须通知第三人才能对第三人发生效力。如果本人在终止代理合同时没有通知第三人,后者由于不知道这种情况而与代理人订立了合同,则该合同对本人仍具有约束力,本人对此仍然必须负责。但是本人有权要求代理人赔偿其损失。

三、中国的外贸代理制度

(一) 外贸代理制度的概念及分类

外贸代理制是指我国具有外贸经营权的公司、企业接受其他公司、企业、事业单位或个人的委托,在授权范围内代理进出口商品,并收取约定代理费的一项外贸制度。

根据代理人凭借的名义,外贸代理主要可分为两种。

1. 直接形式的外贸代理

直接形式的外贸代理是指外贸经营者在批准的经营范围内,依照国家有关规定,受本人委托,以本人的名义同外商签订进出口合同,代理从事外贸业务。在这种直接外贸代理中,本人也系外贸经营者,自身亦具有进出口权,可以直接从事进出口业务。在这种代理中,代理所发生的合同上的权利和义务直接由本人承受,即外贸合同的当事人是外商和本人。代理人和本人之间的权利和义务可以适用《民法典》的有关规定。

2. 间接形式的外贸代理

间接形式的外贸代理是指外贸经营者在其经营范围内,受本人委托,以自己的名义同外商签订外贸合同。因此,形式上外贸合同的当事人是外商和代理人。这种代理,适用于本人没有外贸经营权的情况。

中国外贸代理制度有三个法律特征:① 外贸经营者接受委托后,通常是以自己的名义而不是以本人的名义签订外贸合同;② 外贸经营者行使代理权的依据虽是本人的授权委托,但在代理签订的外贸合同中却是一方当事人,直接对外商承受该合同的权利和义务;③ 本人与外商没有直接的合同关系,但由于外贸经营者与本人之间是法律上的特殊代理关系,因而外贸合同的权利和义务最终转由本人承受。根据这些特征可以看出,我国的外贸代理制通常指的是间接形式的外贸代理。

(二) 外贸代理制度中各主体的权利与义务

1. 被代理人

被代理人可以特别委托代理人处理一项或者数项事务,也可以概括委托代理人处理一切事务。被代理人应当预付处理委托事务的费用。代理人为处理委托事务垫付的必要费用,被代理人应当偿还该费用并支付利息。

2. 代理人

(1) 代理人的两项禁止行为。我国《民法典》第168条规定:"代理人不得以被代理人的名义与自己实施民事法律行为,但是被代理人同意或者追认的除外。代理人不得以被代理人的名义与自己同时代理的其他人实施民事法律行为,但是被代理的双方同意或者追认的除外。"

(2) 代理人转委托的程序要求与效力。我国《民法典》第169条规定:"代理人需要转委托第三人代理的,应当取得被代理人的同意或者追认。如果转委托代理经被代理人同意或者追认的,被代理人可以就代理事务直接指示转委托的第三人,代理人仅就第三人的选任以及对第三人的指示承担责任。如果转委托代理未经被代理人同意或者追认的,代理人应当对转委托的第三人的行为承担责任;但是,在紧急情况下代理人为了维护被代理人的利益需要转委托第三人代理的除外。"

3. 被代理人、代理人与第三人的关系

根据《民法典》第925条至第926条的规定,被代理人、代理人与第三人的关系分为以下四种情况:① 被代理人以自己的名义在授权范围内与第三人订立的合同,第三人在订立合同时知道代理人与被代理人之间的代理关系的,该合同直接约束被代理人和第三人;但是,有确切证据证明该合同只约束被代理人和第三人的除外。② 代理人以自己的名义与第三人订立合同时,第三人不知道代理人与被代理人之间的代理关系的,代理人因第三人的原因对被代理人不履行义务,代理人应当向被代理人披露第三人,被代理人因此可以行使代理人对第三人的权利。但是,第三人与代理人订立合同时如果知道该被代理人就不会订立合同的除外。③ 代理人因被代理人的原因对第三人不履行义务,代理人应当向第三人披露被代理人,第三人因此可以选择代理人或者被代理人作为相对人主张其权利,但是第三人不得变更选定的相对人。④ 被代理人行使代理人对第三人的权利的,第三人可以向被代理人主张其对代理人的抗辩。第三人选定被代理人作为其相对人的,被代理人可以向第三人主张其对代理人的抗辩以及代理人对第三人的抗辩。

本章思考

1. 解释下列术语：
商事代理　　直接代理　　间接代理　　默示代理　　复代理　　无权代理　　表见代理　　外贸代理
2. 简述英美法系代理权产生的主要方式。
3. 简述大陆法系代理权产生的主要方式。
4. 试述代理法律关系中代理人的主要义务。
5. 简述我国表见代理制度的构成条件与法律效力。

学习参考

进口外贸代理业务的经营风险

第八章

国际票据法

 **本章要点**

1. 票据的概念与特征
2. 《联合国国际汇票和国际本票公约》的主要内容
3. 票据关系与非票据关系的区别与联系
3. 票据行为的特点和成立要件
4. 中国票据法的基本内容

第一节　票据与票据法概述

一、票据概述

（一）票据的概念

票据是商业活动中广泛使用的一种重要的支付工具，又是重要的信用工具。由于它是用来替代货币进行支付的，本身就有了财产的特性，成为动产的一个特别种类。

票据有广义和狭义之分。广义的票据是指商业上的权利凭证，如债券、股票、仓单、提单、保险单等。狭义的票据仅指以支付一定金额为目的，可以转让的有价证券，即汇票、本票、支票。票据法上所指的票据则是狭义的票据，票据具有支付、结算、流通、融资等经济功能。

（二）票据的特征

1. 有价性

票据是一种完全有价证券。完全有价证券是指权利完全证券化、权利与证券融为一体不可分离，也就是指证券上权利的存在、行使和移转都与证券分不开。一般各国票据法都规定，票据所表明的金钱债权以票据为其表现形式，票据上的权利不能脱离票据而独立存在。票据上设定的权利是给付货币。

2. 设权性

设权证券的签发是为了设定某种权利，票据权利是经过出票人的出票行为而产生即由出票行为设立票据权利。设权证券与证权证券相对应，证权证券的签发是为了证明某种权利的存在，如股票、债券。

3. 无因性

票据一经签发，只要符合法律规定的形式要件即为有效，票据的效力不受票据原因的影响,票据上的权利与义务也不以任何原因为其有效的条件。这种特点保障了使用票据进行交易的可靠性。

想一想

如果持票人向付款人要求付款,但是付款人拒绝付款,理由是持票人与出票人的合同关系不存在,请问此种情况下,付款人有权拒绝吗?

资料卡

票据的无因性①

票据的无因性产生于商品交换的内在需要,并以维护票据流通为其根本宗旨。商品交换时间上的不一致使商品实体的转移与现实货币结算相分离;空间上的不一致使货币输送发生困难和易遭风险。为了避免这种风险,商人们创设了各种证券,以此来设定、清偿和转移金钱债务,不涉及金钱本身的实体转移。12~13世纪,典型意义上的票据开始在贸易发达的意大利、法国诞生了,意大利、法国的商人发明了背书转让票据的方式。背书制度的确立在票据法制史上具有里程碑的意义,它不仅是票据权利转让的一种方式,也使得票据的流通在技术上成为可能。

但是,票据流通在具备了技术基础之后便面临着一个法律难题,即票据转让以后,其后手是否继受前手关于票据权利的瑕疵。按照传统的民法理论,债权受让人须继受债权转让人的权利瑕疵,债务人得对债权受让人主张对债权转让人的抗辩。依此办理,随着票据转让次数的增加,票据的支付风险逐渐加入,人们对支付手段或贸易媒介的要求是安全和迅速,而票据支付风险的加大无疑会阻滞贸易进行。鉴于此,人们在票据支付的商事实践中逐步达成共识,即票据转让后其善意后手不继受前手票据权利的瑕疵。票据的无因性制度得以确立。这使票据的信用从狭窄的交易人之间的信用扩大为社会信用。汇票、本票因可以背书转让而具有了流通性,进一步发展了票据作为社会信用工具的功能。

目前,在票据关系中坚持票据行为的无因性,不仅是各国票据法理论所共同遵守的规则,现代各国票据立法和国际统一的票据法中的各个条款也都把票据的无因性作为票据立法的基本原则。

票据无因性可以表现为以下四点。

第一,在票据行为成立或票据权利发生上的适用。票据行为是以发生票据上权利、义务为目的的意思表示。它只要符合一定构成要件,即实体方面的票据能力和意思表示及形式方面的票面记载与交付,便能发生票据法上的效力。

第二,在票据权利取得上的适用。持票人除采取票据法所明确规定的不法行为或基于恶意、重大过失而取得票据不能享有票据权利者外,一般而言,可以依其他任何行为取得票据权利。即持票人无论是通过交易行为还是非交易行为,无论支付对价或不以相当对价取

---

① 资料来源:https://baike.so.com/doc/6061998-6275054.html。

得票据,均合法地享有票据权利。

第三,在票据权利行使与票据债务履行上的适用。持票人行使票据权利应提示票据(票据丧失经法院判决的除外),也可以凭背书连续证明其权利主体资格,无须再就原因关系及其内容提供证明。票据债务人履行义务时,也无权要求持票人提供该证明,亦不能以其与持票人前手和出票人之间的抗辩事由(可能基于原因关系或实质关系而生)对抗持票人(也称对人抗辩切断)。付款义务人在付款时仅负对持票人形式主体资格的审查义务,只要对形式上符合要求的持票人进行支付,即使出票人对该持票人有抗辩权,善意支付人仍免除付款义务。

第四,票据权利的转让与一般民事权利的转让不同。票据权利转让时,不必通知债务人即可生效,而民事权利转让时,债权人必须将转让的事实通知债务人,才对债务人生效。

4. 文义性

票据上的一切权利和义务均以票据上记载的文字为依据,不受票据所载文字范文以外的事由的影响。即使票据上的记载与事实不符,也要以记载为准。

5. 流通性

票据的权利仅以背书或交付即可有效转让,其他证券的转让则需要登记过户。

6. 要式性

票据必须具备法定的格式要件,否则票据无效,这有利于票据的转让和流通。

练一练

票据的效力主要取决于其在形式上是否符合票据法的要求,而不取决于取得票据的原因,票据因此而具有的特征是( )。

A. 债权性   B. 文义性   C. 流通性   D. 无因性

【参考答案】B

二、票据法概述

(一) 票据法的概念与特点

票据法是指调整票据的出票和转让等票据行为,以及票据当事人之间权利和义务的有关法律规范的总称。票据法是在长期的票据使用过程中形成的有关票据规则与习惯的法律化。

票据法的特点体现在以下三个方面。

1. 强制性

票据关系虽属于债权债务关系,但又不同于一般的债权债务关系。对票据的创设、必要事项的记载、票据行为等有严格的规定,属于强制性规范,不允许由当事人以自己的意志变更或任意适用。

2. 技术性

票据法的技术性是由票据的专业性强这一特点决定的。票据法的实施与银行制度、银行业务紧密相连。为便于操作以及出于技术上的考虑,票据法对票据的格式、票据的运作程序、票据的取得等规定了统一的法定程式,属于一种技术性很强的法律。

3. 国际性

票据法属于国内法范畴。但《日内瓦统一汇票本票法公约》等国际公约就是为适用票据立法国际统一化趋势而制定的,票据法成为国际上通用程度很高的一种法律。

(二)关于票据的立法

1. 国际立法现状

现代票据法是在欧洲中世纪商业习惯法的基础上形成和发展起来的。主要有德、法为代表的大陆法系与英、美为代表的英美法系票据制度,两大法系票据立法有不同。

(1) 日内瓦统一票据法。各国票据法的差异阻碍了票据的国际流通、使用。1930年和1931年,在国际联盟的主持下,经日内瓦召开的国际票据法统一会议,以大陆法系国家票据制度为基础,通过了四项关于票据的日内瓦公约,即1930年《统一汇票本票法公约》、1930年《解决汇票及本票若干法律冲突公约》、1931年《统一支票法公约》、1931年《解决支票若干法律的冲突公约》。

现在大多数欧洲国家以及日本和某些拉丁美洲国家已经采用以上各项日内瓦公约。但是英、美等国则从一开始就拒绝参加日内瓦公约,因为日内瓦公约是调和德国法系和法国法系分歧的产物,而这两个法系又同属于大陆法系,所以日内瓦公约主要是按照大陆法系的传统,特别是德国法的传统制定的,英、美等国认为,如果参加日内瓦公约,则会影响英美法系各国之间已经实现的统一,并且认为日内瓦公约的某些规定与英美法系的传统和实践有矛盾,因此一直拒绝参加。所以就国际范围来说,目前在票据法方面还存在两大法系:一个是英美票据法系,另一个是日内瓦统一票据法系,后者是指参加日内瓦公约的国家,其中包括原来属于法国法系和德国法系的国家。

 想一想

为什么英美法系国家拒绝参加日内瓦公约?主要原因是什么?

我国没有参加上述日内瓦公约,但在对外贸易结算中,有时也适当参照上述日内瓦公约的有关规定来处理与汇票有关的一些法律问题。

(2) 联合国统一票据法。由于日内瓦统一票据法并没有达到统一各国票据法的目的,英美法系各国的票据法同日内瓦公约在许多问题上一直存在重大分歧。这种状况的存在,对汇票在国际上的流通使用是十分不利的。为了解决这个问题,促进各国票据法的协调和统一,联合国国际贸易法委员会从20世纪70年代起决定着手起草一项适用于国际汇票的统一法公约,并于1973年提出了一项《统一国际汇票法(草案)》。这个草案是日内瓦统一票据法系与英美票据法系相互调和、折中的产物。但由于各国在许多问题上的分歧一时难以解决,该草案迟迟未能获得通过。1979年又将其改名为《国际汇票和国际本票公约(草案)》,以后又进行了多次修改,直到1988年12月联合国第43次大会正式通过了《国际汇票和国际本票公约》。但按该公约的有关规定,该公约须经至少10个国家批准或加入后方能生效。

2. 两大法系票据立法的不同

(1) 票据的分类不同。大陆法系国家大多采用"分离主义"的票据立法,票据仅指汇票和本票,支票不包括在内。而英美法系采用"包括主义"的票据立法,将汇票、本票、支票统称为票据。美国统一商法典的范围更广,还包括存单。

(2) 票据持票人的权利不同。英美法系国家将持票人分为三类——单纯持票人、对价持票人和正当持票人,其中正当持票人的权利大。大陆法系国家一般将持票人分为两类——单纯持票人和合法持票人,其中合法持票人的权利大。

(3) 对伪造背书的处理不同。英美法系国家倾向于保护真正的票据所有人,规定伪造背书是无效的。大陆法系国家则倾向保护善意的受让人,规定除非有恶意或重大过失,伪造背书并不当然影响后手票据权利。

(4) 对票据的形式要求不同。英美法系国家对票据形式没有特别要求。而大陆法系国家则规定了票据的有效要件,凡不符合者即不产生票据的效力。

第二节 《联合国国际汇票和国际本票公约》

《联合国国际汇票和国际本票公约》(以下简称《国际汇票和本票公约》)为国际商业交易当事方提供了关于票据的法律规则的全面法典,共9章90条。虽然该公约旨在克服国际支付所使用的票据存在的主要差别和不确定性,却难以从根本上消除两大票据法系的对立,无论是英美票据法系国家,还是日内瓦统一票据法系国家,对此都有意见,该公约至今仍未生效的事实就是很好的证明。这也使我们意识到,制定一部由世界上大多数国家,特别是包括所有现存各法系国家参加的、具有普遍意义的国际统一票据法,还有待国际社会继续做出共同的努力。

一、公约的适用范围

《国际汇票和本票公约》的适用范围仅限于国际票据,即出票地、付款地和收款人所在地中至少有两地不在一个国家的票据,不适用于缔约国国内的票据使用。

《国际汇票和本票公约》第1条规定,该公约仅适用于载有"国际汇票"和"国际本票"标题的国际汇票和国际本票。对于国际汇票,还要求列明至少下列两处地点并指出所列明的任何两处地点位于不同国家:① 汇票的开出地;② 出票人签名旁所示地点;③ 受票人姓名旁所示地点；④ 受款人姓名旁所示地点；⑤ 付款地。汇票上须列明汇票开出地点或汇票付款地点，而且两个地点均位于一个缔约国境内。

对于国际本票，还要求列明至少下列两处地点并指出所列明的任何两处地点位于不同国家：① 本票签立地点；② 签票人签名旁所示地点；③ 受款人姓名旁边所示地点；④ 付款地点。本票上须列明付款地点，而且该地点位于一个缔约国境内。

二、票据的形式要求

票据在形式上具体要求如下：① 汇票上必须载有出票日期；② 不得开立无记名式的国际汇票。但背书人可以用空白背书的方式使汇票在实际上变成无记名汇票，因为经过空白背书之后，其受让人将汇票再度转让时，无须交出背书，只须交出汇票即可转让给别人。

三、对持票人的法律保护

《国际汇票和本票公约》将持票人分为一般持票人和受保护的持票人两种，而受保护的持票人必须具备一定条件：① 执票人在取得票据时，该票据应是完整的；② 他在成为执票人时对有关票据责任的抗辩不知情；③ 他对任何人对该票据的请求权不知情；④ 他对该票据曾遭拒付的事实不知情；⑤ 该票据未超过提示付款的期限；⑥ 他没有以欺诈、盗窃手段取得票据或参加与票据有关的欺诈或盗窃行为。

公约对受保护的持票人的权利给予充分的保护，根据该公约的规定，除了以下抗辩事由外，票据当事人不得对受保护的持票人提出任何抗辩：① 未在票据上签名的抗辩；② 被伪造签名的本人的抗辩；③ 票据曾发生过重大改动的抗辩；④ 未经授权或越权代理人在票据上签名的抗辩；⑤ 未提示承兑或未适当提示付款的抗辩；⑥ 不获承兑或不获付款时应做成而未做成拒绝证书的抗辩；⑦ 票据时效（4年）已过的抗辩；⑧ 基于本人与受保护的持票人的基础交易或由于该持票人以任何欺诈行为取得该当事人在票据上签名的抗辩；⑨ 基于当事人无履行票据责任的行为能力的抗辩。

四、伪造背书的后果

关于伪造签名的背书对持票人权利的影响，该公约对两大法系做了协调性的规定：
（1）凡是拥有经过背书转让给他人或前后的背书为空白背书的票据，并且票据上有一系列连续背书的人，即使其中任何一次背书是伪造的或是由未经授权的代理人签字的，只要他对此不知情，就应当认为他是票据的持票人而受到保护。
（2）如果背书是伪造的，则被伪造背书的人或者在伪造发生之前签署了票据的当事人，有权对因受伪造背书所遭到的损失向伪造人、从伪造人手中直接受让票据的人以及向伪造人直接支付了票据款项的当事人或受票人索取赔偿。

第三节 票据关系与票据行为

一、票据关系与非票据关系

(一) 票据关系

票据关系指由票据行为引起的票据上的权利和义务关系。依票据行为直接发生,票据关系又分为两类,即债权人的付款请求权和债务人的付款义务,以及债权人的追偿权和债务人的偿还义务。

(二) 非票据关系

非票据关系又称票据的基础关系,指与票据行为密切相关但在法律上不产生票据上的权利和义务关系。

学理上非票据关系可分为三种。

1. 票据原因关系

票据原因关系是指当事人之间接受票据的原因,如因约定、买卖、赠与、借款等原因而出票或接受票据等。

2. 票据资金关系

票据资金关系是指出票人和付款人或保证付款人之间的权利义务关系,如借款资金有效等。

3. 票据预约关系

票据预约关系是指票据当事人之间就授受票据有关事项达成的协议。为授受票据,票据当事人之间在此之前,必须就票据的种类、金额、到期日、付款地等事项达成协议。票据预约关系属于民法上的合同关系,当事人之间一旦达成票据预约,就应该依约履行,否则应按民法上关于违约的规定处理。

(三) 两者的关系

票据关系的产生虽需要有非票据关系的存在,但票据关系与非票据关系是相分离的。

在通常情况下,票据一经签发,票据权利就得以确立,票据债权人只需持有有效票据即可行使票据权利,而无须解释取得票据的原因,更不必证明原因关系的效力;否则,无人愿意接受票据。票据关系和票据基础关系之间原则上相互独立,互不影响,这充分反映票据的无因性。还需要说明的是,票据关系对非票据关系是否具有绝对的独立性、无因性,世界各国票据立法还存在一定的分歧。

二、票据权利及其补救

(一) 票据权利的概念

票据权利是指持票人向票据债务人请求支付票据金额的权利。票据权利本质上是一种债权,这种权利对票据的付款人是付款请求权,对其他票据行为的责任人则是追索权。票据权利包括付款请求权和追索权。

1. 付款请求权

付款请求权是指持票人向票据主债务人或其他付款义务人请求支付票据上所载金额的权利,又称为第一次请求权。行使付款请求权的持票人有受款人、被背书人、参加付款人。

2. 追索权

追索权是指持票人行使付款请求权未能实现时,向其前手请求支付票据金额及其他法定费用的请求权。由于追索权是以付款请求权的行使为前提条件的,故又称第二次请求权。

(二) 票据权利的取得

票据权利取得的方式有三种。

1. 出票取得

出票取得是指票据的出票人在做成票据,并将票据交付给持票人时,持票人即取得票据权利。出票取得是票据权利的其他取得方式的基础。

2. 继受取得

继受取得是指持票人从有权处分票据权利的前手,依照背书转让或交付程序,或因继承、公司合并等法定因素,取得票据权利。

3. 善意取得

善意取得是指持票人从无处分票据权利的人的手中善意受让票据的行为。

(三) 票据权利的行使和保全

票据权利行使的方式为票据提示,包括承兑提示和付款提示。票据权利的保全是指票据权利人为防止票据权利的丧失而实施的各种行为。票据权利是一种债权,具有时效性,为防止票据权利因时效完成而丧失,就应采取保全措施。票据权利保全方法通常有:① 做成拒绝证书;② 时效中断。

三、票据行为的概念和特点

票据行为是指产生、变更和消灭票据上的权利和义务的法律行为。票据行为主要有出票、流通转让、提示、承兑、付款、保证、拒付、追索等。

票据行为具有要式性、抽象性、文义性、独立性等特点。

1. 要式性

票据行为属于要式法律行为,必须符合票据法规定的格式要求。如规定所有票据行为都应该由行为人签章(签名、签章或者签名加签章);必须采用书面形式;各种票据从内容到形式都必须符合法定的格式等;凡违反法定形式的票据行为均为无效。

2. 抽象性

票据行为的抽象性又称无因性,是指票据只需具备抽象的形式即可以生效,不因基础关系的瑕疵或无效而受影响。虽然票据行为的产生有一定的原因,但是票据行为一旦成立,其效力就独立于原因关系,原则上不受原因关系的影响。票据也因此而成为抽象证券或无因证券。

3. 文义性

票据行为的文义性是指票据行为的内容完全以票据上记载的文义为准,即使文字记载与实际情况不一致,仍以文字记载为准,而不允许当事人以票据上文义以外的事实或证据加以变更或补充。

4. 独立性

票据行为的独立性是指票据行为之间互不依赖而各自独立发生效力。

四、票据行为成立要件

(一)实质要件

票据行为的实质要件也是票据行为有效成立的一般要件,包括行为人的票据能力和行为人的意思表示两个方面。

如果票据行为人不具备实质要件,则要视具体情况来区分该票据行为是否有效。

1. 行为人不具备权利能力和行为能力

此时,票据行为无效。票据行为人可以此对抗所有请求票据权利的持票人,但不影响票据上其他票据行为的效力。

2. 票据行为的意思表示不真实

票据行为意思表示不真实,即存在票据行为人受欺诈、胁迫或者其他导致意思表示不真实的事实,此时两大法系的观点有不同。

(1)日内瓦法系:根据票据"无因性""文义性"的特点,只要该票据行为符合法定形式,就认为有效,不可以对抗除直接当事人之外的任何善意持票人,并不影响其他票据行为的有效性。

(2)英美法系:该意思表示不真实构成了对正当执票人权利的一种抗辩,这种抗辩甚至不仅局限在直接当事人之间,还可以对抗除直接当事人之外的任何善意执票人。

(二)形式要件

形式要件是票据行为效力的决定性要件:① 书面形式。各种票据行为都必须以书面形式体现才能生效。② 签章。签章(签名、签章、签名加签章)是每个票据行为的共同要件。这是由票据的文义性决定的,票据只有签章才能确定票据债务人,对票据承担责任的人也必须是签章人,签章是票据行为最重要的形式要件。③ 绝对记载事项。

票据行为如果不具备法定形式要件,则该票据无效,并且如果该票据行为是出票行为,还将导致整张票据无效,即自始不产生票据权利和义务。例如,根据《1930年关于统一汇票和本票的日内瓦公约》第2条的规定,"欠缺前条①所载任何要求的票据,无汇票效力";《英国票据法》第3条也有类似规定。

第四节　中国的票据法律制度

一、我国关于票据的立法

1995年5月我国第八届全国人大常委会通过了《中华人民共和国票据法》(以下简称《票据法》),该法自1996年1月1日施行,2004年8月第十届全国人大常委会做出了对《票据法》的修正。《票据法》第2条第2款规定:"本法所称票据,是指汇票、本票和支票。"

我国票据法与各国的票据法、国际票据公约的法律冲突主要表现在:关于票据当事人行为能力的冲突、关于票据当事人行为方式上的冲突以及关于票据当事人行为效力的冲突。《票据法》第95条规定了我国涉外票据冲突的法律适用原则:"中华人民共和国缔结或者参加的国际条约同本法有不同规定的,适用国际条约的规定。但是,中华人民共和国声明保留的条款除外。本法和中华人民共和国缔结或者参加的国际条约没有规定的,可以适用国际惯例。"该原则确立了按照国际条约、国内立法、国际惯例的优先顺序适用。

二、票据行为

(一) 票据行为概述

根据我国《票据法》,票据行为是指承担票据债务的要式法律行为,包括出票、背书、承兑、保证和付款。

票据行为具有无因性和独立性的法律特征。票据行为的无因性是指不论其实质关系如何,只要具备了特定的法定形式要件,票据行为即可生效。票据行为的独立性是指票据上存在多个票据行为时,各个票据行为互不影响、相互独立。

根据不同的标准可以对票据行为进行不同的分类。根据票据行为的性质不同,票据行为可以分为基本票据行为和附属票据行为。基本票据行为是一种主票据行为,在出票、背

---

① 《1930年关于统一汇票和本票的日内瓦公约》第1条规定,汇票应包含下列内容:票据主文中列有"汇票"一词,并以开立票据所使用的文字说明之;无条件支付一定金额的命令;付款人(受票人)的姓名;付款日期的记载;付款地的记载;受款人或其指定人的姓名;开立汇票的日期和地点的记载;开立汇票的人(出票人)的签名。

书、承兑、保证和付款这五种票据行为中,出票是一种基本票据行为。附属票据行为是在基本出票行为的基础之上所形成的票据行为,包括背书等票据行为。

(二) 汇票的票据行为

1. 出票

汇票是出票人签发的,委托付款人在见票时或者在指定日期无条件支付确定的金额给收款人或者持票人的票据。汇票分为银行汇票和商业汇票。出票是指出票人签发票据并将其交付给收款人的票据行为。

汇票的出票人必须与付款人具有真实的委托付款关系,并且具有支付汇票金额的可靠资金来源。不得签发无对价的汇票用以骗取银行或者其他票据当事人的资金。

根据票据法的规定,汇票的记载事项可以分为绝对记载事项和相对记载事项。汇票的绝对记载事项包括:① 表明"汇票"的字样;② 无条件支付的委托;③ 确定的金额;④ 付款人名称;⑤ 收款人名称;⑥ 出票日期;⑦ 出票人签章。汇票上未记载前款规定事项之一的,汇票无效。汇票的相对记载事项,即汇票上记载付款日期、付款地、出票地等事项的,应当清楚、明确;汇票上未记载付款日期的,为见票即付;汇票上未记载付款地的,付款人的营业场所、住所或者经常居住地为付款地;汇票上未记载出票地的,出票人的营业场所、住所或者经常居住地为出票地。根据票据法的规定,汇票上可以记载本法规定事项以外的其他出票事项,但是该记载事项不具有汇票上的效力。票据上金额大小写不一致时,该票据无效。

出票人签发汇票后,即承担保证该汇票承兑和付款的责任。出票人在汇票得不到承兑或者付款时,应当向持票人清偿相应的金额和费用。

练一练

下列情形中会造成汇票无效的是(　　)。
A. 汇票未记载付款地　　　　　　　B. 汇票未记载付款日期
C. 收款人有改动　　　　　　　　　D. 出票日期记载不真实

【参考答案】C

2. 背书

背书是指在票据背面或者粘单上记载有关事项并签章的票据行为。持票人通过背书可以将汇票权利转让给他人或者将一定的汇票权利授予他人行使。

(1) 背书记载事项。背书由背书人签章并记载背书日期,背书未记载日期的,视为在汇票到期日前背书。汇票以背书转让或者以背书将一定的汇票权利授予他人行使时,必须记载被背书人名称。

(2) 背书连续。背书连续是指在票据转让中,转让汇票的背书人与受让汇票的被背书人在汇票上的签章依次前后衔接。以背书转让的汇票,背书应当连续。持票人以背书的连续证明其汇票权利;非经背书转让,而以其他合法方式取得汇票的,依法举证,证明其汇权利。

(3) 背书的限制。如果出票人在汇票上记载"不得转让"字样,那么汇票不得转让。持票人背书转让票据权利时,应当背书并交付汇票。背书记载"委托收款"字样的,被背书人有权代背书人行使被委托的汇票权利。但是,被背书人不得再以背书转让汇票权利。汇票被拒绝承兑、被拒绝付款或者超过付款提示期限的,不得背书转让;背书转让的,背书人应当承担汇票责任。

 想一想

背书时可以附加条件吗?所附条件有效吗?

3. 承兑

承兑是指汇票付款人承诺在汇票到期日支付汇票金额的票据行为。

按照是否必须提示承兑将汇票承兑分为必须提示承兑的汇票和无须提示承兑的汇票。提示承兑是指持票人向付款人出示汇票,并要求付款人承诺付款的行为。(1) 应当提示承兑的汇票。定日付款或者出票后定期付款的汇票,持票人应当在汇票到期日前向付款人提示承兑。见票后定期付款的汇票,持票人应当自出票日起一个月内向付款人提示承兑。汇票未按照规定期限提示承兑的,持票人丧失对其前手的追索权。(2) 无须提示承兑的汇票。见票即付的汇票无须提示承兑。

付款人对向其提示承兑的汇票,应当自收到提示承兑的汇票之日起 3 日内承兑或者拒绝承兑。付款人收到持票人提示承兑的汇票时,应当向持票人签发收到汇票的回单。回单上应当记明汇票提示承兑日期并签章。

付款人承兑汇票的,应当在汇票正面记载"承兑"字样和承兑日期并签章;见票后定期付款的汇票,应当在承兑时记载付款日期。汇票上未记载承兑日期的,以见票后定期付款的最后一日为承兑日期。

4. 保证

保证是由汇票债务人以外的他人担当票据债务履行所做的附属票据行为。汇票的债务可以由保证人承担保证责任。保证人清偿汇票债务后,可以行使持票人对被保证人及其前手的追索权。

保证人必须在汇票或者粘单上记载下列事项:① 表明"保证"的字样;② 保证人名称和住所;③ 被保证人的名称;④ 保证日期;⑤ 保证人签章。保证人在汇票或者粘单上未记载被保证人的名称的,已承兑的汇票,承兑人为被保证人;未承兑的汇票,出票人为被保证人。保证人在汇票或者粘单上未记载保证日期的,出票日期为保证日期。

5. 付款

付款是指汇票的承兑人或付款人在票据到期时向持票人无条件支付票据金额的行为。

持票人应当按照下列期限提示付款:① 见票即付的汇票,自出票日起 1 个月内向付款人提示付款;② 定日付款、出票后定期付款或者见票后定期付款的汇票,自到期日起 10 日内向承兑人提示付款。持票人未按规定期限提示付款的,在做出说明后,承兑人或者付款人仍应当继续对持票人承担付款责任。通过委托收款银行或者通过票据交换系统向付款人提示付款的,视同持票人提示付款。

付款人及其代理付款人付款时,应当审查汇票背书的连续,并审查提示付款人的合法身份证明或者有效证件。付款人依法足额付款后,全体汇票债务人的责任解除。

6. 追索权

追索权是指在票据到期未获付款或到期日前未获承兑,发生了其他使付款可能性显著减少的其他法定原因时,票据的持票人向其前手请求偿还票据金额、利息和其他法定费用的票据权利。汇票到期被拒绝付款的,持票人可以对背书人、出票人以及汇票的其他债务人行使追索权。

汇票到期日前,有下列情形之一的,持票人也可以行使追索权:① 汇票被拒绝承兑的;② 承兑人或者付款人死亡、逃匿的;③ 承兑人或者付款人被依法宣告破产的或者因违法被责令终止业务活动的。持票人行使追索权时,应当提供被拒绝承兑或者被拒绝付款的有关证明。持票人提示承兑或者提示付款被拒绝的,承兑人或者付款人必须出具拒绝证明,或者出具退票理由书。未出具拒绝证明或者退票理由书的,应当承担由此产生的民事责任。持票人因承兑人或者付款人死亡、逃匿或者其他原因,不能取得拒绝证明的,可以依法取得其他有关证明。承兑人或者付款人被人民法院依法宣告破产的,人民法院的有关司法文书具有拒绝证明的效力。承兑人或者付款人因违法被责令终止业务活动的,有关行政主管部门的处罚决定具有拒绝证明的效力。持票人不能出示拒绝证明、退票理由书或者未按照规定期限提供其他合法证明的,丧失对其前手的追索权。但是,承兑人或者付款人仍应当对持票人承担责任。

持票人应当自收到被拒绝承兑或者被拒绝付款的有关证明之日起 3 日内,将被拒绝事由书面通知其前手;其前手应当自收到通知之日起 3 日内书面通知其再前手。持票人也可以同时向各汇票债务人发出书面通知。未按照规定期限通知的,持票人仍可以行使追索权。因延期通知给其前手或者出票人造成损失的,由没有按照规定期限通知的汇票当事人承担对该损失的赔偿责任,但是所赔偿的金额以汇票金额为限。

持票人行使追索权,可以请求被追索人支付下列金额和费用:① 被拒绝付款的汇票金额;② 汇票金额自到期日或者提示付款日起至清偿日止,按照中国人民银行规定的利率计算的利息;③ 取得有关拒绝证明和发出通知书的费用。

被追索人清偿债务时,持票人应当交出汇票和有关拒绝证明,并出具所收到利息和费用的收据。被追索人依照前文规定清偿后,可以向其他汇票债务人行使再追索权,请求其他汇票债务人支付下列金额和费用:① 已清偿的全部金额;② 前项金额自清偿日起至再追索清偿日止,按照中国人民银行规定的利率计算的利息;③ 发出通知书的费用。行使再追索权的被追索人获得清偿时,应当交出汇票和有关拒绝证明,并出具所收到利息和费用的收据。

评一评

哪方应该对该汇票负责呢

【案情】 甲公司欠乙公司50万元货款，乙公司则刚好也欠丙公司货款50万元，于是三方经协商，决定以汇票结清相互间的债权和债务。为此，乙公司开出了以乙公司为出票人、甲公司为付款人、丙公司为受款人、金额为50万元、出票日后3个月付款的汇票。丙得到汇票后向甲提示承兑，甲履行了承兑手续。10天后，丙向某家具厂购货，将汇票背书转让给了家具厂。家具厂得到汇票后委托其业务员王某携汇票购买木材，王某不慎将汇票遗失，王某遗失汇票后立即通知了厂里，家具厂也立即向甲办理了挂失止付手续，但未采取其他措施。李某捡到了该汇票，伪造了家具厂的印章，以家具厂为背书人，自己为被背书人，以该汇票在某汽车公司购买了一辆50万元的汽车。汽车公司在汇票的到期日持汇票请求甲付款，甲以汇票已挂失止付为由拒付，同时要求汽车公司返还汇票。双方发生争执。

请问：

(1) 甲能否对汽车公司行使拒付权？为什么？

(2) 该汇票的损失应由谁承担？为什么？

【评析】 (1) 甲无权对汽车公司行使拒付权。因为汽车公司是善意的持票人，他所持有的汇票的背书是连续的，所以甲作为付款人无权以票据权利有瑕疵而拒绝付款。而且该汇票虽然已经挂失止付，但因丙没有采取公示催告等票据保全手段，因此甲仍应付款。

(2) 该汇票的损失应由丙承担。因为丙在遗失汇票后只采取了挂失止付措施，没有采取公示催告等保全票据权利的手段，使汇票被支付，丙对此有过错，应承担损失。

(三) 本票的票据行为

本票是出票人签发的，承诺自己在见票时无条件支付确定的金额给收款人或者持票人的票据。我国《票据法》所称本票，是指银行本票。本票的出票人必须具有支付本票金额的可靠资金来源，并保证支付。

1. 本票的记载事项

本票必须记载下列事项：① 表明"本票"的字样；② 无条件支付的承诺；③ 确定的金额；④ 收款人名称；⑤ 出票日期；⑥ 出票人签章。本票上未记载规定事项之一的，本票无效。

本票上记载付款地、出票地等事项的，应当清楚、明确。本票上未记载付款地的，出票人的营业场所为付款地。本票上未记载出票地的，出票人的营业场所为出票地。

2. 本票的付款

本票的出票人在持票人提示见票时，必须承担付款的责任。本票自出票日起，付款期限最长不得超过2个月。本票的持票人未按照规定期限提示见票的，丧失对出票人以外的前手的追索权。

3. 本票的其他票据行为

依据我国《票据法》的规定，本票的背书、保证、付款行为和追索权的行使，除以上特殊规定外,适用有关汇票的规定。

(四) 支票的票据行为

支票是出票人签发的,委托办理支票存款业务的银行或者其他金融机构在见票时无条件支付确定的金额给收款人或者持票人的票据。

1. 支票存款账户的开立

开立支票存款账户,申请人必须使用其本名,并提交证明其身份的合法证件。开立支票存款账户和领用支票,应当有可靠的资信,并存入一定的资金。开立支票存款账户,申请人应当预留其本名的签名式样和印鉴。

2. 支票出票的种类

支票的出票可以选择现金支票和转账支票。支票可以支取现金,也可以转账,用于转账时,应当在支票正面注明。支票中专门用于支取现金的,可以另行制作现金支票,现金支票只能用于支取现金。支票中专门用于转账的,可以另行制作转账支票,转账支票只能用于转账,不得支取现金。

3. 支票的记载事项

支票必须记载下列事项:① 表明"支票"的字样;② 无条件支付的委托;③ 确定的金额;④ 付款人名称;⑤ 出票日期;⑥ 出票人签章。支票上未记载规定事项之一的,支票无效。支票上的金额可以由出票人授权补记,未补记前的支票,不得使用。支票上未记载收款人名称的,经出票人授权,可以补记。支票上未记载付款地的,付款人的营业场所为付款地。支票上未记载出票地的,出票人的营业场所、住所或者经常居住地为出票地。出票人可以在支票上记载自己为收款人。支票的出票人所签发的支票金额不得超过其付款时在付款人处实有的存款金额。

4. 支票签发的禁止事项

禁止签发空头支票。出票人签发的支票金额超过其付款时在付款人处实有的存款金额的,为空头支票。支票的出票人不得签发与其预留本名的签名式样或者印鉴不符的支票。

5. 支票的付款

出票人必须按照签发的支票金额承担保证向该持票人付款的责任。出票人在付款人处的存款足以支付支票金额时,付款人应当在当日足额付款。支票限于见票即付,不得另行记载付款日期。另行记载付款日期的,该记载无效。支票的持票人应当自出票日起10日内提示付款;异地使用的支票,其提示付款的期限由中国人民银行另行规定。超过提示付款期限的,付款人可以不予付款;付款人不予付款的,出票人仍应当对持票人承担票据责任。付款人依法支付支票金额的,对出票人不再承担受委托付款的责任,对持票人不再承担付款的责任。但是,付款人以恶意或者有重大过失付款的除外。

6. 支票的其他票据行为

除前文的特殊规定之外,支票的其他票据行为适用有关汇票的规定。

评一评

支票遭遇拒绝兑付时可否行使票据追索权[①]

【案情】 某年9月29日,董某持1张出票人为北京某科技发展有限公司(以下简称"科技公司")、金额为5000元的北京农村商业银行转账支票到业主为于某的北京市某建材经销部购买装饰材料,共购买了5000余元的装饰材料,除转账支票外,还另外向于某支付了部分现金。当年10月7日,于某持该张支票到银行入账时,被银行以印鉴不清为由退票。后于某通过董某与科技公司联系,科技公司答应更换,但至今未予解决。

【评析】 该案争议的焦点在于原告是否享有对被告的支票追索权。法院认为,于某作为已支付合理对价的票据持有人,在转账支票遭到银行退票后,享有对票据出票人的追索权,而本案所涉转账支票的出票人是科技公司,故于某应当向科技公司行使追索权。科技公司应立即支付于某5000元,于某的诉讼请求法院予以支持。依照《中华人民共和国民事诉讼法》第130条和《中华人民共和国票据法》第61条、第62条、第93条的规定,判决如下:北京某无限科技发展有限公司给付于某5000元,于本判决书生效之日起10日内付清。

三、票据权利

票据权利是指持票人向票据债务人请求支付票据金额的权利,包括付款请求权和追索权。持票人对票据债务人行使票据权利或者保全票据权利,应当在票据当事人的营业场所和营业时间内进行,票据当事人无营业场所的,应当在其住所进行。

(1) 票据权利取得的限制。以欺诈、偷盗或者胁迫等手段取得票据的,或者明知有前列情形,出于恶意取得票据的,不得享有票据权利。

(2) 票据权利的消灭。票据权利在下列期限内不行使而消灭:① 持票人对票据的出票人和承兑人的权利自票据到期日起2年,见票即付的汇票、本票自出票日起2年;② 持票人对支票出票人的权利,自出票日起6个月;③ 持票人对前手的追索权,自被拒绝承兑或者被拒绝付款之日起6个月;④ 持票人对前手的再追索权,自清偿日或者被提起诉讼之日起3个月。票据的出票日、到期日由票据当事人依法确定。

(3) 持票人因超过票据权利时效或者因票据记载事项欠缺而丧失票据权利的,仍享有民事权利,可以请求出票人或者承兑人返还其与未支付的票据金额相当的利益。

四、票据的伪造与变造

(一) 票据的伪造

票据的伪造是指假冒他人的名义而实施的票据行为。伪造有两种,一是假冒出票人的

[①] 资料来源:http://news.9ask.cn/flal/jjfal/pjfal/201102/1098566.shtml。

名义签发票据的行为,即伪造票据本身;二是假冒他人名义而实施的背书、承兑、保证等其他票据行为,主要是伪造票据上的签名,如盗用出票人的印章或模仿他人的笔迹签于票据之上。票据伪造的法律后果为:日内瓦统一法系的原则为持票人仅以背书的连续证明其汇票的权利。英美法系则认为,伪造的背书是无效的。

我国《票据法》第14条第1款规定:"票据上的记载事项应当真实,不得伪造、变造。伪造、变造票据上的签章和其他记载事项的,应当承担法律责任。"伪造人因为在票据上没有签章,不承担票据上的责任。其伪造票据而构成侵权行为或犯罪,都不是票据法的问题,伪造人应承担其他法律责任,即民事、刑事和行政责任。

具体而言,票据伪造的效力分为三种情况:

(1) 对伪造人而言,票据外观上没有自己的签名,故不承担票据上的责任,但应根据刑法和民法的规定负伪造有价证券和赔偿的责任;

(2) 对被伪造人而言,尽管票据外观上有被伪造人的签名,但实质上并非其自签,故不应依票据文义负责;

(3) 由于票据行为具有独立性,因此在伪造的票据上进行真正签名的其他人必须负担票据责任,票据的伪造如果获得被伪造人的追认,票据行为仍可成立。

想一想

伪造他人签名的人是否负票据责任?被伪造者是否负票据责任?

(二) 票据的变造

票据的变造是指无权更改票据内容的人,对票据上签章以外的记载事项加以改变的行为。我国《票据法》第14条第2款和第3款规定,票据上其他记载事项被变造的,在变造之前签章的人,对原记载事项负责;在变造之后签章的人,对变造之后的记载事项负责;不能辨别是在票据被变造之前或者之后签章的,视同在变造之前签章。

想一想

票据伪造与票据变造有何区别?法律效力又有何不同?

五、票据责任

票据责任是指票据债务人向持票人支付票据金额的义务。根据承担责任的主体不同,票据责任可以分为出票人的责任、背书人的责任、承兑人的责任、保证人的责任和付款人的责任。

(一) 出票人的责任

出票人签发汇票后,即承担保证该汇票承兑和付款的责任。出票人在汇票得不到承兑或者付款时,应当向持票人清偿票据法规定的金额和费用。出票人签发空头支票或者故意签发与其预留的本名签名式样或者印鉴不符的支票以骗取财物的;签发无可靠资金来源的汇票、本票,骗取资金的;汇票、本票的出票人在出票时做虚假记载,骗取财物的,应当承担刑事责任。

(二) 背书人的责任

背书人以背书转让汇票后,即承担保证其后手所持汇票承兑和付款的责任。后手是指在票据签章人之后签章的其他票据债务人。背书人在汇票得不到承兑或者付款时,应当向持票人清偿相应的金额和费用。

背书人在汇票上记载"不得转让"字样,其后手再背书转让的,原背书人对后手的被背书人不承担保证责任。

(三) 承兑人的责任

付款人承兑汇票,不得附有条件;承兑附有条件的,视为拒绝承兑。付款人承兑汇票后,应当承担到期付款的责任。

(四) 保证人的责任

汇票到期后得不到付款的,持票人有权向保证人请求付款,保证人应当足额付款。保证不得附有条件;附有条件的,不影响对汇票的保证责任。保证人对合法取得汇票的持票人所享有的汇票权利承担保证责任,但被保证人的债务因汇票记载事项欠缺而无效的除外。被保证的汇票,保证人应当与被保证人对持票人承担连带责任。保证人为2人以上的,保证人之间承担连带责任。

(五) 付款人的责任

对于符合法律、法规规定的票据,付款人应当依法按时足额支付票据上所记载的金额。付款人及其代理付款人以恶意或者重大过失付款的,应当自行承担责任。对定日付款、出票后定期付款或者见票后定期付款的汇票,付款人在到期日前付款的,由付款人自行承担所产生的责任。票据的付款人对见票即付或者到期的票据,故意压票,拖延支付的,由金融行政管理部门处以罚款,对直接责任人员给予处分。票据的付款人故意压票,拖延支付,给持票人造成损失的,依法承担赔偿责任。

 本章思考

1. 解释下列术语:
   票据　票据法　票据行为　票据背书　票据承兑　票据保证
   汇票　本票　支票　票据伪造　票据变造

2. 试述票据的无因性。
3. 试述《联合国国际汇票和国际本票公约》中关于伪造签名的法律后果。
4. 试述在行使追索权时应当注意的问题。
5. 简述背书人对被背书人应承担的责任。

学习参考

中国对外贸易
形势报告

第九章

国际知识产权法

 **本章要点**

1. 知识产权的概念与特征
2. 《保护工业产权巴黎公约》确定的原则
3. 《保护文学艺术作品伯尔尼公约》的基本内容
4. 专利的国际申请
5. 商标的国际注册
6. 中国的知识产权保护法

第一节 概　　述

一、知识产权的概念与特征

(一) 知识产权的概念

"知识产权"(intellectual Property)一词从西方引入我国,也称为"智慧财产权"或"智力财产权",是指个人或组织对其在科学、技术与文学艺术等领域里创造的精神财富,即对其智力活动创造的成果和经营管理活动中的标记、信誉所依法享有的专有权利。

根据《成立世界知识产权组织公约》的规定,知识产权包括以下8项:① 关于文学、艺术和科学作品的权利;② 关于表演艺术家的演出、录音与广播的权利;③ 关于人们在一切活动中的发明的权利;④ 关于科学发现的权利;⑤ 关于工业品式样的权利;⑥ 关于商标、服务商标、厂商名称与标记的权利;⑦ 关于制止不正当竞争的权利;⑧ 关于在工业、科学、文学和艺术领域中一切其他来自知识活动的权利。

(二) 知识产权的特征

知识产权属于无形财产权,与有形财产权相比,具有以下法律特征:

1. 专有性

专有性又称独占性、排他性或法定垄断性,指知识产权依法取得后,法律赋予权利人在一定时间内对其智力成果享有独占权或者垄断权,除权利人同意或法律有规定外,其他任何人不得利用该智力成果。

有形财产权也有一定的专有性,但由于有形财产权的标的是物,因而只要物权人依法对其享有占有权,物权人就能够独占该财产,其他人极少可能采用"分身法"处置该物。因此,有形财产权的专有性不必在法律上予以强调。

2. 地域性

知识产权的地域性是指知识产权的生效范围具有地理上的限制,即知识产权依照一国法律取得,往往只在该国范围内有效,对其他国家不发生效力,即不具有域外效力。如需要获得该国的保护,权利人必须依照该国的法律取得相应的知识产权或根据共同签订的国际条约取得保护。

3. 时间性

知识产权的时间性,是指知识产权的保护是有一定期限的,这也就是知识产权的有效期。当法律规定的期限届满,知识产权的专有权即告终止,权利人丧失其专有权,这些智力成果即成为社会财富,任何人都可以利用它而不受专有权人的限制。而有形财产所有权具有永久性,与有形财产共始终,即只要有形财产存在,有形财产所有权就存在。

想一想

中国铁建在阿尔及利亚东西高速公路施工中,因采用"中空六菱块"作为景观挡土墙,侵犯了一项法国工程师的专利,由此支付 200 万元经济赔偿。该公司科技设计部创新建设处负责人在一次中国知识产权保护高层论坛上公开提到:"如果我们在进入阿尔及利亚市场前,对工程所用的产品、技术、规范和标准中所涉及的专利进行分析,完全可以规避侵权风险。"想一想,通过本事件可以发现知识产权的哪些特征?通过这 200 万元的"学费"你又能得到哪些启示呢?

二、国际知识产权贸易法

(一) 概念与调整对象

国际知识产权贸易法是调整跨国知识产权贸易关系的法律规范的总称。国际知识产权贸易法的调整对象既包括横向的贸易当事人之间的关系,也包括纵向的国际贸易管理者与被管理者之间的关系。

1. 知识产权具有私权属性

知识产权是一种民事财产权,因此属于私权。权利人可以通过国际贸易的方式,如许可使用、转让来处分自己的权利,在贸易活动过程中,当事人之间的关系由国际知识产权贸易法调整。

2. 知识产权具有垄断性的权利

一方面,为了防止涉及国家安全、技术优势的知识产权外流,供方所在国家往往在法律中做出限制性或禁止性规定,因此国际知识产权贸易法中有相当一部分是贸易管制规范;另一方面,在国际知识产权贸易实践中,作为供方的权利人往往具有事实上的优势,因此为了保护受方的利益,受方所在的国家通常通过法律对贸易进行干预。

(二) 知识产权国际保护管理机构

世界知识产权组织(WIPO)是联合国系统负责全球知识产权事务的专门机构,由"国际保护工业产权联盟"(巴黎联盟)和"国际保护文学艺术作品联盟"(伯尔尼联盟)于1967年7月14日在瑞典斯德哥尔摩共同建立。其主要职能是负责通过国家间的合作促进对全国知识产权的保护,管理建立在多边条约基础上的关于专利、商标和版权方面的23个联盟的行政工作,并办理知识产权法律与行政事宜。截至2019年,世界上已有192个国家成为世界知识产权组织的成员。近年来随着该组织报告对其全球知识产权服务的创纪录需求,人工智能及其对知识产权政策的潜在影响也逐渐列入议程。

 资料卡

世界知识产权组织(WIPO)管理下的26项知识产权国际公约①

知识产权保护条约	1.《视听表演北京条约》 2.《保护文学和艺术作品伯尔尼公约》 3.《发送卫星传输节目信号布鲁塞尔公约》 4.《制止商品来源虚假或欺骗性标记马德里协定》 5.《马拉喀什条约》 6.《保护奥林匹克会徽内罗毕条约》 7.《保护工业产权巴黎公约》 8.《专利法条约》(PLT) 9.《录音制品公约》 10.《保护表演者、音像制品制作者和广播组织罗马公约》 11.《商标法条约》 12.《商标法新加坡条约》 13.《华盛顿条约》 14.《世界知识产权组织版权条约》(WCT) 15.《世界知识产权组织表演和录音制品条约》(WPPT) 16.《世界知识产权组织公约》
全球保护体系公约	1.《专利合作条约》(PCT) 2.《商标国际注册马德里协定》 3.《商标国际注册马德里协定有关议定书》 4.《工业品外观设计国际保存海牙协定》 5.《国际承认用于专利程序的微生物保存布达佩斯条约》 6.《保护原产地名称及其国际注册里斯本协定》
分类条约	1.《建立工业品外观设计国际分类洛迦诺协定》 2.《商标注册用商品和服务国际分类尼斯协定》 3.《国际专利分类斯特拉斯堡协定》 4.《建立商标图形要素国际分类维也纳协定》

---

① 资料来源:http://www.wipo.int/treaties/zh。

第二节 保护知识产权的国际公约

一、保护工业产权的国际公约

工业产权是一个专门的法律术语,通常是指专利权和商标权的总称,实际是指对发明创造和显著标志的专有权。工业产权所指的"工业",泛指一切生产、交换和消费领域,并非通常所指的工业。

(一)《保护工业产权巴黎公约》

1883年3月,11个国家在巴黎缔结了《保护工业产权巴黎公约》(Paris Convention for the Protection of Industrial Property,以下简称《巴黎公约》)。该公约于1884年7月7日生效。

《巴黎公约》是知识产权领域的第一个世界性的多边条约。《巴黎公约》的调整对象即保护范围是工业产权,包括发明专利权、实用新型、工业品外观设计、商标权、服务标记、厂商名称、产地标记或名称以及制止不正当竞争等。在其后的一百多年里,《巴黎公约》多次被修订。修订后形成的斯德哥尔摩文本(1967年),是目前该公约的绝大多数成员国批准或加入的文本,2019年共有196个签约方。1985年3月19日,中国成为该公约成员,在加入时曾声明对其中第28条第1款予以保留①,不受该条款的约束。

《巴黎公约》规定工业产权保护的对象有专利、实用新型、外观设计、商标、服务标记、厂商名称、货源标记或原产地名称,并致力于制止不正当竞争。《巴黎公约》是一个开放性的国际公约,任何国家都可以参加。

参加《巴黎公约》的国家成立了一个保护工业产权的国际同盟,称为巴黎同盟。巴黎同盟设有大会、执行委员会与国际局。1967年,各国在斯德哥尔摩缔结了一项关于建立世界知识产权组织(WIPO)的公约,决定由这个组织集中管理巴黎同盟与伯尔尼版权同盟的行政工作,这两个同盟的国际局也移交给国际知识产权组织,作为该组织的国际局。

由于西方国家在工业产权法律方面存在不少分歧,难以实现统一,因此,《巴黎公约》并没有也不可能为各成员国提供一套国际统一的关于工业产权的实体法。各成员国在商标与专利等工业产权的立法上仍然享有充分的自主权。《巴黎公约》只是规定了各成员国必须共同遵守的若干规则,为成员国的国民在成员国间申请商标或专利的保护提供某种便利。至于是否给予法律保护,仍然必须由各成员国根据其本国的法律确定。《巴黎公约》的许多规定是既适用于商标,也适用于专利及其他工业产权的。

《巴黎公约》确立了以下三个重要原则。

---

① 该公约第28条第1款内容为:"两个或两个以上本同盟成员国之间对本公约的解释或引用有争议不能协商解决时,任一有关国家可根据国际法院规约向国际法院起诉,但有关国家同意其他办法解决时除外。向法院起诉的国家应通知国际局;国际局应将此事提请本同盟其他成员国注意。"

1. 国民待遇原则

凡是该公约成员国的国民，在专利权的保护方面在其他公约成员国内都可以享受国民待遇。《巴黎公约》并不包括非成员国的国民，但是在一个成员国的领土上设有永久住所或者有真实有效的营业场所的人，也享有与成员国国民同样的待遇。

2. 优先权原则

当公约成员国里的申请人已在公约的一个成员国正式提出专利权申请时，在首次提出专利申请之日起12个月的期限内享有优先权，即当其向其他成员国就同一发明提出专利申请时，其后来申请的日期可以首次申请日期为准。

3. 独立性原则

各成员国授予商标权或者专利权是相互独立的。由于各国商标法与专利法各有差异，为了避免某项注册申请因为在一个国家遭到拒绝，而使申请人在其他成员国提出同样申请时受到不利影响，该公约规定了同一权利在不同国家互相独立的原则。也就是说，成员国的国民向成员国申请的权利与其在其他公约成员国或非成员国就同一申请所获得的权利无关，不同的国家就同一发明或者商标所授予的专利权、商标权，在条件、期限、无效与撤销方面都是互不牵连的。任何公约成员国对于上述问题都有权根据本国法独立做出决定，不受其他国家做出的任何决定的影响。

《巴黎公约》还有其他规定。

1. 强制许可

各成员国可以采取立法措施，规定在一定条件下可以核准强制许可，以防止专利权人可能对专利权的滥用。强制许可的条件是，专利权人自提出专利权申请之日起满4年、或者自批准专利权之日起满3年未实施专利且又提不出正当理由。

2. 驰名商标保护

无论驰名商标本身是否取得商标注册，各成员国均应禁止他人使用相同或者类似驰名商标的商标，拒绝注册与驰名商标相同或者相似的商标。

3. 对欺诈性申请注册的处理

该公约不允许商标所有权人的代表或代理人利用该商标所有权人没有在代理人所在国家申请注册的机会，欺诈性地以自己的名义申请注册。该公约规定，代理人如果以欺诈手段取得商标注册，不得用以对抗商标的所有人，后者有权在合理的期限内提出异议，要求撤销代理人所注册的商标。该公约的这项规定是为了保护商标所有权人的利益，制止代理人的恶意行为。

4. 商标的转让

关于商标的转让问题，各国的法律有不同的规定。有些国家的法律规定商标可以单独转让，有些国家则不允许单独转让，商标必须连同企业的营业一起转让。该公约在这个问题上采取折中的办法。该公约规定，如果根据某个成员国的法律，商标必须连同企业的营业同时转让方为有效，则只需将该企业或牌号在该国的部分，连同被转让商标的商品在该国制造或销售的专有权一起转让给受让人，而不需要把设立在该国以外的那些企业或牌号全部同时转让。但是该公约又同时规定，这样的转让应以不会使公众对贴有该商标的商品的原产地、性质或其品质发生误解为条件。

5. 关于临时性的保护措施

该公约对在国际展览会上展出的商品的商标给予临时性的保护。该公约规定,该公约的成员国根据本国的法律对在任何一个成员国领土上举办的官方或经官方认可的国际展览会上展出的商品的商标,给予临时性的保护。但是,这种临时性的保护不能延长优先权的期限。如果商标使用人日后向成员国申请商标注册,则各国的主管部门可以把该商品在展览会展出的日期作为起算优先权的期限的日期。

(二)《专利合作条约》(PCT)

《巴黎公约》虽然解决了专利权的国际保护问题,但没有解决专利权的国际申请问题。即专利权要得到他国的法律保护,按《巴黎公约》规定仍然必须向其他公约成员分别申请和获得批准,因此,专利国际化的进程也十分缓慢。为了弥补这一缺陷,一些国家谋求在专利的国际申请、简化申请手续方面寻求新的途径。美国最先有此动议,1970 年 5 月在华盛顿召开的巴黎公约成员外交会议上,根据美国提出的"签订一个在专利申请案的接受和初步审理方面进行国际合作的条约"的建议,缔结了《专利合作条约》(Patent Cooperation Treaty,PCT),旨在解决专利的国际申请问题。该条约于 1978 年 6 月 1 日正式生效。

1994 年 1 月 1 日,中国正式成为该条约的成员。中国专利局成为专利合作条约的受理局、指定局和选定局、国际检索单位及国际初审单位,中文成为该条约的正式工作语言。截至 2020 年 1 月,该条约已经有 153 个签约方。截至 2005 年 3 月 1 日,已有 126 个国家加入该条约。

PCT 的申请程序为:① 申请人按照条约的具体要求准备好申请案之后,呈交"国际申请案接收局"。② 接收局接到申请案之后将其复制两份,一份送交"国际申请案检索局",另一份送交"国际申请案登记局"①。③ 检索局对申请案进行检索,看它是否与任何现有技术相重复,然后将检索报告送交 WIPO 的国际局。该国际局将已登记的申请案与检索报告一道复制之后,分送申请人所指定的即其希望在那里取得专利权的国家。④ 最后由这些国家再依照自己国内法的规定,决定批准还是驳回申请案。

自申请日起 20 个月或优先权日起 30 个月内,国际申请在指定国或选定国进入国内阶段。各指定国或选定国到这时才依照国内法对其进行最终的审批。与巴黎公约规定的 12 个月的考虑时间相比,PCT 申请人多了 8 个月或 18 个月的考虑时间。在此期间,申请人可以借助国际检索报告和国际初步审查报告,正确地评估发明的技术价值和市场前景,决定申请是否进入国内阶段,由此可节省大量劳力和避免无谓开支。

(三) 商标国际注册《马德里协定》

商标国际注册马德里体系的主旨是解决商标的国际注册问题,其受 1891 年签订的《马德里协定》(Madrid Agreement Concerning the International Registration of Marks)和 1989 年签订的《马德里协定有关议定书》的制约。通过马德里体系,申请人只要取得在每一被指

---

① 条约规定的接收局为每个成员国的专利局;检索局为澳大利亚、美国、苏联、日本的专利局以及"欧洲专利局";登记局为 WIPO 的国际局。

定缔约方均有效力的国际注册,即可在数量众多的国家中保护商标。马德里体系是针对全球商标注册和管理的解决方案,既方便又划算。申请人只需要通过本国的主管局以一种语言(英语或法语)向国际局提交一项申请,并缴纳一套规费即可在成员国中获得保护。通过一个集中化的系统,就可以变更、续展或扩展全球商标。

1989年10月4日,中国正式成为该协定的成员国。截至2019年7月26日,马德里联盟共有105个国家/地区,覆盖了121个国家。总的来说,该协定是对《巴黎公约》的补充,共18条,对商标的国际注册、国际注册的效力和有效期,以及国际注册与国内注册之间的关系做了具体规定。

1. 商标申请国际注册的条件

根据该协定,商标国际注册的条件为:① 申请人系成员国国民或者在某一成员国内有住所或有真实有效的营业场所;② 申请国际注册的商标已经在本国获得了商标注册。

2. 商标国际注册程序

商标国际注册主要有以下三步程序:① 本国阶段。申请人或其代理人向本国商标注册主管机关提交国际注册申请书,并缴纳国际注册申请费等;本国商标注册主管机关对国际注册申请进行形式审查,经形式审查合格的,转呈世界知识产权组织国际局。② 国际局阶段。国际局对申请案进行形式审查,审查申请是否符合协定及其议定书的要求,如果通过了形式审查,申请案就获得了国际注册。国际局将国际注册登记并公布,通知申请人所指定的请求保护的国家。③ 指定国阶段。指定国在收到国际局通知之日起1年内,根据本国法律的规定,可以声明对国际注册商标不予保护。指定国于1年内未做出拒绝保护声明的,国际注册才转变为指定国的国内注册。

3. 国际注册效力及有效期

商标国际注册的生效日期从国际局注册生效的日期开始,那些未予驳回商标的生效日期,如同商标直接在那里获准注册一样。经国际注册的商标均享有巴黎公约所规定的优先权。国际注册的商标,有效期为20年。期满可以续展,续展期仍为20年。有效期届满前6个月,国际局应发送非正式通知,提醒商标权人注意届满日期。国际注册续展,可给予6个月的宽展期。

4. 国际注册与国内注册的关系

根据该协定的规定,商标自获准国际注册之日起5年内,如果该商标在其所属国已全部或部分不再享受法律保护时,该商标国际注册所得到的法律保护也全部或部分不再享有。在此期间,当商标所有人自动撤销或依据职权被撤销,其所属国的注册当局应要求撤销在国际局的商标,国际局应予以撤销。但从获得国际注册之日起满5年以后,这种国际注册即与商标所有人在其所属国的注册没有关系。无论在所属国是否全部或部分失去法律保护,都不影响该商标国际注册所产生的权利。

二、保护著作权的国际公约

(一)《保护文学和艺术作品伯尔尼公约》

随着国际交流的扩大,双边协定或互惠条约难以防止国际剽窃作品的现象,且各国著作权保护差别很大。为使著作权在国际流通领域得到更好的保护,有必要签订一个各国广泛参加的国际公约。该公约的最初倡议者是1879年在巴黎成立的"国际文学家联盟"。联盟于1883年在瑞士的伯尔尼起草了公约草案。会后由瑞士政府公布了草案,送交并敦促有关国家,1886年终于缔结了《保护文学艺术作品伯尔尼公约》(Berne Convention for the Protection of Literary and Artistic Works,简称《伯尔尼公约》)。

该公约自生效以来,进行过2次增补、5次修订。最后一次修订形成的1971年巴黎文本是目前绝大多数国家批准的文本。1979年虽然对这个文本的个别行政条款做了一些小修改,但文本仍称为"1971年巴黎文本"。

中国于1992年正式成为该公约的成员。《伯尔尼公约》是参加国最多、保护水平最高的著作权国际公约,特别是它对著作权保护中的某些概念有明确的定义,直接影响着各国的著作权法。截至2020年1月,该公约有177个签约方。

《伯尔尼公约》涉及对作品和作品作者的保护。该公约以三项基本原则为基础,载有一系列确定所必须给予的最低保护方面的规定,并载有为希望利用这些规定的发展中国家所做的特别规定。

 资料卡

《伯尔尼公约》的三项原则及最低保护规定

三项原则		国民待遇原则。对于起源于一个缔约国的作品(即作者为该国国民的作品,或首次发表是在该国发生的作品),每一个其他缔约国都必须给予与各该缔约国给予其本国国民的作品同样的保护
		自动保护原则。保护的取得不得以办理任何手续为条件
		保护的独立性原则。保护不依赖于作品在起源国是否存在保护。但若某缔约国规定的保护期比公约所规定的最低期限更长,作品在起源国不再受保护的,可以自起源国停止保护时起,拒绝予以保护
最低保护规定	保护作品范围	文学、科学和艺术领域内的一切成果,不论其表现形式或方式如何
	专有许可权	除若干允许的保留、限制或例外以外,以下各项权利必须被视为专有的许可权:翻译权;对作品进行改编和编排的权利;戏剧、戏剧音乐、音乐等作品的公开表演权;文学作品的公开朗诵权;对这类作品的演出进行公开传播的权利;广播权(缔约国可以只规定获得报酬的权利,而不规定许可权);任何方式或形式的复制权(某些特殊的情况下,允许未经许可的复制行为,但复制不与作品的正常利用相抵触,也不无理地损害作者的合法利益);音乐作品的声音录制品可以获得公平报酬的权利;以作品为基础制成音像作品的权利,以及复制、发行、公开表演或向公众传播该音像作品的权利

续表

最低保护规定	保护期限	一般规则是必须保护到作者死后50年为止。但是有例外：对于匿名作品或假名作品,保护期为作品合法地向公众提供以后50年,但如果假名使作者的身份确定无疑,或作者在有效期内公开了其身份,则例外;在后一种情况下,应适用一般规则
		音像(电影)作品,最短的保护期为作品向公众提供("发行")以后50年,或者未向公众提供的,为作品完成以后50年。对于实用艺术作品和摄影作品,最短期限为这类作品完成以后25年

(二)《世界版权公约》

美国虽然多次参加了缔结《伯尔尼公约》的会议,但因其当时的出版等行业不如欧洲一些国家那样发达,对著作权保护的水平较低,一直拒绝加入《伯尔尼公约》[①]。美国于1889年与美洲的一些国家,在蒙德维尔缔结了一个《美洲国家间版权公约》,简称《泛美版权公约》。美洲此后还陆续签订了几个地区性的版权公约,即1902年的《墨西哥公约》、1906年的《里约热内卢公约》、1910年的《哈瓦那公约》、1946年的《华盛顿公约》等。这就形成了以欧洲为中心和以美洲为中心的两大版权保护体系,反映各自利益而存在差距。

第二次世界大战后,美国的经济和文化取得了很大的发展,开始关注其作品在欧洲国家的保护问题。但《伯尔尼公约》的保护水平较高,美国希望通过缔结一个新的国际公约,达到保护其利益的目的。另一方面,一些新兴国家也认为《伯尔尼公约》的保护水平太高,不利于对外国作品特别是《伯尔尼公约》成员国中发达国家的作品的使用,也希望能缔结一个保护水平较低的国际公约。同时,一些《伯尔尼公约》的成员国为了使自己的作品在上述国家获得充分保护,也愿意在新的国际保护体系中实现与这些国家著作权的相互保护。在联合国教科文组织的主持下,经过多次会议的协商,于1952年在日内瓦正式通过了《世界版权公约》(Universal Copyright Convention)。该公约于1955年9月16日生效。

《世界版权公约》与《伯尔尼公约》于1971年同时在巴黎进行了修订。修订后的《世界版权公约》于1974年生效,任何新参加国,只能参加巴黎修订文本。中国于1992年10月30日正式加入该公约。

三、《与贸易有关的知识产权协定》

《与贸易有关的知识产权协定》(Agreement on Trade-related Aspects of Intellectual Property Rights, TRIPS)第一次将知识产权与国际贸易联系在一起,从而将知识产权的国际保护从原来的静态引向了动态,是影响极为深远的一个知识产权方面的国际公约。

---

① 美国直到1989年1月1日才正式参加《伯尔尼公约》。

(一) TRIPS 的订立

关贸总协定于 1947 年缔结于日内瓦。在乌拉圭回合谈判中,以美国为首的发达国家倡议,极力主张将知识产权问题列为三大新议题之一。经过长达 7 年多的谈判,于 1994 年取得了最终结果,达成了《与贸易有关的知识产权协议》。1995 年 1 月 1 日起,关贸总协定被世贸组织所取代,TRIPS 也同时生效。

(二) TRIPS 的主要内容

与其他知识产权公约相比,TRIPS 从总体而言提高了知识产权保护的水平。

1. 扩大了知识产权保护的范围

TRIPS 将传统上不属于知识产权范围的商业秘密,以及知识产权条约未列为知识产权保护的集成电路布图、计算机软件,也列入它的保护范围;同时指出:"专利应适用于所有技术领域中的任何发明,不论它是产品还是方法。"此外协议还要求成员国对目前大多数发展中国家不予保护的植物新品种给予保护。

2. 强化了知识产权的权利内容

(1) 专利方面,特别强调进口权以及方法专利的保护范围,且延及由该方法直接获得的产品;在外观设计方面也规定了进口权。弱化了巴黎公约中强制许可在事实上所造成的未经许可的使用,并增加了 10 多项限制条件,实际上强化了专利权。

(2) 对于计算机软件及电影作品著作权,特别强调了租赁权。

(3) 与集成电路知识产权公约相比,协议对集成电路布图设计的保护扩大到含有集成电路成品的产品。

3. 完善了知识产权的实施保障

TRIPS 既是知识产权实体法,又是一部程序法。它不仅规定了主体的权利义务关系,而且规定了实现其权利和义务的行政、民事、刑事以及边境和临时程序。实体法的内容主要体现在 TRIPS 的第二部分,程序法的内容主要体现在 TRIPS 的第四部分,这一部分详尽地规定了有关知识产权执行措施,以及对知识产权的取得和维持的有关程序。这些规定几乎涉及行政和司法诉讼、赔偿、补救措施等方面的所有问题。值得一提的是,TRIPS 规定的有关海关的边境措施,各成员知识产权所有人掌握了确切证据后,对侵犯知识产权的产品不管是进口或出口,都可申请海关予以扣押。但申请人在此情况下应提供相应的保全措施,以便保护被告,防止权利人滥用权利。这样的规定在以前的知识产权条约中是从来没有过的。

4. 建立了一套较为完整有效的争端解决机制

TRIPS 第 64 条规定,除非有特别规定,1994 年 GATT 就解释及适用关贸总协定第 22 条和第 23 条,以及依照这两条所设立的关于纠纷解决规则和程序的谅解备忘录,适用于知识产权问题的协商和争端解决。如某一成员对影响本协定的执行的任何事项向另一成员提出要求时,该成员应以同情的考虑,并给予适当的机会进行协商。但如果有关成员在合理期间内尚不能采取满意的解决办法时,该问题可提交全体成员处理:或提出适当建议,或酌情对此做出裁决;情况严重的可通过全体成员一致行动,对不实施或不完全实施 TRIPS 的国家,可进行集体抵制和交叉报复。一般来讲,违反协议的一方为维护其在世贸组织中的地位以及避免贸易制裁所造成的损失,通常会认真执行裁决。TRIPS 将世贸组织解决争端的机制引进来,将知识产权问题与国际贸易挂钩,以贸易制裁作为知识产权保护的后盾,这无疑是促进各成员履行义务最有效、最强有力的手段。

5. 取消了保留条款

TRIPS 第 72 条规定:未经其他成员同意,对本协议的任何条款均不得提出保留。因此对协议不存在就某一条款提出保留问题。而且由于协议和 GATT 乌拉圭回合的其他 14 个议题的谈判采取一揽子接受的原则,不接受该协议也就意味着被排斥在多边贸易体制之外。因此,取消保留条款可以保证 TRIPS 对知识产权的高标准保护得以被广泛接受。

四、我国知识产权保护的现状

我国自改革开放以来,逐步建立了知识产权法律制度。目前我国参加的知识产权保护国际条公约和国际协定共 18 项,为保护知识产权制定和实施的国内立法多达 29 项。

 资料卡

我国加入的知识产权保护的国际公约与国际协定[①]

	国际公约或协定名称	生 效 日 期
1	《世界知识产权组织公约》	1980 年 6 月 3 日
2	《保护工业产权巴黎公约》	1985 年 3 月 19 日
3	《国际商标注册马德里协定》	1989 年 10 月 4 日
4	《关于集成电路的知识产权条约》	1990 年 5 月 1 日
5	《保护文学和艺术作品伯尔尼公约》	1992 年 10 月 15 日
6	《世界版权公约》	1992 年 10 月 30 日
7	《保护录音制品制作者防止未经许可复制其录音制品日内瓦公约》	1993 年 4 月 30 日
8	《专利合作条约》	1994 年 1 月 1 日
9	《商标注册用商品和服务国际分类尼斯协定》	1994 年 8 月 9 日
10	《国际承认用于专利程序微生物保存布达佩斯条约》	1995 年 7 月 1 日

---

① 资料来源:田东文. 国际商法[M].3 版. 北京:机械工业出版社,2022 年。

续 表

	国际公约或协定名称	生效日期
11	《建立工业品外观设计国际分类洛迦诺协定》	1996年9月19日
12	《国际专利分类斯特拉斯堡协定》	1997年6月19日
13	《国际植物新品种保护公约》	1999年4月23日
14	《商标国际注册马德里协定有关议定书》	2000年8月4日
15	世界贸易组织协定中《与贸易有关的知识产权协议》	2001年12月11日
16	《世界知识产权组织版权条约》	2007年6月9日
17	《世界知识产权组织表演和录音制品条约》	2007年6月9日
18	《视听表演北京条约》	2020年4月28日

第三节 专 利 法

一、专利法概述

(一) 专利与专利权

"专利"一词来自拉丁文 litterae patents，含有公开之意，原指盖有国玺印鉴不必拆封即可打开阅读的一种文件。现在，"专利"一词一般理解为专利证书，或理解为专利权。

专利权是指国家依法授予发明人、设计人或其所属单位对其发明创造在法律规定的期限内享有的专有权或独占权。专利期限届满后，专利权即行消灭，任何人皆可无偿地使用该项发明或设计。专利权仅仅在授予专利的国家或地区范围内有效，只能在该国或地区法律管辖范围内受到法律强制力保护，超出该国或地区地域范围则失去效力。

(二) 专利法

1. 各国专利法简介

专利法是指确认发明人（或其权利继受人）对其发明享有专有权，规定专利权人的权利和义务的法律规范的总称。

在西方国家，专利制度有数百年的历史。最早将发明专利纳入正式法律制度的是威尼斯，它从1474年制定专利法之后，就授予了许多专利权。但是一般认为英国1624年制订的《垄断法规》是现代专利法的开始，此法对以后各国的专利法影响很大。德国法学家 J. 柯勒曾称之为"发明人权利的大宪章"。从18世纪末到19世纪末，美国(1790)、法国(1791)、西班牙(1820)、德国(1877)、日本(1826)等西方工业国家陆续制定了专利法。到了20世纪,特别是第二次世界大战结束以后,工业发达国家对专利法陆续进行了修订,许多发展中国家也都制订了专利法。到了20世纪80年代初期,约有150个国家和地区建立了专利制度。各国和地区专利法的主要内容包括取得专利的条件、专利的申请与审查、专利保护的期限、专利的强制使用等。

2. 我国专利法的制定

1984年3月12日第六届全国人民代表大会常务委员会第四次会议通过了《中华人民共和国专利法》(简称《专利法》),1992年9月4日、2000年8月25日、2008年12月27日和2020年10月17日,全国人大常委会对《专利法》进行了四次修改,修改后的《专利法》于2021年6月1日起施行。数次对《专利法》的修改体现了我国对知识产权保护的重视,对维护专利权人的合法权益,增强创新主体的专利保护信心,充分激发全社会的创新活力具有重要意义,也是不断健全社会主义法制,坚持推进依法治国的具体体现。

我国《专利法》是一种特殊的民事法律规范,其主要特点如下:

(1)《专利法》是国内法,而不是国际法

我国《专利法》是由国家最高权力机关制定的,调整因发明创造所产生的各种社会关系的法律规范,其效力范围只限于本国领域内,所以它是国内法。当国际法与国内法的规定发生抵触时,按照我国一般惯例规定:中华人民共和国缔结或者参加的国际条约同中华人民共和国的民事法律有不同规定的,适用国际条约的规定,但中华人民共和国声明保留的条款除外。这就确定了"国际法优于国内法"的原则。

(2)《专利法》是特别法,而不是普通法

知识产权是一种民事权利,知识产权法是民法的特殊部分。民法与专利法的关系即"普通法"(或基本法)与"特别法"的关系。在适用法律时,一般的原则是:特别法优于普通法。也就是说,在二者有不同规定而发生冲突时,应以特别法为准,适用特别法。

(3) 专利法是实体法,辅以程序法

我国《专利法》不仅规定了专利权的发生、变更和消灭的法定条件、专利权的权利范围等权利和义务的实体事项,也规定了专利的申请、审查和批准的程序等,因此《专利法》是以实体法为主,程序法为辅的法律。

二、专利权的主体及权利归属

专利权的主体即专利权人,是指依法享有专利权并承担相应义务的人。根据各国专利法的规定,专利权的主体及权利归属一般包括以下五种情形。

(一) 职务发明

职务发明创造是指执行本单位的任务或者主要是利用本单位的物质技术条件所完成的发明创造。职务发明创造申请专利的权利属于该单位;申请被批准后,该单位为专利权人。

该单位可以依法处置其职务发明创造申请专利的权利和专利权,促进相关发明创造的实施和运用。值得一提的是,我国鼓励被授予专利权的单位实行产权激励,采取股权、期权、分红等方式,使发明人或者设计人合理分享创新收益。

职务发明创造分为两类:

1. 执行本单位任务所完成的发明创造

执行本单位任务所完成的发明创造包括三种情况:① 在本职工作中做出的发明创造;② 履行本单位交付的本职工作之外的任务所做出的发明创造;③ 退职、退休或者调动工作后一段时间(一般为1年)内做出的,与其在原单位承担的本职工作或者原单位分配的任务有关的发明创造。

2. 主要利用本单位的物质技术条件所完成的发明创造

"本单位的物质技术条件"通常是指本单位的资金、设备、零部件、原材料或者不对外公开的技术资料等。如何确认"主要利用",一般认为,在发明创造过程中全部或者大部分利用了单位的物质技术条件,这种利用对发明创造的完成起着必不可少的决定性作用,就可以认定为主要利用本单位物质技术条件。如果仅仅是少量利用了本单位的物质技术条件,且这种物质条件的利用对发明创造的完成无关紧要,则不能因此认定是职务发明创造。值得一提的是,对于这类职务发明,如果单位与发明人或者设计人订有合同,对申请专利的权利和专利权的归属做出约定的,从其约定。

练一练

李某是甲公司的研究人员,承担了一种冷藏机的研制任务,在研制成功前辞职开办乙公司。辞职近一年时,李某研制成功了该冷藏机,并以乙公司的名义申请并获得了专利。丙公司在李某研制成功之前已经研制出该冷藏机技术并开始生产产品。下列选项中,(　　)是正确的。

　　A. 该专利权应归甲公司享有,李某享有在专利文件中署名的权利
　　B. 该专利权应归甲公司享有,乙公司享有免费使用权
　　C. 该专利权应归乙公司享有,甲公司享有免费使用权
　　D. 在该专利授权后,丙公司应停止生产该冷藏机

【参考答案】A

(二) 非职务发明

非职务发明创造,申请专利的权利属于发明人或者设计人;申请被批准后,该发明人或者设计人为专利权人。

发明人或设计人是指对发明创造的实质性特点做出了创造性贡献的人。在完成发明创造过程中,只负责组织工作的人、为物质技术条件的利用提供方便的人或者从事其他辅助性工作的人,如试验员、描图员、机械加工人员等,均不是发明人或设计人。因此,发明人或设计人只能是自然人,而不可能是任何形式的组织。

需要注意的是,发明创造活动是一种事实行为,不受民事行为能力的限制,因此,无论从事发明创造的人是否具备完全民事行为能力,只要完成了发明创造,就应认定为发明人或设计人。也就是说,发明人或设计人对专利申请权的享有,不因其年龄、性别、职业、文化程度等因素而受到限制。

(三)共同发明

共同发明创造是指两个以上单位或者个人合作完成的发明创造。共同发明创造除另有协议的以外,申请专利的权利属于完成或者共同完成的单位或者个人;申请被批准后,申请的单位或者个人为专利权人。

(四)委托发明

委托发明是指一个单位或者个人接受其他单位或者个人委托所完成的发明创造。委托发明的权利归属,专利法采取了合同优先的原则,如果合同约定不明或合同未对权利归属予以约定时,法律做了对接受委托的一方更为有利的规定,即权利归完成发明创造的一方,但委托人可以免费实施专利。

(五)外国人

外国人包括具有外国国籍的自然人和法人。我国《专利法》参照国际惯例,将外国人在我国申请专利分为两种情形进行规定。

1. 有经常居所或者营业所

在我国有经常居所或者营业所的外国人,享有与中国公民或单位同等的专利申请权和专利权,即适用国民待遇原则。

2. 没有经常居所或者营业所

在中国没有经常居所或者营业所的外国人、外国企业或者外国其他组织在中国申请专利的,依照其所属国同中国签订的协议或者共同参加的国际条约,或者依照互惠原则,可以申请专利,但应当委托依法设立的专利代理机构办理。

三、专利权的客体及授予条件

(一)专利权的客体

专利权的客体,也称为专利法保护的对象,是指依法应授予专利权的创造。各国专利的保护客体有差异,法国、日本等国专利权保护范围仅限于发明,美国则包括发明专利、植物专利和外观设计专利。我国专利保护的客体则包括发明、实用新型和外观设计三种,因此总的来看,发明专利在各个国家都是最重要的保护客体。

1. 发明

发明是指对产品、方法或者其改进所提出的新的技术方案。发明具有以下特点:

（1）发明必须是一种技术方案，它是发明人将自然规律在特定技术领域进行运用和结合的结果，而不是自然规律本身，因而科学发现不属于发明范畴；

（2）发明通常是自然科学领域的智力成果，文学、艺术和社会科学领域的成果不能构成专利法意义上的发明。

根据专利审查制度的规定，发明分为产品发明、方法发明两种类型。产品发明是关于新产品或新物质的发明。方法发明是指为解决某特定技术问题而采用的手段和步骤的发明。能够申请专利的方法通常包括制造方法和操作使用方法两大类，前者如产品制造工艺、加工方法等，后者如测试方法、产品使用方法等。

发明还可以分为原创发明、改进型发明。改进发明是对已有的产品发明或方法发明所做出的实质性革新的技术方案。例如，爱迪生发明了白炽灯，白炽灯是一种前所未有的新产品，可以申请产品发明；生产白炽灯的方法可以申请方法专利；给白炽灯填充惰性气体，其质量和寿命都有明显提高，这是在原来基础之上进行的改进，可以申请改进发明。

2. 实用新型

实用新型是指对产品的形状、构造或者其结合所提出的适于实用的新的技术方案，也被称为"小发明"。我国《专利法》将实用新型单独作为一类客体予以保护。需要注意的是，实用新型专利只保护产品，一切有关方法（包括产品的用途）以及未经人工制造的自然存在的物品不属于实用新型专利的保护客体。

3. 外观设计

外观设计是指对产品的整体或者局部的形状、图案或者其结合以及色彩与形状、图案的结合所做出的富有美感并适于工业应用的新设计。外观设计的载体必须是产品。通常，产品的色彩不能独立构成外观设计，除非产品色彩变化的本身已形成一种图案。

（二）授予专利权的条件

根据我国和大多数国家专利法的规定，一项发明要取得专利权，必须具备新颖性、创造性和实用性。

1. 新颖性

新颖性是指一项发明在申请人提出专利申请时，必须是未曾公开发表、公开使用或以其他形式为公众所知的。新颖性是专利条件中最重要的一项，也是各国专利机构审查的重点内容，但是各国的专利法对新颖性的要求并不完全相同，大致有以下两种情况。

（1）时间判断标准。具体可以有三个不同的时间标准：一是以提出专利申请的时间为准，一是以发明的时间为准，三是以发明公开的时间为准，目前，中国与大多数国家的专利法都是采取第一个标准，即以提出专利申请之日为判断新颖性的标准。因为相对而言，提出专利申请之日比较容易确定，而以发明的时间或公开的时间为标准，在理论上和实践上都会产生许多困难，往往不太容易确定。

（2）地域判断标准。具体有两个地域标准：一是世界标准，即要求申请专利的发明在提出申请时，必须是在世界上任何国家都未曾公开发表与公开使用的，才给予专利权；二是本国标准,即某项发明在提出专利申请时,只要在申请国未曾公开发表与公开使用(尽管在国外已被公开发表或公开使用),就仍然可以在该国取得专利权。目前大多数国家的立法都以世界范围内的新颖性作为取得专利权的条件,只有少数几个国家采用本国范围的新颖性作为取得专利权的条件。但是,在采用世界范围的新颖性为标准的国家中,情况也各有不同。有些国家对公开发表与公知、公用等不同项目采用不同的标准。例如,日本《专利法》规定,对公知、公用采用本国的标准,即一项发明只要在日本国内未被公知、公用即视为具备新颖性,而对公开刊物发表则采用世界标准,即要求该项发明必须是在日本国内外都未曾在公开刊物发表过,才认为具备新颖性的要求。美国、加拿大、瑞士、瑞典、比利时与罗马尼亚等国家都采用这种标准。我国《专利法》也有类似的规定。但是,有些国家则要求公知、公用与在公开刊物发表都必须具备世界标准,即要求申请专利的发明在提出申请时,必须是在世界范围内未被公知、公用和未在公开刊物发表的。英国、德国、法国与荷兰等国家都采用这种标准。

同时,各国的专利法对新颖性的要求也都有一些例外规定。比如我国《专利法》规定,申请专利的发明、实用新型和外观设计在申请日以前6个月内,有下列情形之一的,不丧失新颖性:① 在国家出现紧急状态或者非常情况时,为公共利益目的首次公开的;② 在中国政府主办或者承认的国际展览会上首次展出的;③ 在规定的学术会议或者技术会议上首次发表的;④ 他人未经申请人同意而泄露其内容的。

2. 创造性

创造性是指与现有技术相比,该发明具有突出的实质性特点和显著的进步,该实用新型则具有实质性特点和进步。发明的创造性比实用新型的创造性要求更高。创造性的判断以所属领域普通技术人员的知识和判断能力为准。

3. 实用性

实用性是指该发明或者实用新型能够制造或者使用,并且能够产生积极效果。换言之,申请专利的客体必须能够实际应用于各个产业部门,但服务行业一般不包括在内。根据美国与日本法院的判例,科学原理、自然现象的发现以及营业方式、财务制度、电报密码与广告方法等,都认为不符合实用性的要求,不能取得专利权。至于电子计算机的程序是否可以取得专利权的问题,在美国法院中曾经引起过很大的争论,直至1970年,美国专利与海关上诉法院才做出判例,认为可以取得专利。

(三) 不授予专利权的情形

各国基于社会公共利益与工业保护政策的考虑,认为某些发明不宜由个人垄断时,就在专利法中将它们列为不能取得专利权的项目,不授予专利权。至于哪些发明不能取得专利权,各国的法律有不同的规定,一般有以下六项:① 纯科学原理或理论;② 违反法律与社会道德的发明;③ 动物、植物新品种;④ 化学物质;⑤ 食物与药物;⑥ 原子能技术。

我国《专利法》中也有类似的规定,下列各项不授予专利:① 科学发现;② 智力活动的规则和方法;③ 疾病的诊断和治疗方法;④ 动物和植物品种,但是对于动物和植物品种的生产方法,可以依照授予专利权;⑤ 原子核变换方法以及用原子核变换方法获得的物质;⑥ 对平面印刷品的图案、色彩或者二者的结合做出的主要起标识作用的设计。

另外需要注意的是,违反法律、社会公德或妨害公共利益的发明创造也不授予专利。发明创造本身的目的与国家法律相违背的,不能被授予专利权。例如,用于赌博的设备、机器或工具;吸毒的器具等不能被授予专利权。发明创造本身的目的并没有违反国家法律,但是由于被滥用而违反国家法律的,则不属此列。

练一练

根据各国专利法律制度的通常规定,下列选项中可成为专利权客体的是(　　)。
A. 外科大夫甲发明的手术新方法
B. 数学家乙发明的能够运用新计算方法的教学用具
C. 天文学家丙发现的一颗新的小行星
D. 植物学家丁通过杂交方法培育的新物种

【参考答案】B

四、专利申请与审批程序

(一) 专利的申请

各国专利的申请主要有以下 3 项原则。

1. 单一性原则

所谓单一性原则,是指一件专利申请只能限于一项发明创造。但是属于一个总的发明构思的两项以上的发明,可以作为一件申请提出;用于同一类别并且成套出售或者使用的两项以上的产品外观设计,可以作为一件申请提出。

2. 先申请原则

所谓先申请原则,是指当两个以上的专利申请人分别就同一发明创造申请专利的,专利权授予最先申请的人。先申请原则目前在国际上被绝大多数国家所接受,仅有少数国家如美国、加拿大、菲律宾等采用先发明原则,即规定两个以上的申请人分别就同样的发明申请专利时,不论谁先提出专利申请,专利权授予最先完成发明的申请人,但是,先发明原则只适用于在其国内完成的发明。

一般以专利申请日作为确定提出专利申请的先后,也有的国家如法国是以专利申请时刻为标准确定专利申请的先后。我国专利法则规定如果专利申请文件是直接递交的,以国务院专利行政部门收到专利申请文件之日为申请日;如果是邮寄的,以寄出的邮戳日为申请日。

3. 优先权原则

优先权原则是《保护工业产权的巴黎公约》中规定的基本原则之一。我国是其成员,也应当遵循该公约的基本原则,因而将该原则在我国《专利法》中加以规定。优先权包括两类:

一是外国优先权。所谓外国优先权是指申请人自发明或者实用新型在外国第一次提出专利申请之日起 12 个月内,或者自外观设计在外国第一次提出专利申请之日起 6 个月内,又在中国就相同主题提出专利申请的,依照该外国同中国签订的协议或者共同参加的国际条约,或者依照相互承认优先权的原则,经申请人要求,以其第一次在外国提出申请的日期为申请日。二是本国优先权。申请人自发明或者实用新型在中国第一次提出专利申请之日起 12 个月内,或者自外观设计在中国第一次提出专利申请之日起 6 个月内,又向国务院专利行政部门就相同主题提出专利申请的,经申请人要求,以其第一次在我国申请专利的日期为申请日。

申请人要求发明专利、实用新型专利优先权的,应当在申请的时候提出书面声明,并且在第一次提出发明、实用新型专利申请之日起 16 个月内,提交第一次提出的专利申请文件的副本。申请人要求外观设计专利优先权的,应当在申请的时候提出书面声明,并且在 3 个月内提交第一次提出的专利申请文件的副本。申请人未提出书面声明或者逾期未提交专利申请文件副本的,视为未要求优先权。

(二) 专利的审批

1. 初步审查

初步审查即形式审查,即对专利申请是否符合专利法规定的形式要求以及明显的实质缺陷进行审查。形式审查相对实质审查来说比较简单,但其核准的专利质量往往不高。过去,实行形式审查的国家多为发展中国家,但近年来情况逐渐发生变化。根据联合国国际贸易法委员会等机构的调查,近年来共有 49 个国家制定或修订了专利法,其中只有 5 个国家依然采用形式审查制,其他国家均采用实质审查制,其中包括印度、巴西等发展中国家。

2. 早期公开

各国专利行政部门对于初步审查合格的专利申请,自申请日起满一定期限(一般为 18 个月),有优先权的自优先权之日起,满一定期限即进行公布,专利机构将该项申请在官方的《专利公报》上发表,允许公众自由阅读。

3. 实质审查

实质审查是指专利机构对申请客体的新颖性、创造性、实用性等实质性内容所做的审查。在申请发表后的一段时间内(一般为 2~7 年),申请人可自行酌定是否要求进行实质性审查,如果要求,则应交纳规定的审查费用,然后由专利机构根据申请人或第三人的请求进行实质性审查,并决定是否授予专利权。申请人无正当理由逾期不请求实质审查,该申请被视为撤回。这种制度对专利机构与申请人都有好处。对专利机构而言,可以减轻对每件申请案都必须进行实质性审查的繁重的工作量;对专利申请人而言,可以有比较充分的时间考虑其发明的经济价值与技术价值,再决定是否值得要求进行实质性审查。即使申请人放弃进行实质性审查的要求,但是由于其专利申请已经在《专利公报》上发表,已为公众所周知,也可以阻止任何第三人就同一发明取得专利权。目前这一制度已为荷兰、日本、德国、澳大利亚及欧洲专利公约所采用。

4. 授权登记公告

专利申请经实质审查没有发现驳回理由的,由专利机构做出授予发明专利权的决定,发给权利人专利证书,同时予以登记和公告。

(三) 专利复审与无效宣告

1. 专利复审程序

专利复审程序是专利审批过程中的一个法律补救程序,几乎所有实行专利制度的国家都设置此程序。专利复审程序实质上是一种监督程序,给予专利申请人以申诉的机会,也为专利审批机关提供一个更正错误的机会。我国《专利法》规定,专利申请人对国务院专利行政部门驳回申请的决定不服的,可以自收到通知之日起3个月内向国务院专利行政部门请求复审。国务院专利行政部门复审后,做出决定,并通知专利申请人。专利申请人对复审决定不服的,可以自收到通知之日起3个月内向人民法院起诉。

2. 专利权的无效宣告程序

专利权的无效宣告程序是各国专利法普遍规定的法律程序。这一程序的设置有利于纠正专利机关做出的不符合专利法的错误决定,维护公众的合法权益,保证专利法的正确执行。

宣告无效的专利权视为自始即不存在。宣告专利权无效的决定,对在宣告专利权无效前法院做出并已执行的专利侵权的判决、调解书,已经履行或者强制执行的专利侵权纠纷处理决定,以及已经履行的专利实施许可合同和专利权转让合同,不具有追溯力。但是因专利权人的恶意给他人造成的损失,应当给予赔偿。

评一评

"小i机器人"发明专利权无效宣告请求行政纠纷案①

【案情】 上海智臻智能网络科技股份有限公司(以下简称智臻公司)是名称为"一种聊天机器人系统"的发明专利的权利人。该专利是实现用户通过即时通信平台或短信平台与聊天机器人对话,使用格式化的命令语句与机器人做互动游戏的专利。苹果电脑贸易(上海)有限公司(以下简称苹果公司)请求宣告该专利无效。

【评析】 国家知识产权局及一审法院均认为本领域技术人员根据其普通技术知识能够实现利用聊天机器人系统的游戏服务器进行互动的游戏功能,符合我国《专利法》对充分公开的要求,故维持该专利有效。二审法院认为,根据该专利授权历史档案,智臻公司认可游戏服务器功能是该专利具备创造性的重要原因,该专利说明书对于游戏服务器与聊天机器人的其他部件如何连接完全没有记载,未充分公开如何实现该专利限定的游戏功能,据此判决撤销一审判决和被诉行政决定。智臻公司不服,向最高人民法院申请再审。最高人民法院认为,该专利中的游戏服务器特征不是该专利与现有技术的区别技术特征,对于涉及游戏

---

① 资料来源:最高院发布的知识产权典型案例,〔最高人民法院(2017)最高法行再34号行政判决书〕。

服务器的技术方案可以不做详细描述。本领域普通技术人员根据本专利说明书的记载就可以实现相关技术内容,因此,本专利涉及游戏服务器的技术方案符合《专利法》关于充分公开的要求。最高人民法院遂提审后撤销二审判决,维持一审判决。

【典型意义】 本案涉及我国计算机人工智能领域的基础专利。"以公开换保护"是专利制度的基本原则,判断作为专利申请的技术方案是否已经充分公开,不仅是人工智能领域专利审查和诉讼中的疑难问题,也直接决定了专利申请人能否对有关技术方案享有独占权。本案再审判决明确了涉及计算机程序的专利说明书充分公开的判断标准,充分保护了企业的自主创新成果,在确保公共利益和激励创新兼得的同时,助力加强关键领域自主知识产权的创造和储备。

五、专利权的期限与终止

(一) 专利权的期限

各国的专利法对专利权的保护都规定了一定的期限,但是期限的长短与计算期限的办法各国有所不同。西方发达国家的专利期限一般为15~20年;俄罗斯及其他东欧国家为10~15年;发展中国家的情况比较复杂,有短至5年的,也有长达20年的,视不同国家和发明的不同性质与不同的部门而异。计算期限的方法,多数国家是从提出专利申请之日起计算,少数国家是从授予专利权之日起计算。例如,法国、英国、比利时和卢森堡等国家规定,专利权的期限为从提出申请之日起20年。美国规定为16年,从授予专利权之日起计算。此外,有些国家是从专利申请被公告之日起计算。例如,日本《专利法》规定,从公告之日起15年,但不能超过从申请之日起20年,以较长者为准。

我国《专利法》则规定,发明专利权的期限为20年,实用新型专利权的期限为10年,外观设计专利权的期限为15年,均自申请日起计算。自发明专利申请日起满4年,且自实质审查请求之日起满3年后授予发明专利权的,国务院专利行政部门应专利权人的请求,就发明专利在授权过程中的不合理延迟给予专利权期限补偿,但由申请人引起的不合理延迟除外。为补偿新药上市审评审批占用的时间,对在中国获得上市许可的新药相关发明专利,国务院专利行政部门应专利权人的请求给予专利权期限补偿。补偿期限不超过5年,新药批准上市后总有效专利权期限不超过14年。

想一想

为什么我国专利的期限是从申请日起算,而不是从批准日起算呢?

(二) 专利权的终止

综合各国专利法的规定,专利权终止的原因主要有以下几类:① 专利权因法定的专利权有效期限届满而自然终止;② 专利权因专利权人没有按照专利法规定缴纳专利年费而终止;③ 专利权因专利权人以书面声明放弃专利权而终止;④ 专利权因专利权人(自然人)死亡后无人继承而终止,或因专利权人(企业)消灭后无继受单位而终止;⑤ 专利权因被专利行政部门宣告无效而终止。专利权终止后,由专利局登记并公告。

六、专利权的限制

各国专利法一方面赋予和保护专利权人享有广泛的权利;另一方面,为了维护国家和社会公共利益,防止专利权人滥用专利权,也对专利权人的权利做了若干限制性规定。

一、不视为侵犯专利权的行为

多数国家在专利法中列出了不视为侵犯专利权的具体行为。比如我国《专利法》规定,有下列情形之一的,不视为侵犯专利权:① 专利产品合法售出后的使用、许诺销售或销售。专利产品或者依照专利方法直接获得的产品,由专利权人或者经其许可的单位、个人售出后,使用、许诺销售、销售、进口该产品的。② 先用权人的使用。在专利申请日前已经制造相同产品、使用相同方法或者已经做好制造、使用的必要准备,并且仅在原有范围内继续制造、使用的。③ 临时通过的外国运输工具运行中的使用。临时通过中国领陆、领水、领空的外国运输工具,依照其所属国同中国签订的协议或者共同参加的国际条约,或者依照互惠原则,为运输工具自身需要而在其装置和设备中使用有关专利的。④ 专为科学研究和实验而使用有关专利的。⑤ 为提供行政审批所需要的信息,制造、使用、进口专利药品或者专利医疗器械的,以及专门为其制造、进口专利药品或者专利医疗器械的。

二、专利实施的强制许可

所谓强制许可,是指国家主管机关不经专利权人同意,通过行政程序允许第三者利用专利发明,并向其颁发利用发明的强制许可证。为了维护社会公共利益,使授予专利权的发明创造尽早得到实施,许多国家专利法都做了强制许可的规定,以限制专利权人滥用专利权。

具体情形通常包括:

(1) 依申请给予的强制许可。专利机构根据具备实施条件的单位或者个人的申请,在满足一定条件下可以给予其实施专利的强制许可,这里的一定条件有:专利权人在一定期限内无正当理由未实施或者未充分实施其专利的;专利权人行使专利权的行为被依法认定为垄断行为,为消除或者减少该行为对竞争产生的不利影响的。

(2) 根据国家利益或公共利益颁发的强制许可。多数国家规定,在国家出现紧急状态或者非常情况时,或者为了公共利益的目的,专利机构可以给予实施发明专利或者实用新型专利的强制许可。

(3) 从属专利的强制许可。它是指专利机构根据专利之间相互依存的关系而颁发的强制许可证。比如一项取得专利权的发明比之前已经取得专利权的发明具有显著经济意义的重大技术进步,但其实施又有赖于前一发明的,专利机构可以根据后一专利权人的申请,给予其实施前一发明的强制许可。

强制许可实施专利不是无偿的,任何取得实施强制许可的单位或者个人应当付给专利权人合理的使用费,或者依照我国参加的有关国际条约的规定处理使用费问题。付给使用费的,其数额由双方协商;双方不能达成协议的,由专利行政部门裁决。

第四节 商 标 法

一、商标法概述

(一)商标

1. 商标的概念

商标(trade mark)是指生产者或销售者用以识别其所生产或出售的商品的一种标志。这种标志可以由一个或多个具有特色的单词、字母、数字、图样或图片等组成。

2. 商标的种类

商标大体上可以分为三类,即制造商标、商业商标与服务商标。制造商标是生产产品的企业使用的商标,由其把商标贴在自己生产的产品上,用以表明它们是该产品的生产者。商业商标是由推销商品的商业企业贴在它们出售的商品之上的商标,其目的是表明它们所经销的商品都是经过精心挑选的。西方国家的大百货公司都有自己的商业商标,这种商标有时又称为推销商标。同一商品可以同时贴有制造商标与商业商标。服务商标是服务性行业使用的标志,例如,运输业在旅客行李上加贴的标签,汽车修理行在修妥的汽车上加盖的标志。由于服务商标往往与商店或企业的名称很接近,有时甚至完全相同或与名称的简写相同,因此,英国、比利时、荷兰与卢森堡等国的商标法都明确规定,对服务商标一般不予以办理注册。

在我国,按商标使用对象的不同可以将商标分为商品商标、服务商标、集体商标和证明商标。商品商标顾名思义就是生产者或经营者使用于商品上的商标。服务商标就是服务的提供者为标示自己提供的服务所使用的商标。集体商标是指以团体、协会或者其他组织名义注册,供该组织成员在商事活动中使用,以表明使用者在该组织中的成员资格的标志。证明商标是指由对某种商品或者服务具有监督能力的组织所控制,而由该组织以外的单位或者个人使用于其商品或者服务,用以证明该商品或者服务的原产地、原料、制造方法、质量或者其他特定品质的标志。

(二)各国商标法简介

各国为了加强对商标的管理,保护商标所有人的利益,从19世纪起,先后制定了一些有关商标的法律。到目前为止,世界上已经有100多个国家和地区公布了商标法。一般而言,各国商标法有不少共通之处,但是对于某些问题的处理又各有不同,有的甚至存在严重的分歧。

世界上第一个著作权法是英国于1710年生效的。18世纪末,美国、法国等国家相继通过了有关立法。到目前为止,大多数国家都已经制定了著作权法。

我国于1982年8月颁布了《中华人民共和国商标法》(以下简称《商标法》)。之后在1993年、2001年、2013年、2019年进行了四次修订,最后一次修订的《商标法》自2019年11月1日起实施。

二、商标注册

商标注册是指商标使用人为了取得商标使用权,依照法定程序向国家商标管理机关提出申请,经过审核予以注册,授予商标专用权的行为。商标注册人有权标明"注册商标"或者注册标记。

(一) 商标注册的原则

商标注册的原则在各国的商标法中都是一个比较重要的内容,但是各国对此的规定并不统一,通常有以下三种情况。

1. 使用在先原则

使用在先原则即商标的首先使用(priority of use)人有权取得商标的所有权,而不论其是否办理了商标注册手续。在采用这种注册原则的国家中,办理商标注册手续只具有"声明"性质,不能确定商标权的归属。该商标的真正所有人可以随时对已注册的商标提出异议,要求予以撤销。例如,列支敦士登《商标法》规定,商标的首先使用人有权取得商标的法律保护,并可以要求撤销别人已经注册的相同或相类似的商标。这种制度对商标的注册人不利,因为它使商标注册人的权利处于不确定的状态,商标注册不能起到确定商标所有权的作用。因此,目前只有极少数国家采取这种做法。

2. 注册在先原则

在采用这种制度的国家中,商标的注册是取得商标权的必要法律程序。商标权属于该商标的首先注册(priority of registration)人,首先注册人的权利可以压倒任何其他人的权利,包括首先使用人的权利。例如,法国《商标法》规定,商标的所有权只有通过首先有效的申请注册而取得,仅凭使用商标这一事实本身并不能产生任何权利。目前,大多数国家,如日本、法国、德国、意大利、比利时、丹麦、荷兰、卢森堡、希腊、埃及、伊朗、墨西哥、秘鲁、俄罗斯等,均采用这种制度。

在采用这种制度的国家中,如何确定商标注册的申请日就成为一个十分重要的问题,特别是遇到有两个以上的申请人就同一商标或类似商标同时提出注册申请时,这个问题就尤为关键了。在这种情况下,有些国家允许两个以上的申请人作为该商标的共同所有人,有些国家则要求由各申请人自行协商,推选其中的一个人提出申请。例如,日本《商标法》规定,如果申请人直接向专利厅提出申请,以专利厅收到申请文件的当天为申请日;如果通过邮局寄出申请,则以邮戳的日子为申请日;如果一天内有两个以上的申请人,就相同或类似的商品提出两件以上相同或类似商标的申请时,专利厅将让申请人之间互相协商,只能出一人提出申请。如果申请人之间通过协商不能解决,则采用抽签的方法确定。

我国《商标法》采用申请在先为主、使用在先为辅的原则。如果有两个或两个以上的申请人,就同一种商品或类似商品,以相同或者近似的商标申请注册的,初步审定并公告申请在先的商标;同一天申请的,初步审定并公告使用在先的商标,驳回其他人的申请,不予以公告。

3. 无人异议原则

这种制度可以看作上述两种制度的折中。如果在规定期限内无人对已申请的商标提出指控,那么申请人就取得商标的所有权。根据这种制度,一个人只要首先使用了某个商标,那么即使未经注册,也受到法律的保护,他可以阻止别人注册同样或相类似的商标。如果别人已将该商标注册,那么他也可以对此提出异议,要求宣告该项注册无效。但是,如果在法律规定的期限内,没有人对业已注册的商标提出异议,则该商标的注册人就可以取得无可辩驳的商标权。例如,1938年英国《商标法》、美国1946年通过并于1947年生效的《兰哈姆(商标)法》以及美国联邦《商标法》都实行这种制度。以美国为例,美国一贯采用使用在先的原则,不论是已经注册的商标还是未经注册的商标,都受到法律的保护。未注册的商标可以享受普通法的保护。如果该商标所有人的权益受到侵害,那么他可以援引普通法中的"不公平竞争法"请求给予法律上的救济。已注册的商标则既可以享受联邦或州的成文商标法的保护,也可以享受普通法的保护。根据美国联邦《商标法》的规定,商标的注册申请人必须证明该商标已经实际使用,才能申请注册。商标注册是享有该商标的所有权的初步证据,任何第三人都可以在批准注册后5年之内提出异议,但是在5年期限届满以后,则任何第三人都不得再提出异议,要求法院撤销已注册的商标。目前,除了美国和英国外,澳大利亚、加拿大、印度、新西兰、斯里兰卡、奥地利、西班牙和科威特等国家的商标法都采用这种制度。但是对提出异议的年限,各国的规定不同,美国和奥地利规定为5年,西班牙规定为3年。

此外,有些国家为了保护商标首先使用人的利益,在授予商标注册人商标权的同时,允许首先使用该商标但未办理注册手续的人继续使用该商标。例如,英国《商标法》规定,商标的首先注册人无权限制与干涉该商标的首先使用人继续使用该商标。斯里兰卡、沙特阿拉伯、冰岛等国家也有类似的规定。但是,商标首先使用人的权利仅限于自己使用该商标,或只能在将其业务转让给别人的同时连同商标一起转让,而不能像商标的注册所有人那样可以任意将商标的使用权转让给别人,从中收取使用报酬。

(二) 商标注册的手续与审查程序

各国的商标法对申请商标注册的手续都有具体的规定。一般都要求申请人提交书面申请,具体说明申请人的名称、国籍、居住地、使用该商标的商品名称和商品类别等基本信息。在提出申请时,还要提交一定尺寸的商标图样与印版一式数份,并且必须根据规定缴纳申请费用。主管部门在接到商标注册申请后,要对申请进行审查。有些国家只对申请进行形式审查,即审查申请文件和手续是否完备;有些国家除进行形式审查外,还要进行实质审查,即审查商标的内容是否具有新颖性以及是否符合该国法律的要求。审查通过后主管部门将该项申请在官方的《商标公报》上予以公布，让公众进行审查，时间一般为 3 个月。在此期间，任何人如果认为该商标不符合法律的要求，或与已注册的商标相同或相类似，都可以向商标主管部门或有管辖权的法院提出异议。如果在规定的期限内无人提出异议，即可以准予注册，并由商标主管部门发给注册证书。如果商标注册申请遭到主管部门的拒绝，申请人可以在规定的期限内（一般为 1～3 个月）向有关部门或有管辖权的法院提起上诉。

（三）商标注册的禁止条件

各国的商标法对于不准作为商标注册的事项都有详细的规定，如果申请注册的商标与其相抵触，就不能获准注册。其中主要有以下几项：

（1）本国或外国的国旗、纹章、勋章、军旗、军徽以及其他官方标志、名称或图形；

（2）红十字标章或"红十字"及日内瓦"红十字"的字样；

（3）违反公共秩序或道德的文字、图形或标记；

（4）通用的名称、文字、图形、数目、记号、图画或图像，除非它们与识别商品有关，并且具有明显的特色；

（5）用来表示类别、品种、性质、来源、原料、用途、重量、尺码、价值与质量的通常名称与图形；

（6）含有他人商号、姓名、艺名或肖像的商标，未经本人或其合法继承人的书面同意，不得使用；

（7）地理名称或图形；

（8）与已经注册的商标相同或类似的商标。

我国《商标法》也有类似的规定，其第 10 条规定，下列标志不得作为商标使用：① 同中华人民共和国的国家名称、国旗、国徽、国歌、军旗、军徽、军歌、勋章等相同或者近似的，以及同中央国家机关的名称、标志、所在地特定地点的名称或者标志性建筑物的名称、图形相同的；② 同外国的国家名称、国旗、国徽、军旗等相同或者近似的，但经该国政府同意的除外；③ 同政府间国际组织的名称、旗帜、徽记等相同或者近似的，但经该组织同意或者不易误导公众的除外；④ 与表明实施控制、予以保证的官方标志、检验印记相同或者近似的，但经授权的除外；⑤ 同"红十字""红新月"的名称、标志相同或者近似的；⑥ 带有民族歧视性的；⑦ 带有欺骗性，容易使公众对商品的质量等特点或者产地产生误认的；⑧ 有害于社会主义道德风尚或者有其他不良影响的。需要说明的是，县级以上行政区划的地名或者公众知晓的外国地名，不得作为商标。但是，地名具有其他含义或者作为集体商标、证明商标组成部分的除外；已经注册的使用地名的商标继续有效。

此外，有些国家由于政治或宗教的原因，还有一些特殊的规定。例如，有些阿拉伯国家规定，违反伊斯兰教传统与教义的标记、伊斯兰教寺院的圣堂或教坛的图画等，不得作为商标进行注册。

评一评

月饼包装盒上使用奥运标志是否侵权①

【案情】 某年9月,某食品公司将一批月饼转售给某销售商销售,但因包装盒上的图案侵犯了奥林匹克标志专有权:包装上使用了奥运"祥云"图案和"五环"标志,但未经第29届奥委会和国际奥委会许可,被工商行政部门查处,没收违法所得并处罚款,同时扣留未销售的货物,共计损失35万元。销售商缴纳上述罚款后,与食品公司、包装装潢公司和包装制品公司协商,要求三方赔偿其相关损失。因协商未果,销售商遂将三家公司告上法庭。

庭审中,包装装潢公司辩称,自己接受某食品公司委托向包装制品公司订做包装盒,约定包装盒由包装制品公司设计、加工、生产完成后直接将货发给食品公司。故侵权的月饼包装盒图案是包装制品公司设计和加工的,由此造成的损失理应由图案的设计和制作者最终承担。食品公司同样认为月饼包装盒是包装制品公司生产,侵权责任应当由包装制品公司承担。包装制品公司未做答辩。

【评析】 法院认为,作为销售方,应当对食品公司的月饼及包装盒尽到检验义务,以避免出现问题。然而,销售方未能尽到检验义务且在收到工商部门的行政处罚决定书后,也未能穷尽法律手段提出行政复议或行政诉讼进行救济以尽量避免损失的发生,因此,销售方应对行政处罚后果承担一半责任。包装制品公司理应尽到审慎注意的义务,确保加工的产品不存在瑕疵,包装制品公司承担一定的责任。包装装潢公司和食品公司作为委托方,应当对包装制品公司加工的产品尽到检验、审查义务,确保其加工的产品不存在瑕疵,包装装潢公司和食品公司承担相应的责任。故上海市松江区人民法院判决原告销售商承担50%的责任,被告包装制品公司、包装装潢公司和食品公司分别承担30%、20%、20%的责任。

三、商标权的期限与续展

(一) 商标权的期限

商标权的期限是指注册商标具有法律效力的期限。各国的商标法对注册商标都规定了一定的保护期限,最长的为20年,最短的为5年,一般为10~15年。例如,美国、瑞士、意大利、西班牙、菲律宾和厄瓜多尔等国家规定为20年,加拿大、伊拉克和叙利亚等国家规定为15年,日本、法国、德国、奥地利、瑞典、丹麦、挪威、比利时、荷兰、卢森堡、希腊、泰国以及大多数中东与拉丁美洲国家均规定为10年,英国与一些英联邦国家则规定为7年。

(二) 商标权的续展

在有效保护期限届满以后,商标所有人可以办理续展手续,要求续展。续展的期限一般与注册的有效保护期一致,但是也有一些国家的法律规定续展后的保护期长于注册的有效

---

① 资料来源:中国法院网。

期。例如,英国《商标法》规定,商标注册的有效期为7年,而续展后的保护期为14年。各国的商标法对续展的次数都不加以任何限制。因此,只要商标所有人按期办理续展手续,并缴纳规定的费用,其商标就可以长期受到法律的保护。但是,如果商标所有人不按期办理续展手续,则有关主管部门在该商标的有效期届满后,可以依法撤销其注册。

我国《商标法》第39条、第40条规定,注册商标的有效期为10年,自核准注册之日起计算。注册商标有效期满,需要继续使用的,应当在期满前12个月内提出续展申请;在此期间未能提出申请的,可以给予6个月的宽展期。宽展期满仍未提出申请的,注销其注册商标。每次续展注册的有效期为10年,自该商标上一届有效期满次日起计算。续展注册经核准后,予以公告。

想一想

为什么在各类知识产权中,赋予了商标在保护期限上续展的权利,并且没有续展次数的限制,而专利权、著作权却没有这样的"优待"呢?

四、商标权的撤销

商标在获准注册后,如果出现下列情况,则有关主管当局可以依法撤销其注册:

(1) 因第三人的异议成立而被撤销。

(2) 因有效期届满,未按时办理续展而被撤销。

(3) 因一定期限内不使用而被撤销。根据大多数国家商标法的规定,商标在获准注册之后,必须实际使用。如果在规定的期限内不予以使用,又无正当的理由,经第三人提出要求,有关主管部门可以撤销其注册。该期限一般为3年或5年。例如,英国《商标法》规定为5年,瑞士《商标法》规定为3年。

"红牛"商标权权属纠纷案①

【案情】 天丝医药保健有限公司(以下简称泰国天丝公司)与案外人签订合资合同,约定成立合资公司,即红牛维他命饮料有限公司(以下简称红牛公司),泰国天丝公司为红牛公司提供产品配方、工艺技术、商标和后续改进技术。双方曾约定,红牛公司产品使用的商标是该公司的资产。经查,17枚"红牛"系列商标的商标权人均为泰国天丝公司。其后,泰国天丝公司与红牛公司先后就红牛系列商标签订多份商标许可使用合同,红牛公司支付了许可使用费。此后,红牛公司针对"红牛"系列商标的产品,进行了大量市场推广和广告投入。红牛公司和泰国天丝公司均对"红牛"系列商标进行过维权及诉讼事宜。后红牛公司向北京

---

① 资料来源:中国法院网〔最高人民法院(2020)最高法民终394号民事判决书〕。

市高级人民法院提起诉讼,请求确认其享有"红牛"商标权,并判令泰国天丝公司支付广告宣传费用 37.53 亿元。

【评析】 一审法院判决驳回红牛公司的全部诉讼请求。红牛公司不服,上诉至最高人民法院。最高人民法院二审认为,原始取得与继受取得是获得注册商标专用权的两种方式。判断是否构成继受取得,应当审查当事人之间是否就权属变更、使用期限、使用性质等做出了明确约定,并根据当事人的真实意思表示及实际履行情况综合判断。在许可使用关系中,被许可人使用并宣传商标,或维护被许可使用商标声誉的行为,均不能当然地成为获得商标权的事实基础。最高人民法院遂终审判决驳回上诉、维持原判。

【典型意义】 本案是当事人系列纠纷中的核心争议。本案判决厘清了商标转让与商标许可使用的法律界限,裁判规则对同类案件具有示范意义,释放出平等保护国内外经营者合法权益的积极信号,是司法服务高质量发展,助力改善优化营商环境的生动实践。

第五节 著作权法

一、著作权与著作权法的概念

(一) 著作权的概念

著作权又称版权,是指作者对其创作的文学、科学和艺术作品依法享有的专有权。著作权通常有广义与狭义之分。狭义的著作权仅指著作权人对作品依法享有的权利;广义的著作权在狭义的著作权基础上还包括著作邻接权,即作品传播者依法享受的与著作权相邻相关的权利,主要指艺术表演者、录音录像制作者、广播电视组织、图书报刊出版者享有的权利。

著作权不同于专利权和商标权,著作权是依法自动产生的,即作品一经完成,不论是否发表,均依法取得著作权。

 练一练

关于著作权,下列表述中正确的是( )。
A. 是基于作品而产生的权利
B. 仅是作者对作品享有的权利
C. 与"版权"系同义语
D. 与专利权相比,它不排除对独立创作作品的保护

【参考答案】ACD

(二) 著作权法的概念

著作权法是调整著作权及相关权利的产生、行使和法律保护过程中所产生的社会关系的法律规范的总称,在我国也称为版权法,在欧洲大陆法系国家,则称作者权法。

我国于1990年公布了《中华人民共和国著作权法》(以下简称《著作权法》),之后,在2001年、2010年、2020年进行了三次修订,最后一次修订的《著作权法》于2021年6月1日起实施。

二、著作权的主体与客体

(一) 著作权的主体

著作权的主体是指享有著作权的人,即著作权人。主体可以是本国和外国的公民与法人,也可以是政府机构与国际组织,如联合国及其所属专门机构的教科文组织与世界知识产权组织等。《世界版权公约》甚至将受保护的著作权主体扩延到无国籍人士作者与流亡人士作者。著作权主体可以分为原始主体与继受主体。

1. 原始主体

原始主体是指直接创作作品的作者。所谓直接创作,是指作者通过自己的独立构思,直接创作反映自己思想与感情、个性与特点的作品。如果仅仅是为他人创作进行组织工作,提供咨询意见、物质条件或者进行其他辅助活动(如抄稿、打字等),不视为创作。作者包括创作作品的公民和视为作者的法人或非法人单位。一般情况下,在作品上署名的公民、法人或非法人单位就是作者,有相反证明的除外。

2. 继受主体

继受主体是指通过继承、转让、赠与等方式取得著作权的人。在特定条件下,国家也可以成为著作权人。如国家接受著作权人的捐献、遗赠,就可成为捐献、遗赠作品的著作权人。

(二) 著作权的客体

著作权的客体即著作权的保护对象,指受著作权法保护的文学、艺术和科学等作品。

1. 作品取得著作权的条件

(1) 作品须具有独创性。作品独创性是作品取得著作权的必要条件,这是世界各国著作权法共同性的要求。何谓独创性,各国法律未作明确规定,我国《著作权法》也如此,学术界也有不同的观点。比较一致的看法是,作品的独创性是指作者独立创作完成的创造性劳动成果。这里的独创性与专利中要求的创造性不同,并不要求作品是前所未有的,而重在强调作品是作者自己独立创作完成的,而不是抄袭他人之作。

(2) 作品须以法律允许的某客观形式表现出来或固定下来。这样做可以便于他人能够直接或通过仪器设备间接地看到、听到或触到该作品的内容,如果仅仅是头脑中的构思是不能享有著作权的。

(3) 作品思想内容的合法性。作品内容不得违反国家法律及社会公共利益。依法禁止出版、传播的作品不受保护。

2. 作品的种类

著作权保护的作品内容广泛,形式多样,各国的规定不完全相同。归纳起来,大致可以分为以下几类：

(1) 文字作品（著作、小册子、单篇文章及其他文字作品）；

(2) 口头作品（讲学、演说、布道及其他口头作品）；

(3) 音乐作品；

(4) 戏剧作品与戏剧音乐作品；

(5) 舞蹈作品与哑剧作品；

(6) 艺术作品（油画、绘画、版画、雕刻、雕塑等）；

(7) 摄影作品；

(8) 电影作品；

(9) 录音与录像作品；

(10) 电视与广播作品；

(11) 辞典、百科全书、文选、诗集与画集等；

(12) 与地理、地形、建筑或科学有关的示意图、地图、设计图与模型作品；

(13) 利用已有的文学、艺术与科学作品进行改编、翻译与注释等而形成的演绎作品。

各国通常在著作权法中规定，政府的法律、条例、行政命令与法院判决等官方文件，报纸与电台的新闻报道，公开的政治演说，属于公共财富的常识性作品，例如，标语、口号、表册、日历与度量衡表等，都不在著作权的保护之列。

随着科学技术日新月异的发展，计算机程序的法律保护问题被提到议事日程。美国在1980年增补其新版权法时，第一个将计算机程序纳入著作权法保护的范畴，此后，越来越多的国家采取了同样的立法态度。

我国《著作权法》第3条规定，作品是指文学、艺术和科学领域内具有独创性并能以一定形式表现的智力成果，包括：① 文字作品；② 口述作品；③ 音乐、戏剧、曲艺、舞蹈、杂技艺术作品；④ 美术、建筑作品；⑤ 摄影作品；⑥ 试听作品；⑦ 工程设计图、产品设计图、地图、示意图等图形作品和模型作品；⑧ 计算机软件；⑨ 符合作品特征的其他智力成果。同时，《著作权法》第5条规定了除外客体，著作权法不适用于：① 法律、法规,国家机关的决议、决定、命令和其他具有立法、行政、司法性质的文件，及其官方正式译文；② 单纯事实消息；③ 历法、通用数表、通用表格和公式。

三、著作权的归属

各国通常在著作权法中规定著作权属于作者，但法律另有规定的除外。

1. 演绎作品著作权的归属

改编、翻译、注释、整理已有作品而产生的作品，称为演绎作品，演绎作品是演绎作者在已有作品的基础上创作出的相对独立的新作品，演绎作者对演绎作品付出了创造性劳动，因此，演绎作者对演绎作品应享有著作权。需要注意的是演绎作者对演绎作品行使著作权时，不得损害原作品的著作权。

2. 合作作品著作权的归属

合作作品是指两人以上合作创作的作品，此时著作权由合作作者共同享有。没有参加创作的人，不能成为合作作者。合作作品的著作权由合作作者通过协商一致行使；不能协商一致，又无正当理由的，任何一方不得阻止他方行使除转让、许可他人专有使用、出质以外的其他权利，但是所得收益应当合理分配给所有合作作者。合作作品可以分割使用的，作者对各自创作的部分可以单独享有著作权，但行使著作权时不得侵犯合作作品整体的著作权。

3. 汇编作品著作权的归属

汇编作品是指汇编若干作品、作品的片段或者不构成作品的数据或者其他材料，对其内容的选择或者编排体现独创性的作品，其著作权可以由汇编人享有，但其行使著作权时，不得侵犯原作品的著作权。

我国《著作权法》还规定，使用改编、翻译、注释、整理、汇编已有作品而产生的作品进行出版、演出和制作录音录像制品，应当取得该作品的著作权人和原作品的著作权人许可，并支付报酬。

4. 视听作品的著作权的归属

视听作品中的电影作品、电视剧作品的著作权由制作者享有，但编剧、导演、摄影、作词、作曲等作者享有署名权，并有权按照与制作者签订的合同获得报酬。

前述以外的视听作品的著作权归属由当事人约定；没有约定或者约定不明确的，由制作者享有，但作者享有署名权和获得报酬的权利。

视听作品中的剧本、音乐等可以单独使用的作品的作者有权单独行使其著作权。

5. 职务作品著作权的归属

职务作品是指自然人为完成法人或者非法人组织工作任务所创作的作品。我国《著作权法》对不同情形的职务作品，规定了其著作权的归属。

（1）有下列情形之一的职务作品，作者享有署名权，著作权的其他权利由法人或者非法人组织享有，法人或者非法人组织可以给予作者奖励：① 主要是利用法人或者非法人组织的物质技术条件创作，并由法人或者非法人组织承担责任的工程设计图、产品设计图、地图、示意图、计算机软件等职务作品；② 报社、期刊社、通讯社、广播电台、电视台的工作人员创作的职务作品；③ 法律、行政法规规定或者合同约定著作权由法人或者非法人组织享有的职务作品。

（2）除上述职务作品外，其他职务作品著作权由作者享有，但法人或非法人组织有权在其业务范围内优先使用。作品完成两年（自作者向单位交付作品之日起计算）内，未经单位同意，作者不得许可第三人以与单位使用的相同方式使用该作品；职务作品经单位同意，作者许可第三人以与单位使用的相同方式使用作品所获报酬，由作者与单位按约定的比例分配。

6. 委托作品著作权的归属

委托作品是指受托人按照委托人的委托而创作的作品。委托作品的著作权归属情况由委托人和受托人通过合同约定。合同未作明确约定或者没有订立合同的，著作权通常属于受托人。

7. 作品原件的所有权与美术作品原件展览权的归属

通常认为作品原件的所有权与其著作权是分离的,即作品原件所有权的转移,不改变作品著作权的归属,但美术、摄影作品原件的展览权由原件所有人享有。作者将未发表的美术、摄影作品的原件所有权转让给他人,受让人展览该原件不构成对作者发表权的侵犯。

四、著作权的内容与保护期限

(一) 著作权的内容

著作权由著作人身权(即精神权利)和著作财产权(即经济权利)两部分组成。

1. 著作人身权

著作人身权是指作者对其创作的作品依法所享有的以人身利益为内容的权利。该权利一般由作者终身享有,不可转让、剥夺和限制。主要包括:① 发表权,即决定作品是否公之于众的权利;② 署名权,即表明作者身份,在作品上署名的权利;③ 修改权,即修改或者授权他人修改作品的权利;④ 保护作品完整权,即保护作品不受歪曲、篡改的权利。

 练一练

王某创作完成一部剧本,尚未出版时王某即去世,王某的继承人可以继承该作品的权利有( )。

A. 修改权   B. 使用权   C. 署名权   D. 获得报酬权

【参考答案】BD

2. 著作财产权

著作财产权是指著作权人依法使用作品、许可他人使用作品、转让著作权并因此获得经济利益的权利。著作权主要包括下列财产权:① 复制权,即以印刷、复印、拓印、录音、录像、翻录、翻拍、数字化等方式将作品制作一份或者多份的权利;② 发行权,即以出售或者赠与方式向公众提供作品的原件或者复制件的权利;③ 出租权,即有偿许可他人临时使用视听作品、计算机软件的原件或者复制件的权利,计算机软件不是出租的主要标的的除外;④ 展览权,即公开陈列美术作品、摄影作品的原件或者复制件的权利;⑤ 表演权,即公开表演作品,以及用各种手段公开播送作品的表演的权利;⑥ 放映权,即通过放映机、幻灯机等技术设备公开再现美术、摄影、视听作品等的权利;⑦ 广播权,即以有线或者无线方式公开传播或者转播作品,以及通过扩音器或者其他传送符号、声音、图像的类似工具向公众传播广播的作品的权利,但不包括第⑧项规定的权利;⑧ 信息网络传播权,即以有线或者无线方式向公众提供作品,使公众可以在其个人选定的时间和地点获得作品的权利;⑨ 摄制权,即以摄制视听作品的方法将作品固定在载体上的权利;⑩ 改编权,即改变作品,创作出具有独创性的新作品的权利;⑪ 翻译权,即将作品从一种语言文字转换成另一种语言文字的权利;

⑫ 汇编权,即将作品或者作品的片段通过选择或者编排,汇集成新作品的权利;⑬ 应当由著作权人享有的其他权利。

著作权人可以许可他人行使以上权利,并依照约定或者著作权法有关规定获得报酬。著作权人还可以全部或者部分转让以上权利,并依照约定或者著作权法有关规定获得报酬。

评一评

"斗罗大陆"手游著作权侵权案①

【案情】 《斗罗大陆》系唐家三少(张威)创作的奇幻小说。张威将该小说的游戏改编权独家授予上海玄霆娱乐信息科技有限公司(以下简称玄霆公司)。同时,张威还创作了《斗罗大陆外传:神界传说》。成都吉乾科技有限公司(以下简称吉乾公司)通过多次转授权获得《斗罗大陆:神界传说》的游戏改编权。后吉乾公司开发了新斗罗大陆(神界篇)游戏软件,并与四三九九网络股份有限公司(以下简称四三九九公司)签订了分成合作协议,协议载明游戏的著作权人是吉乾公司。玄霆公司认为,吉乾公司、四三九九公司未经许可,侵害了其对涉案《斗罗大陆》作品的改编权,遂诉至法院。

【评析】 一审、二审法院均认为,涉案游戏属于大型游戏,如对所有章节进行公证,玄霆公司需要支出巨大成本,无疑增加了权利人的举证难度和维权成本,有违公平、效率原则。电子游戏与小说是不同的作品表达方式,判断二者是否构成实质性相似时,不能仅以游戏使用小说文字数量的比重进行判断,应综合判断其是否使用了小说中独创性表达的人物、人物关系、技能、故事情节等元素,并考虑小说中独创性的内容在游戏中所占比重。在判断游戏所使用文字的比重时,可以对游戏资源库文件反编译,以辅助确定游戏是否使用了文字作品中具有独创性的内容。吉乾公司开发的游戏大量使用了《斗罗大陆》小说中人物和魂兽名称、人物关系、技能和故事情节等元素,与涉案《斗罗大陆》小说构成实质性相似。吉乾公司未经玄霆公司许可开发涉案游戏,侵害了玄霆公司享有的改编权,故判决吉乾公司赔偿损失及合理费用共计 500 万元。

【典型意义】 本案涉及手机游戏侵犯文字作品改编权的认定问题。首次通过对游戏软件资源库反编译,提取其中的内容与文字作品的内容进行比对的方式,确定侵权游戏利用他人作品独创性内容的比重,提高了审判效率、拓宽了审理思路,是维护文化创意产业健康发展、妥善处理涉互联网著作权保护新问题的鲜活司法实践。

(二) 著作权的保护期限

著作权的保护期限是指作品受著作权法保护的有效期限。目前,世界各国的法律几乎都规定,著作权人所享有的财产权是有期限的,期限届满,著作权随之终止或消灭,作品便成为全社会公有的文化财富,任何人都可以自由使用,不可能再发生侵犯著作权的问题。

从目前世界各国的著作权或版权立法看,大部分西欧国家把作者有生之年加死后 50 年

---

① 最高院发布的知识产权典型案例,〔江苏省高级人民法院(2018)苏民终 1164 号民事判决书〕。

作为著作权保护的有效期限。奥地利、德国是作者终身加死后70年,西班牙是作者终身加死后80年,这是著作权保护期限最长的国家;而许多发展中国家以及苏联、东欧一些国家规定为作者终身加死后25年。1952年9月6日,由联合国教科文组织发起签订并于1955年9月16日生效的《世界版权公约》(又称万国版权公约)规定:"版权保护期限自出版之日起,不得少于25年。"以上是世界各国对作者财产权利的保护期限。关于对作者人身权利的保护期限,有些国家未规定期限,有些国家规定为作者的终身,有些国家规定为与财产权利的期限相同。

我国《著作权法》规定了发表权和财产权的保护期限,具体包括以下三个方面的内容:① 公民的作品,其发表权、上述财产权的保护期为作者终生及其死亡后50年,截止于作者死亡后第50年的12月31日;如果是合作作品,截止于最后死亡的作者死亡后第50年的12月31日。② 法人或者其他组织的作品、著作权(署名权除外)由法人或者其他组织享有的职务作品,其发表权、上述财产权的保护期为50年,截止于作品首次发表后第50年的12月31日,但作品自创作完成后50年内未发表的,著作权法不再保护。③ 视听作品,其发表权的保护期为50年,截止于作品创作完成后第50年的12月31日;财产权的保护期为50年,截止于作品首次发表后第50年的12月31日,但作品自创作完成后50年内未发表的,著作权不再保护。

五、著作权的权利限制

著作权保护的目的不仅在于保护作者的正当权益,同时还在于促进作品的传播与使用,从而丰富人们的精神文化生活,提高人们的科学文化素质,推动经济的发展和人类社会的进步。因此,世界各国著作权法都相应地规定了著作权人对社会所承担的义务,这些义务主要通过对著作权的限制来体现。

(一) 合理使用

所谓合理使用,是指他人依法律的明文规定,不必经著作权人许可而无偿使用其作品的行为。但须注意的是即使是合理使用,使用人也应当指明作者姓名、作品名称,并且不得影响该作品的正常使用,也不得不合理地损害著作权人的合法权益。

合理使用的情形归纳起来主要有:① 为了个人学习、研究、评论与新闻报道而摘录、复制某一作品;② 为了诉讼程序的需要或报道此种诉讼程序而复制某一作品;③ 为了进行系统教学活动收集教材而复制某一作品;④ 图书馆、档案馆、纪念馆、博物馆、美术馆或其他资料中心(指非营利性的对公众开放的资料中心)为保藏版本或供公众借阅等目的而对某一作品进行复制(包括照相复制、录音、录像等);⑤ 利用已发表的作品免费在公共场所表演节目,或为了教学目的,师生在校内表演或展出某一作品,或为慈善机构募捐举行义演而表演或展出某一作品;⑥ 在自己的作品中少量引用他人的作品等。不论属于哪种情况,使用者都必须说明作品的来源与作者的姓名,并且严格遵守法律规定的条件(例如,复制件不许超过一定的份数等)。

著作权是一种排他性的权利,非经本人或法律许可,他人不得行使,否则便构成对著作权的侵犯。在著作权遭受侵犯时,作者或版权所有人有权向法院提起诉讼,要求侵权者停止侵犯著作权的行为、赔偿损失直至给予侵权者法律制裁。

(二)法定许可使用

法定许可使用是指法律明文规定,可以不经著作权人许可,以特定的方式有偿使用他人已经发表的作品的行为。值得指出的是,如果著作权人声明不许使用的,则排除在法定可以使用的范围之外,即法定许可使用一般受到著作权人声明的限制。此外,在使用作品时,不得影响作品的正常使用,也不得不合理地损害著作权人的合法利益。与合理使用的重要区别是法定许可使用是有偿的。

我国《著作权法》规定了法定许可使用的情形:为实施义务教育和国家教育规划而编写出版教科书,可以不经著作权人许可,在教科书中汇编已经发表的作品片段或者短小的文字作品、音乐作品或者单幅的美术作品、摄影作品、图形作品,但应当按照规定向著作权人支付报酬,指明作者姓名或者名称、作品名称,并且不得侵犯著作权人依照著作权法享有的其他权利。

 评一评

著作权的合理使用与法定许可使用有何异同?

六、邻接权

(一)邻接权的概念

邻接权是指作品传播者对在传播作品过程中产生的劳动成果依法享有的专有权利,又称为作品传播者权或与著作权有关的权益。广义的著作权可以包括邻接权。狭义的著作权与邻接权的关系极为密切。没有作品,就谈不上作品的传播,因而邻接权以著作权为基础。

邻接权与著作权的主要区别是:邻接权的主体多为法人或其他组织,著作权的主体多为自然人;邻接权的客体是传播作品过程中产生的成果,而著作权的客体是作品本身;邻接权中除表演者权外一般不涉及人身权,而著作权包括人身权和财产权两方面的内容。

(二)邻接权的种类

1. 出版者权

出版者权是指书刊出版者与著作权人通过订立出版合同约定,在一定的期限内,对交付出版的作品所享有的专有出版权。

(1)出版者的权利。其权利主要包括两个方面:① 版式设计专有权。版式设计是指出版者对其出版的图书、期刊的版面和外观装饰所作的设计。版式设计是出版者,包括图书出版者(如出版社)和期刊出版者(如杂志社、报社)的创造性智力成果,出版者依法享有专有使用权,即有权许可或者禁止他人使用其出版的图书、期刊的版式设计。② 专有出版权。图书出版者对著作权人交付出版的作品,按照双方订立的出版合同的约定享有专有出版权。专有出版权是依出版合同而产生的权利而非法定权利,因而从严格意义上讲,它不属于邻接权范畴。

(2) 图书出版者应承担如下主要义务:① 按合同约定或国家规定向著作权人支付报酬;② 按照合同约定的出版质量、期限出版图书;③ 重版、再版作品的,应当通知著作权人,并支付报酬;④ 出版改编、翻译、注释、整理已有作品而产生的作品,应当取得演绎作品的著作权人和原作品的著作权人许可,并支付报酬;⑤ 对出版行为的授权、稿件来源的署名、所编辑出版物的内容等尽合理的注意义务,避免出版行为侵犯他人的著作权等民事权利。

2. 表演者权

表演者权是指表演者对他人作品的艺术表演依法享有的专有权利。

我国《著作权法》规定了表演者对其表演享有的权利:① 表明表演者身份;② 保护表演形象不受歪曲;③ 许可他人从现场直播和公开传送其现场表演,并获得报酬;④ 许可他人录音录像,并获得报酬;⑤ 许可他人复制、发行、出租录有其表演的录音录像制品,并获得报酬;⑥ 许可他人通过信息网络向公众传播其表演,并获得报酬。

使用他人作品演出,表演者(演员、演出单位)应当取得著作权人许可,并支付报酬。演出组织者组织演出,由该组织者取得著作权人许可,并支付报酬。使用改编、翻译、注释、整理已有作品而产生的作品进行演出,应当取得改编、翻译、注释、整理作品的著作权人和原作品的著作权人许可,并支付报酬。

值得注意的是,演员为完成本演出单位的演出任务进行的表演为职务表演,演员享有表明身份和保护表演形象不受歪曲的权利,其他权利归属由当事人约定。当事人没有约定或者约定不明确的,职务表演的权利由演出单位享有。职务表演的权利由演员享有的,演出单位可以在其业务范围内免费使用该表演。

3. 音像制作者权

音像制作者权是指录音录像制作者对其制作的录音录像制品享有许可他人复制、发行、出租、通过信息网络向公众传播并获得报酬的权利。

音像制作者依法应承担下列义务:① 录音录像制作者使用他人作品制作录音录像制品,应当取得著作权人许可,并支付报酬。② 录音制作者使用他人已经合法录制为录音制品的音乐作品制作录音制品,可以不经著作权人许可,但应当按照规定支付报酬,著作权人声明不许使用的不得使用。③ 录音录像制作者制作录音录像制品,应当同表演者订立合同,并支付报酬。④ 录音录像制作者对其制作的录音录像制品,享有许可他人复制、发行、出租、通过信息网络向公众传播并获得报酬的权利。⑤ 被许可人复制、发行、通过信息网络向公众传播录音录像制品,应当同时取得著作权人、表演者许可,并支付报酬;被许可人出租录音录像制品,还应当取得表演者许可,并支付报酬。⑥ 将录音制品用于有线或者无线公开传播,或者通过传送声音的技术设备向公众公开播送的,应当向录音制作者支付报酬。

4. 广播电视节目制作者权

广播电视节目制作者权是指广播电视组织对其播放的广播电视节目,依法享有允许或禁止他人进行营利性的转播、录制和复制的权利以及获得经济利益的权利。广播电视节目是指广播电台、电视台通过载有声音、图像的信号传播的节目。

广播电视组织依法应承担5个义务。① 广播电台、电视台播放他人未发表的作品,应当取得著作权人许可,并支付报酬。② 广播电台、电视台播放他人已发表的作品,可以不经著作权人许可,但应当按照规定支付报酬。③ 广播电台、电视台有权禁止未经其许可的下列行为:将其播放的广播、电视以有线或者无线方式转播;将其播放的广播、电视录制以及复制;将其播放的广播、电视通过信息网络向公众传播。④ 广播电台、电视台行使前款规定的权利,不得影响、限制或者侵害他人行使著作权或者与著作权有关的权利。⑤ 电视台播放他人的视听作品、录像制品,应当取得视听作品著作权人或者录像制作者许可,并支付报酬;播放他人的录像制品,还应当取得著作权人许可,并支付报酬。

(三)邻接权的保护期

关于邻接权的保护期,我国《著作权法》有以下规定:

出版者权的保护期是由著作权人与出版者在图书出版合同中加以约定,但版式设计权的保护期为10年,截止于使用该版式设计的图书、期刊首次出版后第10年的12月31日。

表演者对其表演所享有的人身权(即表明表演者身份、保护表演形象不受歪曲),著作权法永久保护。表演者享有的财产权保护期为50年,截止于该表演发生后第50年的12月31日。

录音录像制作者享有的财产权保护期为50年,截止于该制品首次制作完成后第50年的12月31日。

广播电台、电视台对其制作的广播、电视节目的财产权保护期为50年,截止于该广播、电视首次播放后第50年的12月31日。

 评一评

中国杂技团与张硕杂技团等著作权权属及侵害著作权纠纷案①

【案情】 中国杂技团有限公司(以下简称中国杂技团)认为,吴桥县桑园镇张硕杂技团(以下简称张硕杂技团)未经原告授权,抄袭和部分篡改了原告已经多次公开表演的《俏花旦·集体空竹》,并在许昌县电视台举办的晚会上公开表演得到了收益,侵犯了原告的著作权;许昌县电视台未经授权,擅自录制、播出侵权视频并在腾讯公司的微信软件和视频网站对涉案作品进行了传播、推广和宣传,扩大了侵权范围;腾讯公司作为侵权视频的载体没有尽到审查视频的责任,根据相关法律规定也应当承担连带责任。三被告涉案行为已经严重侵犯了原告作品的著作权以及商业利益和传播艺术价值,造成一定的商誉和经济损失,故诉至法院,诉请三被告停止其侵权行为,赔偿损失。

---

① 资料来源:最高院发布的2021年中国法院10大知识产权案件,[北京知识产权法院(2019)京73民终2823号民事判决书]。

【评析】 一审法院认定,根据合同约定,在无相反证据的情况下,中国杂技团享有《俏花旦·集体空竹》除署名权外的著作权。张硕杂技团的演出行为等构成侵害著作权,故判令其停止侵权、赔偿经济损失及合理支出并刊登声明消除影响。张硕杂技团不服,提起上诉。北京知识产权法院二审认为,《俏花旦·集体空竹》中的形体动作编排设计体现了创作者的个性化选择,属于具备独创性的表达,构成著作权法规定的杂技作品。张硕杂技团表演的《俏花旦》在开场部分的走位、动作衔接安排,以及多次出现的标志性集体动作等编排设计方面,与《俏花旦·集体空竹》的独创性表达部分等构成实质性相似,侵害中国杂技团杂技作品的著作权,遂判决驳回上诉、维持原判。

本章思考

1. 解释下列术语:
   知识产权　　工业产权　　专利权　　商标权　　著作权　　邻接权
2. 简述《保护工业产权巴黎公约》确定的基本原则。
3. 简述我国发明专利的实质性审查。
4. 简述专利国际申请及审查程序。
5. 试述各国商标注册的基本原则。
6. 简述对著作权予以权利限制的意义。

学习参考

跨境电商卖家如何突破知识产权"围猎"

第十章

国际商事仲裁

本章要点

1. 国际商事仲裁的概念与特点
2. 联合国《国际商事仲裁示范法》基本内容
3. 国际商事仲裁裁决的承认与执行
4. 我国的仲裁立法与仲裁机构

第一节　概　　述

在国际贸易活动中,由于交易主体有着不同的经济利益和处分方式,加上所属国家的法律制度有着差异,发生争议在所难免。国际贸易争议解决的方式有四种:协商、调解、仲裁和诉讼。其中仲裁作为与诉讼并列的争议解决方式,具有许多诉讼难以实现的优势,其已成为最常用的选择性争议解决方式(alternative dispute resolution,ADR)[①]。鉴于此,很多国家都制定了相关的仲裁立法。

一、国际商事仲裁的概念与特点

(一) 国际商事仲裁的概念

国际商事仲裁是指国际商事关系的双方当事人,根据争议发生前或发生后所达成的协议,自愿将争议提交仲裁机构,由其做出对双方均有约束力的仲裁裁决的一种国际商事争议解决机制。

对国际商事仲裁中"国际性"的界定,各国有不同的理解。联合国《国际商事仲裁示范法》第1条第3款对仲裁的国际性做出了以下解释与规定:"一项仲裁是国际性的,如果(1) 仲裁协议双方当事人在缔结协议时,它们的营业地位于不同国家;或者(2) 下列地点之一位于双方当事人营业地共同所在的国家之外:第一,仲裁协议中确定的或根据仲裁协议确定的仲裁地点;第二,履行商事关系主要义务的地点或与争议标的具有最密切联系的地点;第三,双方当事人已明示约定仲裁协议的标的与一个以上的国家有联系。"

我国关于"国际性"的规定:凡民事关系的一方或者双方当事人是外国人、无国籍人、外

[①] 选择性争议解决方式也称为"替代性争议解决方式",一般指以诉讼以外的方式解决争议。即发生争议后,当事人可以选择双方协商,或者选择由无利害关系的第三方主持下进行的调解,还可以选择依据当事人订立的仲裁条款或仲裁协议,提交仲裁庭仲裁。

国法人的；民事关系的标的物在外国领域内的；产生、变更或者消灭民事权利义务关系的法律事实发生在外国的，均为涉外民事关系。涉我国港、澳、台地区的仲裁也应参照涉外仲裁处理。

总之，凡仲裁当事人一方或双方为外国人或无国籍人，或合同中的仲裁条款或仲裁协议订立时，双方当事人的住所、营业地位于不同国家，或双方当事人位于同一国家，但仲裁地位于该国之外，或仲裁涉及的法律关系的内容发生在国外，或争议的标的位于国外，其仲裁均应视为国际仲裁。

（二）国际商事仲裁的特点

1. 广泛的国际性

广泛的国际性是有效解决国际商事纠纷的基础。这主要表现在两个方面：① 几乎所有的常设仲裁机构都聘用了许多不同国家的专业人员做仲裁员，许多国际仲裁案件由不同国籍的仲裁员组成仲裁庭来进行审理；② 由于已有100多个国家参加了1958年《承认及执行外国仲裁裁决公约》（简称《纽约公约》），仲裁裁决的承认和执行便有了可靠基础，使仲裁裁决比较容易地在国外得到承认与执行。

2. 高度的自治性

高度的意思自治性是有效解决国际商事纠纷的优势。这种自治性主要体现在以下四个方面：① 双方当事人可以选择仲裁机构或仲裁的组织形式。② 双方当事人可以选择仲裁地点。尽管常设仲裁机构一般都在其机构所在地进行仲裁活动，但双方当事人选择了仲裁机构，并不一定就是选择了仲裁机构所在地作为仲裁地点。③ 双方当事人可以选择审理案件的仲裁员。双方当事人可以合意选择任何人作为仲裁员审理他们之间的争议。④ 双方当事人可以选择进行仲裁的程序和适用的法律。在进行仲裁的过程中，仲裁机构、当事人和其他参与人以及仲裁庭从事仲裁活动所必须遵循的程序，都可以由双方当事人在其仲裁协议中约定。除了解决争议应予适用的实体法外，双方当事人可以选择仲裁适用的程序法。

3. 执行的强制性

执行的强制性是有效解决国际商事纠纷的保证。虽然国际商事仲裁具有民间性，国际商事仲裁机构是一种民间性质的组织，不是国家司法机关，但各国的立法和司法都明确承认仲裁裁决的法律效力，并赋予仲裁裁决和法院判决同等的强制执行效力。如果一方当事人不按照事先的约定自觉地履行仲裁裁决，另一方当事人可以依照有关的国际公约、协议或执行地国家的法律规定申请强制执行仲裁裁决。

4. 很强的权威性

仲裁裁决的权威性是正确处理国际商事纠纷的前提。由于仲裁员是由各行各业的专家或具有丰富实践经验的人组成的，因此许多仲裁案件实际都是由有关问题的专家来审理，仲裁庭做出的裁决也就具有了很强的权威性。仲裁程序结束后所做出的判决一般都是终局的，任何一方当事人均不得向法院起诉，也不得向其他机构提出变更仲裁裁决的请求。

想一想

国际商事仲裁的自治性和强制性各自体现在哪些方面?

二、国际商事仲裁与调解、诉讼的异同

(一) 仲裁与调解的异同

仲裁与调解都是有第三者介入的民间解决纠纷的方法。但仲裁的力度比调解大,能够比较彻底地解决纠纷。

二者的区别主要体现在以下三个方面:

1. 当事人的合意程度不同

调解的进行自始至终必须得到双方的同意;仲裁则只要双方当事人合意达成了仲裁协议,即使后来一方当事人不愿意,他方仍可依仲裁协议提起仲裁程序,仲裁庭所做的裁决也无须征得双方当事人的同意。

2. 第三人所起的作用不同

调解人主要起疏通、说服、劝解和协商的作用,仲裁员则主要起裁判的作用。

3. 法律效力不同

在调解的情况下,当事人达成了调解协议,也是可以反悔的,法院不能强制执行调解协议;仲裁则得到了国家权力的支持,即仲裁裁决具有强制执行力。

(二) 仲裁与诉讼的异同

民商事争议通常可以采取向法院起诉和申请仲裁机构审理两种方法。仲裁和司法诉讼的处理决定都是由第三者独立自主做出的,并对当事人具有约束力。

二者的区别主要体现在以下五个方面:

1. 机构的性质不同

国际商事仲裁机构只具有民间团体的性质,而审理国际民商事纠纷的法院,则是国家司法机关。

2. 管辖权来源不同

国际商事仲裁机构的管辖权完全来自双方当事人的合意,而法院审理国际民事诉讼的管辖权则来自国家的强制力。

3. 审理程序的公开性不同

国际商事仲裁程序一般都是不公开进行的,而法院审理国际民商事争议,除极少数涉及国家秘密或个人隐私的外,原则上是必须公开进行的。

4. 当事人的自治性不同

国际商事仲裁中当事人的自治性大大超过国际民事诉讼中当事人的自治性。当事人是否选择仲裁方式是自愿的,只有在当事人于商事争议发生之前或之后自愿达成仲裁协议,有

关仲裁机构才有权对该争议进行审理和裁决。

5. 审计制度不同

国际商事仲裁裁决一般实行一裁终局制,而国际民事诉讼则一般实行二审终审制。

练一练

下列选项中,关于仲裁的描述正确的是(　　)。
A. 以当事人自愿为基础
B. 仲裁机构不受理没有仲裁协议的案件
C. 排除法院对争议案件的管辖权
D. 仲裁裁决是终局的,对双方均有约束力

【参考答案】ABCD

想一想

与调解、诉讼等其他方式相比,商事仲裁这种争议解决方式有何优势?

三、国际仲裁规则与仲裁示范法

(一)《联合国国际贸易法委员会仲裁规则》

1976年4月28日,《联合国国际贸易法委员会仲裁规则》(UNCITRAL Arbitration Rules)由联合国第31次大会正式通过。该规则适用于国家与私人间的投资争议仲裁、多方仲裁、第三人加入仲裁程序、仲裁员的指定、仲裁员责任的豁免、仲裁费用的控制等问题。规则对各国并不具有普遍的约束力,仅供合同双方当事人自愿以书面方式约定。但当事人也可在书面协议中指定一个常设仲裁机构,委员会负责关于仲裁的行政管理工作。

2010年该规则做了重要修订,主要涉及仲裁协议书面形式、仲裁规则如何更适用于国家与私人间的投资争议仲裁、多方仲裁、第三人加入仲裁程序、仲裁员的指定、仲裁员责任的豁免及仲裁费用的控制等问题。修订后的仲裁规则更加符合国际商事仲裁的实践需要,并为其他仲裁机构仲裁规则的修订起到更好的示范作用。

(二)联合国《国际商事仲裁示范法》

仲裁在解决各种社会纠纷和协调社会经济关系方面,发挥着越来越重要的作用,受到世界各国和国际社会的普遍重视并得到广泛采用。为指导各国的仲裁立法,1985年6月21日,联合国通过了《国际商事仲裁示范法》(以下简称《示范法》),得到了国际社会的热烈响应。《示范法》共8章36条,虽然没有强制执行力,仅供各成员国制定国内法时参考之用,但世界范围内,出现了支持仲裁的立法和司法实践潮流,已有俄罗斯、保加利亚等超过40个以上的国家和地区以《示范法》为蓝本,修改了各自的仲裁立法。

《示范法》的主要内容包括:

1. 适用范围

该法适用于国际商事仲裁。但须服从在本国与其他任何一国或多国之间有效力的任何协定。该法不得影响规定某些争议不可以交付仲裁或只有根据非该法规定的规定才可以交付仲裁的本国其他任何法律。

2. 仲裁协议

仲裁协议是指当事各方同意将在他们之间确定的不论是在契约性或非契约性的法律关系上已经发生或可以发生的一切或某些争议提交仲裁的协议。仲裁协议可以采取合同中的仲裁条款形式或单独的协议形式。仲裁协议应是书面的。

3. 仲裁庭

(1) 根据《示范法》第 16 条规定，仲裁庭有对自己的管辖权做出裁定的权力：① 仲裁庭可以对它自己的管辖权包括对仲裁协议的存在或效力的任何异议，做出裁定。为此目的，构成合同的一部分的仲裁条款应视为独立于其他合同条款以外的一项协议。仲裁庭做出关于合同无效的决定，不应在法律上导致仲裁条款的无效。② 有关仲裁庭无权管辖的抗辩不得在提出答辩书之后提出。当事一方已指定或参与指定仲裁员的事实，不得阻止该当事一方提出这种抗辩。有关仲裁庭超越其权力范围的抗辩，应在仲裁程序过程中提出越权的事情后立即提出。在这两种情况下，仲裁庭如认为推迟提出抗辩有正当理由，均可准许待后提出抗辩。③ 仲裁庭可以根据案情将第②款所指的抗辩作为一个初步问题裁定或在裁决中裁定。如果仲裁庭作为一个初步问题裁定它有管辖权，当事任何一方均可以在收到裁定通知后 30 天内要求第 6 条规定的法院对这一问题做出决定。该决定不容上诉，在等待对这种要求做出决定的同时，仲裁庭可以继续进行仲裁程序和做出裁决。

(2) 仲裁庭命令采取临时措施的权力。《示范法》第 17 条规定："除非当事各方另有协议，仲裁庭经当事一方请求，可以命令当事任何一方就争议的标的采取仲裁庭可能认为有必要的任何临时性保全措施。仲裁庭可以要求当事任何一方提供有关此种措施的适当的担保。"

4. 仲裁程序

仲裁中应对当事各方平等相待，应给予当事每一方充分的机会陈述其案情。

(1) 程序规则的确定。① 以服从该法的规定为准，当事各方可以自由地就仲裁庭进行仲裁所应遵循的程序达成协议；② 如未达成这种协议，仲裁庭可以在《示范法》的规定的限制下，按照它认为适当的方式进行仲裁。授予仲裁庭的权力包括确定任何证据的可采性、相关性、实质性和重要性的权力。

(2) 仲裁地点。当事各方可以自由地就仲裁地点达成协议。如未达成这种协议，仲裁地点应由仲裁庭确定，要照顾到案件的情况，包括当事各方的方便。除非当事各方另有协议，仲裁庭可以在它认为适当的任何地点聚会，以便在它的成员间进行磋商、听取证人、专家或当事各方的意见或检查货物、其他财产或文件。

(3) 仲裁程序的开始。《示范法》第 21 条规定："除非当事各方另有协议，特定争议的仲裁程序，于应诉人收到将该争议提交仲裁的请求之日开始。"

5. 在获取证据方面的法院协助

仲裁庭或当事一方在仲裁庭同意之下,可以请求本国主管法院协助获取证据。法院可以在其权限范围内按照其获取证据的规则的规定执行上述请求。

第二节 国际商事仲裁机构与协议

一、国际商事仲裁机构的分类

(一)仲裁机构的组成形式

1. 临时仲裁

临时仲裁又称特别仲裁,是指根据双方当事人的仲裁协议,在争议发生后由双方当事人推荐的仲裁人临时组成仲裁庭,负责按照当事人约定的程序规则审理有关争议,并在审理终结做出裁决后即不再存在的仲裁。

临时仲裁与机构仲裁相比较,有自治性、灵活性更强、费用更低和速度更快等优点。

2. 常设仲裁机构

常设仲裁机构是指依国际公约或一国国内法成立的,有固定的名称、地址、组织形式、组织章程、仲裁规则和仲裁员名单,并具有完整的办事机构和健全的行政管理制度,用以处理国际商事争议的仲裁机构。

(二)仲裁庭是否必须按照法律做出裁决

1. 依法仲裁

依法仲裁是指仲裁庭依据一定的法律规定对纠纷进行裁决。

2. 友好仲裁

友好仲裁也称友谊仲裁,是指在国际商事仲裁中,允许仲裁员或仲裁庭根据公平和善意原则或公平交易和诚实信用原则对争议实质问题做出裁决。是否进行友好仲裁主要取决于当事人的愿望与授权。同时,是否能进行友好仲裁还得受"仲裁地法"或有关国际公约的制约。

二、重要的国际商事仲裁机构

国际商事仲裁机构是由国际商事关系中的当事人自主选择,用以解决其商事争议的民间性机构。下面介绍五个常设的、影响较大的商事仲裁机构。

(一)国际商会仲裁院

国际商会仲裁院是附属于国际商会的一个全球性国际常设仲裁机构,成立于1923年,总部设在巴黎。中国已于1996年参加国际商会。仲裁院于1997年4月通过了一个程序规则《国际商会仲裁规则》,该规则于1998年实施,共7章35条,规则中明确规定了仲裁申请、仲裁庭的组成、仲裁程序的进行、法律的适用、仲裁裁决的做出等事项。

国际商会仲裁院的管辖范围很广,就案件的性质而言,国际商会仲裁院的管辖范围几乎包括因契约关系而发生的所有争议,是目前世界上每年受案最多的一个常设仲裁机构。申请主体也不限于国际商会的会员国,任何国家的当事人均可通过仲裁协议将有关商事争议提交该仲裁院仲裁,因而在世界范围内为各国广为采纳。

(二) 世界知识产权组织仲裁中心

世界知识产权组织仲裁中心成立于1994年,总部设在日内瓦,其在仲裁程序中有一些特殊性。当事人可以利用"名单程序"选择仲裁员。所谓名单程序,是指在各方当事人选择仲裁员时,仲裁中心提供当事人一份候选仲裁员名单,要求当事人将其反对的仲裁员换掉,然后在剩下的候选人中按优先顺序标记,仲裁中心依此选择组成仲裁庭人员。

(三) 瑞典斯德哥尔摩商事仲裁院

瑞典斯德哥尔摩商会仲裁院是目前东西方国家之间国际经济贸易仲裁的中心。其成立于1917年,与其他仲裁机构相比,其具有特殊性,原因在于瑞典在政治上的中立地位。仲裁院除了可以适用自己的规则外,还可以根据《联合国国际贸易法委员会仲裁规则》等其他任何仲裁规则来审理裁决当事人提交的商事争议,当事人在指定仲裁员时也可不受仲裁员名册的限制。

(四) 伦敦国际仲裁院

伦敦国际仲裁院是成立最早的常设国际仲裁机构之一,其前身为1892年成立的伦敦仲裁厅,它的海事仲裁在国际社会享有很高的声誉,世界各国的大多数海事案件都提请该院仲裁。

为了适应国际性仲裁的需要,该仲裁院于1978年设立了伦敦国际仲裁员名单,是由主要的贸易国家挑选出来的仲裁员组成的。仲裁庭通常依据1998年修订的仲裁规则来裁决,该规则相较于其他机构的规则而言更为详尽,因而为当事人和仲裁庭提供了可靠的指引。

(五) 美国仲裁协会

美国仲裁协会成立于1926年,总部设于纽约。《美国仲裁协会国际仲裁规则》于1991年3月1日生效。仲裁庭除做出终局裁决外,亦可做出临时裁决、中间裁决或部分裁决。

三、国际商事仲裁协议

(一) 概念

国际商事仲裁协议是指当事人之间以解决国际商事争议为目的,在争议发生前或者争议发生后,达成的一致同意采取仲裁形式解决相互间商事争议的书面意思表示。

国际商事仲裁协议是国际商事仲裁的基石。通常仲裁协议涉及仲裁地点、仲裁机构、仲裁规则、裁决的效力和提交仲裁的事项五个方面的内容。

(二) 种类

1. 仲裁条款

仲裁条款一般是双方当事人在争议发生之前订立的,包含在主合同中,作为主合同的一项条款而存在。仲裁条款一般较短,因为是事前制定的,不知道之后会发生什么争议,所以不可能拟定详细的仲裁条文。

2. 仲裁协议书

仲裁协议书是双方当事人在争议发生之后订立的,表示同意将已经发生的争议提交仲裁解决的协议,这是独立于主合同之外的一个单独的协议。

(三) 仲裁协议的法律效力

1. 对当事人的效力

仲裁协议一经成立即对当事人产生法律效力:① 当争议发生时,任何一方当事人都有权将争议提交仲裁;② 当事人只能采取仲裁方式解决商事争议。如果一方当事人就仲裁协议规定范围内的商事争议向法院提起诉讼,另一方当事人可以仲裁协议为抗辩事由要求法院终止司法诉讼程序并将案件发还仲裁解决。

2. 对仲裁庭和仲裁机构的效力

仲裁协议对仲裁庭和仲裁机构的法律效力体现在:① 仲裁协议是仲裁庭或仲裁机构行使仲裁管辖权的依据。如果没有仲裁协议,其就无权受理商事争议案件。② 仲裁庭或仲裁机构的受案范围受到仲裁协议的严格限制。对于任何超出协议范围的事项均无权受理。

3. 对法院的效力

仲裁协议排除了法院对商事争议案件的司法管辖权,即一旦双方当事人达成了仲裁协议,并且争议发生后一方当事人向法院提起诉讼,法院不应受理,或者根据另一方当事人的请求停止司法诉讼程序,将案件发还仲裁庭或仲裁机构审理。

第三节 国际商事仲裁裁决的承认与执行

一、国际仲裁裁决承认与执行的三种情况

一般商事仲裁裁决的承认与执行分为三种情况:国内仲裁裁决、涉外仲裁裁决、外国仲裁裁决。

(1) 国内仲裁裁决和涉外仲裁裁决。这两种都是我国仲裁机构做出的仲裁裁决,前者

是对没有涉外因素的案件做出的仲裁裁决，后者是对具有涉外因素的案件做出的裁决。

（2）外国仲裁裁决。外国仲裁裁决是指外国仲裁机构做出的仲裁裁决。对于外国仲裁裁决，我国法院无权撤销，只能在符合法定事由的情况下拒绝承认和执行。而拒绝承认与执行外国仲裁裁决的法定事由，与涉外仲裁裁决的撤销理由是相同的。

二、《纽约公约》

（一）《纽约公约》的制定背景

1958年6月10日在纽约召开的联合国国际商业仲裁会议上签署了《承认及执行外国仲裁裁决公约》(the New York Convention on the Recognition and Enforcement of Foreign Arbitral Awards)，又称为《纽约公约》。该公约处理的是外国仲裁裁决的承认和仲裁条款的执行问题。截至2018年3月，加入这个公约的国家和地区有158个。我国于1986年12月正式加入该公约，1987年4月22日该公约对我国生效。

（二）《纽约公约》的主要内容

1. 相互承认与国民待遇

缔约国有义务相互承认仲裁裁决具有约束力，并应依照承认与执行地的程序规则予以执行，执行时不应在实质上比承认与执行本国的仲裁裁决规定更烦琐的条件或更高的费用。

2. 我国的两项保留

我国根据《纽约公约》第1条第3款提出了两项保留。

（1）互惠保留，即我国只对在另一缔约国领土内做出的裁决适用该公约。根据公约第1条，公约适用于在一个国家做出的而在另一个国家要求承认与执行的仲裁裁决，只要该裁决是因自然人或法人间的争执而引起的仲裁裁决即可。公约并不要求该裁决做出地是公约缔约国，这就意味着对来自非缔约国的裁决，缔约国也有义务适用公约承认执行。而我国只希望对在公约缔约国做出的裁决适用公约，因为这样我国的裁决在那个国家承认与执行也可以适用该公约，所以我国提出了互惠保留。这就意味着非缔约国的裁决在我国申请承认与执行时，我国不负有适用公约的义务。

（2）商事保留，即我国仅对那些按照我国法律属于契约性或非契约性商事法律关系所引起的争议所做的裁决适用公约。对于针对非商事性争议所做的仲裁裁决在我国的承认执行，我国不适用公约，如离婚协议、家庭事宜等方面的问题所做的仲裁裁决，或就国家间的争端所作的仲裁裁决等。

3. 拒绝承认与执行外国仲裁裁决的理由

拒绝承认与执行外国仲裁裁决的理由有两类情形。

（1）应由被申请执行人证明的五项理由。《纽约公约》第5条第1款规定，被请求承认或执行裁决的主管机关只有在被申请执行人提出有关下列情况的证明时，才可以根据该当事人的请求，拒绝承认和执行该项裁决：①仲裁协议无效；②未给予适当通知；③仲裁庭超越权限;④ 仲裁庭的组成或仲裁程序不当;⑤ 仲裁裁决不具有约束力或已被撤销或停止执行。

(2)主管机关依职权主动审查的两项理由。《纽约公约》第5条第2款规定,被请求承认和执行仲裁裁决的国家的主管机关如果查明有下列情况,也可以拒绝承认和执行:① 争议事项不具有可仲裁性;② 违反主管机关所在国的公共秩序。

三、中国涉外仲裁裁决在中国的承认与执行

(一)管辖法院

根据我国《民事诉讼法》第280条的规定,经中华人民共和国涉外仲裁机构裁决的,当事人不得向人民法院起诉。一方当事人不履行仲裁裁决的,对方当事人可以向被申请人住所地或者财产所在地的中级人民法院申请执行。

(二)拒绝执行的事由

根据《民事诉讼法》第281条第1款的规定,被申请提出证据证明仲裁裁决有下列情形之一的,经人民法院组成合议庭审查核实,裁定不予执行:① 当事人在合同中没有订有仲裁条款或者事后没有达成书面仲裁协议的;② 被申请人没有得到指定仲裁员或者进行仲裁程序的通知,或者由于其他不属于被申请人负责的原因未能陈述意见的;③ 仲裁庭的组成或者仲裁的程序与仲裁规则不符的;④ 裁决的事项不属于仲裁协议的范围或者仲裁机构无权仲裁的。281条第2款规定,人民法院认定执行该裁决违背社会公共利益的,裁定不予执行。两款的区别在于:第一款的情形由被申请人举证证明;第二款是法院认定,无须当事人举证。

根据我国《民事诉讼法》282条的规定,仲裁裁决被人民法院裁定不予执行的,当事人可以根据双方达成的书面仲裁协议重新申请仲裁,也可以向人民法院起诉。

 评一评

认定中新两国互惠关系首次承认和执行新加坡法院商事判决①
——高尔集团股份有限公司申请承认和执行新加坡高等法院民事判决案

【案情】 高尔集团系在瑞士成立的股份有限公司,其于2016年6月向江苏省南京市中级人民法院申请称,其与江苏省纺织工业集团进出口有限公司因买卖合同产生纠纷,双方达成和解协议。因纺织工业集团进出口有限公司未履行和解协议,高尔集团依据和解协议中的约定管辖条款向新加坡高等法院提起诉讼,该院做出了生效判决。因纺织工业集团进出口有限公司及其财产在中国境内,故请求江苏省南京市中级人民法院对新加坡判决予以承认和执行。纺织工业集团进出口有限公司陈述意见称,中国和新加坡签署的《关于民事和商

---

① 资料来源:最高院于2017年5月15日发布的第二批涉"一带一路"建设典型案例。

事司法协助的条约》并没有关于相互承认和执行法院判决和裁定的规定,根据《中华人民共和国民事诉讼法》第282条的规定,应驳回高尔集团的申请。

江苏省南京市中级人民法院查明,纺织工业集团进出口有限公司经新加坡高等法院合法传唤未到庭,新加坡高等法院于2015年10月22日做出缺席判决,判令纺织工业集团进出口有限公司偿付高尔集团35万美元及利息、费用。纺织工业集团进出口有限公司亦收到了该判决。2014年1月,新加坡高等法院曾承认和执行江苏省苏州市中级人民法院做出的民事判决。

【评析】 江苏省南京市中级人民法院认为,案涉民事判决系新加坡高等法院作出。中国与新加坡之间并未缔结或者共同参加关于相互承认和执行生效民商事裁判文书的国际条约,但由于新加坡高等法院曾对中国法院的民事判决予以执行,根据互惠原则,中国法院可以对符合条件的新加坡法院的民事判决予以承认和执行。经审查,案涉判决亦不违反中国法律的基本原则或者国家主权、安全、社会公共利益,故依照《中华人民共和国民事诉讼法》第282条的规定,于2016年12月9日裁定承认和执行新加坡共和国高等法院于2015年10月22日作出的013号民事判决。

【典型意义】 该案系中国法院首次承认和执行新加坡法院商事判决。《中华人民共和国民事诉讼法》第282条规定承认和执行外国法院判决的依据为国际条约或互惠原则,而目前中国仅与不到三分之一的"一带一路"沿线国签有相互承认和执行民商事判决的司法协助条约,因此认定两国之间是否存在互惠关系,对沿线国法院的商事判决能否在中国法院得到承认和执行十分关键。该案根据新加坡法院承认和执行中国法院判决的先例,首次认定中新两国之间存在互惠关系,进而依据互惠原则承认和执行新加坡法院商事判决,这不仅对中新商事判决的相互承认和执行具有里程碑的意义,而且将有力推进"一带一路"沿线国之间在民商事判决承认和执行领域的司法合作实践。

四、中国涉外仲裁的报告制度

(一) 报告制度概述

人民法院在受理在订有仲裁协议的涉外争议的当事人起诉之前,以及在撤销或不予执行中国涉外仲裁裁决、拒绝承认与执行外国仲裁裁决之前,应将其审查意见报告所辖区高级法院审查,如高级法院也同意下级法院的做法,则须报最高人民法院批准。在最高法院未做答复前,有关下级法院暂不予受理相关起诉或不发出撤销仲裁裁决、不予执行做出裁决的制度。

(二) 报告制度的主要内容

1. 涉外仲裁协议

法院认为涉外仲裁协议无效、失效或内容不明无法执行的,在决定受理一方当事人起诉前,必须报本辖区高级法院审查,如果高级法院同意受理,应将其审查意见报最高人民法院。

在最高法院答复前,法院可暂不予受理。

2. **不予执行中国涉外仲裁裁决**

对当事人的仲裁执行申请,如受理案件的法院认为具有不予执行理由的,在裁定不予执行前,必须报辖区高级法院审查,如高级法院同意不予执行的,应当将其意见报最高法院,待最高法院答复后,方可裁定不予执行的仲裁裁决。

3. **承认与执行外国仲裁裁决**

法院拒绝承认与执行外国仲裁裁决前,应当报辖区高级法院审查,如高级法院同意拒绝承认与执行的,应将其意见报最高法院,待最高法院答复后,方可拒绝承认与执行。

4. **撤销涉外仲裁机构裁决**

受理申请撤销裁决的人民法院如认为应予撤销裁决或通知仲裁庭重新仲裁的,在受理申请后 30 日内报其所属高级法院,高级法院同意后,15 日内报最高法院。

评一评

积极适用互惠原则 承认和执行外国法院判决[①]
——崔某与尹某申请承认和执行韩国法院判决案

【案情】 2009 年 11 月 6 日,韩国居民尹某向崔某借款 8 000 万韩元。因尹某未归还借款,崔某向韩国水原地方法院起诉。2017 年 7 月 20 日,韩国水原地方法院作出判决,判令尹某向崔某支付 8 000 万韩元及利息。因尹某经常居所地为青岛市城阳区,且其主要财产均在我境内,崔某向青岛市中级人民法院申请承认并执行韩国水原地方法院做出的上述判决。

【评析】 山东省青岛市中级人民法院审查认为,韩国首尔地方法院曾对山东省潍坊市中级人民法院的民事判决予以承认,可以根据互惠原则对符合条件的韩国法院民商事判决予以承认和执行。案涉韩国判决依据韩国民事诉讼法送达,已经发生法律效力,且判决的承认和执行不违反我国法律的基本原则或者国家主权、安全、社会公共利益,故裁定予以承认和执行。

【典型意义】 互惠原则的适用,不仅影响一国法院对外国判决的承认和执行,也会影响本国判决在国外法院的承认和执行。韩国首尔地方法院曾对山东省潍坊市中级人民法院的一份判决予以认可。该院在其对我国法院生效判决予以确认的判决书中阐述,如其以互惠关系承认中国法院判决,但中国法院仍以与韩国不存在互惠关系为由拒绝承认韩国法院判决的,则其将不再继续维持两国之间存在互惠关系。本案基于互惠原则,对韩国法院的判决予以承认和执行,积极维护中韩之间的互惠关系,推进两国间判决的承认,对于促进两国之间经贸合作交流、增强"一带一路"参与市场主体的信心具有积极作用。

---

① 资料来源:最高院于 2022 年 2 月 28 日发布的第三批涉"一带一路"建设典型案例。

第四节　中国的仲裁立法与仲裁机构

一、中国国际商事仲裁立法

（一）立法的基本情况

改革开放之前，我国并存着两种截然不同的仲裁制度——涉外仲裁和国内仲裁。涉外仲裁由中国国际贸易促进会组建，包括国际经济贸易仲裁和海事仲裁。涉外仲裁机构按国际惯例设立和运行，在设立之初是一套比较完善、科学的仲裁制度。而国内仲裁制度的发展情况则要复杂得多，其主要以经济合同仲裁为主，使仲裁的民间性、自愿性等特点无法体现。国内仲裁制度具有较浓的行政色彩，本质上是以行政手段解决经济合同纠纷，是国家实行严格的计划经济体制的产物。

改革开放政策确立后，随着市场经济体制及法制的不断完善，中国的国际商事仲裁立法逐步走向成熟和完善，具体表现为以下两点。

1. 制定并颁布了单行的仲裁立法

为了适应改革开放和建立市场经济体制的新形势，统一我国仲裁立法，以国际通行的做法仲裁，我国权力机关于1994年8月31日讨论通过了《中华人民共和国仲裁法》（以下简称《仲裁法》），并于1995年9月1日起正式施行。这部法律确立了协议仲裁、或裁或审、独立仲裁和一裁终局的基本原则，恢复了仲裁的本来面目。

2014年11月4日，中国国际贸易促进委员会、中国国际商会修订并通过了《中国国际经济贸易仲裁委员会仲裁规则》（以下简称《仲裁规则》），自2015年1月1日起施行，这为仲裁提供了切实可行的规制。

2. 参加重要的国际公约

中国仲裁制度一直重视国际化的发展问题和与国际的接轨。1986年，中国加入《纽约公约》，为中外缔约方相互承认和执行仲裁裁决提供了坚实的法律基础，标志着中国在国际商事仲裁方面开始走上国际化和统一化的道路。1989年，CIETAC新仲裁规则施行，进一步推动了中国国际商事仲裁的现代化与国际化。1992年，全国人大常委会还批准了《关于解决国家和他国国民之间投资争端公约》。

（二）《中华人民共和国仲裁法》

《中华人民共和国仲裁法》（以下简称《仲裁法》）于1994年8月31日通过，自1995年9月1日起施行，2009年8月27日和2017年9月1日进行了两次修正。值得一提的是，2021年，《仲裁法》进行了第三次修订，征求意见稿已经发布，此次修法进一步贯彻了习近平法治思想中坚持统筹推进国内法治和涉外法治的基本精神，高度重视对相关国际规则的借鉴，遵循了《纽约公约》以及《示范法》中关于仲裁协议的规定，删除了仲裁协议必须包含选定的仲裁机构的要求。其基本内容如下。

1. 适用范围

平等主体的公民、法人和其他组织之间发生的合同纠纷和其他财产权益纠纷，可以仲裁。当事人采用仲裁方式解决纠纷，应当双方自愿，达成仲裁协议。没有仲裁协议，一方申请仲裁的，仲裁委员会不予受理。当事人达成仲裁协议，一方向人民法院起诉的，人民法院不予受理，但仲裁协议无效的除外。

下列纠纷不能仲裁：① 婚姻、收养、监护、扶养、继承纠纷；② 依法应当由行政机关处理的行政争议。

2. 基本原则

仲裁的基本原则有：① 仲裁委员会应当由当事人协议选定。仲裁不实行级别管辖和地域管辖；② 仲裁应当根据事实，符合法律规定，公平合理地解决纠纷；③ 仲裁依法独立进行，不受行政机关、社会团体和个人的干涉；④ 仲裁实行一裁终局的制度。裁决做出后，当事人就同一纠纷再申请仲裁或者向人民法院起诉的，仲裁委员会或者人民法院不予受理；⑤ 裁决被人民法院依法裁定撤销或者不予执行的，当事人就该纠纷可以根据双方重新达成的仲裁协议申请仲裁，也可以向人民法院起诉。

3. 仲裁委员会和仲裁协会

仲裁委员会可以在直辖市和省、自治区人民政府所在地的市设立，也可以根据需要在其他设区的市设立，不按行政区划层层设立。

仲裁委员会应当具备下列条件：① 有自己的名称、住所和章程；② 有必要的财产；③ 有该委员会的组成人员；④ 有聘任的仲裁员。仲裁委员会独立于行政机关，与行政机关没有隶属关系。仲裁委员会之间也没有隶属关系。

中国仲裁协会是社会团体法人，是中国仲裁协会的会员。这是仲裁委员会的自律性组织，根据章程对仲裁委员会及其组成人员、仲裁员的违纪行为进行监督。

4. 仲裁协议

仲裁协议包括合同中订立的仲裁条款和以其他书面方式在纠纷发生前或者纠纷发生后达成的请求仲裁的协议。仲裁协议应当具有下列内容：① 请求仲裁的意思表示；② 仲裁事项；③ 选定的仲裁委员会。

有下列情形之一的，仲裁协议无效：① 约定的仲裁事项超出法律规定的仲裁范围的；② 无民事行为能力人或者限制民事行为能力人订立的仲裁协议；③ 一方采取胁迫手段，迫使对方订立仲裁协议的。

仲裁协议对仲裁事项或者仲裁委员会没有约定或约定不明确的，当事人可以补充协议；达不成补充协议的，仲裁协议无效。仲裁协议独立存在，合同的变更、解除、终止或者无效，不影响仲裁协议的效力。仲裁庭有权确认合同的效力。

当事人对仲裁协议的效力有异议的，可以请求仲裁委员会做出决定或者请求人民法院做出裁定。一方请求仲裁委员会做出决定、另一方请求人民法院做出裁定的，由人民法院裁定。当事人对仲裁协议的效力有异议，应当在仲裁庭首次开庭前提出。

5. 仲裁的申请与保全措施

当事人申请仲裁应当符合下列条件：① 有仲裁协议；② 有具体的仲裁请求和事实、理由；③ 属于仲裁委员会的受理范围。

仲裁申请书应当载明下列事项：① 当事人的姓名、性别、年龄、职业、工作单位和住所，法人或者其他组织的名称、住所和法定代表人或者主要负责人的姓名、职务；② 仲裁请求和所根据的事实、理由；③ 证据和证据来源、证人姓名和住所。

当事人达成仲裁协议，一方向人民法院起诉未声明有仲裁协议，人民法院受理后，另一方在首次开庭前提交仲裁协议的，人民法院应当驳回起诉，但仲裁协议无效的除外；另一方在首次开庭前未对人民法院受理该案提出异议的，视为放弃仲裁协议，人民法院应当继续审理。

一方当事人因另一方当事人的行为或者其他原因，可能使裁决不能执行或者难以执行的，可以申请财产保全。当事人申请财产保全的，仲裁委员会应当将当事人的申请依照民事诉讼法的有关规定提交人民法院。申请有错误的，申请人应当赔偿被申请人因财产保全所遭受的损失。

6. 仲裁员回避制度

仲裁员有下列情形之一的，必须回避，当事人也有权提出回避申请：① 是本案当事人或者当事人、代理人的近亲属；② 与本案有利害关系；③ 与本案当事人、代理人有其他关系，可能影响公正仲裁的；④ 私自会见当事人、代理人，或者接受当事人、代理人的请客送礼的。

7. 仲裁的开庭与证据保全

仲裁应当开庭进行。当事人协议不开庭的，仲裁庭可以根据仲裁申请书、答辩书以及其他材料做出裁决。仲裁不公开进行。当事人协议公开的，可以公开进行，但涉及国家秘密的除外。

当事人应当对自己的主张提供证据。仲裁庭认为有必要收集的证据，可以自行收集。证据应当在开庭时出示，当事人可以质证。在证据可能灭失或者以后难以取得的情况下，当事人可以申请证据保全。当事人申请证据保全的，仲裁委员会应当将当事人的申请提交证据所在地的基层人民法院。

8. 和解与调解

当事人申请仲裁后，可以自行和解。达成和解协议的，可以请求仲裁庭根据和解协议做出裁决书，也可以撤回仲裁申请。当事人达成和解协议，撤回仲裁申请后反悔的，可以根据仲裁协议申请仲裁。

仲裁庭在做出裁决前，可以先行调解。当事人自愿调解的，仲裁庭应当调解。调解不成的，应当及时做出裁决。调解达成协议的，仲裁庭应当制作调解书或者根据协议的结果制作裁决书。调解书与裁决书具有同等法律效力。调解书经双方当事人签收后，即发生法律效力。在调解书签收前当事人反悔的，仲裁庭应当及时做出裁决。

9. 仲裁裁决的撤销

裁决书自做出之日起发生法律效力。当事人提出证据证明裁决有下列情形之一的，可以向仲裁委员会所在地的中级人民法院申请撤销裁决：① 没有仲裁协议的；② 裁决的事项不属于仲裁协议的范围或者仲裁委员会无权仲裁的；③ 仲裁庭的组成或者仲裁的程序违反法定程序的；④ 裁决所根据的证据是伪造的；⑤ 对方当事人隐瞒了足以影响公正裁决的证据的；⑥ 仲裁员在仲裁该案时有索贿受贿、徇私舞弊、枉法裁决行为的。人民法院经组成合议庭审查核实裁决有前款规定情形之一的，应当裁定撤销。当事人申请撤销裁决的，应当自收到裁决书之日起6个月内提出。

10. 裁决的执行

当事人应当履行裁决。一方当事人不履行的，另一方当事人可以依照民事诉讼法的有关规定向人民法院申请执行。受申请的人民法院应当执行。一方当事人申请执行裁决，另一方当事人申请撤销裁决的，人民法院应当裁定中止执行。人民法院裁定撤销裁决的，应当裁定终结执行。撤销裁决的申请被裁定驳回的，人民法院应当裁定恢复执行。

11. 涉外仲裁的特别规定

涉外仲裁委员会可以由中国国际商会组织设立。涉外仲裁委员会可以从具有法律、经济贸易、科学技术等专门知识的外籍人士中聘任仲裁员。

涉外仲裁的当事人申请证据保全的，涉外仲裁委员会应当将当事人的申请提交证据所在地的中级人民法院。涉外仲裁委员会做出的发生法律效力的仲裁裁决，当事人请求执行的，如果被执行人或者其财产不在中华人民共和国领域内，应当由当事人直接向有管辖权的外国法院申请承认和执行。涉外仲裁规则可以由中国国际商会依照本法和民事诉讼法的有关规定制定。

涉外经济贸易、运输和海事中发生的纠纷的仲裁，适用以上规定。

 资料卡

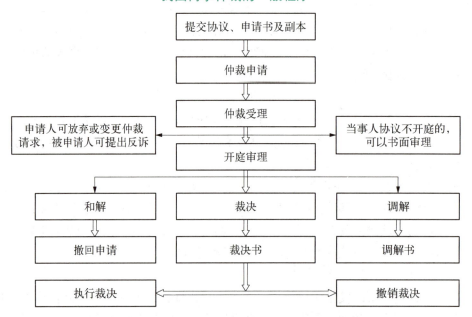

我国商事仲裁的一般程序

评一评

明晰仲裁裁决籍属认定规则　明确外国仲裁机构
在中国做出的裁决视为涉外仲裁裁决①
——美国布兰特伍德工业有限公司申请承认和执行外国仲裁裁决案

【案情】　正启公司为买方，布兰特伍德公司为卖方，在广州签订合同及补充协议，其合同第 16 条争议解决方式约定："凡因本合同引起的或与本合同有关的任何争议，双方均应通过友好协商解决。如果协商不能解决，则应提交国际商会仲裁委员会根据国际惯例在项目所在地进行仲裁。该仲裁委员会作出的裁决是终局性的，对双方均有约束力。除仲裁委员会另有规定外，仲裁费用由败诉一方负担。仲裁语言为中、英双语。"该仲裁条款中所称的"项目"系补充协议第 3 条所列明的"广州猎德污水处理厂四期工程"，地点在中国广州。后因合同履行发生争议，布兰特伍德公司向国际商会国际仲裁院秘书处提起仲裁申请。该院独任仲裁员在广州做出终局裁决。后布兰特伍德公司向广州市中级人民法院申请承认和执行前述仲裁裁决。

【评析】　广东省广州市中级人民法院审查认为，案涉裁决系外国仲裁机构在我国内地做出的仲裁裁决，可以视为我国涉外仲裁裁决。被申请人不履行裁决的，布兰特伍德公司可以参照民事诉讼法关于执行涉外仲裁裁决的规定向被申请人住所地或财产所在地的中级人民法院申请执行。布兰特伍德公司依据《纽约公约》或《关于内地与香港特别行政区相互执行仲裁裁决的安排》申请承认和执行仲裁裁决，法律依据显属错误，故裁定终结审查。布兰特伍德公司可依法另行提起执行申请。

【典型意义】　该案经报核至最高人民法院同意，首次明确了境外仲裁机构在我国内地做出的仲裁裁决籍属的认定规则，将该类裁决视为我国涉外仲裁裁决，确认该类裁决能够在我国内地直接申请执行，有利于提升我国仲裁制度的国际化水平，树立了"仲裁友好型"的司法形象，对于我国仲裁业务的对外开放及仲裁国际化发展具有里程碑意义。

二、中国国际经济贸易仲裁委员会

(一) 设立背景

中国国际经济贸易仲裁委员会（英文简称 CIETAC，中文简称"贸仲委"）是世界上主要的常设商事仲裁机构之一。根据 1954 年 5 月 6 日中央人民政府政务院第 215 次会议通过的《国务院关于在中国国际贸易促进委员会内设立对外贸易仲裁委员会的决定》，贸仲委于 1956 年 4 月由中国国际贸易促进委员会（简称"中国贸促会"）组织设立，当时名称为对外贸易仲裁委员会。中国实行对外开放政策以后，为了适应国际经济贸易关系不断发展的需要，根据国务院发布的《关于将对外贸易仲裁委员会改称为对外经济贸易仲裁委员会的通知》，

---

① 资料来源：最高院于 2022 年 2 月 28 日发布的第三批涉"一带一路"建设典型案例。

对外贸易仲裁委员会于 1980 年改名为对外经济贸易仲裁委员会,又于 1988 年根据《国务院关于将对外经济贸易仲裁委员会改名为中国国际经济贸易仲裁委员会和修订仲裁规则的批复》,改名为中国国际经济贸易仲裁委员会。2000 年,中国国际经济贸易仲裁委员会同时启用中国国际商会仲裁院的名称。

贸仲委以仲裁的方式,独立、公正地解决国际国内的经济贸易争议及国际投资争端。贸仲委在香港特别行政区设立贸仲委香港仲裁中心,在加拿大温哥华设立北美仲裁中心,在奥地利维也纳设立欧洲仲裁中心。

(二) CIETAC 仲裁的特点

1. 受案范围宽,程序国际化

贸仲委既可受理涉外案件,也可受理国内案件;同时,其受理案件的范围也不受当事人行业和国籍的限制。自从 2007 年贸仲委年受案数量突破千件以来,受案数量逐年上升,2019 年达到了 3 333 件,其中涉外案件受案量为 617 件,始终位居世界知名仲裁机构前列,其裁决在美国、加拿大、日本、以色列、法国、新西兰、澳大利亚和中国香港等国家和地区得到承认和执行。

从《仲裁规则》和仲裁员的角度而言,贸仲委也实现了国际化。贸仲委第一套《仲裁规则》制定于 1956 年,之后进行了数次修改,其现行有效的《仲裁规则》自 2015 年 1 月 1 日起施行。贸仲委现行的《仲裁规则》与国际上主要仲裁机构的仲裁规则基本相同,在现行《仲裁法》允许的范围内最大限度地尊重了当事人意思自治。截至 2020 年 1 月,贸仲委的《仲裁员名册》中有 1 439 名仲裁员,均为国内外仲裁或相关行业的知名专家,其中 300 多名外籍仲裁员分别来自近百个国家或地区[①]。

2. 独立公正

作为国际上主要的仲裁机构,贸仲委独立于行政机关,其办案不受任何行政机关的干涉。贸仲委的仲裁员,包括当事人选定的仲裁员,均不代表任何当事人,必须保持独立和公正。在仲裁程序中,各方当事人均有平等的机会陈述自己的意见。在过去几十年内,贸仲委的独立、公正、廉洁以及裁决的质量得到了国内外当事人的广泛赞誉。

3. 仲裁程序快捷高效

在贸仲委的仲裁中,当事人可以约定仲裁程序如何进行。对当事人提交的证据和陈述,贸仲委将以书面形式在当事人之间进行充分的交换,贸仲委的开庭审理一般只需 1~3 天。因此,贸仲委的仲裁程序具有快捷高效的特点,其受理的仲裁案件绝大多数均在仲裁庭组成之后 6 个月内结案。

4. 仲裁费用相对低廉

作为国际仲裁机构,贸仲委的仲裁收费标准在世界主要仲裁机构中较为低廉。与国内其他仲裁机构相比,同等条件下收费基本相同。与诉讼相比,由于仲裁一裁终局、程序快捷

---

① 资料来源:http://www.cietac.org.cn。

等特点,使得采用仲裁这种争议解决方式对当事人而言更为经济。

5. 仲裁与调解相结合

仲裁与调解相结合是贸仲委仲裁的显著特点。该做法将仲裁和调解各自的优点紧密结合起来,不仅有助于解决当事人之间的争议,而且有助于保持当事人的友好合作关系。

仲裁和调解相结合可以在仲裁程序中进行,即经当事人请求或在征得当事人同意后,仲裁庭在仲裁程序进行过程中担任调解员的角色,对其审理的案件进行调解,以解决当事人之间的争议。如果任何一方当事人认为调解没有必要或者不会成功,可以随时要求终止调解,恢复仲裁程序。

此外,当事人在贸仲委之外通过调解达成和解协议的,可以凭当事人达成的由贸仲委仲裁的仲裁协议和他们的和解协议,请求贸仲委主任指定一名独任仲裁员,按照和解协议的内容做出仲裁裁决。此时,贸仲委可以视工作量的大小和实际开支的多少,减少仲裁收费。

评一评

锐速公司申请确认仲裁协议效力案①

【案情】 国家体育总局冬季管理中心(以下简称冬运中心)与星际集团签署合作协议,约定冬运中心授权星际集团负责国际雪联自由式滑雪空中技巧世界杯中国站的运营,并约定因协议产生的纠纷,任何一方均可提交中国国际经济贸易仲裁委员会北京总会依据该委员会当时有效的仲裁规则解决。锐速公司加入合作协议,与星际集团共同享有合作协议项下相应权利与义务。其后,三方签署补充协议,约定变更锐速公司全权承办赛事,星际集团协助锐速公司,并就锐速公司赛事承办工作与该补充协议的履行向冬运中心承担补充责任。2019年,冬运中心作为申请人,以锐速公司、星际集团为被申请人,向中国国际经济贸易仲裁委员会提起仲裁申请。2021年1月,锐速公司向北京市第四中级人民法院申请确认仲裁协议无效。

【评析】 北京市第四中级人民法院审查认为,冬运中心系以平等主体身份与星际集团、锐速公司订立体育赛事运营合作协议,而非代表政府进行特许经营,故本案纠纷属于平等主体之间的商事合同纠纷,依法可仲裁。合作协议中的仲裁条款明确约定了仲裁机构,合法有效。锐速公司作为合作协议的加入方,知悉协议内容,在加入时已表明遵守协议全部条款,其应受合作协议中仲裁条款的约束。故裁定驳回锐速公司的申请。

【典型意义】 推动体育产业高质量发展、促进体育消费新增长,是北京建设国家服务业扩大开放综合示范区和中国(北京)自由贸易试验区的重要内容。本案对国际体育赛事运营合作协议的可仲裁性予以确认,展现了支持体育仲裁的司法立场,为体育产业运营过程中产生的商事纠纷通过仲裁解决营造良好法治环境,对于我国体育产业的健康发展具有积极促进作用。

---

① 资料来源:最高院于2022年2月28日发布的"10起人民法院服务保障自由贸易试验区建设典型案例"。

本章思考

1. 解释下列术语：
   国际商事仲裁　　仲裁协议　　临时仲裁　　常设仲裁机构
2. 简述仲裁与调解的异同。
3. 简述仲裁与诉讼的区别。
4. 试述联合国《国际商事仲裁示范法》的影响和主要内容。
5. 简述我国仲裁法的基本原则。

学习参考 1

中国国际商事法庭为世界提供国际商事纠纷解决"中国方案"

学习参考 2

中华人民共和国仲裁法（修订）（征求意见稿）

章后思考参考答案

第一章 国际商法导论

1. 解释下列术语：

国际商法：通常是指调整国际商事交易主体在其交易过程中所形成的各类商事法律关系的法律规范的总称。

国际商事惯例：在国际经济贸易交往中经过反复使用逐渐形成的，并为各国普遍承认和遵守的交易行为规范。国际商事惯例不当然具有法律约束力，国际商事交易当事人可以依据"意思自治"原则全部或部分地选择适用，但当事人一经选择适用，则构成对当事人具有约束力的法律规范。

大陆法系：又称罗马法系、民法法系、成文法系，是指以罗马法为基础，以法国民法典和德国民法典为典型代表，包括许多模仿它们而制定的其他国家的法律的总称。

英美法系：是指英国中世纪以来的法律，特别是以英国普通法为基础发展起来的法律制度体系。

成文法：又称"制定法"，主要是指国家机关根据法定程序制定发布的具体系统的法律文件。成文法最高的以及最完善的形态是法典。

判例法：泛指可作为先例据以决案的法院判决，通常与制定法相对而言，是英美法系法律的一个重要渊源。根据判例法制度，某一判决中的法律规则不仅适用于该案，而且往往作为一种先例而适用于以后该法院或下级法院所管辖的案件。只要案件的基本事实相同或相似，就必须以判例所定规则处理。这就是所谓"遵循先例"原则。

2. 简述国际商法的含义与特点。

国际商法通常是指调整国际商事交易主体在其交易过程中所形成的各类商事法律关系的法律规范的总称。

有以下三个特点：

（1）国际商法源于传统商法，但其调整范围更为广泛。传统的商法以货物买卖为中心，主要包括公司法、票据法、海商法、保险法等，但随着国际经济贸易的发展和商事交易的多样化、复杂化，在国际贸易方面出现了许多新的领域，比如国际技术转让、知识产权转让、国际投资、国际融资、国际服务贸易等。

（2）国际商法中的主体。国际商法中的"国际"不再只指"国家与国家之间"，而是"跨越国界"。目前从事国际商事交易的主体主要是私法主体，如公司、企业，而不是公法主体。其中由于经济全球化的原因，跨国公司在国际商事交易活动中的地位和作用在不断增加，成为主体中的核心组成部分。

(3)国际商法的调整方法是直接调整法。国际商法直接规定国际商事主体在国际商事关系中的权利与义务,这一点是国际商法与国际私法的重要区别。

3. 试述国际商事条约作为国际商法渊源的特点和利弊。

国际商事条约,是国家间缔结的、规定缔约国私人当事人在国际商事交易关系中权利义务的书面协议。

国际商事条约作为国际商法的渊源,有利有弊。其优点在于:对缔约国具有确定的法律约束力,内容明确,可以在缔约国之间形成确定的统一,从而在一个特定的领域形成独立于国内民商法的国际商法。由于国际商法统一化运动迅猛和持续的发展,国际商事交易的一些领域已有了一项或数项国际统一公约,这对消除因各国民商法的歧义而给国际商事交易造成的障碍起了积极的作用。其弊端在于:一是其生效较难,许多经过艰苦谈判、耗费大量人力物力的公约由于批准国有限而未能生效;二是缔约国的数量有限。条约的内容往往是各国法律协调妥协的产物,仅仅在缔约国之间实现法律的有限统一;三是修改困难,有时不能适应国际贸易商事实践发展的需要。

4. 试述英美法中"救济先于权利"原则的含义。

"救济先于权利。"所谓救济,是指通过一定的诉讼程序给予当事人法律保护,这属于程序法范畴;权利则是指当事人的实体权利,属于实体法范畴。这句格言的意思是,如果权利缺乏适当的救济方法,权利也就不存在,即当事人先有程序权利,尔后才有实体权利。英美法系将程序正义摆在突出的地位,认为程序制度的公正与否对于法律的运行有特别重要的影响,因此英美法系中的程序法特别发达,相比而言,大陆法系国家更加重视实体权利的完善。

5. 试述大陆法系与英美法系的区别。

大陆法系与英美法系的区别主要有以下几点:

(1)法律渊源不同。大陆法系强调法律的成文化,在法律结构上强调系统化、条理化、法典化和逻辑性。英美法系在法律渊源上以判例为主。判例法一般是指各国高级法院的判决中所确立的法律原则或规则。

(2)法律的核心理念不同。大陆法系强调理性主义,各国将法律区分为公法与私法。英美法系强调经验主义,英美法系强调判例法和法院的作用,偏重实践经验,对抽象的概括和理论探讨相对来说重视不够。

(3)法律形式不同。大陆法系国家一般不存在判例法。大陆法系各国都相继进行了大规模的立法活动,对重要的部门制定法典,这些法典一般比较完整、清晰,逻辑严密,同时辅之以单行法规,构成了较为完整的成文法体系。英美法系没有系统性、逻辑性很强的法律分类,法律分类以实用为主。

(4)法官的作用不同。一般而言,大陆法系国家的立法与司法分工明确,强调制定法的权威,制定法的效力优先于其他法律渊源,因而要求法官遵从法律明文规定办理案件,不得擅自创造法律违反立法者的本意,否定"法官造法"。在英美法系中,法官的任务不仅是解释和适用法律,还可以制定法律,即法官可以造法。英美法系国家中,法律职业是以律师为基础的,法官,尤其是联邦法院的法官一般都来自律师,而且律师在政治上非常活跃。法官和律师的社会地位很高,对法律和社会发展的影响也很大。

(5) 法律推理形式和方式不同。大陆法系采取演绎法。由于大陆法系国家中的司法权受到重大限制,法律只能由立法机关制定,法官的功能局限于根据既定的法律规则判案,因此法官审案表现出三段论式的逻辑过程:认定案件事实,寻找适用的法律条款,联系二者推论出必然的结果。英美法系采用的是归纳法。这一方法的模式可以表述为:对先例中的法律事实进行归纳;对待判案例的法律事实进行归纳;将两个案例中的法律事实划分为实质性事实和非实质性事实;运用比较的方法分析两个案例中的实质性事实是否相同或相似;找出前例中所包含的规则或原则;如果两个案例中的实质性要件相同或相似,根据遵循先例的原则,前例中包含的规则或原则可以适用于待判案例。

第二章 国际商事组织法

1. 解释下列术语:

商事组织法:是指调整个人或独资企业、合伙企业以及公司的设立及其经营管理活动的有关法律规范的总称。

个人独资企业:亦称个人企业或独资企业,是指由一名出资者出资与从事经营管理的企业。这是最简单、古老,也是世界各国中采用数量最多的企业形式。

合伙企业:又称合伙经营,是指由两个或两个以上自然人、法人和其他组织依法设立的由各合伙人共同出资、共同经营、共享收益、共担风险的商事组织。

有限责任公司:是指由两个以上股东出资设立、各股东仅以其出资额为限对公司债务负清偿责任,公司以全部资产对其债务承担责任的公司。

股份有限责任公司:是指由一定数量股东出资设立的,公司全部资本分为等额股份,股东以其所认购的股份额对公司债务承担有限责任,公司以其全部资产对公司债务承担责任的公司。

一人公司:有广义和狭义之分。广义的一人公司包括形式意义上的一人公司和实质上的一人公司。实质上的一人公司是指公司在设立时,公司股东人数符合法定最低人数的要求,但出资人或真正拥有股份者只有一人(法人或自然人),而其他股东或出资人都是为了逃避公司法规定而出现的,实质意义上的一人公司仅存在于允许设立一人公司的国家或地区。形式意义上的一人公司是指股东人数只有一人,全部股份或出资均由其控制的公司。

外商投资:是指外国的自然人、企业或者其他组织(以下称外国投资者)直接或者间接在中国境内进行的投资活动,包括下列情形:① 外国投资者单独或者与其他投资者共同在中国境内设立外商投资企业;② 外国投资者取得中国境内企业的股份、股权、财产份额或者其他类似权益;③ 外国投资者单独或者与其他投资者共同在中国境内投资新建项目;④ 法律、行政法规或者国务院规定的其他方式的投资。这里的其他投资者包括中国自然人在内。

准入前国民待遇：是指在投资准入阶段给予外国投资者及其投资不低于本国投资者及其投资的待遇。

外商投资负面清单：是指国家规定在特定领域对外商投资实施的准入特别管理措施。国家对负面清单之外的外商投资，给予国民待遇。国家根据进一步扩大对外开放和经济社会发展需要，适时调整负面清单。

2. 简述个人独资企业的优缺点。

个人独资企业普遍具有的优点是：① 程序简单，企业设立门槛低，出资形式多样，开业容易；② 管理集中，管理成本较低，有利于企业扩大积累与再生产；③ 适应性强，企业灵活，适应社会的能力较强；④ 税收偏低，在税收待遇方面个人独资企业普遍低于其他企业组织形式。

个人独资企业的缺点是：① 规模有限，个人独资企业的资金来源是以自我积累为主，这在一定程度上限制了企业规模的扩大和产业结构的调整；② 企业可持续性差，企业所有权与经营权高度统一的产权结构在使得企业拥有充分自主权的同时也使得企业主的个人情况与企业的发展休戚相关，若企业主出现意外，企业也难以持续发展；③ 抗风险能力弱，企业主承担无限责任这一点决定了企业主在经营中须得小心、谨慎，否则一旦经营不善，会牵连其个人财产。

3. 简述有限合伙企业与普通合伙企业在责任承担上的区别。

有限合伙企业由普通合伙人和有限合伙人组成，普通合伙人对合伙企业债务承担无限连带责任，有限合伙人以其认缴的出资额为限对合伙企业债务承担责任。我国相关法律规定有限合伙企业至少应当有1个普通合伙人。

普通合伙企业均由普通合伙人组成，合伙人对合伙企业债务承担无限连带责任。

4. 比较有限责任公司与股份有限公司在设立方式上的区别。

公司的设立方式主要分两种。一是发起设立，也称单纯设立或共同设立，是指公司资本由发起人全部认购，不向他人招募资本的公司设立方式。无限公司、两合公司、有限公司只能采取此种方式设立，股份有限公司也可采取此种方式设立。二是募集设立，也称渐次设立、复杂设立，是指公司设立时发起人只认购公司一定比例的股份，其余部分向社会公开募集或者向特定对象募集的公司设立方式。

一般而言，有限责任公司只能采用发起设立方式，而股份有限责任公司既可以采用发起设立，又可以采用募集设立方式。

5. 试述我国外商投资法的立法原则。

外商投资法的制定是为了进一步扩大对外开放，积极促进外商投资，保护外商投资合法权益，规范外商投资管理，推动形成全面开放新格局，促进社会主义市场经济健康发展。其基本立法原则有：

（1）坚持对外开放的基本国策，鼓励外国投资者依法投资。国家实行高水平投资自由化便利化政策，建立和完善外商投资促进机制，营造稳定、透明、可预期和公平竞争的市场环境。

(2) 依法保护外国投资者在中国境内的投资、收益和其他合法权益。在中国境内进行投资活动的外国投资者、外商投资企业,应当遵守中国法律法规,不得危害中国国家安全、损害社会公共利益。

(3) 实行准入前国民待遇加负面清单管理制度。东道国对外商的投资一般要经过审批,特别是一些发展中国家。在审批制度下一般有三种做法：① 一般审批制度。东道国对外商投资一律进行审批。② 个别审批制度。只对特殊项目或个别投资进行审批。③ 公告审批制度。以法令或公告形式明确规定政府许可投资的领域,对公告以外的投资领域必须审批。

6. 简述我国外商投资法中外商管理的基本规则。

(1) 负面清单管理。外商投资准入负面清单规定禁止投资的领域,外国投资者不得投资。负面清单规定限制投资的领域,外国投资者进行投资应当符合负面清单规定的股权要求、高级管理人员要求等限制性准入特别管理措施。外商投资准入负面清单以外的领域,按照内外资一致的原则实施管理。

(2) 行政许可管理。外国投资者在依法需要取得许可的行业、领域进行投资的,应当依法办理相关许可手续。

(3) 项目核准、备案管理。外商投资需要办理投资项目核准、备案的,按照国家有关规定执行。

(4) 登记注册管理。外商投资企业的组织形式、组织机构及其活动准则,适用《中华人民共和国公司法》《中华人民共和国合伙企业法》等法律的规定。

外商投资企业的登记注册,由国务院市场监督管理部门或者其授权的地方人民政府市场监督管理部门依法办理。

(5) 生产经营管理。外商投资企业开展生产经营活动,应当遵守法律、行政法规有关劳动保护、社会保险的规定,依照法律、行政法规和国家有关规定办理税收、会计、外汇等事宜,并接受相关主管部门依法实施的监督检查。

(6) 投资信息报告管理。国家建立外商投资信息报告制度。外商投资信息报告的内容、范围、频次和具体流程,由国务院商务主管部门会同国务院市场监督管理部门等有关部门按照确有必要、高效便利的原则确定并公布。

(7) 投资安全管理。国家建立外商投资安全审查制度,对影响或者可能影响国家安全的外商投资进行安全审查。依法做出的安全审查决定为最终决定。

第三章 合 同 法

1. 解释下列术语：

诺成合同：又称不要物合同,是指只要当事人意思表示一致就可以成立的合同。这种合同不以标的物的交付为要件,即所谓的"一诺而成"。

实践合同：又称要物合同，是指除当事人意思表示一致以外，还必须实际交付标的物才能成立的合同。

要约：又称发盘、出盘、发价、出价或报价。根据《联合国国际货物销售合同公约》第14条第1款的规定，向一个或一个以上特定的人提出的订立合同的建议，如果其内容十分确定并且表明发盘人有在其发盘一旦得到接受就受其约束的意思，即构成要约。

承诺：也称接受、还价，是指受要约人同意要约的意思表示。承诺的法律效力在于，承诺一经做出并送达要约人，合同即告成立。

不安抗辩权：是指在双务合同中，应当先履行债务的当事人有确切证据证明对方有丧失和或可能丧失履行能力的情形时，有中止履行自己债务的权利。

定金：是指当事人为确保合同的履行，依法律或当事双方的约定，由当事人一方在合同尚未订立或合同订立后、履行前，按合同标的额的一定比例先行给付对方货币或其他代替物。

合同保全：即合同债权的保全，是指债权人为了防止债务人的财产不当减少而危害其债权，可以对债务人或第三人实施的行为行使代位权或撤销权，以保护其债权的制度。

合同消灭：是指合同当事人双方在合同关系建立以后，因一定的法律事实的出现，使合同确立的权利义务关系消灭，即合同当事人不再具有法律约束力。

提存：是指由于债权人的原因使债务人无法向其交付合同标的物时，债务人将该标的物提交给提存机关，以消灭合同债务的行为。

抵销：是指合同双方当事人互负债务时，各自以其债权充当债务之清偿，从而使其债务与对方的债务在对等数额内相互消灭。

债务免除：是指债权人抛弃债权从而使债务全部或部分归于消灭的行为。

混同：是指债权与债务同归于一人，从而使合同关系消灭的事实。

根本违约：指一方当事人违反合同的结果，使另一方当事人蒙受损害以致实际上剥夺了他根据合同规定所能得到的预期利益。

预期违约：又称先期违约，是指在履行期限到来之前，当事人一方无正当理由以明示或暗示的行为表示在履行期限到来后将不履行合同。预期违约可能是一般违约，也可能是根本违约。

2. 简述合同法的基本原则。

合同法的基本原则是制定、解释、执行和研究合同法的依据和出发点，也是合同立法的指导思想以及民事主体间合同关系所应遵循的基本方针和准则。各国合同法一般包括以下六个基本原则：

（1）平等原则。合同当事人的法律地位是平等的，一方当事人不能将自己的意志强加给另一方。这一原则是民事权利义务关系的本质和基础，是自愿原则的前提，贯穿于合同的整个过程。

（2）自由原则。当事人依法享有自由签订合同的权利，任何单位和个人不得非法干预，即当事人意思自治。这一原则的确立是市场经济不断发展和完善的必然结果。

(3) 公平原则。合同当事人本着公平合理的观念确定各方的权利义务。即当事人之间要互利,不得损害对方的利益。判断公平的标准,是从社会正义的角度,体现社会的价值观、是非观,包括人们公认的经济利益上的合理标准。

(4) 诚信原则。当事人行使权利、履行义务时应诚实不欺、讲究信用,在不损害他人利益及社会利益的前提下追求自身利益。此原则贯穿于合同订立、履行、变更和终止的整个过程,是合同法的一个重要原则。

(5) 遵守法律与社会公共利益原则。这一原则要求当事人订立和履行合同应当遵守法律和行政法规、尊重社会公德,不得扰乱社会公共秩序、损害社会公共利益。

(6) 鼓励交易原则。在不违背法律及社会公共利益的前提下,法律赋予交易的当事人快速达成交易并尽可能促使更多交易获得成功,从而实现经济效益的提高。

3. 比较要约与要约邀请的区别。

要约与要约邀请的区别主要表现在:

(1) 要约是一方向另一方发出的以订立合同为目的的意思表示,并且要约内容具体确定。要约邀请则是一方向另一方发出的邀请其向自己发出要约的意思表示,不具有合同成立所应当具备的主要条款。

(2) 要约中包含当事人愿意接受要约拘束的意思表示,承诺生效,合同就成立。要约邀请不含当事人愿意接受拘束的意思表示,只产生对方向其发出要约的可能,还须要约邀请人承诺,合同才能成立。

(3) 发出要约和接受要约的当事人应为特定,而要约邀请的对方往往是不特定的,但也有例外的情形,如公共骑车驶入站台载客、标价出售的商品、自动售货机售卖商品的要约邀请的接受人可以不特定。

4. 试述合同生效的构成要件。

根据各国合同法的规定,一般合同生效除了双方当事人意思表示一致以外,还需要具备以下要件:

(1) 合同当事人必须具有缔约能力。所谓相应的缔约能力,包括三个方面的内容:一是缔约人缔约时要有相应的民事行为能力;二是缔约人缔约时要有相应的缔约资格,比如由代理人代理订立合同,代理人要取得代理权;三是缔约人缔约时对其所处分的财产权利要有相应的处分能力。

(2) 合同必须有对价或约因。按照英美法和法国法的规定,合同只有在有对价或约因时,才是法律上有效的合同,无对价或无约因的合同是得不到法律保障的。

(3) 意思表示真实。意思表示真实是指表意人的表示行为真实地反映其内心的效果意思,这是契约自由与契约正义的基本要求,也是各国法律在合同生效中普遍认同的构成要件。如果意思表示不真实或意思表示有瑕疵,都将直接影响合同的生效,即产生合同无效或者合同为可撰销、可变更的法律后果。

(4) 不违反法律、行政法规的强制性规定,不违背公序良俗。这要求合同的内容、形式与目的要具有合法性。只有当事人缔结的合同内容与形式符合法律的规定,不违背公序良俗,并且不具有规避法律的合同目的,法律才对其做出肯定性的评价,赋予其法律效力,此时合同才能产生当事人预期的法律后果。

(5) 合同必须符合法定或约定的形式。从订立合同的形式的角度看,合同可以分为要式合同和不要式合同两种。要式合同是指必须按照法定的形式要求或手续订立的合同,不要式合同是法律上不要求按特定的形式订立的合同。

5. 试述合同担保中的定金规则。

定金是指当事人为确保合同的履行,依法律或当事双方的约定,由当事人一方在合同尚未订立或合同订立后、履行前,按合同标的额的一定比例先行给付对方货币或其他代替物。

当事人既约定违约金又约定定金的,一方违约时,对方可以选择适用违约金或定金条款。定金不足以弥补一方违约造成的损失的,对方可以请求赔偿超过定金数额的损失。在我国,定金的成立必须有书面合同。定金合同是实践性合同,从实际交付定金之日起生效。定金合同是主合同的从合同,其成立以主合同的存在为前提。定金的数额由当事人约定,但不得超过主合同标的额的 20%,超过部分不产生定金的效力。如果实际交付的定金数额多于或者少于约定数额的,视为变更约定的定金数额。

6. 简述债权人代位权的含义及成立条件。

债权人代位权是指债权人为了保全自己的债权,以自己的名义代替债务人直接向第三人行使权利的权利。

代位权的成立要件主要有:

(1) 债权人与债务人之间存在合法的债权债务关系,这是代位权成立的前提条件。

(2) 债务人怠于行使其债权,且影响债权人的到期债权实现。所谓怠于行使,是指债务人应当行使且能行使而不行使。

(3) 债务人的债权是非专属于债务人自身的债权。所谓专属于债务人自身的债权,是指基于收养关系、扶养关系、抚养关系、赡养关系、继承关系产生的给付请求权和劳动报酬、退休金、养老金、抚恤金、安置费、人寿保险、人身伤害赔偿请求权等权利。

7. 简述合同变更的条件与效力。

合同变更的条件主要有:

(1) 须原已存在有效的合同关系。合同的变更是在原合同的基础上,通过当事人双方的协商或者法律的规定改变原合同关系的内容。因此,原合同的有效成立是合同变更的前提条件,无原合同关系就无变更的对象。

(2) 合同变更应当协商一致或满足法定事由。各国普遍规定合同的变更需要当事人协商一致或者满足法定的变更事由。我国《民法典》第 543 条规定:"当事人协商一致,可以变更合同。"因此,任何一方不得采取欺诈、胁迫的方式来欺骗或强制他方当事人变更合同。对于法定的变更事由,各国法律的规定不一,但大致有不可抗力、情由变迁、重大误解、显示公平等。

合同变更的效力主要有:

(1) 在合同发生变更后,当事人应当按照变更后的合同的内容履行,任何一方违反变更后的合同内容都构成违约。

(2) 合同的变更仅对未履行部分发生法律效力,对已履行的债务没有溯及力。任何一方都不能因为合同的变更而单方面要求另一方返还已经做出的履行。

(3) 合同的变更不影响当事人要求赔偿的权利。原则上,提出变更的一方当事人对对方当事人因合同变更所受损失应负赔偿责任。

8. 简述缔约过失责任与违约责任的区别。

违约责任与缔约过失责任不同,二者的区别主要体现在:

(1) 成立的前提不同。违约责任以合同有效成立为前提;缔约过失责任只发生在缔约过程中,其成立不以合同成立或有效为前提。

(2) 责任方式不同。违约责任的方式多样,比如赔偿损失、支付违约金、实际履行等;缔约过失责任则只有赔偿损失这一种责任。

(3) 发生依据不同。违约责任主要基于当事人在合同中的约定,具有约定性;缔约过失责任则是基于法律的明确规定,具有法定性。

(4) 归责原则不同。违约责任一般采用严格责任的归责原则,并且法律规定了免责的事由;缔约过失责任则采用过错责任的归责原则,法律没有规定免责事由。

(5) 赔偿范围不同。违约责任通常要求赔偿期待利益的损失,缔约过失责任的赔偿往往限于信赖利益的损失。

第四章 国际货物买卖法

1. 解释下列术语:

国际货物买卖:国际货物买卖通常是由买卖双方以签订国际货物买卖合同的形式进行的。根据1980《联合国国际货物销售合同公约》的规定,国际货物买卖中的"国际性"采用了单一的"营业地"标准,《公约》中明确规定排除的"货物"不在适用范围内,国际货物交易的性质是"买卖",而不是消费。

权利担保义务:买卖交易中卖方保证对其出售的货物享有合法权利,没有侵犯任何第三人权利,第三人也不能就货物向买方主张任何权利。

保全货物:指在一方当事人违约时,另一方当事人仍持有货物或控制货物的处置权时,该当事人有义务对他所持有的或控制的货物进行保全。其目的是减少违约一方当事人因违约而给自己带来的损失。

2. 比较FOB、CFR、CIF三个贸易的异同。

三个贸易术语的不同主要有:

(1) 含义不同。FOB(Free on Board)船上交货(插入指定装运港),指卖方以在指定装运港将货物装上买方指定的船舶或通过取得已交付至船上货物的方式交货。CFR(Cost and Freight)成本加运费(插入指定目的港),指卖方在船上交货或以取得已经这样交付的货物方式交货。CIF(Cost Insurance and Freigh)成本、保险费加运费(插入指定目的港),指在装运港当货物越过船舷时卖方即完成交货。

(2) 运输责任不同。FOB、CFR 由买方负责运输,CIF 由卖方负责运输。

(3) 签订运输合同及支付运费方不同。FOB 由买方签订运输合同及支付运费,CFR、CIF 由卖方签订运输合同及支付运费。

(4) 报价方式不同。FOB 由买方负责租船订舱、预付运费,办理保险、支付保险。CIF 由卖方负责租船订舱、预付运费,办理保险、支付保险。CFR 由卖方负责租船订舱、预付运费,由买方负责办理保险、支付保险。

三个术语的共同点:

(1) 三种价格术语都适用于海运和内河运输(如中国长江河运、美国五大湖地区河运),其承运人一般只限于船公司。

(2) 三种价格术语交货点均为装运港船舷(实际为船舱内),风险点均已在装运港越过船舷时(实际为船舱内)从卖方转移至买方。

(3) 费用点:卖方均承担货物在装运港越过船舷为止的一切费用。

(4) 提单:卖方均需向买方提交已装船清洁提单。

(5) 装船通知:装运前后卖方均应及时向买方发出装船通知。

(6) 风险点:卖方在装运港将货物装船后的风险即转移到买方。

(7) 目的港的进口清关,费用等均由买方负责办理;装运港的装船、陆运、出口报关、办理许可证等均由卖方办理。

(8) 卖方都有在装运港安排订舱、配船的义务。

3. 试述 2020 年版《贸易术语解释通则》与 2010 年版的主要区别。

《2020 年通则》与《2010 年通则》的主要区别:

(1) 将 DAT 修改为 DPU。《2020 年通则》将《2010 年通则》中的 DAT(Deliver at Terminal,运输终端交货)修改为 DPU (Delivered at Place Unloaded,卸货地交货)。主要的变化是将交货地点从单一的"码头"改为更广义和更具有一般性的"卸货地"。

(2) FCA:增加了卖方提交提单(B/L)的相关规定。《2020 年通则》中 FCA 术语下就提单问题引入了新的附加机制。根据该新引入的附加机制,买方和卖方同意买方指定的承运人在装货后将向卖方签发已装船提单(Free Carrier Alongside + Billing on Board Option,货交承运人+装船提单选项),然后由卖方向买方做出交单(可能通过银行链)。

(3) 提高了 CIP 投保险别。在《2020 年通则》适用 CIP 术语的贸易中,最低保险范围已经提高到《协会货物保险条款》(A)条款的要求,即"一切险",不包括除外责任。

(4) 增加了 DAP、DPU、DDP 及 FCA 术语中卖方/买方自己运输货物的可能性。

(5) 在运输责任及费用划分条款中增加安保要求。2010 年通则中 A2/B2 及 A10/B10 简单提及了安保要求。

4. 试论国际货物买卖中买卖双方的主要义务。

卖方的主要义务包括三项:

(1) 交付货物和移交单据。交付货物和移交货物单据是其最基本的合同义务。所谓交货，是指卖方自愿地转移货物的占有权，使货物的占有权从卖方手中转移到买方手中。按照合同的规定，卖方有义务移交与货物有关的单据，有关货物的单据一般包括提单、装箱单、保单、商业发票、领事发票、原产地证书、重量证书或品质检验证书等。

(2) 货物相符的义务（品质担保义务）。具体分为明示义务和默示义务。卖方交付的货物必须与合同所规定的数量、质量和规格相符，须按照合同所规定的方式装箱或包装。

(3) 权利担保义务（第三方要求）。卖方保证对其出售的货物享有合法权利，没有侵犯任何第三人权利，第三人也不能就货物向买方主张任何权利。具体内容：权利担保义务是法定义务，无须合同约定，其具体内容包括：① 卖方有权出售；② 货物不存在任何未曾披露的担保物权；③ 没有侵犯他人的知识产权。

买方的义务主要包括：

(1) 支付货款。支付货款是买方在贸易合同中最基本的义务。

(2) 收取货物买方的第二项基本合同义务是收取货物。按照《联合国国际货物销售合同公约》第60条的规定，买方收取货物的义务有以下两个方面：① 采取一切理应采取的行动，以期卖方能交付货物；② 接收货物。

5. 简述保全货物的意义和方式。

保全货物的意义：是为了减少违约一方当事人因违约而给自己带来的损失。

保全货物的方式：(1) 将货物寄放于第三方的仓库，由违约方承担费用，但费用必须合理；(2) 将易坏货物出售，并应将出售货物的打算在可能的范围内通知对方。出售货物的一方可从出售货物的价款中扣除保全货物和销售货物发生的合理费用。

6. 试论卖方违约时买方可以采取的救济措施。

卖方违约的救济方法分以下几种：

(1) 要求实际履行合同义务。将此作为第一补救办法，目的是保证合同履行的稳定性。根据《联合国国际货物销售合同公约》规定，有三种情形：① 买方可以要求卖方履行义务，除非买方已采取与此一要求相抵触的某种补救办法；② 如果货物不符合同，买方只有在此种不符合同情形构成根本违反合同时才可以要求交付替代货物，而且关于替代货物的要求应当在向对方发出不符合同通知的同时或者之后的一段合理时间内提出；③ 如果货物不符合同，买方可以要求卖方通过修理对不符合同之处做出补救，除非他考虑了所有情况之后，认为这样做是不合理的。修理的要求应当在向对方发出不符合同通知的同时或者之后一段合理时间内提出。

(2) 给卖方合理宽限期。

这是针对卖方延迟交货而规定的一种救济方法。买方可以规定一段合理时限的额外时间，让卖方履行其义务。除非买方收到卖方的通知，声称他将不在所规定的时间内履行义务，买方在这段时间内不得对违反合同采取任何补救办法。但是，买方并不因此丧失他对迟延履行义务可能享有的要求损害赔偿的任何权利。

(3) 减低货价。货物与合同不符，无论货款是否已付，买方都可要求减低价款。减价应按实际交付的货物在交货时的价值,与符合合同的货物在当时的价值两者之间的比例进行计算。但如果卖方已经对货物不符合同的规定做了补救,或者买方拒绝卖方对此做出补救,则买方无权采用这种救济方法。

(4) 买方宣告合同无效。这是买卖双方都可以采取的最为严厉的救济手段。宣告合同无效解除了双方在合同中规定的义务,即使合同已经部分履行或全部履行,也应该相互返还财产,使合同恢复到未成立以前的状态。宣告合同无效不仅会造成社会财富的极大浪费,也不利于交易的进行。因此《联合国国际货物销售合同公约》对于这一救济措施采用了非常谨慎的态度,规定只有在一方根本违反合同时,另一方才可以采用宣告合同无效的救济措施。

(5) 损害赔偿。损害赔偿是买卖双方都可以采用的一种重要的救济方式,可以与其他一些救济方法并用。如果合同被宣告无效,而在宣告无效后一段合理时间内,买方已以合理方式购买替代货物,或者卖方已以合理方式把货物转卖,则要求损害赔偿的一方可以取得合同价格和替代货物交易价格之间的差额以及按照《联合国国际货物销售合同公约》第74条规定可以取得的任何其他损害赔偿。

第五章　国际货物运输与保险法

1. 解释下列术语:

班轮运输:也称定期运输或提单运输,是船舶在固定的航线上和港口间按事先公布的船舶表航行,从事货物运输业务并按事先公布的费率收取运费的运输方式。

租船运输:也称不定期运输,是租船人与船东临时商谈租船合同加以确定,运价一般比班轮运费低,它是通过租船市场并由船舶经纪人参与进行的。

提单:是指用以证明海上货物运输合同和货物已经由承运人接收或者装船,以及承运人保证据以交付货物的单证。

适航性:最早是英国普通法中的概念。船舶的适航性包括三个方面。① 适船,即船舶必须在设计、结构、条件和设备等方面经受得起航程中通常出现的或可能合理预见的一般风险。② 适员,即配备合格、数量适当的船长和船员,船舶航行所用的各种设备必须齐全,资料、淡水、食品等供应品必须充足,以便船舶能安全地把货物运送到目的地。③ 适货,即适宜于接收、保管和运输货物,货舱、载货处所设备完善,能满足所运货物的要求,包括货舱清洁、干燥、无味、无污水和通风畅通,舱盖严密,装卸货机械和索具齐全并处于有效工作状态。

实际全损:指保险标的物已全部毁灭,或受到损害而失去投保时原有的性质,或被保险人已经无法弥补地丧失了保险标的物。

推定全损:指保险标的物因实际全损不可避免而合理地予以委付,或因如不支付超过其价值的费用就不能防止实际全损。

单独海损:指在海上运输中因遇难及其他意外事故而发生的不能列入共同海损的部分损失。它仅限于标的物本身的损失,而不包括由此引起的费用。

共同海损：指在同一海上航程中，船舶、货物和其他财产遭遇共同危险，为了共同安全，有意地合理地采取措施所直接造成的特殊牺牲、支付的特殊费用。

委付：指在保险标的物发生推定全损时，被保险人把保险标的物所有权转让给保险人，而请求支付保险标的物全部保险金额。

代位求偿权：指因第三者对保险标的的损害而造成保险事故的，保险人自向被保险人赔偿保险金之日起，在赔偿金额范围内代位行使被保险人对第三者请求赔偿的权利。

2. 简述提单的法律效力。

提单的法律效力主要体现在以下几点：

(1) 提单是运输合同的证明。在班轮运输中，如果托运人与承运人之间事先订有货运协议（如订舱单、托运单），提单就是双方运输合同的证明；如果事先无货运协议，提单则可以看作双方订立的运输合同，其背面所记载的条款即为运输合同的内容。

(2) 提单是收货凭证。当托运人将货物交给承运人后，承运人（船长或者代理人）签发给托运人提单以证明收到了提单上所列的货物，同时提单也是承运人向收货人据以交付货物的保证。

(3) 提单是物权凭证。这是提单最根本的作用，作为权利凭证，提单可以进行买卖和自由转让，谁持有提单，谁就有权提取货物。

3. 试述国际海上货物运输承运人的强制性义务。

为了防止承运人减轻自己的义务和责任，保护货方的合法权益，各国际组织在制定的公约中基本都规定承运人除了承担一般运输合同承运人的基本义务外，还应承担强制性的义务和责任：

(1) 船舶的适航性。船舶的适航性包括三个方面：① 适船即船舶必须在设计、结构、条件和设备等方面经受得起航程中通常出现的或可能合理预见的一般风险。② 适员即配备合格、数量适当的船长和船员，船舶航行所用的各种设备必须齐全，资料、淡水、食品等供应品必须充足，以便船舶能安全地把货物运送到目的地。③ 适货即适宜于接收、保管和运输货物。值得注意的是，这里的适航性并不是绝对的，而是相对适航，即只要承运人谨慎处理使船舶适航。

(2) 妥善和谨慎地管理货物。承运人要妥善、谨慎地承担货物在转载、搬运、积载、运送、保管、照料和装卸七个环节的责任。与适航义务不同的是，这个义务是承运人的绝对性义务，是一种严格责任。

(3) 不得进行不合理绕航。承运人应以合理的速度，按照合理的航线或地理上、习惯上的航线将货物运送到目的港交货，不得无故绕航。但如果为了海上拯救生命或救助财产，或有其他合理理由（如为了避免船舶发生危险）而绕航，均不能认为是违反运输合同的行为，承运人对由此造成的损失概不负责。

4. 简述海上货物运输保险的基本原则。

(1) 保险利益原则。保险利益，又称可保利益，是指投保人对保险标的具有的法律上承认的利害关系。在订立和履行保险合同的过程中，投保人或被保险人对保险标的必须具有保险利益,否则运输保险合同无效;或者保险合同生效后,投保人或被保险人失去了对保险标的的可保利益,运输保险合同也随之失效。

(2) 最大诚信原则。诚实信用原则是当事人在任何民事活动中都应当遵循的基本原则,在保险活动中,由于法律关系的特殊性,法律所要求的诚信程度远远高于一般的民事活动,因此称为最大诚信原则。

(3) 损失补偿原则。损失补偿原则是指保险标的发生保险责任范围内的损失时,按照保险合同约定的条件,依据保险标的的实际损失,在保险金额以内进行补偿的原则。补偿原则的限制条件:① 以实际损失为限,是补偿原则最基本的限制条件。② 以保险金额为限。③ 以被保险人对保险标的具有的保险利益为限。

(4) 近因原则。各国在判定较为复杂的因果关系时通常采用近因原则。所谓近因,是指引起保险标的的损失的直接的、有效的、决定性的因素,而非时间上距离损失发生最近的原因。

5. 试述我国海上货物运输保险的主要险别。

我国现行的《海洋运输货物保险条款》由中国人民保险公司制定,可分为基本险和附加险。

(1) 基本险。又称主险,可以单独投保。基本险可分为三种基本险别。一是平安险。平安险原意为"单独海损不赔",是三种基本险别中保险人承责范围最小的一种。平安险的承保范围为:① 被保货物在运输途中由于恶劣气候、雷电、海啸、地震、洪水自然灾害造成的整批货物的全部损失或推定全损;② 运输工具搁浅、触礁、沉没、互撞、与流冰或其他物体碰撞以及失火、爆炸意外事故造成货物的全部或部分损失;③ 在运输工具已经发生搁浅、触礁、沉没、焚毁意外事故的情况下,货物在此前后又在海上遭受恶劣气候、雷电、海啸等自然灾害所造成的部分损失;④ 在装卸或转运时由于一件或数件整件货物落海造成的全部或部分损失;⑤ 被保险人对遭受承保责任内危险的货物采取抢救、防止或减少货损的措施而支付的合理费用,但以不超过该批被救货物的保险金额为限;⑥ 运输工具遭遇海难后,在避难港由于卸货所引起的损失以及在中途港、避难港由于卸货、存仓以及运送货物所产生的特别费用;⑦ 共同海损的牺牲、分摊和救助费用;⑧ 运输契约订有"船舶互撞责任"条款,根据该条款规定应由货方偿还船方的损失。二是水渍险。水渍险原意为"单独海损负责",承保范围是在平安险+由于恶劣气候、雷电、海啸、地震、洪水等自然灾害造成的部分损失。三是一切险。一切险的承保范围是平安险、水渍险、由于外来原因招致的全部或部分损失。这里的外来原因指一般附加险承担的损失,而不包括特别附加险和特殊附加险。

(2) 附加险。附加险是基本险的扩展,不能单独投保。一是一般附加险,有 11 种:偷窃、提货不着险,淡水雨淋险,短量险,混杂、沾污险,渗漏险,碰损、破碎险,串味险,受潮受热险,钩损险,包装破裂险,锈损险。一般附加险不能单独投保,它们包括在一切险之中,或在投保了平安险或水渍后,根据需要加保其中一种或几种险别。二是特别附加险。特别附加险的致损因素,往往是同政治、国家行政管理、战争以及一些特殊的风险相关联的,主要有以下几种:交货不到险、舱面货物险、进口关税险、拒收险、黄曲霉素险、出口货物到中国香港特别行政区(包括九龙)或澳门特别行政区存仓火险责任扩展保险。三是特殊附加险,主要包括战争险和罢工险。

(3) 除外风险。下列损失保险公司不负赔偿责任:① 被保险人的故意行为或过失所造成的损失;② 属于发货人责任所引起的损失;③ 在保险责任开始前,被保险货物已存在的品质不良或数量短差所造成的损失;④ 被保险货物的自然损耗、本质缺陷、特性以及市价跌落、运输延迟所引起的损失或费用;⑤ 海洋运输货物战争险条款和货物运输罢工险条款规定的责任范围和除外责任。

第六章 产品责任法

1. 解释下列术语:

产品责任:产品责任造成的损失指产品给产品以外的人或其他财物造成的损害。产品责任的法律特征包括:① 它由产品缺陷所引起;② 它是一种侵权责任,而且一般适用严格责任原则,区别于货物买卖法中的违约责任;③ 它是一种损害赔偿责任,其赔偿金额比一般货物买卖法索赔的赔偿金额要大得多。

疏忽责任:是指由于生产者和销售者的疏忽致使产品有缺陷,而且由于这种缺陷使消费者或其他第三人的人身或财产遭到损害,对此,该产品的生产者和销售者应承担责任。

担保责任:是指生产者或者销售者违反了对货物的明示或默示担保义务,致使产品质量或性能存在某种缺陷或瑕疵,并对消费者的人身或财产造成损失时,生产者或销售者应当承担责任。

过失责任:是指由于生产者和销售者的疏忽造成产品缺陷,致使消费者的人身或财产受损害所应负之责任。有过失才能有责任,无过失则无责任。

严格责任:又称侵权行为法上的无过失责任,按照严格责任原则,只要产品有缺陷,对消费者和使用者具有不合理的危险,并因此使他们的人身或财产受损,该产品的生产者和销售者都应对此负责。

产品缺陷:产品缺陷不同于产品瑕疵,是指产品缺乏合理的安全性,即存在危及人身、财产安全的不合理危险。判断某产品是否存在缺陷的标准是看该产品是否存在不合理危险。产品有保障人体健康和人身、财产安全的国家标准、行业标准的,是指不符合该标准。

2. 试述美国产品责任法中确定的三项基本理论。

在西方国家中,美国的产品责任法发展得最早,也最完备。在其发展演变的过程中,先后产生了以下三项基本理论。

(1) 疏忽责任理论。它是指由于生产者和销售者的疏忽致使产品有缺陷,而且由于这种缺陷使消费者或其他第三人的人身或财产遭到损害,对此,该产品的生产者和销售者应承担责任。但是在现代化大生产条件下,原告要证明被告有疏忽往往是比较困难的。因此在实际诉讼中,法官逐渐倾向于对原告采取减轻举证责任的态度。

(2) 担保责任理论。它是指生产者或者销售者违反了对货物的明示或默示担保义务,致使产品质量或性能存在某种缺陷或瑕疵,并对消费者的人身或财产造成损失时,生产者或销售者应当承担责任。

在以担保责任为由提起诉讼时,原告无须证明被告有疏忽,只需证明产品确有缺陷或损害事实,就可以要求被告赔偿损失。与疏忽理论相比,原告方更容易举证,但该理论也存在一些局限性。

(3) 严格责任理论。严格责任理论是一种新发展起来的、对消费者最有利的责任理论。严格责任,又称无过错责任,即只要产品存在缺陷,对使用者具有不合理的危险,并使其人身或财产遭受损害,该生产者和销售者应对此承担赔偿责任。严格责任是一种侵权责任。原告不需要与被告存在合同关系,而且任何产品的受害人,无论是买主,还是第三人,都可以追究产品生产者、销售者的责任。在该责任制度下,原告所负的举证责任最小,但要想得到赔偿,仍须证明三点:① 产品存在缺陷,美国《统一产品责任示范法》将缺陷分为制造缺陷、设计缺陷、警示缺陷和说明缺陷;② 产品投入流通时缺陷就已存在;③ 产品缺陷直接造成了损害。

3. 简述欧共体《关于对有缺陷的产品的责任的指令》中产品缺陷的定义标准。

《关于对有缺陷的产品的责任的指令》对缺陷的定义采用客观标准,具体如下:

如果产品不能提供人们有权期待的安全性,即属于缺陷产品。在确定产品是否有缺陷时需要考虑各种情况,包括产品的状况、对产品的合理预期的使用和把产品投入流通的时间,不能因为后来有更好的产品投入市场,就认定之前的产品有缺陷。产品的操作、使用说明书也是涉及产品安全性的因素之一。

4. 试述我国《产品质量法》中生产者应承担的产品责任。

生产者的产品质量责任主要有:

(1) 保证产品内在质量。保证产品内在质量是生产者的首要义务。一是不存在危及人身、财产安全的不合理的危险,有保障人体健康和人身、财产安全的国家标准、行业标准的,应当符合该标准。这是法律对产品质量最基本的要求。二是具备产品应当具备的使用性能,对产品存在使用性能的瑕疵做出说明的除外。三是产品质量应当符合明示的质量状况,即产品质量应当符合在产品或者其包装上注明采用的产品标准,符合以产品说明、实物样品等方式表明的质量状况。这是法律对生产者保证产品质量所规定的明示担保义务。

(2) 产品包装标识义务。产品或者其包装上的标识必须真实,并符合下列要求。一是有产品质量检验合格证明。二是有中文标明的产品名称、生产厂厂名和厂址。三是根据产品的特点和使用要求标注产品标识。四是限期使用产品的标识要求。五是涉及使用安全的标识要求。对于使用不当容易造成产品本身损坏或者可能危及人身、财产安全的产品,要有警示标志或者中文警示说明,裸装的食品和其他根据产品的特点难以附加标识的裸装产品,可以不附加产品标识。

(3) 生产者的禁止性义务。主要包括:一是生产者不得生产国家明令淘汰的产品;二是生产者不得伪造产地,不得伪造或者冒用他人的厂名、厂址;三是生产者不得伪造或者冒用认证标志等质量标志;四是生产者生产产品,不得掺杂、掺假,不得以假充真、以次充好,不得以不合格产品冒充合格产品。

5. 试述我国《产品质量法》中销售者应承担的产品责任。

销售者的产品质量责任主要有以下几项。

(1) 进货检验义务。销售者应当建立并执行进货检查验收制度,验明产品合格证明和其他标识。执行进货检查验收制度,不仅是保证产品质量的一个措施,也是保护销售者自身合法权益的一个措施。销售者对所进货物经过检查验收,发现存在产品质量问题时,可以提出异议,经进一步证实所进产品不符合质量要求的,可以拒绝验收进货。如果销售者不认真执行进货检查验收制度,对不符合质量要求的产品予以验收进货,则产品质量责任随即转移到销售者这一方。因此,销售者必须认真执行进货检查验收制度。

(2) 保持产品质量义务。销售者应当采取措施,保持销售产品的质量。销售者不得销售国家明令淘汰并停止销售的产品和失效、变质的产品。《产品质量法》赋予销售者这一义务是为了促使其增强对产品质量负责的责任感,加强企业内部质量管理,增加对保证产品质量的技术投入,从而保证消费者购买产品的质量。

除此以外,生产者的产品包装标识义务与禁止性义务也适用于销售者。

6. 简述我国生产者和销售者各自的产品责任归责原则。

产品质量的归责原则是指生产者、销售者就产品缺陷所致的损害应承担何种形式的责任。

(1) 生产者的严格责任,指因产品存在缺陷造成他人人身、财产损害的,无论生产者处于什么样的主观心理状态,都应当承担赔偿责任。但严格责任不同于绝对责任,它仍然是一种有条件的责任,产品质量法同时规定了三种法定免责条件。如果生产者能够证明有下列情形之一的,不承担赔偿责任:① 未将产品投入流通的;② 产品投入流通时,引起损害的缺陷尚不存在的;③ 将产品投入流通时的科学技术水平尚不能发现缺陷的存在的。确立严格责任的最重要的法律意义在于"举证责任倒置",这使得法律对受害者的保护大大推进了一步。

(2) 销售者的过错责任。指由于销售者的过错致使产品存在缺陷,造成他人人身、财产损害的,其应当承担赔偿责任。但销售者如果能够证明自己没有过错,则不必承担赔偿责任。这种过错是一种推定过错,销售者负有举证责任,否则不能免除赔偿责任。

第七章 国际商事代理法

1. 解释下列术语:

商事代理:一般是指代理商以自己的名义为被代理人从事交易,并从中获取佣金,其行为后果由自己或被代理人对第三人承担的经营活动。与民事代理比较,商事代理具有以下基本特征:① 职业性;② 独立性;商事代理关系中的代理商的法律地位是独立的;③ 灵活性,为了适应商事活动复杂多变的需要,商事代理的形式显现出更多的灵活性与多样性;④ 有偿性,商事代理都是有偿代理,商事代理人与被代理人之间的合同,是为双方共同利益而订立的,代理人有权按交易的数量和价值抽取佣金。

直接代理:即代理人以本人的名义签订合同,合同直接约束本人与第三人。这里代理人只是代为签订合同,并不承担合同的责任。相当于英美法系中的显名代理。

间接代理:即代理人为本人的利益以自己的名义签订合同。本人与第三人没有直接的法律关系,合同并不约束本人。但代理人是为本人利益实施的民事行为,本人是可以加入合同中来的,但需要代理人将合同转让给本人之后,本人才可以向第三人主张权利或承担义务。

默示代理:也称暗示代理,是指本人以其言行使某人有权以本人的名义签订合同,而且第三人也相信本人已委托某人为代理人,并基于该种信赖而与某人订立了合同。

复代理:又称"再代理"或"转委托",是指代理人为了被代理人的利益,将其享有的代理权的全部或者一部分转委托给他人行使的行为。

无权代理:是指代理人在不享有或已丧失代理权的情形下所实施的代理行为。无权代理的产生主要有以下四种情况:(1)超越授权范围行事的代理;(2)代理权消灭后的代理;(3)不具备默示授权的代理;(4)授权行为无效的代理。

表见代理:指没有代理权、超越代理权或者代理权终止后,无权代理人以被代理人的名义进行的民事行为在客观上使第三人相信其有代理权而实施的代理行为。

外贸代理:是指我国具有外贸经营权的公司、企业接受其他公司、企业、事业单位或个人的委托,在授权范围内代理进出口商品,并收取约定代理费的一项外贸制度。

2. 简述英美法系代理权产生的主要方式。

英美法认为代理权的产生主要有以下四种方式。

(1) 明示代理。也称明示授权,是指被代理人以明示的方式指定某人为代理人的代理。明示代理中的代理权是被代理人以口头或书面形式明确授予代理人的,有的代理权限做了明确的表述,也有的对代理权限大小没有做具体规定,只是泛泛指出一个合理的范围。

(2) 默示代理。也称暗示代理,是指本人以其言行使某人有权以本人的名义签订合同,而且第三人也相信本人已委托某人为代理人,并基于该种信赖而与某人订立了合同。此时认为善意第三人的利益与本人利益相比更加应该得到保护,因此尽管本人并没有正式授权,但仍要受合同的约束。

(3) 客观必需的代理。通常是在一个人受委托照管另一个人的财产,基于情况的紧急,为了保护该财产而必须采取某种行为时产生的代理权。在这种情况下,虽然受委托管理财产的人并没有得到采取这一行动的明示授权,但由于客观情况的需要必须视为其具有某种授权。

(4) 追认的代理。如果代理人未经授权或超出了授权范围而以被代理人的名义同第三人订立了合同,这个合同对被代理人是没有约束力的,但是被代理人可以在事后批准或承认这个合同,这种行为就叫做追认。追认必须具备以下几个条件:① 代理人在与第三人订立合同时,必须声明他是以被代理人的名义订立合同的;② 合同只能由订立该合同时已经指出姓名的被代理人或可以确定姓名的被代理人来追认;③ 追认合同的被代理人必须是在代理人订立合同时已经取得法律人格的人,这项条件主要针对法人而言,即该法人必须在订立合同时已合法成立了;④ 被代理人在追认该合同时必须了解其主要内容。追认的效果是溯及既往的,视为自该合同成立时起即对本人产生约束力,未经本人追认的行为视为代理人自己的行为。

3. 简述大陆法系代理权产生的主要方式。

大陆法把代理权产生的原因分为两种:

(1) 意定代理。即由本人意思表示产生的代理权。这种意思表示可以向代理人表示,也可以向与代理人打交道的第三人表示。

(2) 法定代理。即非本人意思表示而产生的代理权。法定代理权的产生主要有以下三种原因:① 法律的明文规定,如法律规定父母是未成年子女的法定代理人;② 法院的指定,比如审理破产案件时法院指定的清算人;③ 私人的选任,比如亲属所选任的遗产管理人。

4. 试述代理法律关系中代理人的主要义务。

各国关于代理人的义务规定是基本一致的,主要包括:

(1) 勤勉谨慎义务。代理人应勤勉而谨慎地履行其代理职责。代理人有义务勤勉地并且有足够的谨慎和小心履行其代理职责,并运用自己所具有的技能来完成代理任务。如果代理人不履行其义务,或者在替本人处理事务时有过失,致使本人遭受损失,代理人应对本人负赔偿的责任。

(2) 诚信忠诚义务。代理人对本人应诚信、忠实,具体表现为:代理人必须向本人公开他所掌握的有关客户的一切必要的情况,以供本人考虑决定是否同该客户订立合同;代理人不得以本人的名义同代理人自己订立合同,除非事先征得本人的同意;代理人不得受贿或密谋私利,或与第三人串通损害本人的利益。代理人不得谋取超出其本人付给他的佣金或酬金以外的任何私利。

(3) 保密报账义务。代理人不得泄露他在代理业务中所获得的保密情报和资料,并须向本人申报账目。代理人在代理协议有效期间或在代理协议终止之后,都不得向第三者泄密,也不得由他自己利用这些资料同本人在业务上进行不正当的竞争。代理人有义务对一切代理交易保持正确的账目,并应根据代理合同的规定或在本人提出要求时向本人申报账目。

(4) 亲自履行义务。代理人不得把他的代理权委托给他人。代理关系是一种信任关系,因此,在一般情况下,代理人有义务亲自履行代理义务,不得把本人授予的代理权委托给他人,让别人替他履行代理义务。但如客观情况有此需要,或贸易习惯上允许这样做,或经征得本人的同意者,可不受此限。

5. 简述我国表见代理制度的构成条件与法律效力。

我国表见代理制度的构成要件主要包括以下四个方面。

(1) 以被代理人名义为民事法律行为。

(2) 代理人无代理权。

(3) 该无权代理人有被授予代理权的外表或者假象。通常情况下,行为人持有被代理人发出的证明文件,如被代理人的介绍信、盖有合同专用章或者盖有公章的空白合同书,或者有被代理人向相对人所作法人授予代理权的通知或者公告,这些证明文件构成认定表见代理的客观依据,相对人负有举证责任。

(4) 相对人为善意,有正当理由相信该无权代理人有代理权。

表见代理的法律效力主要包括以下三个方面:

(1) 表见代理成立,订立的合同有效。合同有效,即本人(被代理人)对相对人(善意第三人)承担民事责任。

(2) 代理人对本人(被代理人)承担民事赔偿责任。被代理人因表见代理成立而承担民事责任,因此给被代理人造成损失的,被代理人有权依法请求无权代理人给予相应的赔偿。无权代理人应当赔偿给被代理人造成的损失。

(3) 无权代理人对被代理人的费用返还请求权。当表见代理的法律后果是使被代理人从中受益时,根据公平原则,权利义务应当对等,无权代理人有权要求被代理人支付因实施代理行为而支出的相关的合理费用。

第八章 国际票据法

1. 解释下列术语:

票据:有广义和狭义之分。广义的票据是指商业上的权利凭证,如债券、股票、仓单、提单、保险单等。狭义的票据仅指以支付一定金额为目的,可以转让的有价证券,即汇票、本票、支票。票据法上所指的票据则是狭义的票据,票据具有支付、结算、流通、融资等经济功能。

票据法:是指调整票据的出票和转让等票据行为,以及票据当事人之间权利和义务的有关法律规范的总称。票据法是在长期的票据使用过程中形成的有关票据规则与习惯的法律化。

票据行为:是指产生、变更和消灭票据上的权利和义务的法律行为。票据行为主要有出票、流通转让、提示、承兑、付款、保证、拒付、追索等。票据行为具有要式性、抽象性、文义性、独立性等特点。

票据背书:指在票据背面或者粘单上记载有关事项并签章的票据行为。持票人通过背书可以将汇票权利转让给他人或者将一定的汇票权利授予他人行使。

票据承兑:是指票据的付款人承诺在票据到期日支付票据金额的票据行为。

票据保证:是票据债务人以外的人为担保票据债务的履行,以承担同一内容的票据债务为目的的一种票据行为。票据上的一切债务人,包括承兑人、出票人、背书人、参加承兑人等都可以成为被保证人;除被保证人以外的任何人,包括其他票据债务人均可成为保证人。

票据保证的范围主要包括承兑人的付款债务,出票人、背书人、参加承兑人等的被追索债务。

汇票:是出票人签发的,委托付款人在见票时或者在指定日期无条件支付确定的金额给收款人或者持票人的票据。

本票:是出票人签发的,承诺自己在见票时无条件支付确定的金额给收款人或者持票人的票据。我国票据法所称本票,是指银行本票。本票的出票人必须具有支付本票金额的可靠资金来源,并保证支付。

支票:是出票人签发的,委托办理支票存款业务的银行或者其他金融机构在见票时无条件支付确定的金额给收款人或者持票人的票据。

票据伪造:是指假冒他人的名义而实施的票据行为。伪造有两种,一是假冒出票人的名义签发票据的行为,即伪造票据本身;二是假冒他人名义而实施的背书、承兑、保证等其他票据行为,主要是伪造票据上的签名,如盗用出票人的印章或模仿他人的笔迹签于票据之上。

票据变造:是指无权更改票据内容的人,对票据上签章以外的记载事项加以改变的行为。

2. 试述票据的无因性。

票据的无因性是指票据一经签发,只要符合法律规定的形式要件即为有效,票据的效力不受票据原因的影响,票据上的权利与义务也不以任何原因为其有效的条件。这种特点保障了使用票据进行交易的可靠性。

票据无因性具体包括以下三个方面。

(1) 票据的无因性实际上是指票据行为的无因性,即票据行为所产生的法律效果,其与所产生的票据法律关系和所由产生的基础关系(特别是原因关系)之间的关系。所以,对票据无因性含义的理解实际上就是对这些关系的解释。

(2) 票据行为的外在无因性是指票据行为的效力独立存在,其效力如何完全取决于该行为在形式上是否符合票据法的要求,而不受由基础关系(特别是实质原因关系)引起的法律行为的效力的影响。持票人不负证明给付原因的责任,只要依票据法的规定,能够证明票据债权的真实成立和存续,就可以行使票据权利。

(3) 票据行为的内在无因性是指引起票据行为、产生票据关系的实质原因从票据行为中抽离,不构成票据行为的自身内容。所以,当形成票据债权债务关系时,原则上票据债务人不得以基础关系所生的抗辩事由对抗票据债权的行使。

3. 试述《联合国国际汇票和国际本票公约》中关于伪造签名的法律后果。

关于伪造签名的背书对持票人权利的影响,该公约对两大法系做了协调性的规定。

(1) 凡是拥有经过背书转让给他人或前后的背书为空白背书的票据,并且票据上有一系列连续背书的人,即使其中任何一次背书是伪造的或是由未经授权的代理人签字的,只要他对此不知情,就应当认为他是票据的持票人而受到保护。

(2) 如果背书是伪造的,则被伪造其背书的人或者在伪造发生之前签署了票据的当事人,有权对因受伪造背书所遭到的损失向伪造人、从伪造人手中直接受让票据的人以及向伪造人直接支付了票据款项的当事人或受票人索取赔偿。

4. 试述在行使追索权时应当注意的问题。

追索权是指在票据到期未获付款或到期日前未获承兑，发生了其他使付款可能性显著减少的其他法定原因时，票据的持票人向其前手请求偿还票据金额、利息和其他法定费用的票据权利。

行使追索权时应注意以下四个方面。

（1）追索对象。票据到期被拒绝付款的，持票人可以对背书人、出票人以及票据的其他债务人行使追索权。

（2）追索权行使的情形。一般有下列情形之一的，持票人可以行使追索权：① 票据被拒绝承兑的；② 承兑人或者付款人死亡、逃匿的；③ 承兑人或者付款人被依法宣告破产的或者因违法被责令终止业务活动的。持票人行使追索权时，应当提供被拒绝承兑或者被拒绝付款的有关证明。

（3）通知义务。持票人应当自收到被拒绝承兑或者被拒绝付款的有关证明之日起 3 日内，将被拒绝事由书面通知其前手；其前手应当自收到通知之日起 3 日内书面通知其再前手。持票人也可以同时向各票据债务人发出书面通知。未按照规定期限通知的，持票人仍可以行使追索权。因延期通知给其前手或者出票人造成损失的，由没有按照规定期限通知的汇票当事人承担对该损失的赔偿责任，但是所赔偿的金额以票据金额为限。

（4）追索的金额和费用范围。一般包括：① 被拒绝付款的票据金额；② 票据金额自到期日或者提示付款日起至清偿日止，按照中国人民银行规定的利率计算的利息；③ 取得有关拒绝证明和发出通知书的费用。被追索人清偿债务时，持票人应当交出票据和有关拒绝证明，并出具所收到利息和费用的收据。被追索人依照前文规定清偿后，可以向其他票据债务人行使再追索权，请求其他票据债务人支付下列金额和费用：① 已清偿的全部金额；② 前项金额自清偿日起至再追索清偿日止，按照中国人民银行规定的利率计算的利息；③ 发出通知书的费用。行使再追索权的被追索人获得清偿时，应当交出票据和有关拒绝证明，并出具所收到利息和费用的收据。

5. 简述背书人对被背书人应承担的责任。

背书人以背书转让汇票后，即承担保证其后手所持汇票承兑和付款的责任。后手是指在票据签章人之后签章的其他票据债务人。背书人在汇票得不到承兑或者付款时，应当向持票人清偿相应的金额和费用。

背书人在汇票上记载"不得转让"字样，其后手再背书转让的，原背书人对后手的被背书人不承担保证责任。

第九章　国际知识产权法

1. 解释下列术语：

知识产权：也称"智慧财产权"或"智力财产权"，是指个人或组织对其在科学、技术与文学艺术等领域里创造的精神财富,即对其智力活动创造的成果和经营管理活动中的标记、信誉所依法享有的专有权利。

工业产权:是指人们依法对应用于商品生产和流通中的创造发明和显著标记等智力成果在一定地区和期限内享有的专有权,是国际通用的法律术语,是发明专利、实用新型、外观设计、商标的所有权的统称。

专利权:是指国家依法授予发明人、设计人或其所属单位对其发明创造在法律规定的期限内享有的专有权或独占权。我国的专利包括发明专利、实用新型和外观设计三类。

商标权:商标即品牌,是指能够将自然人、法人或者其他组织的商品或者服务与他人的商品或者服务相区别的标志。

著作权:又称版权,是指作者对其创作的文学、科学和艺术作品依法享有的专有权。著作权通常有广义与狭义之分。狭义的著作权仅指著作权人对作品依法享有的权利;广义的著作权在狭义的著作权基础上还包括著作邻接权,即作品传播者依法享受的与著作权相邻相关的权利,主要指艺术表演者、录音录像制作者、广播电视组织、图书报刊出版者享有的权利。

邻接权:是指作品传播者对在传播作品过程中产生的劳动成果依法享有的专有权利,又称为作品传播者权或与著作权有关的权益。

2. 简述《保护工业产权巴黎公约》确定的基本原则。

《保护工业产权巴黎公约》确立的基本原则包括:

(1) 国民待遇原则。凡是该公约成员国的国民,在专利权的保护方面在其他公约成员国内都可以享受国民待遇。《巴黎公约》并不包括非成员国的国民,但是在一个成员国的领土上设有永久住所或者有真实有效的营业场所的人,也享有与成员国国民同样的待遇。

(2) 优先权原则。当公约成员国里的申请人已在公约的一个成员国正式提出专利权申请的,在首次提出专利申请之日起 12 个月的期限内享有优先权,即当他向其他成员国就同一发明提出专利申请时,其后来申请的日期可以首次申请日期为准。

(3) 独立性原则。各成员国授予商标权或者专利权是相互独立的。由于各国商标法与专利法各有差异,为了避免某项注册申请因为在一个国家遭到拒绝,而使申请人在其他成员国提出同样申请时受到不利影响,该公约规定了同一权利在不同国家互相独立的原则。也就是说,成员国的国民向成员国申请的权利与他在其他公约成员国或非成员国就同一申请所获得的权利无关,不同的国家就同一发明或者商标所授予的专利权、商标权,在条件、期限、无效与撤销方面都是互不牵连的。任何公约成员国对于上述问题都有权根据本国法独立做出决定,不受其他国家做出的任何决定的影响。

3. 简述我国发明专利的实质性审查。

发明专利的实质性审查即为授予发明专利的实质条件,具体包括以下三点。

(1) 新颖性。指该发明不属于现有技术,也没有任何单位或者个人就同样的发明在申请日以前向国务院专利行政部门提出过申请,并记载在申请日以后公布的专利申请文件或者公告的专利文件中。所谓现有技术,是指申请日以前在国内外为公众所知的技术。

（2）创造性。指与现有技术相比，该发明具有突出的实质性特点和显著的进步，发明的创造性比实用新型的创造性要求更高。创造性的判断以所属领域普通技术人员的知识和判断能力为准。

（3）实用性。指该发明或者实用新型能够制造或者使用，并且能够产生积极效果。换言之，申请专利的客体必须能够实际应用于各个产业部门，但服务行业一般不包括在内。

4. 简述专利国际申请及审查程序。

专利的国际申请是指依据《专利合作条约》（Patent Cooperation Treaty，PCT）提出的申请，又称 PCT 申请。

PCT 的申请程序为：① 申请人按照条约的具体要求准备好申请案之后，呈交"国际申请案接收局"。② 接收局接到申请案之后将其复制两份，一份送交"国际申请案检索局"，另一份送交"国际申请案登记局"。③ 检索局对申请案进行检索，看它是否与任何现有技术相重复，然后将检索报告送交 WIPO 的国际局。该国际局将已登记的申请案与检索报告一道复制之后，分送申请人所指定的即其希望在那里取得专利权的国家。④ 最后由这些国家再依照自己国内法的规定，决定批准还是驳回申请案。自申请日起 20 个月或优先权日起 30 个月内，国际申请在指定国或选定国进入国内阶段。各指定国或选定国到这时才依照国内法对其进行最终的审批。

5. 试述各国商标注册的基本原则。

商标注册的原则在各国的商标法中都是一个比较重要的内容，但是各国对此的规定并不统一，通常有以下三种情况。

（1）使用在先原则。即商标的首先使用人有权取得商标的所有权，而不论其是否办理了商标注册手续。在采用这种注册原则的国家中，办理商标注册手续只具有"声明"性质，不能确定商标权的归属。该商标的真正所有人可以随时对已注册的商标提出异议，要求予以撤销。

（2）注册在先原则。在采用这种制度的国家中，商标的注册是取得商标权的必要法律程序。商标权属于该商标的首先注册人，首先注册人的权利可以压倒任何其他人的权利，包括首先使用人的权利。在采用这种制度的国家中，如何确定商标注册的申请日就成为一个十分重要的问题，特别是遇到有两个以上的申请人就同一商标或类似商标同时提出注册申请时，这个问题就尤其关键了。在这种情况下，有些国家允许两个以上的申请人作为该商标的共同所有人，有些国家则要求由各申请人自行协商，推选其中的一个人提出申请。

（3）无人异议原则。这种制度可以看作上述两种制度的折中。如果在规定期限内无人对已申请的商标提出指控，那么申请人就取得商标的所有权。根据这种制度，一个人只要首先使用了某个商标，那么即使未经注册，也受到法律的保护，他可以阻止别人注册同样或相类似的商标。如果别人已将该商标注册，那么他也可以对此提出异议，要求宣告该项注册无效。但是，如果在法律规定的期限内，没有人对业已注册的商标提出异议，则该商标的注册人就可以取得无可辩驳的商标权。

6. 简述对著作权予以权利限制的意义。

著作权保护的目的不仅在于保护作者的正当权益,还在于促进作品的传播与使用,从而丰富人们的精神文化生活,提高人们的科学文化素质,推动经济的发展和人类社会的进步。因此,世界各国著作权法都相应地规定了著作权人对社会所承担的义务,这些义务主要通过对著作权的限制来体现。我国著作权的权利限制主要通过合理使用和法定许可使用两个途径来实现。

第十章 国际商事仲裁

1. 解释下列术语:

国际商事仲裁:指国际商事关系的双方当事人,根据争议发生前或发生后所达成的协议,自愿将争议提交仲裁机构,由其做出对双方均有约束力的仲裁裁决的一种国际商事争议解决机制。

仲裁协议:指双方当事人在争议发生之后订立的,表示同意将已经发生的争议提交仲裁解决的协议,这是独立于主合同之外的一个单独的协议。

临时仲裁:又称特别仲裁,是指根据双方当事人的仲裁协议,在争议发生后由双方当事人推荐的仲裁人临时组成仲裁庭,负责按照当事人约定的程序规则审理有关争议,并在审理终结做出裁决后即不再存在的仲裁。临时仲裁与机构仲裁相比较,有自治性、灵活性更强、费用更低和速度更快等优点。

常设仲裁机构:指依国际公约或一国国内法成立的,有固定的名称、地址、组织形式、组织章程、仲裁规则和仲裁员名单,并具有完整的办事机构和健全的行政管理制度,用以处理国际商事争议的仲裁机构。

2. 简述仲裁与调解的异同。

仲裁与调解的相同点在于二者都是有第三方介入的民间解决纠纷的方法。但仲裁的力度比调解大,能够比较彻底地解决纠纷。二者的区别主要体现在以下三个方面。

(1) 当事人的合意程度不同。调解的进行,自始至终必须得到双方的同意;仲裁则只要双方当事人合意达成了仲裁协议,即使后来一方当事人不愿意,他方仍可依仲裁协议提起仲裁程序,仲裁庭所做的裁决也无须征得双方当事人的同意。

(2) 第三人所起的作用不同。调解人主要起疏通、说服、劝解和协商的作用;仲裁员则主要起裁判的作用。

(3) 法律效力不同。在调解的情况下,当事人达成了调解协议,也是可以反悔的,法院不能强制执行调解协议;仲裁则得到了国家权力的支持,即仲裁裁决具有强制执行力。

3. 简述仲裁与诉讼的区别。

仲裁和司法诉讼的区别主要体现在以下五个方面。

(1) 机构的性质不同。国际商事仲裁机构只具有民间团体的性质,而审理国际民商事纠纷的法院则是国家司法机关。

(2) 管辖权来源不同。国际商事仲裁机构的管辖权完全来自双方当事人的合意,而法院审理国际民事诉讼的管辖权则来自国家的强制力。

(3) 审理程序的公开性不同。国际商事仲裁程序一般都是不公开进行的,而法院审理国际民商事争议,除极少数涉及国家秘密或个人隐私的外,原则上是必须公开进行的。

(4) 当事人的自治性不同。国际商事仲裁中当事人的自治性大大超过国际民事诉讼中当事人的自治性。当事人是否选择仲裁方式是自愿的,只有在当事人于商事争议发生之前或之后自愿达成仲裁协议,有关仲裁机构才有权对该争议进行审理和裁决。

(5) 审级制度不同。国际商事仲裁裁决一般实行一裁终局制,而国际民事诉讼则一般实行二审终审制。

4. 试述联合国《国际商事仲裁示范法》的影响和主要内容。

仲裁在解决各种社会纠纷和协调社会经济关系方面,发挥着越来越重要的作用,受到世界各国和国际社会的普遍重视并得到广泛采用。为指导各国的仲裁立法,1985 年 6 月 21 日,联合国通过了《国际商事仲裁示范法》,得到了国际社会的热烈响应。该示范法虽然没有强制执行力,仅供各成员国制定国内法时参考之用,但世界范围内出现了支持仲裁的立法和司法实践潮流,已有俄罗斯、保加利亚等超过 40 个以上的国家和地区以此为蓝本,修改了各自的仲裁立法。

《国际商事仲裁示范法》的主要内容包括以下五个方面。

(1) 适用范围。该法适用于国际商事仲裁。但须服从在本国与其他任何一国或多国之间有效力的任何协定。该法不得影响规定某些争议不可以交付仲裁或只有根据非该法规定的规定才可以交付仲裁的本国其他任何法律。

(2) 仲裁协议。仲裁协议可以采取合同中的仲裁条款形式或单独的协议形式。仲裁协议应是书面的。

(3) 仲裁庭。仲裁庭有对自己的管辖权做出裁定的权力;仲裁庭有命令采取临时措施的权力,除非当事各方另有协议,仲裁庭经当事一方请求,可以命令当事任何一方就争议的标的采取仲裁庭可能认为有必要的任何临时性保全措施。仲裁庭可以要求当事任何一方提供有关此种措施的适当的担保。

(4) 仲裁程序。仲裁中应对当事各方平等相待,应给予当事每一方充分的机会陈述其案情。当事各方可以自由地就仲裁地点达成协议。如未达成这种协议,仲裁地点应由仲裁庭确定,要照顾到案件的情况包括当事各方的方便。

(5) 在获取证据方面的法院协助。仲裁庭或当事一方在仲裁庭同意之下,可以请求本国主管法院协助获取证据。法院可以在其权限范围内并按照其获取证据的规则的规定执行上述请求。

5. 简述我国仲裁法的基本原则。

根据我国《仲裁法》,仲裁的基本原则有:① 仲裁委员会应当由当事人协议选定,仲裁不实行级别管辖和地域管辖;② 仲裁应当根据事实,符合法律规定,公平合理地解决纠纷;

③ 仲裁依法独立进行,不受行政机关、社会团体和个人的干涉;④ 仲裁实行一裁终局的制度,裁决做出后,当事人就同一纠纷再申请仲裁或者向人民法院起诉的,仲裁委员会或者人民法院不予受理;⑤ 裁决被人民法院依法裁定撤销或者不予执行的,当事人就该纠纷可以根据双方重新达成的仲裁协议申请仲裁,也可以向人民法院起诉。

参考文献

【1】 曹祖平. 新编国际商法(第 6 版)[M]. 北京：中国人民大学出版社,2020.
【2】 韩玉军. 国际商法(第 3 版)[M]. 北京：中国人民大学出版社,2020.
【3】 陈迎,杨桂红. 国际商法：实务与案例(第二版)[M]北京：北京大学出版社,2020.
【4】 田东文. 国际商法(第 3 版)[M]. 北京：机械工业出版社,2019.
【5】 陈安. 国际经济法学(第 7 版)[M]. 北京：北京大学出版社,2017.
【6】 李秀芳. 国际商法[M]. 北京：中国人民大学出版社,2017.
【7】 余劲松,吴志攀. 国际经济法(第 4 版)[M]. 北京：北京大学出版社、高等教育出版社,2014.
【8】 徐康平. 国际商法[M]. 北京：机械工业出版社,2007.
【9】 施新华. 国际商法[M]. 成都：西南财经大学出版社,2010.
【10】 邹建华. 国际商法(第 5 版)[M]. 北京：中国金融出版社,2006.
【11】 司玉琢. 海商法(第 4 版)[M]. 北京：法律出版社,2018.
【12】 张圣翠. 国际商法(第 7 版)[M]. 上海：上海财经大学出版社,2016.
【13】 宁烨,杜晓君. 国际商法[M]. 北京：机械工业出版社,2010.
【14】 刘惠荣,马炎秋. 国际商法学(第 4 版)[M]. 北京：北京大学出版社,2020.
【15】 邓瑞平. 国际经济法学(第 2 版)[M]. 重庆：重庆大学出版社,2003.
【16】 张旭. 国际商法理论与实务[M]. 北京：科学出版社,2005.
【17】 理查德·谢弗,贝弗利·厄尔,菲利伯多·阿格斯蒂. 国际商法[M]. 邹建华译. 北京：人民邮电出版社,2003.
【18】 克利夫·M. 施米托夫. 施米托夫论出口贸易：国际贸易法律与实务(第 11 版)[M]. 北京：中国人民大学出版社,2014.
【19】 倪受彬,殷敏. 国际贸易法论丛(第 8 卷)[M]. 北京：中国政法大学出版社,2018.
【20】 雷·奥古斯特,唐·迈耶,迈克尔·比克斯比. 国际商法(英文版·原书第 6 版)[M]. 北京：机械工业出版社,2018.
【21】 沈四宝,王军. 国际商法(第 3 版)[M]. 北京：对外经济贸易大学出版社,2016.
【22】 高晋康. 经济法(第 8 版)[M]. 成都：西南财经大学出版社,2018.
【23】 於向平,邱艳,赵敏燕. 经济法理论与实务(第 3 版)[M]. 北京：北京大学出版社,2009.
【24】 卓骏. 国际贸易理论与实务(第 3 版)[M]. 北京：机械工业出版社,2012.
【25】 杨志刚. 国际货运代理实务与法规指南[M]. 北京：化学工业出版社,2014.
【26】 黎孝先,王健. 国际贸易实务(第 6 版)[M]. 北京：对外经济贸易出版社,2016.

【27】 邓旭,陈晶莹. 国际贸易术语解释与国际货物买卖合同[M]. 北京：经济管理出版社,2012.

【28】 余庆瑜. 国际贸易实务：原理与案例[M]. 北京：中国人民大学出版社,2014.

【29】 王传丽. 国际经济法(第4版)[M]. 北京：中国人民大学出版社,2015.

【30】 王利明,房绍坤,王轶. 合同法(第4版)[M]. 北京：中国人民大学出版社,2013.

【31】 李永军. 合同法(第5版)[M]. 北京：中国人民大学出版社,2020.

【32】 刘晓霞. 合同法学[M]. 兰州：兰州大学出版社,2006.

【33】 崔建远. 合同法(第六版)[M]. 北京：法律出版社,2016.

【34】 刘玮. 海上保险[M]. 天津：南开大学出版社,2006.

【35】 杨巧. 知识产权国际保护(第2版)[M]. 北京：北京大学出版社,2015.

【36】 吴汉东. 知识产权法(第6版)[M]. 北京：北京大学出版社,2022.

【37】 刘春田. 知识产权法(第5版)[M]. 北京：高等教育出版社,2015.

【38】 世界知识产权组织. 保护文学和艺术作品伯尔尼公约(1971年巴黎文本)指南[M]. 刘波林译. 北京：中国人民大学出版社,2002.

【39】 邓杰. 商事仲裁法[M]. 北京：清华大学出版社,2008.

【40】 刘东根,谢安平. 民事诉讼法与仲裁制度[M]. 北京：法律出版社,2007.

【41】 加里·B.博恩. 国际仲裁：法律与实践[M]. 北京：商务印书馆,2015.

【42】 林一. 国际商事仲裁中的意思自治原则：基于现代商业社会的考察[M]. 北京：法律出版社,2018.

【43】 宋阳. 自治性商事规则法源地位否定论[J]. 当代法学,2018(3).

【44】 张万春. 审视"国际商法"的"国际性"[J]. 人民论坛,2010(11).

【45】 向前,曾彦,张玉慧. 国际商法：起源、发展及其精神[J]. 社会科学家,2009(3).

【46】 李悦. 从一则外贸代理合同纠纷案分析国际代理关系[J]. 对外经贸实务,2018(10).

【47】 段颀,史宇鹏. 互联网与国际贸易研究新进展[J]. 经济学动态,2022(7).

【48】 韩玉军,李子尧. 互联网普及与国际贸易——基于出口方视角的研究[J]. 国际经贸探索,2020(10).

图书在版编目(CIP)数据

国际商法/卓武扬主编. —上海:复旦大学出版社,2023.4
复旦卓越·公共基础课系列教材
ISBN 978-7-309-16785-6

Ⅰ.①国… Ⅱ.①卓… Ⅲ.①国际商法-高等学校-教材 Ⅳ.①D996.1

中国国家版本馆 CIP 数据核字(2023)第 044393 号

国际商法
GUOJI SHANGFA
卓武扬　主编
责任编辑/张美芳

复旦大学出版社有限公司出版发行
上海市国权路 579 号　邮编:200433
网址:fupnet@fudanpress.com　http://www.fudanpress.com
门市零售:86-21-65102580　团体订购:86-21-65104505
出版部电话:86-21-65642845
上海崇明裕安印刷厂

开本 787×1092　1/16　印张 21.25　字数 477 千
2023 年 4 月第 1 版
2023 年 4 月第 1 版第 1 次印刷

ISBN 978-7-309-16785-6/D·1157
定价:59.00 元

如有印装质量问题,请向复旦大学出版社有限公司出版部调换。
版权所有　　侵权必究